노동기본권과 노사관계법

하 갑 래

단국대학교출판부

머 리 말

이 책은 헌법의 노동기본권에 관한 규정과 집단적 노동관계법을 전반적으로 다루고 있다. 노동기본권은 국민이 국가로부터 간섭을 받지 않고 일할 수 있는 근로권을 포함한다. 나아가서 국가는 근로자에게 최소한의 근로조건을 보장하도록 적극적으로 노력하여야 한다. 한편, 근로자는 자주적으로 단결하여 스스로 권익을 지키고 증진시킬 권리를 갖는다. 아울러 단체행동권을 기초로 힘의 균형을 보장받으면서, 사용자와 대등한 위치에서 교섭하고 단체협약을 체결할 수 있는 권리를 갖는다.

노동관계는 정치적 관계이다. 그러다보니 노동관계법제는 그 사회의 역사적 배경과 입법정책에 좌우된다. 우리나라도 이제 50년이 넘는 노동법의 역사를 갖게 되었다. 이 책은 우여곡절을 거쳐 현재에 이른 법과 제도를 분석하고 설명하는 것을 목적으로 한다.

필자는 오랜 기간 노동부에서 일하다가 최근에 단국대학교에서 노동법을 가르치고 연구하게 되었다. 그리고 강의를 하면서, 학생들과 교감이 이루어지는 수업을 하기 위해서는 강사의 생각과 접근방법이 스며있는 교재가 필요함을 느꼈다. 이러한 이유로 서둘러 컴퓨터 자판에 손을 얹기 시작하였고, 이제 부끄러우나마 작은 작품이 빛을 보게 되었다.

필자의 오랜 실무 경험을 이론적으로 체계화하고 정리함에 있어 학문적으로 많은 업적을 쌓으신 김유성, 김형배, 이병태, 이상윤, 임종률 등 여러 선생님들의 저서를 크게 참고하였음을 이 자리에서 밝혀 둔다. 앞으로 공부해가면서 이론적으로 많은 보완과 정리를 해나갈 예정이다. 아울러 이 책은 판례와 행정해석을 최대한 소개하고 분석하려 하였다. 그러나 의도와는 달리 많이 부족함을 느낀다. 틈나는 대로 꾸준히 보완하여 현장의 목소리를 반영시켜 나가도록 노력하겠다.

이 책을 만드는 데 있어 도움을 주신 여러분에게 감사의 말씀을 드린다. 단국대학교 법과대학의 박사과정에서 공부하는 최미나 학생과 역시 같은 대학의

석사과정에서 공부하는 이형원 학생이 여러 가지를 꼼꼼히 챙겨 주었다. 그리고 노동부의 양성필 과장과 경기지방노동위원회의 전운배 상임위원께서도 전문가의 눈으로 원고를 살펴보면서 좋은 의견을 주셨다. 또한 출판의 모든 과정에서 노고를 아끼지 않으신 단국대학교 출판부 임직원 여러분들께도 깊은 감사의 말씀을 드린다.

아울러 많은 밤을 뜬 눈으로 같이 하면서 격려를 아끼지 않은 가족들의 사랑을 잊을 수 없다.

2007. 8.

著 者 識

목 차

제 2 장 노동조합및노동관계조정법 총칙

제 3 장 노 동 조 합

제4장 단체교섭

제5장 단체협약

제 6 장 노동쟁의의 처리

제7장 쟁의행위

제 8 장 부당노동행위제도

제 9 장 공공부문 노동관계

제10장 노동위원회

제11장 근로자 참여 및 협력증진

주요 약어(略語)

법률 · 시행령 · 시행규칙

공노법	「공무원의 노동조합 설립 및 운영 등에 관한 법률」
공직협법	「공무원직장협의회의 설립·운영에 관한 법률」
교노법	「교원의 노동조합 설립 및 운영 등에 관한 법률」
교노령	「교원의 노동조합 설립 및 운영 등에 관한 법률 시행령」
근기법	「근로기준법」
근참법	「근로자참여 및 협력증진에 관한 법률」
근참령	「근로자참여 및 협력증진에 관한 법률 시행령」
기단법	「기간제 및 단시간근로자 보호 등에 관한 법률」
노조법	「노동조합 및 노동관계조정법」
노조령	「노동조합 및 노동관계조정법 시행령」
노조칙	「노동조합 및 노동관계조정법 시행규칙」
노위법	「노동위원회법」
노위령	「노동위원회법 시행령」
노위칙	「노동위원회 규칙」
민소법	「민사소송법」
민집법	「민사집행법」
직안법	「직업안정법」
파견법	「파견근로자보호 등에 관한 법률」
행소법	「행정소송법」
형소법	「형사소송법」

국내판례

대판	대법원 판결
서울고판	서울고등법원 판결
헌재	헌법재판소 결정
서울행판	서울행정법원 판결
서울지판	서울중앙지방법원 판결
대전지판	대전지방법원 판결
서울동부지판	서울지방법원 동부지원 판결
창원충무지판	창원지방법원 충무지원 판결
중노위	중앙노동위원회

일본판례

日本 最高判	日本最高裁判所 判決
日本 大分地判	日本大分地方裁判所 判決
日本 東京地判	日本東京地方裁判所 判決

행정해석

근기	노동부 근로기준국 근로기준과
노조	노동부 노사정책실 노동조합과
노정노	노동부 노정국 노동조합과
노사	노동부 노정국 노사조정담당관실
법무	노동부 법무담당관실
임금	노동부 근로기준국 임금정책과
노정근	노동청 근로기준국 근로기준과
협력	노동부 노사협력과

제1장

노동기본권

제1절 개 요

우리나라의 헌법은 노동법의 기본적 원칙과 근로자의 권리를 기본권으로 직접 명시하고 있다. 헌법 제32조에 규정된 근로권과 제33조에 규정된 노동3권을 노동기본권이라 부른다.1)

헌법에 노동기본권을 규정하는 체계는 1919년의 독일의 바이마르 헌법에서 비롯되었다. 그러나 이러한 체계는 흔치 않으며 대부분의 나라들이 개별법에 노동기본권을 규정하고 있다.

반면에 우리의 노동법체계는 헌법에 규정된 노동기본권을 기본 정신으로 하여 개별법이 구체적으로 관련 분야를 규정하는 통일적인 형태를 띠고 있다.

---

1) 같은 취지로 이병태(『최신노동법』, (주)중앙경제, 2007, 73쪽), 이상윤(『노동법』, 법문사, 2007, 47쪽), 김수복(『노동법』, (주)중앙경제, 2004, 117쪽); 다른 접근으로 김형배(『노동법』, 박영사, 2007, 126쪽)는 노동기본권을 근로의 권리와 구분하여 노동3권만 해당하는 것으로 기술하고 있다; 임종률(『노동법』, 박영사, 2007, 12쪽)은 노동기본권이라는 편제를 따로 두지 않고 있다; 김유성(『노동법Ⅰ』, 법문사, 2005, 15쪽 및 『노동법Ⅱ』, 법문사, 2001, 21쪽)은 각각 근로권과 노동3권으로 표현하고 있고 노동기본권이라는 편제를 따로 마련하지 않고 있다.

제 2 절 근로의 권리와 의무

1. 헌법의 규정

헌법 제32조 제1항은 "모든 국민은 근로의 권리를 갖는다."고 선언하고 이어서 "국가는 사회적·경제적 방법으로 근로자의 고용의 증진과 적정 임금의 보장을 위해 노력하여야 하며 법률이 정하는 바에 의하여 최저임금제를 시행하여야 한다."고 규정하고 있다.

제2항은 국민에게 '근로의 의무'를 부과하고 그 내용과 조건을 법률로 정하게 하고 있으며, 제3항은 "근로조건의 기준은 인간의 존엄성을 보장하도록 법률로 정한다."고 밝히고 있고, 제4항은 "여성의 근로는 특별한 보호를 받으며, 고용·임금 및 근로조건에 있어서 부당한 차별을 받지 아니한다."고 규정하고 있다. 나아가서 제5항은 "연소자의 근로는 특별한 보호를 받는다."고 규정하고 있고, 제6항은 "국가유공자·상이군경 및 전몰군경의 유가족은 법률이 정하는 바에 따라 우선적으로 근로의 기회를 부여받는다."고 규정하고 있다.

2. 근로권

2·가. 주 체

근로권을 선언하고 있는 헌법 제32조 제1항은 권리·의무의 주체와 대상을 '국민', '근로자' 및 '국가'로 표현하고 있다. 이 중 '국민'과 '근로자'는 실업 상태에 있는 사람을 포함하여 일할 능력이 있는 모든 국민을 의미한다.[1)]

헌법상의 근로권은 국내적이고 사회정책적 권리이다. 그러므로 외국인은 근

1) 같은 취지로 김유성(『노동법 I』, 2005, 20쪽); 이에 대해 주체가 근로자라는 설(박홍규, 『노동법론』, 삼영사, 1995, 209쪽)과 보유주체는 국민이고 행사주체는 실업자를 포함한 근로자라는 설(이상윤, 『노동법』, 2007, 58쪽)이 있다. 그러나 이러한 논의는 그 실익이 크지 않은 것으로 보인다.

로권의 수혜대상이 아니고 국가를 상대로 취업을 요구할 권리가 없는 것으로 해석된다.[1] 다만 외국인도 개별법에 규정된 균등처우 규정에 따라 권리를 향유할 수 있다.[2]

한편, 법인은 헌법상 근로권과 관련된 규정의 주체가 아니다.[3]

2·나. 성 격

근로권은 국가에 대하여 일할 기회를 요구할 권리를 의미한다. 그렇다면 요구의 내용과 정도는 어느 정도인가?

근로권의 성격은 자유권설과 생존권설로 나뉜다.

자유권설에 따르면, 국가는 소극적으로 개인의 취업을 방해하거나 강요할 수 없다.[4] 아울러 근로권을 침해하는 국가의 입법·행정 행위는 위헌 또는 무효이다.[5] 다만, 근로권은 현대 복지국가를 배경으로 탄생하였다. 따라서 근로권을 자유권만으로 보는 견해를 발견하기는 어렵다.

근로권은 생존권의 성격을 갖는다. 생존권설은 다시 입법방침(Program)규정설과 법적 권리설로 나뉜다. 입법방침규정설은 "근로권은 직접적으로 행정이나 사법을 구속하지 않고 입법자에게 방침을 제시하는 정도"로 국가에 의무를 부과한다는 견해이다.[6]

그러나 근로권은 헌법에 명확히 규정되어 있다. 따라서 근로권을 법적 권리로 보는 데 대해 이론이 없다.[7] 한편, 국가가 국민에게 근로의 기회를 제공하지 않거나 할 수 없을 때 국민이 국가에게 무엇을 요구할 수 있는지에 따라 법적 권리설은 구체적 권리설과 추상적 권리설로 나뉜다.

구체적 권리설은 국민이 개별적으로 국가에 대해 근로의 기회를 청구할 수

---

1) 김철수, 『헌법학개론』, 박영사, 2003, 776쪽; 서울고판 1993.11.26, 93구16774

2) 「근로기준법(§6)」은 국적을 명시하고 있고, 「노동조합 및 노동관계조정법(§9)」은 인종을 명시하고 있으며, 「외국인근로자의 고용 등에 관한 법률(§22)」은 외국인을 명시하면서 차별을 금지하고 있다. 「고용정책기본법(§19)」도 대 균등처우원칙을 밝히고 있으나 국적이나 외국인 또는 인종을 대상으로 열거하고 있지는 않다.

3) 김철수, 『헌법학개론』, 2003, 776쪽.

4) 이상윤, 『노동법』, 2007, 58쪽.

5) 임종률, 『노동법』, 2007, 13쪽에서는 자유권설을 지지하는 것은 아니다.

6) 우리나라에도 과거 김치선(『노동법강의』, 박영사, 1992, 141쪽), 김기범(『한국헌법』, 교문사, 1973, 234쪽)에는 이러한 설이 있었으나 현재에는 이를 지지하는 학설이 발견되지 않는다(김유성, 『노동법Ⅰ』, 2005, 18쪽).

7) 헌재 1991.7.22, 89헌가106

있는 구체적인 청구권이라는 설이다. 이 설에 따르면 국민은 국가에게 일할 자리를 요구하거나 이에 갈음하여 생활비의 지급을 요구할 수 있다.[1)]

추상적 권리설은 그러한 청구권을 인정하지 않는다. 헌법(§32①단서)은 국가에게 사회·경제적 방법으로 고용의 증진을 위해 노력할 의무[2)]를 부과하고 있다. 따라서 근로의 기회를 제공할 국가의 의무는 간접적이고 보충적이며, 법률상 채무불이행이 아니다.[3)] 자본주의 사회에서는 국가가 기업에게 고용을 강제할 수 없으므로 입법이나 정책을 추진하라는 추상적 권리에 불과한 것이다.[4)]

결론적으로 "헌법은 국민 개인이 국가에 대하여 '직접적 직장존속보장청구권'[5)]처럼 일자리나 생활비의 지급을 직접 요구할 수 있는 구체적 권리를 인정하였다고 보기 어렵다."[6)]는 데 대부분의 노동법 학자들이 견해를 같이 하고 있다.

다만, 추상적 권리설도 근로권이 입법에 의하여 구체화되는 점을 인정한다. 입법을 게을리하는 국가의 행위는 부작위에 의한 기본권 침해가 된다. 따라서 국민은 국가에 대하여 입법이나 정책을 강구하도록 요구할 수 있고,[7)] 헌법소원 등을 통해 재판상으로 다툴 수 있다.[8)] 추상적 권리설을 택하더라도 이 부분에 대해서는 불완전하나마 구체적인 권리를 가지고 있는 것이다.

2·다. 내 용

근로권을 실현하기 위해 헌법이 정하고 있는 입법 또는 정책 의무를 살펴보자.

먼저, 국가는 사회적·경제적 방법으로 근로자의 고용의 증진을 위하여 노력하여야 한다(헌법 §32①단서). '사회적·경제적 방법'이라 함은 일자리를 늘리고, 직업능력을 키우고, 고용정보를 제공하며, 구직자와 구인자를 연결하여 주는 노동시장정책을 모두 포함한다.[9)]

---

1) 김철수, 『헌법학개론』, 2003, 776쪽; 박홍규, 『노동법Ⅱ』, 삼영사, 2002, 72쪽.
2) 이상윤, 『노동법』, 2007, 56쪽에서는 특히 이 부분을 마무리 설명으로 덧붙이고 있다.
3) 김형배, 『노동법』, 2007, 131쪽.
4) 임종률, 『노동법』, 2007, 13쪽.
5) 헌재 2002.11.28, 2001헌바50에서 부정하고 있다.
6) 이병태, 『최신노동법』, 2007, 79쪽.
7) 임종률 (『노동법』, 2007, 13쪽)은 이러한 설명 끝에 추상적 권리라고 결론을 내고 있다.
8) 김유성 (『노동법Ⅰ』, 2005, 19쪽)은 이러한 설명 끝에 구체적 권리라고 결론을 내고 있다.
9) 「고용정책기본법」, 「근로자직업능력개발법」, 「직업안정법」, 「고용보험법」 등 노동시장 관련법이 여러 부

다음으로, 국가는 제도적 차원에서 실업자에게 생계비를 지급할 의무를 진다.[1]

셋째로, 국가는 '적정임금의 보장'을 위해 노력하고, 최저임금제를 시행하며, 인간의 존엄성 즉, 인간다운 생활을 보장하도록 근로조건의 기준을 법률로 정하여야 한다.[2]

넷째로, 국가는 여성에 대해 특별보호와 부당한 차별금지를, 연소자를 위해 특별보호를, 그리고 국가유공자 등에 대해 우선적으로 고용 기회를 제공하기 위한 정책을 마련하여야 한다.[3] 취약근로자나 특수 계층에 대한 보호는 예시사항으로 볼 수 있다. 따라서 국가는 장애인, 고령자, 비정규직 등의 고용과 근로조건에 대해서도 입법이나 정책을 통해 보호할 의무를 진다고 보아야 할 것이다.[4]

2·라. 사인에 대한 효력

근로권은 국가에 대해 효력을 갖는다. 국가는 소극적으로 취업에 방해가 되는 행위를 하여서는 안 되며 적극적으로 고용의 증진을 위하여 노력하여야 한다.

근로권이 사인(私人)에게도 효력을 갖는지에 대해서는 설이 나뉜다. 우선 부정설은 헌법이 직접 개별 국민과의 관계를 규정하지 않은 데서 그 근거를 찾는다. 그러나 생존권으로의 의의와 연혁을 근거로 하여 사인 사이에도 효력을 갖는다고 보는 것이 일반적이다.[5] 예를 들어 사용자의 해고의 자유에 대한 제한은 근로자의 생존권 보호 차원에서 이루어지는 것으로 볼 수 있다.[6] 한편,

---

분에 걸쳐 정비되어 있다.

1) 고용보험법에 의한 구직급여제도가 마련되어 있다. 그러나 구직활동을 하는 자에게만 급여가 지급되므로 수혜 범위가 좁다. 이러한 이유로 실업률이 높을 때는 실업부조제도를 도입하여야 한다는 주장이 제기되기도 한다.

2) 헌법 제32조 제1항 및 제3항의 규정에 근거하여 「최저임금법」, 「근로기준법」, 「근로자퇴직급여 보장법」, 「임금채권보장법」, 「산업안전보건법」, 「산업재해보상보험법」, 「선원법」 등의 법률이 제정·시행되고 있다.

3) 헌법 제32조 제4항부터 제6항까지의 규정에 따라 여자와 연소자를 위해 「근로기준법(제5장)」, 「남녀고용평등법」이 마련되어 있고, 「국가유공자 등 예우 및 지원에 관한 법률」을 통해 의무고용제도를 시행하고 있다.

4) 「장애인고용촉진 및 직업재활법」, 「고령자고용촉진법」, 「기간제 및 단시간근로자 보호 등에 관한 법률」, 「파견근로자보호 등에 관한 법률」 등이 제정·시행되고 있다.

5) 김철수, 『헌법학개론』, 2003, 778쪽; 권영성, 『헌법학원론』, 법문사, 2005, 665쪽; 바이마르헌법이나 독일기본법은 이를 직접 명시하고 있다.

6) 이상윤, 『노동법』, 2007, 59쪽; 반대설(박상필, 『한국노동법』, 대왕사, 1994, 86쪽)도 소개하고 있다.

여성과 연소근로자의 권리도 헌법 규정의 직접적 효력이 미치는지 아니면 간접적 효력에 그치는지에 대해 의견이 나뉜다. 그러나 이 권리도 사인에게 직접적으로 효력을 미친다고 본다.[1]

2·마. 근로권의 제한

근로권의 자유권적 측면은 헌법 제37조 제2항에 의하여 국가안전보장, 질서유지 또는 공공복리를 위하여 필요한 경우에는 법률로써 제한될 수 있고, 생존권적 측면은 국가안전보장 또는 질서유지를 위하여 제한될 수 있다.[2]

3. 근로의 의무

헌법 제32조 제2항은 모든 국민에게 근로의 의무를 부과하고 있다.

자본주의 사회에서는 일하지 않는 것도 자유라는 이유로 헌법상 근로의 의무를 도덕적 의무라고 보는 견해[3]가 있다. 이에 대해 직업선택의 자유나 강제노역 금지 등 헌법 원칙에 위배되지 않는 범위 내에서 법률에 의해 근로의 의무를 강제하더라도 합헌이라는 견해[4]가 있다. 한편, 도덕적 의무설도 근로의 의무가 법률에 규정될 때에는 법적 의무로 봄으로써 두 견해의 차이는 없다.

현실적으로 보면, 근로의 의무는 근로권의 전제 조건 또는 반사적 대응으로 나타난다. 국가가 부여한 의무를 이행하지 않는 국민은 근로의 권리를 실현시키기 위해 주어지는 혜택을 누릴 수 없다. 예를 들어, 고용보험법은 구직급여를 지급함에 있어 실업자에게 구직활동을 의무로 부과하고 있다.

---

1) 이상윤, 『노동법』, 2007, 59쪽; 직접효과설, 권영성, 『헌법학원론』, 2005, 665쪽; 간접효과설, 허영, 『한국헌법론』, 박영사, 1995, 475~476쪽.

2) 권영성, 『헌법학원론』, 2005, 666쪽.

3) 권영성, 『헌법학원론』, 2005, 707쪽, 한편, 법률로 규정될 때에는 법적인 의무가 된다고 밝히고 있다.

4) 김철수, 『헌법학개론』, 2003, 927쪽.

제 3 절 노 동 3 권

1. 의 의

1·가. 개 념

헌법 제33조 제1항은 “근로자는 근로조건의 향상을 위하여 자주적인 단결권·단체교섭권 및 단체행동권을 가진다.”고 규정하고 있는데 이 세 가지 권리를 노동기본권 중 노동3권[1]이라 한다.

1·나. 취 지

노동3권은 경제적 약자인 근로자들이 사용자와 실질적 대등성을 확보하여 근로조건의 결정이나 지위의 향상에 있어 노사 자치주의의 실현을 도모하는 데 그 취지가 있다. 나아가서 이를 통해 근로자가 개인이 아닌 집단의 힘으로 사용자와 대등하게 교섭하여 단체협약을 체결함으로써 생존권을 보장받는 데 목적이 있다.

1·다. 연 혁

(1) 노동3권과 국가정책

노동3권 특히 단결권은 자본주의 경제사회 아래에서 근로자들이 스스로 생존권을 지키고자 하는 자구책의 일환으로 탄생하고 발전하여 왔다. 선진 자본주의 국가가 경험한 입법정책의 변화 과정을 살펴보자.[2]

먼저, 초기에는 시민적 자유를 옹호하는 입장에서 노동조합의 결성을 형벌로 금지하는 단결금지법과 파업이나 피케팅에 대해 불법행위 책임을 물어 손해 배상책임을 부과하였다.

---

1) 근로3권이라고 부르는 학자들이 있다. 개별적 근로관계법은 「근로기준법」을 기초로 하고 있으므로 관련된 부분에 대하여 근로라는 표현을 쓰고, 집단적 노사관계법은 「노동조합 및 노동관계조정법」을 기초로 하고 있으므로 관련 부분에 대하여 노동이라는 표현을 쓰고자 한다.

2) 管野和夫(이정 역), 『일본노동법』, 박영사, 2007, 457쪽.

둘째로, 근로자의 정치적 힘이 커지고 노동조합을 공인하는 쪽으로 인식이 바뀜에 따라 집단적 방임주의를 택하게 된다. 구체적으로는 단결과 활동에 대해 민·형사 면책을 인정하게 된 것이다.

셋째로, 노동조합을 적극적으로 조성하는 단계에 진입한다. 구체적으로는 법률에 노동3권을 선언하고 부당노동행위제도를 마련하여 위반 사항에 대해서는 행정위원회가 구제명령을 발할 수 있게 하였다.

넷째로, 노동관계 조성 정책에 따라 권한 남용이 문제가 되면서 사회와 근로자 개인의 이익을 옹호하기 위해서 노동조합의 활동에 대해 법적인 규제가 이루어진다.

이러한 흐름 속에서 나라에 따라 노동3권에 대한 역사[1)]가 조금씩 다르게 전개되어 왔고, 법과 제도도 다른 형식으로 나타난다.

---

1) 영국은 1800년에 「단결금지법」에서 노동조합을 불법단체로 규정하였다. 사적자치의 원칙에서 보면 노동조합은 독점의 지위를 갖게 되어 불법행위책임을 지게 되고 형사적으로는 공모(共謀)가 성립한다는 논리이다. 그 후 1824년에는 「단결금지법」이 폐지되었다. 나아가서 적극적 보호 즉 생존권 보장 차원에서, 형사면책은 1871년의 「노동조합법」을 통하여, 민사면책은 1906년의 「노동쟁의법」을 통하여 인정되었다. 한편, 1980, 1982, 1988년의 「고용법」, 1988년의 「노동조합법」 등 일련의 입법을 통해 제2차적 쟁의행위를 금지하고, 클로즈드 숍(Closed Shop)을 제한하며, 조합 내의 각종 투표절차를 엄격히 하고 조합원 개인의 권리를 보장하기 위해 법적인 규제가 도입되었다.

독일도 「프러시아산업조례」(1845)에서 공모이론을 적용시키다가 1919년의 바이마르 헌법을 통하여 조합활동에 대해 민·형사 면책이 인정되기에 이르렀다. 또한 독일기본법에 단결권이 사용자를 포함한 국민일반의 기본권으로 결사의 자유와 따로 규정되어 있지만 단체교섭권이나 단체행동권과 병렬적으로 규정되어 있지는 않다.

미국은 1890년에 제조업자나 상인의 불공정거래를 방지하기 위한 독점금지법인 「셔먼법」(Sherman Act; Anti-Trust Act)을 제정하여 노동조합의 단결을 독점적 행위로 보아 이를 금지하였다. 1914년에는 「클레이턴법」(Clayton Act)이 제정되어 "인간의 노동은 상품이 아니다"라고 선언하고 단체교섭을 인정하는 한편, 법률에 규정된 경우를 제외하고는 노동분쟁에 대해 제한 명령이나 금지 명령을 하지 못하도록 규정하였다. 그러나 이 법은 노동기본권에 대해 선언적인 수준에 머물렀다는 한계가 있다. 1932년의 「노리스가르디아법」(Norris-LaGuardia Act ; Anti-Injunction Act)은 노동분쟁에 대해 독점금지법을 적용함에 있어 가처분 요건을 엄격하게 하고, 법원의 파업중지명령을 제한하는 등 노동기본권 제한 요건을 완화하였다. 루스벨트 정부의 시기인 1935년에는 근로자들의 구매력을 향상시켜 공황을 극복하고자 「와그너법」(Wagner Act ; National Labor Relations Act)이 제정되었다. 이 법은 단결권, 단체교섭권, 단체행동권을 인정함으로써 노동기본권을 법률적 보호 차원으로 올리고, 부당노동행위를 규정하였으며, 배타적 교섭대표제를 도입하고, 클로즈드 숍을 인정하였다. 한편, 1945년에는 매카시즘 등 사회적 분위기에 따라 보수화의 길을 걷게 되는데 1947년에 「태프트하틀리법」(Taft-Hartley Act ; Labor Management Relations Act)이 제정되어 근로자의 부당노동행위를 신설하고, 클로즈드 숍을 부인하고, 유니온 숍(Union Shop)도 일정한 경우에만 인정하며, 냉각기간제도를 도입하고 그밖에 노동조합의 세력다툼 파업 및 2차적 파업을 금지하였으며, 국민의 안전과 건강을 위협하는 대규모 파업에 대한 중지절차를 마련하였다. 또한 1959년에는 「랜드럼그리핀법」(Landrum-Griffin Act ; Labor Management Reporting and Disciosure Act)이 제정되어 조합민주주의를 확립할 목적으로 조합내부의 민주적 절차와 조합원 개인의 권리를 보호하는 수단을 마련하고, 조합재정에 대한 국가적 감시체계를 정비하였다. 이 법은 "노조방침에 위반되는 사용자와 거래하지 않는다"는 협정(hot cargo)을 금지하였다.

(2) 우리나라의 특성

우리나라는 1948년의 제헌 헌법부터 결사의 자유[1]와는 별도로 단결권, 단체교섭권 및 단체행동권을 규정하여 보장하고 있다. 이러한 규정 형식은 우리보다 먼저 노동문제를 경험했던 다른 나라와 비교할 때 특이한 형태이다.[2] 국제적으로 볼 때, 법률로 규정하거나 세 가지 권리를 병렬적으로 나열하지 않는 것이 일반적이기 때문이다.[3]

2. 법적 성격

노동3권은 형사면책을 인정하는 것처럼[4] "국가가 근로자의 단결권을 존중하고 이를 위해 부당한 침해를 받지 아니한다."는 자유권적 기본권에 해당하는가? 아니면 민사적 면책을 인정하고 부당노동행위를 제한하는 것처럼 "근로자의 권리행사의 실질적 조건을 형성하고 유지하기 위해 국가가 적극적으로 노력하여야 한다."는 생존권적 기본권에 속하는가?

이에 대한 견해는 생존권설과 혼합권설로 나뉘는데, 혼합권설이 지배적인 학설이다.[5] 한편 종래의 헌법재판소[6]와 대법원[7]은 노동3권을 자유권이라기보다는 생존권이나 사회권적 기본권의 성격을 강조해왔다. 그런데 그 후의 헌법재판소[8]의 결정은 혼합권설의 견해를 보이고 있다.

3. 권리의 주체

결사의 자유의 주체는 국민 일반인데 반해, 노동3권의 주체는 근로자이다. 「노동조합 및 노동관계조정법」(이하 노조법이라 한다.)에서 근로자라 함은 "직업의 종류를 불문하고 임금·급료 기타 이에 준하는 수입에 의하여 생활하는 자(노조

---

1) 헌법 제21조 제1항.
2) 김유성, 『노동법Ⅱ』, 2001, 21쪽.
3) 특히, 단체교섭권과 단체행동권은 분리하지 않고 하나의 개념으로 쓰이는 경우가 많다.
4) 권영성(『헌법학원론』, 2005, 668쪽)은 노동3권의 자유권적 효과라 부르고 있다.
5) 김유성, 『노동법Ⅱ』, 2001, 23쪽; 권영성, 『헌법학원론』, 2005, 668쪽; 임종률, 『노동법』, 2007, 16쪽; 김형배, 『노동법』, 2007, 140쪽; 이상윤, 『노동법』, 2007, 69쪽 등.
6) 헌재 1991.7.22, 89헌가106
7) 대판 1991.5.15, 90도357
8) 헌재 1998.2.27, 94헌바13·26, 95헌바44(병합)

법 §2,제1호)"로서 근로기준법상 근로자뿐 아니라 실업중인 자와 자유노동자를 포함한다.[1]

사용자는 노동3권의 주체가 될 수 없고 근로자의 권리 행사에 대한 상대방으로서의 지위를 갖는다고 해석된다.[2] 따라서 사용자의 단체 가입권, 단체교섭의 권리 및 직장폐쇄권은 헌법상 노동3권에서 비롯된 것이 아니다.

아울러 근로를 제공하는 자와 대가의 지급자가 동일한 자영업자, 개인 택시 운전자, 자영농어민 등은 노동3권을 가질 수 없다.

4. 내 용

4·가. 단결권

(1) 개 념

① 정 의

근로자가 근로조건의 향상을 위하여 자주적으로 단결할 수 있는 권리, 즉 노동조합을 조직하거나 이에 가입(노조법 §5)하여 활동할 수 있는 권리를 단결권이라고 한다. '노동조합에 가입하는 것'에는 노동조합 선택의 자유가 포함된다.

노동조합은 기업별, 산업별 및 직종별을 구분하지 않으며, 쟁의단이나 우발적 집단(ad-hoc organization)처럼 일시적 단결체를 만들어 활동하는 것도 단결권에 포함된다.[3]

② 요 건

단결권은 '근로조건 향상'을 위하여 활동하는 권리이다. 따라서 순수하게 친목행위, 공제사업, 정치활동 등을 목적으로 한다면 단결권의 행사로 볼 수 없다. 다만, 이러한 활동이 '근로조건 향상'과 함께 이루진다면 그렇지 않다.

단결권은 근로자가 사용자, 정부, 정당 등으로부터 독립하여 자주적으로 행사되어야 한다.

③ 다른 개념과 구분

단결권은 결사의 자유와 다르다. 단순히 국가로부터 간섭받지 않을 뿐만 아니

---

1) 제2장. 제2절. 1·나. 참조; 판례와 행정해석의 태도는 다르다.
2) 임종률,『노동법』, 2007, 19쪽.
3) 임종률,『노동법』, 2007, 20쪽.

라, 국가가 생존권으로 보장하기 위해 입법이나 행정적인 조치를 강구하기까지 하여야 하고, 근로권처럼 그 효력이 사인(私人) 즉 제3자에게도 미치기 때문이다.

(2) 개별적 단결권과 집단적 단결권

헌법이나 노조법은 단결권의 주체를 '근로자'라고 표현하고 있지만 여기에 단체가 포함된다는데 대해 이론이 없다.[1)]

단결권은 행사 주체에 따라 근로자 개인의 단결권인 개별적 단결권과 근로자 단체의 단결권인 집단적 단결권으로 나눌 수 있다.

개별적 단결권은 "근로자가 자유로이 노동조합을 조직하거나 이에 가입할 수 있는(노조법 §5) 권리"이다. 노동조합 활동과 관련하여 '차별대우의 금지(노조법 §9)', '조합원의 균등한 권리와 의무(노조법 §22)' 및 '부당노동행위(노조법 §81)' 규정이 개별적 단결권을 뒷받침하고 있다.

집단적 단결권은 근로자단체가 조직을 유지하고 확대하며 상급단체에 가입 또는 탈퇴할 수 있다.[2)]

(3) 소극적 단결권과 조직강제

① 소극적 단결권

헌법이 보장하는 단결권은 '단결할 수 있는 권리' 즉 적극적 단결권을 말한다.[3)] 따라서 소극적 단결권은 헌법상 단결권에는 포함되지 않는 것으로 볼 수 있다.[4)] 노동3권의 체계 안에서 '적극적 단결권'과 '소극적 단결권'을 양립시키면 논리적 모순이 발생하기 때문이다. 그렇다면 적극적 단결권은 무제한으로 인정되는가?

근로자는 '결사의 자유(헌법 §21)'와 '인간으로서의 존엄과 가치(헌법 §10)에 근거를 둔 일반 행동의 자유'에 따라 노동조합에 가입하지 않거나 탈퇴할 권리를 갖는다.[5)]

---

1) 김유성, 『노동법Ⅱ』, 2001, 28쪽.
2) 이병태, 『최신노동법』, 2007, 82쪽; 대판 1992.12.22, 91누6726
3) 소극적 단결권에 대해서는 긍정설과 부정설로 나누어 설명하기도 한다. 긍정설은 독일의 통설로 Union Shop조항 등 조직강제 조항은 소극적 단결권을 침해하는 사인간의 합의로 위헌·무효로 본다. 부정설은 헌법상 노동3권과 관련하여 소극적 단결권을 부정한다. 그러나 양설 모두 소극적 단결권을 완전히 부정하거나 완전히 긍정하는 입장은 아니어서 학설로 나누어 구분할 실익이 크지 않다.
4) 임종률(『노동법』, 2007, 20쪽)과 이병태(『최신노동법』, 2007, 82쪽)는 근로자의 권리행사에 방해가 되더라도 단체자치의 이념이 우선하여야 한다고 설명하고 있다; 헌재 1999.11.25, 98헌마141
5) 헌재 1998.10.29, 97헌마345; 헌재 2003.10.31, 99헌바76, 2000헌마505(병합); 김유성, 『노동법Ⅱ』, 2001, 29쪽.

'결사의 자유'는 시민적 자유권이다. '일반 행동의 자유'도 행복추구권에서 비롯된 보충적 자유권의 성격을 갖는다. 그러므로 자유권이라는 소극적 성격을 넘어서서 사회권 또는 생존권적이라는 형성적인 권리로 보장되는 적극적 단결권이 '단결하지 않을 소극적 권리'보다 중시되어야 할 것이다.[1] 다시 말해서 '노동조합에 가입하지 않거나 탈퇴할 권리'는 적극적 단결권의 본질과 내용을 침해하지 않는 범위 안에서 인정될 수 있다.

② 조직강제의 보장과 한계

'소극적 단결권을 헌법상 단결권으로 보호할 것인지'를 논의할 실익은 '조직강제를 어느 정도로 인정할 것인지'에 있다. '적극적 단결권'은 '소극적 단결권'보다 중시되는 권리이다. 따라서 조직강제는 헌법에 의해 보호를 받는다. 그러나 '소극적 단결권'도 헌법의 자유권으로 인정되므로, 조직강제의 내용은 그러한 범위 내에서 제한을 받는다.

어떠한 노동조합이든지 이에 가입하도록 하는 '일반적 조직강제'는 인정된다.[2] 그러나 특정한 노동조합에 가입하도록 하는 '제한적 조직강제'에 대해서는 위헌이라는 견해[3]와 그렇지 않다는 견해[4]로 나뉘는데 '노동조합 선택의 자유'를 감안할 때 위헌설에 찬성한다. 조직강제의 경우에도 노동조합을 선택할 자유를 박탈할 수 없기 때문이다.

조직강제를 어느 정도 인정할 것인지는 입법정책적 문제이다. 노동기본권의 규정 형식과 내용이 나라마다 다르기 때문이다.[5]

③ 조직강제의 수단

대표적인 조직강제 수단으로는 Shop제도[6]와 내부통제[7]를 들 수 있다.

Shop제도는 조직강제의 정도에 따라 여러 가지로 구분된다.[8]

---

1) 헌재 2005.11.24, 2002헌바95·96, 2003헌바9(병합); 김형배, 『노동법』, 2007, 155쪽.
2) 김유성, 『노동법Ⅱ』, 2001, 29쪽.
3) 이병태, 『최신노동법』, 2007, 82쪽.
4) 김유성(『노동법Ⅱ』, 2001, 30쪽)은 그 효력을 일률적으로 부정할 것이 아니라고 한다.
5) 근로자뿐 아니라 사용자에게까지 단결권을 인정하는 독일기본법을 예로 들 수 있다.
6) 우리나라의 Union Shop 제도와 부당노동행위에 대해서는 '제8장. 제3절. 2'에서 자세히 설명한다.
7) 조합규약이나 방침 등에 위반한 조합원에 대하여 가하는 노동조합의 제재를 말한다.
8) 菅野和夫(이정 역), 『일본노동법』, 2007, 478쪽, Closed Shop을 조직강제(Cumpulsory Membership)로 나머지는 조합보장(Union Security)으로 분류한다. Open Shop을 제외한 Shop제도는 최소한의 자유권적 기본권을 침해하므로 효력에 대해 의문이 제기된다. 연대금지급조항이나 조합원 우대조항(또는 격차조항)도 균등처우 원칙에 위배된다는 견해가 유력하다(이철수·김홍영, 『노동법강의』, 고시연구사, 2005, 50쪽).

먼저, Closed Shop에서는 사용자가 당해 노동조합의 조합원만을 고용할 수 있고 당해 노동조합의 자격을 상실한 근로자를 해고한다. 이 제도는 기업별 노동조합에 적용되기 어렵다.

다음으로, Union Shop 제도 아래에서는 채용할 때 조합원이 아니어도 되나 일정기간 안에 노동조합에 가입하여야 한다.

셋째로, 조합원 자격유지조항(maintenance of membership)에서는 근로자가 임의로 노동조합에 가입할 수 있으나, 한번 조합원이 되면 일정한 기간 동안 또는 계속해서 조합원으로 머물러 있어야 하며, 이 경우 조합원 자격을 잃으면 해고된다.

넷째로, 조합원 우대조항(preferential shop)에서는 조합원을 근로조건, 배치전환·승진·해고 등에 있어서 조합원에게 우선적인 특권을 부여한다. 단체협약상의 급부에 대하여 조합원과 비조직 근로자 간에 일정한 격차를 유지토록 사용자에게 의무를 지우는 격차조항으로 운영될 수 있다.

다섯째로, Open Shop에서는 조합으로부터 구속을 받지 않으며, 조합에 가입하든 아니하든 무방하다.

내부통제에 대해서는 뒤에서 설명한다.[1)]

④ 우리나라의 조직강제제도

우리 노조법(§81,제2호)은 '특정한 노동조합의 조합원이 될 것을 고용조건으로 하는 행위' 즉 제한적 조직강제를 원칙적으로 금지하면서, '근로자의 2/3 이상을 대표'하는 노동조합에 대하여는 예외를 인정한다. 지배적인 노동조합에게만 유니온 숍을 인정한 것이다. 사용자는 유니온 숍 규정에 따라 노동조합을 탈퇴한 근로자를 해고할 의무를 진다. 그러나 노조법(§81,제2호)은 노동조합으로부터 제명된 근로자에 대해 해고를 하거나 다른 불이익한 취급을 할 수 없도록 규정하고 있다. '일반 행동의 자유'에 기초하여 최소한의 소극적 단결권을 인정한 것이다.

한편, 2010년부터는 불이익금지 대상에 제명뿐 아니라 '탈퇴하여 다른 노동조합을 조직하거나 다른 노동조합에 가입한 것'도 포함된다.[2)] 이러한 규정 형식은 지배적 노동조합에 대하여 제한적 조직강제를 인정하되, 노동조합 선택의 자유를 보장함으로써 일반적 조직강제의 요소를 많이 반영한 것이다.

---

1) 제3장. 제3절. 7. 참조.

2) 사업장 단위에서 복수노조가 허용됨에 따라 단결선택의 자유를 보장하기 위해 규정되었다.

4·나. 단체교섭권

(1) 의 의

단체교섭권이란 근로자가 단결하여 근로조건 기타 근로자의 대우에 관한 사항과 당사자 사이의 권리·의무에 관한 사항에 대하여 사용자와 자주적이고 집단적으로 교섭할 수 있는 권리이다.

(2) 내 용

단체교섭권에는 단체로 교섭하는 사실행위뿐 아니라 타결된 내용을 단체협약으로 체결할 권한도 포함된다. 따라서 단체교섭권을 주면서 단체협약체결권을 주지 않는 입법은 위헌이다.[1)]

(3) 효 과

정당한 단체교섭에 대해서는 민·형사상 책임이 면제된다(노조법 §3 및 §4). 사용자가 정당한 이유 없이 단체교섭을 거부하거나 게을리 하면 부당노동행위가 된다(노조법 §81).

4·다. 단체행동권

(1) 의 의

단체행동권이란 근로자가 근로조건의 유지·개선 등에 관해 자신의 요구를 관철하기 위해 사용자에 대하여 집단적으로 행동할 수 있는 권리를 말한다.

(2) 내 용

단체행동권은 쟁의권과 노동조합활동권으로 구성된다.

쟁의권은 근로자가 자신의 주장을 관철할 목적으로 업무의 정상적 운영을 저해하는 방식으로 행해지는 압력행위, 즉 파업·태업 등의 쟁의행위를 할 수 있는 권리이다.

노동조합활동권은 업무의 단체교섭이나 쟁의행위에 속하지 않는 집회의 개최 및 참가, 리본·머리띠·완장 등의 착용, 유인물 배포, 집회, 벽보 부착, 연설

---

1) 헌재 1998.2.27, 94헌바13·26, 95헌바44(병합)

등을 통해 사용자에 대하여 요구, 시위, 청원, 선전 등의 활동을 할 수 있는 대외적인 권리이다.[1]

이 권리에 대해서는 단결권에 포함된다는 견해[2]와 쟁의권과 함께 단체행동권에 포함된다는 견해[3]로 나뉜다. 노동법상 형사면책은 민사면책과 달리 단체교섭과 쟁의행위 외에 '기타의 행위'를 그 대상으로 하고 있다. 노동조합 활동이 '기타의 행위'에 포함됨은 물론이다. 쟁의권에 준하여 형사적 면책을 받을 수 있는 노동조합 활동이 있을 수 있다는 점에서 단체행동권에 포함된다는 다수설이 타당하다고 생각한다.

한편, 민사면책 조항에는 '단체교섭'과 '쟁의행위'만을 대상으로 명시되어 있으나 노동조합활동권도 대상에 포함되는 것으로 해석된다.

(3) 효 과

정당한 단체행동권의 행사에 대해서도 형사상 책임이 면제되며(노조법 §3 및 §4), 주체·목적·수단·절차가 정당한 단체행동을 이유로 해당 근로자를 불이익하게 취급하면 부당노동행위가 된다(노조법 §81).

4·라. 노동3권 간의 관계

(1) 의 의

우리 헌법이 병렬적으로 열거하거 있는 노동3권은 유기적으로 밀접하게 관련된 일체의 권리로 작용하며[4] 생존권 보호를 위해 어느 하나라도 결여되어서는 안 된다.[5] 어느 한 권리가 주어지지 않으면 다른 권리의 존재 의의가 없

---

1) 조합활동에도 정당성이 요구된다. 취업규칙이나 단체협약에 허용규정이 있어야 하고, 사용자의 승낙이 없다면 근로시간 외에 행해야 하며, 필요한 최소한도 내에서 사업장의 일부를 이용 또는 점거하는데 그쳐야 한다(대판 1993.9.28, 91다30620).

2) 임종률, 『노동법』, 2007, 20쪽; 대판 2006.5.26, 2004다62597, 전국교직원노동조합 사건, '족벌 재단 퇴진'이 적힌 조끼 등의 착용에 대해 '근로조건의 향상'과 관련이 없어 이를 제한하더라도 단결권 행사를 제한하는 것이 아니라고 보았다.

3) 김유성, 『노동법Ⅱ』, 2001, 31쪽; 이병태, 『최신노동법』, 2007, 86쪽; 대판 1990.5.15, 90도 357, "…단체행동권으로서의 쟁의권과 조합활동권이 있음은…분명할 뿐 아니라.…"라는 표현을 발견할 수 있다.

4) 김형배, 『노동법』, 2007, 138쪽, 이러한 논리를 단체교섭이나 단체협약의 체결을 전제로 하지 않는 단결권이나 단체행동권은 무의미하다는 결론으로 연결시키고 있다; 임종률, 『노동법』, 2007, 15쪽, 이러한 이유로 노동3권 대신 단결활동권이라는 표현을 쓰기도 한다.

5) 김유성, 『노동법Ⅱ』, 2001, 32쪽, 노동3권의 관계 설정은 입법재량에 속하는 것이므로 '유기적이고 밀접한 관련성'이나 '일체성'은 '어느 하나의 권리가 다른 권리에 의하여 정당성이 규정된다'는 적극적 의미로 이해할 수 없다고 보고 있다. 단체교섭권과 단결권이 분리되고 있는 예로 복수노조에 있어 근로자 과반수

어지거나 매우 제한되는 결과를 가져오기 때문이다.

병렬적으로 규정되어 있는 노동3권이 어떠한 권리를 중심으로 연계되어 있는지에 대해 단체교섭중심설과 단결권중심설로 의견이 나뉜다.

(2) 단체교섭중심설

단체교섭중심설은 단체교섭을 목적적 권리로 보고 단결권과 단체행동권을 수단적 권리로 본다. 근로자의 단결권은 단체교섭을 위한 전 단계이고, 단체행동권은 단체교섭을 보장받기 위해 필요한 권리이다.[1] 이 설에 따르면 노동3권의 정당성의 범위가 좁게 해석된다.

이 설에 따르면 근로조건과 밀접하게 관련되고, 사용자를 상대방으로 하며, 사용자에게 처분의 권한이 있는 사항을 대상으로 하여야 정당성이 인정된다. 다시 말해서 입법을 목적으로 하는 정치파업이나 다른 노동조합을 지원하기 위한 동정파업은 정당성을 인정받기 어렵다. 독일, 일본 및 우리나라에서 통설적인 견해이다.[2]

(3) 단결권중심설

단결권중심설은 단결권을 목적적 권리로 보고 단체교섭권과 단체행동권을 수단적 권리로 본다. 단결의 목적이 각 시대의 경제·사회적 조건에 따라 탄력적으로 규정되는 상황에서, 국가가 성장과 분배를 위해 규제와 조정을 할 수 있으므로(헌법 §119), 국가를 대상으로 하는 단결활동이 인정된다.

다시 말해서 노동3권을 행사함에 있어 정당성을 따질 때 '사용자의 처분 권한 여부'와 '근로조건 관련 여부'에 대해 엄격하게 해석하지 않으며 근로자의 생활이익과 관련된 사항이라면 대상이 된다.

한편, 이 설을 택하고 있는 견해도 첫째로 소득세제도나 국민건강보험제도와 같은 간접적 생활이익이 아니고 최저임금제도나 노동3권 제한과 같은 직접적인 생활과 관련된 이익이어야 하고, 둘째로 노동3권 행사 방법에 있어 시위형 파업처럼 제한적으로만 인정되어야 한다는 견해를 밝히고 있다.[3]

의 동의를 받은 노동조합에 대해 배타적 단체교섭권을 인정 [미국, 연방노동관계법 제9조 (a)]하는 것을 들고 있으며 전체적인 논리를 폄에 있어 이철수("단체교섭의 근로자측 주체에 관한 비교법적 연구", 서울대학교 박사학위 논문, 1992, 206~209쪽)는 인용하고 있다.

1) 김형배, 『노동법』, 2007, 138쪽.

2) 이상윤, 『노동법』, 2007, 68쪽.

3) 김유성, 『노동법Ⅱ』, 2001, 35쪽.

(4) 검 토

노동3권을 보장하는 목적(노조법 §1)인 '근로조건의 유지·개선'과 '경제적·사회적 지위 향상'에 현대 국가가 미치는 영향이 크더라도 처분권이 없는 사용자에게 손해를 입히는 방식으로 진행되는 노동3권의 행사에 정당성을 부여하는 것은 타당해 보이지 않는다. 노동3권은 근로자들이 사용자와 실질적인 대등성을 확보하여 노사 자치주의를 실현하는 데 그 취지가 있기 때문이다.

또한, 단결권중심설을 택하면 보호 대상으로 삼는 '근로자의 생활 이익'의 범위를 어떻게 잡을 것인지를 판단하기가 쉽지 않다. 나아가서 정치파업에 대해 노동3권의 행사로 인정하면서 시위형 파업처럼 제한적인 수단만 인정한다는 논리를 끌어내기도 어렵다.

이러한 점들을 감안할 때 단체교섭중심설이 타당하다고 생각한다. 따라서 국가를 상대로 하는 집단행동은 '근로시간이 아닌 시간'에 하는 것처럼 경영권을 침해하지 않는 범위 안에서 이루어져야 할 것이다.

단체교섭중심설을 취하더라도 단체교섭의 전제로서의 단결권이 당연히 보호된다. 나아가서 설립 중인 노동조합에 참여하는 근로자의 권리처럼 별도로 보호될 단결권이 있다.

5. 효 력

노조법은 정당한 노동3권의 행사에 대하여 민·형사 면책과 부당노동행위제도를 도입하고 있다.

국가는 소극적 또는 자유권적인 측면에서 노동3권의 행사에 대해 부당하게 지배·간섭하지 않아야 하고, 적극적 또는 생존권적인 측면에서 그 행사를 보장하여야 한다.

노동3권은 그 성립 배경을 감안할 때 국가와 국민과의 관계를 설정한 것이지 직접 국민 간의 관계를 설정한 것이 아니므로 사인(私人)들 간의 효력을 부정하는 견해가 있어 왔다. 그러나 최근에는 그러한 견해를 찾아보기 힘들고 근로권처럼 사인들 간에도 직접[1] 적용된다는 것이 통설이다. 따라서 노동3권

---

1) 민법 제103조(반사회질서의 법률행위)의 신의성실원칙이 간접적으로 적용되는 데 반해, 헌법의 평등권이나 노동3권은 침해를 전제로 하므로 직접적으로 적용된다고 해석된다.

을 행사함에 있어 근로자는 사용자나 제3자로부터 간섭을 받지 않으며, 정당한 행사의 결과로 발생한 손해에 대해 민·형사 면책이 인정된다.

6. 노동3권의 제한

6·가. 의 의

노동3권은 절대적 권리가 아니다. 권리의 성격에서 비롯되는 내면적 한계를 가지고 있으며, 헌법의 일반적 기준에 따라 제한되고, 권리의 주체나 근로 또는 사업의 성질에 따라 제한된다. 노동3권은 헌법에 규정된 다른 기본권과의 조화라는 관점에서 그 제한이 불가피하다.

그러나 노동3권은 헌법에 직접 명시된 기본권이다. 그러므로 그 제한은 필요한 최소한에 그쳐야 하고, 노동3권을 부인하거나 본질적인 내용을 침해할 수 없다.[1] 따라서 '과잉제한'은 허용되지 않는다.[2]

6·나. 내면적 제한

노동3권은 주체, 목적, 수단, 절차 등의 면에서 정당하게 행사될 때만 법적인 보호를 받을 수 있다. 예컨대 헌법 제33조 제1항은 노동3권이 '근로조건의 향상을 위하여' 자주적으로 행사되어야 한다고 규정하고 있다. 이러한 이유로 정치적 파업 등은 보장의 대상이 되지 못한다.

'노동3권이 근로조건의 향상을 위하여 행사되어야 한다.'는 제한은 헌법에 의하여 창설된 것이 아니고, 노동3권에 내재하는 본질적인 한계이다.

6·다. 일반적 유보

노동3권도 다른 기본권과 마찬가지로 국가안전보장, 질서유지 또는 '공공복리를 위하여'[3] 필요한 경우에 한하여 법률로써 제한할 수 있으며, 이 경우에 본질적인 내용을 침해할 수 없다(헌법 §37②). 이에 따라 노동3권의 제한은 노조

---

1) 김철수, 『헌법학개론』, 2003, 799쪽.
2) 헌재 1996.12.26, 90헌바19등(병합), 과거의 노동쟁의조정법상의 강제중재제도를 과잉금지원칙에 반하지 않는다고 결정하였다. 그러나 재판관 11인 중 5인은 과잉금지의 원칙을 들어 위헌이라고 판단하였다.
3) 노동3권 자체가 공공복리에 합치되는 것이므로 공공복리를 이유로 노동3권을 제한한다는 것은 불합리하다는 견해가 있으나 가능하다는 것이 통설이다(김철수, 『헌법학개론』, 2001, 798쪽).

법과 같은 집단적 노동관계법에 의해 제한[1]된다.

비상시에 대통령의 긴급재정경제처분·명령과 비상계엄선포에 의한 제한에 대해서는 의견이 갈리나 긍정설이 다수설이다[2](헌법 §76 및 §77).

6·라. 근로의 성질에 따른 제한[3]

⑴ 공무원

① 의 의

우리나라 헌법은 "공무원인 근로자는 법률이 정하는 자에 한하여 노동3권을 가진다(헌법 §33②)."고 규정하고 있다.

공무원의 노동3권을 제한하는 근거로는 첫째로 공무원의 임용행위가 공법상 계약의 성질을 갖는다는 점, 둘째로 공무원은 국민 전체에 대한 봉사자(헌법 §7)라는 점, 셋째로 업무가 공공성을 갖는 점, 넷째로 근로조건의 결정이 법률이나 예산에 의존한다는 점, 다섯째로 공무원의 보수는 근로의 대가이기도 하나 직무의 효율적 수행을 확보한다는 의미도 가지고 있는 점, 여섯째로 공무원에게는 일반근로자에게 인정되지 않는 권리와 의무가 인정된다는 점들이 거론된다.[4]

다만, '사실상 노무에 종사하는 공무원'에게는 「국가공무원법」(§66①)과 「지방공무원법」(§58①)의 규정에 따라 일반근로자와 마찬가지로 노동3권이 인정된다.

② 내 용

일반 공무원의 노동3권은 「공무원의 노동조합 설립 및 운영 등에 관한 법률[5](이하 공노법이라 한다.)」, 「국가공무원법」, 그리고 「지방공무원법」에 의하여 권리의 종류, 노동조합 가입대상, 교섭상대방, 교섭대상, 교섭방법, 단체협약의 효력, 조정·중재기관, 직권중재 등의 제한을 받는다.

이를 좀 더 구체적으로 살펴보자.

먼저, 권리의 종류를 보면 단체행동권이 주어지지 않는다.

---

1) 조합원의 투표에 의하지 않은 쟁의행위의 금지, 폭력행위 등의 금지, 중재·긴급조정시의 쟁의행위금지 등 많은 예를 들 수 있다.
2) 권영성, 『헌법학원론』, 2005, 683쪽.
3) 제9장에서 좀 더 자세히 설명한다.
4) 권영성, 『헌법학원론』, 2005, 680쪽; 이철수·김홍영, 『노동법강의』, 2005, 52쪽; 헌재 1993.3.11, 88헌마5; 헌재1992.4.28, 90헌바27-34·36-42·44-46, 92헌바15
5) 제정 2005.1.27, 법률 제7380호, 시행 2006.1.28

다음으로, 노동조합 설립 단위와 관련하여, 군 단위 이상으로 제한된다.

셋째로, 노동조합 가입대상에 대해서는 6급 이하 공무원이고 일부 공무원이 제외된다(공노법 §6①).[1]

넷째로, 교섭 상대방에 대해서는 사용자대표를 정부교섭대표[2]라는 개념으로 한정한다(공노법 §8①).

다섯째로, 교섭의 대상과 관련하여서는 법령 등에 의하여 국가 또는 지방자치단체가 그 권한으로 행하는 정책 결정에 관한 사항이 제외된다(공노법 §8①단서).

여섯째로, 교섭방법과 관련하여 복수노조가 창구단일화가 되지 않으면 사용자가 교섭에 응하지 않을 수 있다(공노법 §9④).

일곱째로, 단체협약의 효력과 관련하여 법령 또는 조례 등에 위반하면 효력이 없다(공노법 §10①).

여덟째로, 조정과 중재와 관련하여 중앙노동위원회에 공무원노동관계조정위원회를 둔다(공노법 §14).

아홉째로, '쌍방이 함께 신청한 경우'와 '공무원노동관계조정위원회전원회의'에서 중재회부의 결정을 한 경우'에는 중재를 행한다(공노법 §13).

열째로, 노사협의회 성격을 갖는 '공무원직장협의회'를 둔다.[3]

(2) 교 원

① 의 의

교원의 노동3권에 대해서는 헌법상 직접적인 제한 규정은 없으나, 헌법상 교원지위법정주의에 근거를 두고, 국가공무원법(§66①)과 사립학교법(§55)에 의하여 전면적으로 제한되어 왔다. 그러던 중 1999년에 「교원의 노동조합 설립 및 운영 등에 관한 법률(이하 교노법이라 한다.)」[4]이 제정되면서 교원에게 노동3권 중 단체행동권을 제외한 단결권·단체교섭 및 단체협약체결권이 인정된다.

---

1) 다른 공무원에 대해 지휘·감독권을 행사하는 공무원, '인사·보수'에 관한 업무를 수행하는 공무원 등 노동조합과의 관계에서 행정기관의 입장에 서서 업무를 수행하는 공무원, 교정·수사 그 밖에 이와 유사한 업무에 종사하는 공무원, 업무의 주된 내용이 노동관계의 조정·감독 등 노동조합의 조합원으로서의 지위를 가지고 수행하기에 적절하지 않다고 인정되는 업무에 종사하는 공무원이 이에 해당된다.

2) 노동조합 최소단위를 기준으로 결정된다. 즉 국회 사무총장·법원 행정처장·헌법재판소사무처장·선거관리위원회 사무총장·행정부를 대표하여 행정자치부장관·특별시장·광역시장·도지사·시장·군수·자치구청장 및 특별시·광역시·도의 교육감 중 어느 하나에 해당하는 자를 말한다.

3) 『공무원직장협의회 설립·운영에 관한 법률』, 제정 1998.2.24, 법률 제5516호, 시행 1998.1.1

4) 제정 1999. 1. 29, 법률 제5727호, 시행 1999.7.1

이처럼 노동3권을 제한하는 것은 교육자로서의 측면과 근로자로서의 측면을 모두 고려한 결과이다.

한편, 교원에 대해서는 교노법에 규정된 것을 제외하고는 원칙적으로 노조법이 적용된다.

② 제한의 이유

사립학교 교원의 노동3권을 제한에 대해 헌법재판소[1]는 먼저, 헌법의 교원 지위법정주의가 노동3권에 우선한다는 점 다음으로, 대상조치로서 교원법과 「교원지위 향상을 위한 특별법」에 의하여 신분에 걸 맞는 교직단체를 통해 경제적·사회적 지위 향상을 도모할 수 있도록 별도로 보장하고 있으므로 기본권의 본질적인 내용을 침해한 것이 아니라는 점을 들어 합헌 결정을 내렸다. 이러한 태도는 학생과 학부모가 갖는 학습권, 교원이 갖는 높은 사회적 책임 등을 감안한 것으로서 노동3권 중 단체행동권을 유보한 이유에 대한 설명으로 여전히 유효하다.

③ 내 용

교원의 노동조합 조직과 가입에 대해서는 법률로 정한다(노조법 §5).

교원의 노동3권은 교노법에 의하여 권리의 종류, 노동조합 가입대상, 노동조합 설립단위, 교섭상대방, 교섭대상, 교섭방법, 단체협약의 효력, 조정·중재기관, 직권중재 등의 제한을 받는다.

이를 좀 더 구체적으로 살펴보자.

먼저, 권리의 종류와 관련하여 단체행동권을 제외한 단결권·단체교섭 및 단체협약체결권이 인정된다.

다음으로, 노동조합 가입 대상과 관련하여 초·중등교육법에서 규정하고 있는 교원으로 한정된다[2](교노법 §2).

셋째로, 노동조합의 설립을 특별시·광역시·도 단위 또는 전국단위로 한정한다(교노법 §4①).

넷째로, 교섭 상대방인 사용자를 교육인적자원부장관, 시·도 교육감 또는 사립학교 경영자로 한정한다(교노법 §6①). 즉, 학교 차원에서의 교섭은 인정되지 않

---

1) 헌재 1991.7.22, 89헌가106

2) 대학교 교원은 적용 대상에서 제외되므로 여전히 노동조합결성권과 단체교섭권이 부인되나, 법외노조인 '교수노조'가 활동 중이다.

는다.[1)]

다섯째로, 교섭대상과 관련하여 교원정책·교육과정·교육기관의 관리운영사항 등 국민의 학습권과 직접 관련이 있는 사항은 제외한다.

여섯째로, 교섭방법과 관련하여 교섭단을 구성하여야 하며 복수노조인 경우에는 단일 교섭창구를 만들어 교섭단에 소속될 교섭위원을 선임토록 하고 있다(교노법 §6③ 및 교노령 §3).

일곱째로, 단체협약의 효력과 관련하여 법령 또는 조례 등에 위반하면 효력이 없다(교노법 §7①).

여덟째로, 조정·중재를 위하여 중앙노동위원회에 교원노동관계조정위원회를 구성한다(교노법 §11).

아홉째로, '쌍방이 신청한 경우', '조정안을 일방 또는 쌍방이 거부한 경우' 및 '중앙노동위원회 위원장이 직권 또는 노동부장관의 요청에 의하여 중재 회부를 결정 한 경우'에 중재를 행한다(교노법 §10).

6·마. 사업의 성질에 따른 제한

(1) 방위산업체 종사자

국가안보에 미치는 영향을 고려하여 우리 헌법은 "법률이 정하는 주요 방위산업체에 종사하는 근로자의 단체행동권은 법률이 정하는 바에 의해 이를 제한하거나 인정하지 아니할 수 있다(헌법 §33③)."는 조항을 두고 있다.

「방위사업법」에 의해 지정된 주요 방위산업체에 종사하는 근로자 중 전력, 용수 및 '주로 방산물자를 생산하는 업무에 종사하는 자'[2)]는 쟁의행위를 할 수 없다(노조법 §41②).[3)]

(2) 공익사업 종사자

공익사업의 조정기간은 일반사업의 조정기간인 10일보다 긴 15일이며, 필수공익사업에 대해서는 필수유지업무제도가 적용되어 부분적으로 쟁의행위의 제한을 받게 된다.

---

1) 사립학교의 경우에도 사립학교 경영자가 전국 또는 시·도 단위로 연합하여 교섭에 응하도록 하고 있다.
2) 방산물자의 완성에 필요한 제조·가공·조립·정비·재생·개량·성능검사·열처리·도장·가스취급 등의 업무에 종사하는 자를 말한다(노조령 §20).
3) 제9장. 제4절에서 자세히 설명한다.

공익사업의 경우에는 긴급조정이 가능하며, 이 경우 공표한 날로부터 30일간 쟁의행위를 할 수 없다(노조법 §77).

제2장

노동조합및노동관계조정법 총칙

제1절 의 의

제2절 근로자와 사용자

제1절 의 의

노조법은 헌법에 의한 근로자의 단결권·단체교섭권 및 단체행동권을 보장하여 근로조건의 유지·개선과 근로자의 경제적·사회적 지위의 향상을 도모하고, 노동관계를 공정하게 조정하여 노동쟁의를 예방·해결함으로써 산업평화의 유지와 국민경제의 발전에 이바지함을 목적으로 한다(노조법 §1). 이 법은 헌법의 노동기본권 중 노동3권을 근거로 노사자치주의를 실현하고자 하는 법이다.

이 법은 노동조합의 설립과 운영, 단체교섭과 단체협약, 노동쟁의의 조정, 쟁의행위 및 부당노동행위 금지를 그 내용으로 하고 있으며 집단적 노사관계의 기초가 되는 법이다. 한편, 집단적 노사관계법은 이외에도 「교원의 노동조합 설립 및 운영 등에 관한 법률」, 「공무원의 노동조합 설립 및 운영 등에 관한 법률」, 「노동위원회법」과 「근로자참여 및 협력증진에 관한 법률」이 있다.

제2절 근로자와 사용자

1. 근로자

1·가. 의 의

노조법의 적용 대상이 되는 근로자란 '직업의 종류를 불문하고 임금·급료 기타 이에 준하는 수입에 의하여 생활하는 자(노조법 §2,제1호)'를 말한다.

1·나. 판단기준

(1) 직업의 종류 불문

근로자를 판단함에 있어 '직업의 종류', '정신노동·육체노동·사무노동', '상용·일용·임시직·촉탁직·아르바이트[1) 등 근무형태', '직종·직급', '정부사업[2)·민간사업' 등은 기준이 되지 않는다.

(2) 임금 · 급료 기타 이에 준하는 수입

근로자는 임금·급료 기타 이에 준하는 수입에 의하여 생활하는 자이다. 여기서 임금·급료 기타 이에 준하는 수입이라 함은 타인에게 고용되어 근로를 제공하고 받는 보수를 말한다. 여기서 임금이라 함은 사용종속관계 아래서 제공하는 근로에 대해 사용자가 지급하는 금품을 말한다.[3) 급료는 임금과 같은 개념으로 볼 수 있다.

따라서 임금이나 급료를 받는 근로자는 근기법상 근로자에도 해당된다. 근

---

1) 근기 1451-19712, 1984.9.22, 아르바이트 학생의 근로자성을 인정하고 있다.

2) 근기 68207-2905, 2002.9.10, 국민기초생활보장법에 의한 자활근로 참여자에 대한 근로자성을 판단함에 있어 구체적인 사실관계에 따라 판단해야 한다고 하면서 자활근로참여자라 하더라도 기초생활수급자는 근로자로 보기 어려우나 차상위자는 근로자로 보고 있다. 한편 산업재해에 있어서는 기초생활수급자까지도 근로자로 본다; 다만, 이러한 지침에 대해 법제처는 차상위자도 근로자가 아니라는 유권해석을 내림으로써 정부사업이라는 이유로 근로자성을 일률적으로 부인하고 있는데 향후 법원의 태도 등이 주목된다.

3) 대판 1993.5.25, 90누1731

기법상의 근로자는 사용종속관계를 전제로 하므로 경제적 종속성뿐 아니라 인적 종속성까지 요구한다.

반면에 '기타 이에 준하는 수입'은 사업주가 아닌 개인에게 일시적으로 근로를 제공하거나 사용종속관계의 근로와 유사한 노무를 공급하는 대가로 얻는 수입을 말한다. 따라서 사용종속관계를 전제로 하지 않으므로 경제적 종속성을 갖는 경우에 해당한다고 볼 수 있다. 따라서 이러한 사람은 근기법상 근로자는 아니지만, 노조법상 근로자로 인정된다.[1]

그러나 현실적으로는 판례가 이러한 유형의 노무를 제공하는 골프장 경기보조원,[2] 학습지교사,[3] 보험모집인[4] 및 레미콘 자차기사[5] 즉 '특수고용형태 종사자' 또는 유사근로자에 대해 노조법상 근로자성을 부인하고 있다.

경제적 약자일지라도 자기계산으로 생업을 영위하는 농민이나 자영업자는 경제적 종속성마저도 없으므로 근로자에 해당하지 않으며, 노동의사가 없는 비경제활동인구도 근로자에 해당되지 않는다.

(3) 그에 의하여 생활하는 자

근로자는 임금 등의 수입에 의하여 생활하고 있거나 생활하려는 자이다. 따라서 실업자는 근기법과 달리, 노조법상으로 근로자에 포함된다는 것이 통설적인 견해이다.[6]

다만, 노조법(§2,제4호라목)은 노동조합의 소극적 요건으로 "근로자가 아닌 자의 가입을 허용하는 경우 다만, 해고된 자가 노동위원회에 부당노동행위의 구제신청을 한 경우에는 중앙노동위원회의 재심판정이 있을 때까지는 근로자가 아닌 자로 해석하여서는 아니 된다."고 규정하고 있다. 실업자는 근로자가 아니

1) 임종률, 『노동법』, 2007, 30쪽.

2) '대판 1993.5.25, 90누1731, 유성관광개발사건'이 노조법상 근로자성을 인정하였으나, '대판 1996.7.30, 95누13432, 양주CC사건'이 근기법상 근로자성을 부인하자, 뒤를 이어 하급심(서울행판 2001.9.4, 2001구6783; 서울행판 2001.8.21, 2000구30598; 서울행판 2001.11.2, 2001구20079; 서울행판 2002.2.7, 2001구33013)은 노조법상 근로자성까지 부인하고 있다.

3) 대판 2005.11.24, 2005다39136, 노조법상 근로자성을 부인하고 있다; 2000.11.20 서울지방노동청은 전국학습지산업노동조합에 대해 설립신고증을 교부하였다.

4) '대판 2000.1.28, 98두9219, 프랑스생명보험사건', '대판 1997.11.28, 97다7998' 등이 근기법상 근로자성을 부인하자, 하급심(서울고판 1991.5.16, 89구13327)이 노조법에 대해서도 근로자성을 부인하고 있다. 행정해석도 (노조 68107-997 및 998, 2000.10.30) 노동조합 설립 신고를 반려하였다.

5) 대판 1997.11.28, 97다7998 ; 대판 2003.1.10, 2002다57959, 수원CK인프라시스사건 ; 대판 2006.5.11, 2005다20910 ; 대판 2006.9.8, 2003두3871; 노조 01254-130, 1999.10.27

6) 임종률, 『노동법』, 2007, 30쪽; 김유성, 『노동법Ⅱ』, 2001, 56쪽.

라고 전제하고 있는 것이다. 그러나 이 규정은 기업별 노동조합에만 적용되므로, 산업별 또는 직종별 노동조합에 있어서는 실업자도 근로자에 포함된다.[1)]

2. 사용자

2·가. 의 의

노조법이 적용되는 사용자라 함은 '사업주, 사업 경영담당자 또는 그 사업의 근로자에 관한 사항에 대하여 사업주를 위하여 행동하는 자'를 말한다(노조법 §2, 제2호).

사용자단체라 함은 "노동관계에 관하여 그 구성원인 사용자에 대하여 조정 또는 규제할 수 있는 권한을 가진 사용자의 단체"를 말한다(노조법 §2,제3호).

한편, 항운노조처럼 근로자 공급 사업을 허가 받은 노동조합이 사용자에게 근로자를 공급하면 비록 사용자와 근로계약을 맺지 않더라도 노조법상 근로자로 인정되며,[2)] 이 경우 하역업체의 사용자는 단체교섭의무를 지는 사용자는 아니라고 해석된다.[3)]

법조문상으로 보면 노조법과 근기법의 사용자 개념과 같다. 다만, 근기법상 사용자는 근기법의 준수의무자이나 노조법상 사용자는 '노동조합의 상대방', '단체교섭 및 단체협약의 상대방'와 '부당노동행위 수규자'로서의 법률적 지위를 갖는다.

2·나. 판단기준

(1) 사업주

사업주라 함은 그 사업을 책임지고 경영하는 주체를 말하는 것으로서 개인기업에서는 기업주 개인, 법인인 경우에는 법인 자체가 되는 것이 원칙이다.

(2) 사업경영담당자

사업경영담당자라 함은 사업경영일반에 대하여 권한을 가지고 책임을 지는

---

1) 대판 2004.2.27, 2001두8568; 실업자를 포함하고 있다는 이유로 노동조합 설립신고를 반려한 처분은 위법하다.
2) 대판 1996.03.08, 94누15639
3) 대판 1997.09.05, 97누3644

자로서, 사업주로부터 사업경영의 전부 또는 일부에 대하여 포괄적인 위임을 받고 대외적으로 사업을 대표하거나 대리하는 자를 말한다.[1]

구체적으로는 주식회사의 대표이사, 합명회사 및 합자회사의 업무집행사원, 유한회사의 이사와 정리회사의 공동관리인,[2] 지배인[3] 등이 이에 해당한다. 또한 개인 기업주가 미성년자 또는 금치산자인 경우에는 그 법정대리인 또는 후견인도 사업경영담당자에 해당한다.

(3) 근로자에 관한 사항에 대하여 사업주를 위하여 행위하는 자

'근로자에 관한 사항'이라 함은 근로자의 선발·고용관리, 인사관리, 급여와 후생관리, 노무관리, 재해방지, 근로조건의 결정 등과 관련하여 구체적인 지휘·명령을 내리는 것을 말한다.

근로자에 관한 사항에 대하여 사업주나 사업경영담당자로부터 일정한 권한과 책임을 부여받은 자는 그러한 권한과 책임의 범위 내에서 사용자가 된다. 이 때 권한과 책임은 업무의 성격과 근무실태로 판단하며 부장, 과장, 계장 등 직제 상 지위나 형식적인 명칭에 따라 판단할 수 없다.

'사업주를 위하여'라 함은 반드시 '사업주의 이익을 위하여'로 해석되지는 않는다. 따라서 그 행위자가 권한을 남용하여 자신의 이익을 위해 행위 한 결과 노동법을 위반하게 된 경우에도 노동법 위반의 책임을 면할 수 없다.

---

1) 대판 88도1162, 1988.11.22, 가구제조회사의 생산관리 이사에 대하여 관리업무라는 일정 업무를 수행한 데 지나지 않음을 지적하면서 사업경영담당자로 볼 수 없어 임금체불책임을 물을 수 없다고 밝히고 있다.

2) 대판 1984.4.10, 83도1850

3) 상법 제10조.

제3장

노 동 조 합

제1절 노동조합의 조직형태

1. 개 요

노동조합은 근로자들이 자주적으로 조직한다.

노동조합의 조직형태를 '구성원 자격'을 기준으로 보면 직종별·산업별·기업별 및 일반조합으로 나뉘고, 결합방식을 기준으로 보면 단위조합과 연합체인 노동조합으로 나눌 수 있다.[1)]

이들 기준은 서로 배타적이지 않고 결합될 수 있다. 즉 '산업별 단위 노동조합', '산업별 연합단체인 노동조합', '기업별 단위 노동조합', '기업별 연합 노동조합' 등 다양한 형태로 나타날 수 있다.

한편, 노동조합의 규모에 따라 전국적 노동조합과 지역적 노동조합으로 나눌 수 있으나 지역을 한정하여 노동조합을 조직할 수 있으므로[2)] 구별의 실익은 크지 않다.

현행 노조법(§5)은 노동조합의 형태에 대해 제한을 두지 않는다.

2. 구성원 자격에 따른 유형

2·가. 직종별 조합

직종별 조합(Craft Union)은 인쇄공·선반공·전기공·목수 등 동일 직종에 속하는 근로자가 기업과 산업을 초월하여 횡적으로 결합한 노동조합으로서 특정 사용자와의 사용종속관계를 전제로 하지 않는다. 이 조합은 가장 일찍 발달한 노동조합 조직 형태로서 유럽의 숙련근로자들이 조직한 길드에서부터 유래를 찾

---

1) 대판 1993.3.23, 92누7122

2) 서울고판 1994.11.17, 93구20339, 서울시 전역의 건설 일용공을 대상으로 하여 노동조합을 결성한 데 대해 직종의 특성상 오히려 필연적이고 합리적인 조직형태로서 다른 근로자의 단결권을 침해하지 않는 것으로 보았다; 노조 68107-1076, 2001.9.21 하나의 사업에 속하면서 3개 지역으로 나누어진 사업장의 근로자들이 지역적 노동조합을 설립하는 데 대해 조직 대상의 중복이 없다면 근로자가 선택할 문제라는 견해를 제시하고 있다.

을 수 있다.

장점으로는 첫째 단체교섭의 대상과 내용이 명확하고, 둘째 공제활동까지 할 수 있으며, 셋째 조직의 단결력이 견고하여 자주성이 강하고, 넷째 실업자도 가입할 수 있어 자기 직종에서 강한 활동력을 갖는다.

반면에 단점으로는 첫째 유대가 강한 대신 배타적·독선적일 수 있어 미숙련·여성·연소근로자를 포함한 근로자 전체의 경제적·사회적 지위를 향상시키는데 한계가 있고, 둘째 조합원과 사용자와의 관계가 희박하여 개별 사업장의 실정에 맞는 교섭이 어렵다.

2-나. 산업별 조합

산업별 조합(Industrial Union)은 동종 산업에 종사하는 근로자에 의하여 직종과 기업을 넘어서 횡적으로 조직된다. 산업별 조합은 산업혁명이 진행됨에 따라 대량으로 노동시장에 진출하게 된 미숙련근로자의 권익을 보호하기 위하여 발달하였다.

장점으로는 먼저, 근로자의 근로조건과 지위를 같은 산업별로 통일적으로 개선할 수 있고, 다음으로 미숙련근로자의 권익을 잘 보호할 수 있다.

반면에 단점으로는 먼저, 내부조직이 방대하여 전체 조합원의 의사를 반영하기 어려워 단결력이 형식화될 우려가 있고, 다음으로 직종별·기업별 특수성을 반영하기 어려워 산업의 내부에서 직종 사이에 대립과 반목이 일어날 수 있다.

2-다. 기업별 조합

기업별 조합(Enterprise Union)이란 하나의 기업을 조직 단위로 하여 직종의 구별 없이 거기서 종사하는 근로자로 조직한 노동조합이다.

장점으로는 먼저, 한 기업의 근로조건을 통일적·종합적으로 결정할 수 있고, 기업특수성이 충분히 반영될 수 있다. 다음으로, 조합결성이 쉽고 참여의식이 강하다. 셋째로, 기업의 애로 사항을 노사협력으로 해결하기 쉽고, 사용자와의 관계가 긴밀하여 노사협조가 잘 이루어질 수 있다.

단점으로는 먼저, 사용자의 의사가 강하게 개입되어 노동조합의 자주성이 침해받기 쉽다. 다음으로, 특정 노조가 기업 내 조직을 독점할 수 있고, 사업장 내 분규가 상대적으로 잦다. 셋째로, 기업 내부의 각 직종 사이에 반목과 대립이 클 수 있다. 마지막으로, 조합원보다는 종업원 의식이 강하여 기업을 초월한 협력 체계를 만들기 어렵다.

산업별 조합이 기업별로 지부나 분회 등 산하조직을 두고 있거나, 기업별 조합이 산업별 조합에 가입하고 있다면 양자 간에 차이가 적을 수도 있다. 이 때 단체교섭이나 쟁의행위, 재정 기타 조합운영의 주도권을 누가 갖느냐에 따라 그 조직 형태의 특성이 좌우될 것이다.

2·라. 일반조합

일반조합(General Union)이란 직종별·산업별·기업별 조합을 만들기 어려운 근로자들이 전국 또는 일부 지역을 중심으로 직종·산업·기업을 초월하여 조직한 노동조합이다. 19세기 말에 직종별 노동조합에 가입하지 못한 교통·운수·건설 등의 분야에서 일하던 미숙련 근로자를 중심으로 이러한 조합을 결성하기 시작하였다.[1)]

일반조합은 특정 직종, 산업, 기업 등에 속하지 않는 자도 가입할 수 있어 조직의 폭이 넓다. 그러나 근로형태의 차이 때문에 조합원들의 연대의식이 약하고, 행동의 통일을 이루기도 쉽지 않으며, 단체교섭이나 단체협약에서 직종이나 기업의 특수성을 감안하기 어렵다.

2·마. 기업별 조합과 산업별 조합의 관계

(1) 선택의 실익

기업별 조합과 산업별 조합을 구분하는 실익은 단체교섭, 노동조합 활동지침의 결정 및 집행, 재정, 조합 운영 등에 있어 주도권을 하부조직이 갖느냐 아니면 상부조직이 갖느냐에 있다. 일반적으로 산업별 노동조합이 지부나 분회처럼 산하조직을 두게 되면 주도권을 상부조직인 산업별 노동조합이 갖는다. 반면에 기업별 단위 노동조합이 산업별 연합 단체에 가입하면 그 주도권을 하부조직인 단위 노동조합이 갖는다.

유럽에서는 산업별 또는 직종별 단위 노동조합이 일반적이며 오히려 기업별 단위 노동조합은 어용노조 또는 사이비 노조로 보는 경향이 있다.[2)] 유럽은 노

---

1) 이병태, 『최신노동법』, 2007, 105쪽에서 우리나라는 전국연합노동조합연맹을 그 예로 들 수 있다.
2) 임종률, 『노동법』, 2007, 40쪽.

동조합에 대한 입법 정책을 억압이나 방관에서 조성으로 전환하면서 산업별 조합을 발전시켰으며, 개개 기업에 대해서는 종업원대표제를 의무화하는 이원적 구조를 갖게 되었다.[1)]

이에 반해 미국은 기업 수준에서 노동조합의 단체교섭을 통해 근로조건 유지·개선을 도모하는 일원적인 구조를 갖게 되었다. 일본과 한국은 미국의 전통을 받아 들여 기업별 노동조합을 주된 조직 형태로 발전시켰다. 그러나 시간이 지나면서 미국은 기업별로 고충처리제도를, 일본과 한국은 노사협의제도를 도입하게 되었다.

(2) 우리나라의 입법적 변화

1953년에 처음으로 제정된 「노동조합법」은 노동조합의 조직형태에 관하여 아무 규정을 두지 않아 자유설립주의의 입장이었다. 그 후 법 개정을 통해 1963년에는 산업별 노동조합 형태를 의무화하였으나, 1973년에는 산업별 노동조합 형태에 관한 규정이 삭제되었고, 1980년에는 오히려 기업별 노동조합 형태를 의무화하였으며, 1987년에는 '기업별 노동조합 의무' 규정을 삭제하여 조직형태를 자유롭게 선택할 수 있도록 하였다.

3. 결합방식에 의한 유형

3·가. 단위 노동조합

단위 노동조합은 근로자가 개인적으로 가입하고 독자적인 규약과 기관을 가지고 활동하는 조직형태이다. 각 지역 또는 기업별로 지부나 분회를 산하조직으로 설치한 전국 단위의 노동조합을 단일조합이라고도 한다. 지부나 분회는 자주적인 결정권이 제한된다. 유럽 국가의 직업별·산업별 조합 등은 전국적인 단일조합의 형태를 갖고 있다.

3·나. 연합단체인 노동조합

연합단체인 노동조합은 산업별·기업별 단위노동조합들이 독립된 지위를 가지면서 결성한 노동조합이다. 연합단체인 노동조합에는 동종 산업[2)]의 단위 노

1) 管野和夫(이정 역), 『일본노동법』, 2007, 458쪽.
2) 2 이상의 산업에 속하는 사업 또는 사업장에 설립된 단위노동조합이 산업별 연합단체인 노동조합에 가

동조합을 구성원으로 하는 '산업별 연합단체'와 '산업별 연합단체 또는 전국 규모의 산업별 단위노동조합'[1]을 구성원으로 하는 총 연합단체가 있다(노조법 §10②).

연합단체 조직은 스스로의 규약에 따라 통일적인 단결체로서의 성격을 가지므로 단위조합 간에 단순한 협의·연락기관인 협의체조직[2]과는 구별된다.[3] 단위 노동조합은 연합단체에 가입할 것인지를 자유로이 결정할 수 있다.[4]

연합단체에 소속된 노동조합은 연합단체인 노동조합의 규약이 정하는 의무를 성실하게 이행하여야 하며, 연합단체는 소속 노동조합의 활동을 협조·지원 또는 지도할 수 있다(노조령 §8).

입하는 경우에는 그 사업 또는 사업장의 근로자수가 많은 산업의 종류에 따른다(노조령 §8) ; 노동조합이 연합단체에 소속할지 여부, 연합단체의 선택 등은 규약을 고려하여 당해 노동조합이 자율적으로 결정할 문제이므로 훈시적인 조항으로 보아야 하고, 조합원수와 근로자수가 비례하는 것도 아닌데 '근로자수가 많은 산업'으로 한 것은 합리적이지 못하다는 지적 (임종률, 『노동법』, 2007, 55쪽)이 있다.

1) 법에 이러한 개념이 도입되기 전부터 전국연합노동조합총연맹이 설립되었고, 대법원은 1993.5.25, 92누14007판결에서 인정하였다.

2) 이병태, 『최신노동법』, 2007, 107쪽; 노동조합 조직으로 볼 수 없으며, 단위조합들이 서로 연락하고 협의할 목적으로 결정된 조직체이다. 연합단체인 노동조합에 비해 결합형식이 약하고 독자적인 규약과 기관을 가지지 않는다. 시·도 지역 내 또는 재벌 그룹 내의 노동조합협의회를 예로 들 수 있다. 구체적인 예로 한국노총의 도 협의회는 사실상 연락단체로 행정관청에 신고 대상이 되지 않고 「노동조합법」상 노동조합의 권한을 가지지는 못한다. 그러나 한국노총의 규약에 정한 목적을 달성하기 위하여 대외활동 또는 사회사업을 행할 수 있을 것이다(노정노 1452.5-4261, 1967.6.10).

3) 이병태, 『최신노동법』, 2007, 106쪽.

4) 노동조합의 설립신고 대상(노조법 §10)과 규약 기재사항(노조법 §11)중 '소속된 연합단체가 있는 경우에는 그 명칭'이라는 표현을 보면 명확하다; 대판 1992.12.22, 91누6726, 신고 대상 또는 기재 사항으로 규정한 것이 연합단체에 가입이 강제하고 있는 취지가 아님을 밝히고 있다.

제2절 노동조합의 설립

1. 자유설립주의와 제한

1-가. 원 칙

근로자는 자유로이 노동조합을 조직하거나 이에 가입할 수 있다(노조법 §5). 따라서 노동조합의 설립 여부, 유형, 가입 여부 등을 근로자가 자주적으로 결정할 수 있다.

자본주의 초기에는 노동조합을 설립하기 위하여 국가의 허가를 받는 허가주의가 일반적이었다. 그러나 지금은 그러한 입법례를 찾아보기 어려우며 등록이나 신고 등 공인을 해주는 방식을 취하거나, 일정한 실체를 구비하여 활동하고 있는 것만으로 설립을 인정하기도 한다.

1-나. 공무원과 교원

교원과 공무원의 노동조합 설립에 대해서는 따로 법률로 정한다(노조법 §5).

국가공무원법 제66조 및 지방공무원법 제58조가 '사실상 노무에 종사하는 공무원'을 제외한 공무원의 노동운동을 금지하고 있었다. 이에 따라 교원과 공무원의 노동3권도 인정되지 않았으나, 1999년에 교노법이 그리고 2005년에 공노법이 제정됨에 따라 단결권과 단체교섭권이 주어지게 되었다.

1-다. 복수노조의 한시적 금지

(1) 의 의

헌법상 단결권보장을 근거로 하여 노조설립의 자유가 보장됨에도 불구하고 1997년에 제정된 노조법 이전의 「노동조합법」은 노동조합의 실질적 요건 중 소극적 요건 즉 "조직 대상을 같이 하는 경우"에 저촉된다고 하여 복수노조의 설립을 금지하였다. 그러나 현행 노조법은 복수노조를 인정하되 그 시기를 2010년 1월 1일로 유예하고 있다.[1]

---

1) 1997년에 제정된 노조법은 복수노조금지 조항을 삭제하여 연합단체인 노동조합의 복수노조를 허용하면

이에 따라 하나의 사업 또는 사업장에 노동조합이 조직되어 있는 경우에는 자유설립주의 규정(노조법 §5)에도 불구하고 2009년까지는 그 노동조합과 조직대상을 같이 하는 새로운 노동조합을 설립할 수 없으며, 행정관청은 이러한 노동조합에 대하여 그 설립신고서를 반려하여야 하고, 노동부장관은 2009년까지 유예기간이 지난 후에 적용될 교섭창구 단일화를 위한 단체교섭의 방법·절차 기타 필요한 사항을 강구하여야 한다(노조법 부칙 §5).

복수노조가 금지되는 단위는 하나의 사업 또는 사업장이므로 기업단위의 복수노조설립만 한시적으로 금지된다. 기업별 조합이 주축인 우리나라의 현실을 감안한 입법이다.

(2) 복수노조 보장의 필요성

'내부분열에 의한 단결력 약화', '노사 평화 저해', '어용노조 탄생 우려', '단체협약 체결의 어려움' 등을 근거로 복수노조를 부정적으로 보는 시각이 있다. 그러나 '근로자의 단결선택의 자유를 보장'하고, '노동조합의 자유설립주의 이념을 구현'하며, '노사자치주의를 보장'한다는 관점에서 복수노조를 보장할 필요가 있으며, 노조법도 이러한 관점에서 복수노조제도의 도입을 예정하고 있다.

(3) 복수노조 금지의 요건

복수노조의 금지 대상이 되는 노동조합은 하나의 사업 또는 사업장[1]에 이미 존립하고 있는 기존 노동조합과 새로운 노동조합이며, 모두 기업별 단위노조로 한정된다.[2] 산업별 또는 직종별 단위 노동조합은 하나의 사업 또는 사업장에 조직되어 있다고 보기 어렵기 때문이다. 그러므로 기존 노동조합과 새로운 노동조합 중 하나 이상이 연합노조이거나 초기업적 단위노조인 경우에는 복수노조 금지 규정이 적용되지 않는다.[3]

서도 실제 교섭이 이루어지는 사업장 단위에서 교섭의 혼란을 예방하기 위하여 교섭단위 단일화를 하도록 5년간 그 시행을 유보하였다. 그러나 노사정 모두 준비가 부족하여 2002년에 법 개정을 통하여 다시 5년간 유보하였음에도 불구하고 관련 조항은 시행되지 못하였다. 이 후 2006년에 다시 정치적인 이해관계가 맞물려 또 다시 그 시행을 2009년까지 3년간 유예하였기 때문이다.

1) 노조법이 복수노조 금지 조항을 삭제한 지 10년이 지났고, 계속 유예하고 있는 이유가 교섭창구 단일화라는 방법론 때문이므로 옛날의 행정해석이나 판례에도 불구하고, 하나의 사업 또는 사업장이라는 개념을 매우 엄격하게 적용하여 복수노조를 넓게 인정하는 것이 타당하다고 생각한다.

2) 임종률, 『노동법』, 2007, 53쪽.

3) 대판 1993.5.25, 92누14007; 기업별 단위노동조합의 조직 대상 근로자의 일부가 초기업적인 단위노조에

단위노조, 지부, 분회 등 명칭을 불문하고 하나의 기업 내에서 조직대상이 중복되는 복수노조를 설립할 수 없다는 행정해석[1]이 있다. 이와 관련하여 지부가 완전히 독립적이라면 복수노조가 금지된다고 보는 판례[2]도 있다. 그러나 지부나 분회를 노동조합으로 볼 수 없다는 점에서 복수노조 금지 대상이 아니라고 생각한다.

조직대상은 규약으로 정해진다. 따라서 조직대상이 중복되는지는 규약의 내용으로 판단하되, 조직형태, 노동조합원의 실체와 구성범위 등을 종합적으로 비교하여 결정하여야 한다.[3]

이 규정의 취지는 기존 노동조합과 조직 대상을 같이하는 새로운 노조의 설립을 금하는 것이므로, 기업의 합병이나 영업의 양도에 따른 복수노조는 인정된다.

또 원래는 조직대상이 다른 복수노조였으나 그 중 하나가 조직대상을 변경하여 같아지거나 중복되더라도 복수노조 금지 규정에 위배된다고 보기는 어렵다.

(4) 복수노조의 허용범위

산업별 연합단체는 동종 산업의 단위 노동조합을 구성원으로 하면 자유롭게 복수노조의 설립이 허용된다. 다만, 이 경우에도 노동조합 설립신고서를 교부받지 못한 법외조합이 포함되어 있으면 법적으로 연합단체인 노동조합에 해당되지 않는다.

총연합단체는 설립신고된 산업별 연합단체 또는 전국 규모의 산업별 단위노동조합을 구성원으로 하면 복수노조설립이 허용된다.

하나의 기업 내에서 생산직 노조·사무직 노조 등과 같이 조직대상을 달리하

가입하고 지부나 지회를 구성하였더라도 복수노조 금지 조항에 위반한다고 보기 어렵다.

1) 노사관계법제팀-1324. 2006.5.17; 노조 68107-97, 2002.1.29, 특정 사업장에 산업별 또는 지역별 노동조합의 지부가 활동하고 있다면 일부 근로자들이 새로운 노동조합을 설립하지 못한다.

2) 대판 2002.7.26, 2001두5361, 복수노조 금지대상은 기업별 단위노조이지만, 초기업 노동조합의 지부가 독자적인 규약 및 집행기관을 가지고 독립적인 단체로서 활동하면서 초기업 노동조합의 위임에 따르지 않고 독립적으로 단체교섭 및 단체협약체결 능력을 가지는 등 사실상 기업별 단위노조와 유사한 기능을 수행하고 있는 경우에는 설립이 금지되는 노동조합에 해당한다고 하는 견해이다

3) 임종률, 『노동법』, 2007, 53쪽, 기존 노조의 규약 상 가입 자격이 있는 근로자라도 그 의사에 반하여 그 노동조합의 가입이 배제되어 있다면 새로운 노조가 이들을 조직대상으로 하더라도 복수노조가 되지 않는다; 대판 2000.2.25, 98두8988; 대판 1993.5.25, 92누14007

는 노조의 설립은 허용된다. 또한, 하나의 기업에서 지역을 달리하는 공장·사업장이 여러 개 있는 경우에도 각 지역별로 노조를 설립할 수 있다.

(5) 교섭창구의 단일화

① 법적 근거

노동부장관은 2010년 1월 1일부터 적용될 교섭창구 단일화를 위해 단체교섭의 절차·방법·필요한 사항 등에 대하여 대안을 강구하여야 한다(노조법 부칙 §5③).

복수노조가 존재하더라도 그들에게 각각 독자적인 단체교섭권을 주는 자율교섭제[1)]가 헌법과 노조법의 정신인 자유설립주의의 원칙에 합당하다. 그러나 우리나라는 오랫동안 복수노조를 인정해오지 않았기 때문에 난립에 따른 혼란[2)]을 막기 위해 정부에게 대안을 마련하도록 의무화하고 있다.

② 대 안

ⓐ 과반수 교섭대표제

당해 사업 또는 사업장에 과반수로 조직된 노동조합이 있는 경우에는 그 노동조합, 과반수로 조직된 노동조합이 없는 경우에는 관련 조합원의 과반수가 참여하고, 참여한 조합원의 과반수가 찬성한 노동조합이 배타적으로 교섭대표가 되도록 하는 방안이다. 미국의 배타적 교섭대표제(exclusive representation)[3)]를 예로 들 수 있으며 많은 나라들이 채택하고 있다.

이 제도는 교섭대표권이 안정되어 교섭의 효율성을 높이고, 일반적 구속력 제도 등 다른 노동법제와 조화를 이루며, 교섭대표가 미조직 근로자까지 대표하므로 조직화에 기여하고, 조합 간의 관할권 분쟁을 적어도 일정기간 정지시킬 수 있는 장점이 있다.[4)]

그러나 선거 때문에 비용과 분쟁이 발생하고, 자율적 교섭절차가 사실상 무

---

1) 이 제도를 택하고 있는 나라는 많으나 일본이 가장 대표적이다

2) 사용자가 노동조합을 규모와 관계없이 평등하게 대하는 것이 현실적으로 쉽지 않고 어용노조를 구성하려는 시도가 이루어지기 쉬운데, 이에 대한 법원의 판단도 재량의 범위가 넓어 예측가능성이 떨어지므로 노사관계를 불안하게 할 수도 있다.

3) 전국노사관계위원회(NLRB)가 사안별로 정하는 적정한 교섭단위에서 과반수 근로자들의 지지를 얻은 노동조합이 해당 단위의 전 근로자에 대해 배타적으로 단체교섭권을 행사할 수 있는 제도이다[전국노사관계법, National Labor Relation ACT(NLRA) sec. 9(a) 참조] ; 이 제도는 오랜 노동운동과 법원, 노동위원회의 판결을 통해 형성되었다(이철수, "단체교섭의 근로자측 주체에 관한 비교법적 연구", 서울대학교 법학박사 학위논문, 1992, 86-99쪽).

4) 김진웅, "배타적 교섭대표제도에 관한 연구", 『법학논집』 제24집, 고려대학교 법학연구소, 1986, 203쪽.

의미해지며,[1] 과반수 노조의 배타적 교섭권 때문에 배제된 소수노조의 헌법상 단체교섭권이 침해될 수 있다[2]는 단점이 있다.

ⓑ 비례적 교섭대표제

조합원 수에 비례하여 교섭위원단을 구성하도록 하고, 교섭위원단이 교섭대표가 되도록 하는 방안이다. 우리나라에서 교원 노동조합이 이 제도를 택하고 있다(교노령 §3).

이 제도는 소수노조에게 교섭기회를 부여하고, 선거 비용·분쟁을 해소하며, 교섭창구단일화 '대상'과 관련한 분쟁을 줄일 수 있는 장점이 있다.

그러나 교섭위원단의 배분 기준을 설정하는 것이 입법기술상 어렵고, 교섭위원단 내부의 의견대립을 조정하기 어려우며, 교섭위원단이 소수로 구성되기 때문에 사용자의 개입 가능성 있고, 배제되는 소수노조가 여전히 존재하며, 복수노조의 현상이 오래 갈 수 있는 단점이 있다.

2. 노동조합의 요건

2·가. 개념 규정의 구조

노조법은 노동조합에 대해 대외적 자주성을 확보하기 위해 실질적인 요건을 정의 규정에 설정해 놓고, 형식적 요건으로 설립신고제도를 도입하고 있다. 실질적 요건은 다시 정의 규정의 본문에 해당되어야 하는 적극적 요건과 단서의 결격 사유에 해당되지 않아야 하는 소극적 요건으로 나뉜다.

2·나. 실질적 요건

(1) 적극적 요건

① 법적 근거

노동조합이라 함은 근로자가 주체가 되어 자주적으로 단결하여 근로조건의

---

1) 미국은 지배적 노동조합에게 권한을 몰아주기 때문에, 노동조합이 단체교섭을 게을리하는 행위는 부당노동행위가 된다.

2) 이러한 이유로 미국에서는 공정대표의무(duty of fair representation)의 법리가 판례에 의해 형성되어 있다. 공정대표의무란 단위 내 전체근로자의 이익을 차별 없이 공정하게 대표하여야 할 의무이다. 이러한 의무는 배타적 교섭제도와 불가분의 관계를 갖는다. 따라서 배타적 교섭제도 관련 조항에 직접 규정되어 있지 않더라도 교섭대표에게 공정대표의무가 함께 부과된 것으로 해석된다. 구체적으로는 자의적, 차별적 또는 불성실한 행위가 이에 해당한다.

유지·개선 기타 근로자의 경제적·사회적 지위의 향상을 도모함을 목적으로 조직하는 단체 또는 그 연합단체를 말한다(노조법 §2,제4호본문).

② 주 체

노동조합은 근로자가 주체가 되어야 한다. 근로자라 함은 '직업의 종류를 불문하고 임금, 급료 기타 이에 준하는 수입에 의하여 생활하는 자(노조법 §2,제1호)'이다.[1] 한편, '이에 준하는 수입'라고 규정하고 있으므로 지휘·명령 아래서 근로를 제공하는 관계에 있는 근로자만이 아니라 그런 관계가 예정되어 있는 실업자도 포함된다.[2]

근로자가 '주체'가 된다는 것은 노동조합의 구성원 중 거의 모두가 근로자라는 양적인 면과 노동조합의 결성에 있어서 근로자가 주도적인 위치에 있어야 한다는 질적인 면을 의미한다.

③ 자주성

노동조합은 근로자가 '자주적으로 단결하여' 조직한 단체이다. 자주적이라 함은 외부의 지배·간섭을 받지 않고 스스로 노동조합을 결성하고 관리·운영하는 것을 말한다.

외부라 함은 사용자뿐 아니라 국가·정치단체·종교단체 등을 모두 포함한다.

④ 목적성

노동조합은 '근로조건의 유지·개선 기타 근로자의 경제적·사회적 지위의 향상을 도모'함을 목적으로 하여야 한다. 이러한 요건 때문에 노동조합이 정당, 공제단체, 시민운동단체 등과 구분된다.

근로조건이라 함은 임금·근로시간 등 단체협약의 규범적 부분으로 구체화된다. '경제적·사회적 지위'는 좁은 의미의 근로조건뿐 아니라 인사관리, 복리후생, 사회보장 등이라 할지라도 근로조건과 관계가 있는 조건을 말한다.

노동조합의 주된 목적이 '근로조건의 유지·개선' 또는 '경제적·사회적 지위의 향상'에 있는 이상 그 주된 목적을 달성하기 위하여 합리적인 범위 내에서 부수적으로 공제·수양·복리사업을 행하거나 정치·사회 및 문화 활동을 하더라도 노동조합의 자격에 영향을 미치는 것은 아니다.[3] 다만, 공제·수양·복리

---

1) 제2장. 제2절. 1. 참조.

2) 김유성, 『노동법Ⅱ』, 2001, 55쪽 ; 이병태, 『최신노동법』, 2007, 109쪽 ; 임종률, 『노동법』, 2007, 42쪽.

3) 노동조합의 기능을 본질적인 기능인 경제적 기능과 부수적인 기능인 공제적·정치적 기능으로 분류하기

사업이나 정치·사회 및 문화 활동만을 목적으로 한다면 노동조합으로 볼 수 없다.

⑤ 단체성

노동조합으로 인정되려면 '단체 또는 연합단체'여야 한다. 여기서 단체라 함은 규약, 기관, 재정 등을 갖추고 계속적으로 활동하는 복수의 인적 결합체를 말한다. 따라서 조합원의 수는 원칙적으로 문제가 되지 않는다.[1] 1인인 경우에는, 그 상태가 일시적인 경우를 제외하고, 노동조합으로 인정되지 않을 수 있다. 아울러 쟁의단과 같은 일시적 단결체는 계속적이지 못하므로 노동조합에 해당되지 않는다.

연합단체 자체가 자주성, 목적성과 함께 단체성을 갖추고 있다면, 이러한 요건을 갖추지 못한 단위 노동조합이 가입하고 있더라도 이를 결격 사유로 보기는 어렵다.

한편, 노조법은 노동조합의 설립신고와 관련하여 연합단체를 "동종 산업의 단위노동조합을 구성원으로 하는 산업별 연합단체와 산업별 연합단체 또는 전국규모의 산업별 단위노동조합을 구성원으로 하는 총연합단체(노조법 §10②)"로 규정하고 있다. 그렇다면 '동종 산업별'로 조직된 경우에만 연합단체로 인정되는가? 근로자는 노동조합의 조직 형태를 자유로이 결정(노조법 §5)할 수 있으므로, 이 규정을 조직형태 제한 규정으로 보기는 어렵다.[2]

(2) 소극적 요건

① 법적 근거

'사용자 또는 항상 그의 이익을 대표하여 행동하는 자의 참가를 허용하는 경우', '경비의 주된 부분을 사용자로부터 원조 받는 경우', '공제·수양 기타 복지사업만을 목적으로 하는 경우', '근로자가 아닌 자의 가입을 허용하는 경우'[3] 및 '주로 정치운동을 목적으로 하는 경우'에는 노동조합으로 보지 아니한

도 한다. 경제적 기능은 근로조건의 유지·개선을 도모하여 근로자의 지위를 향상시키기 위한 기능이다. 노동조합은 근로자들의 복지를 위하여 필요한 기금을 마련하는 등 공제적 기능을 한다. 노동조합은 직종을 중심으로 공제조합을 만드는 데서 출발하였다. 정치적 기능은 법령의 제·개정, 정책 개선 등을 위해 활동하는 기능을 말한다.

1) 서울고판 1994.11.17, 93구20338

2) 김유성, 『노동법Ⅱ』, 2001, 59쪽.

3) 해고된 자가 노동위원회에 부당노동행위의 구제신청을 한 경우에는 중앙노동위원회의 재심판정이 있을

다(노조법 §2,제4호단서).

② 사용자 및 그 이익 대표자 참가

'사용자 또는 항상 그의 이익을 대표하여 행동하는 자의 참가를 허용하는 경우'는 노동조합의 결격 사유이다. 이들은 조합원으로서의 업무를 성실하게 수행하기가 어렵고 노동조합의 자주성이 훼손될 우려가 있기 때문이다.

사용자라 함은 '사업주·사업경영담당자·그 사업의 근로자에 관한 사항에 대하여 사업주를 위하여 행동하는 자'를 말한다.[1]

사용자의 이익을 대표하는 자는 대리, 과장, 관리직[2] 등의 명칭만이 아닌 '구체적 사실관계'를 따져서 판단하여야 한다. 일반적으로 '근로조건의 결정' 또는 '업무상 명령이나 지휘·감독'[3]에 있어 일정한 권한과 책임을 부여받은 자가 여기에 해당된다.[4] 아울러, 사용자에게 전속되어 그의 업무를 보조하는 '인사의 기획·실행·비밀취급자',[5] '사용자에게 전속되어 그의 업무를 보조하는 비서·운전사'와 '경찰과 유사한 업무를 맡는 수위',[6] '예산·회계·경리를 담당하는 자'와 '노사협의회 사용자위원·그 업무지원자·그 직상급자'[7] 등도 여기에 해당한다.

다만, 이 규정은 노동조합의 자주성과 교섭력의 균형을 확보하려는 데 그 취지가 있다.[8] 따라서 구체적으로 판단할 때에는 자주성에 어느 정도 영향을 미치는지가 고려되어야 한다.

③ 경비 원조

재정적인 측면에서 사용자로부터 자주성을 유지하기 위해 '경비의 주된 부분을 원조받는 경우'가 노동조합의 결격사유로 명시되어 있다. 경비라 함은 노동조합 운영에 소요되는 모든 비용으로서 조합활동비, 사무실유지비, 노조전임

때까지는 근로자가 아닌 자로 해석하여서는 아니 된다.

1) 제2장. 제2절. 2. 참조.

2) 노조 01254-11445, 1985.6.21

3) 간호사의 업무평가, 업무분담, 근로시간계획 등을 작성하여 집행하는 감독적 업무를 수행하는 수간호사를 사용자로 본 사례(노조 01254, 1989.9.21)가 있다.

4) 대판 1989.11.14, 88누6924

5) 노조 01254-6139, 1987,4,15

6) 노조 01254-2642, 1988.2.19

7) 노조 68107-972, 2001,8.25

8) 노조 68107-783, 2002.5.7, 이러한 취지를 인정하면서 '사용자 또는 항상 그 이익을 대표하여 행동하는 자'라 함은 인사, 급여, 후생, 노무관리 등 근로자의 근로조건을 결정하거나 사업주로부터 일정한 권한과 책임을 부여받아 업무상 지휘·감독을 하는 등 그 직무의 특성에 따라 요구되는 의무·책임이 조합원으로서의 의무·책임과 상충되는 자로 정의하고 있다.

자 급여(노조법 §24② 및 노조법 §81,제4호)[1] 등이 포함된다. '주된 부분'이라 함은 대부분이라는 뜻이므로 일부를 원조받는 것은 무방하다. 따라서 근로시간 중의 교섭에 대한 임금 지급, 후생자금 또는 복지기금의 기부, 최소한의 조합사무실 제공 등은 이에 해당되지 않는다(노조법 §81,제4호단서).

④ 공제 · 수양 기타 복리사업 목적

'근로자의 근로조건 유지·개선'이라는 '주된 목적 활동'에서 벗어나 공제·수양 기타 복지사업만을 목적으로 하는 조직은 노동조합이라고 할 수 없다. 다만, '주된 목적 활동'을 하면서 부수적으로 공제·수양 기타 복리사업을 운영하더라도 이는 결격사유가 되지 않는다. 부수적인지 여부는 규약뿐 아니라 실질적인 조합 활동을 살펴서 판단하여야 한다.

⑤ 근로자 아닌 자의 가입

ⓐ 근로자가 아닌 자

'근로자가 아닌 자의 가입'을 소극적 요건으로 열거한 것은 노동조합의 적극적 요건 중 주체에 결함이 있는 경우로서 노동조합의 자주성을 저해할 우려가 있기 때문이다.

직종별 또는 산업별 노동조합에는 실업자도 가입할 수 있으나, 기업별 노동조합에는 그 기업에 고용된 취업자만이 가입할 수 있다.

ⓑ 부당노동행위 구제신청 해고 근로자

해고된 자가 노동위원회에 부당노동행위의 구제신청을 한 경우에는 중앙노동위원회의 재심판정이 있을 때까지는 근로자가 아닌 자로 해석하여서는 안된다(노조법 §2,제4호라목단서). 이 규정은 기업별[2] 노동조합에서 사용자가 인사권의 남용으로 종업원의 지위를 박탈함으로써 조합원의 지위를 잃게 하고 조합활동을 위축시키지 못하도록 1987년에 처음으로 마련되었다.[3]

---

1) 2009.12.31일까지 한시적으로 허용된다. 노동조합과 사용자는 전임자에 대한 급여지원 규모를 노사협의에 의하여 점진적으로 줄이도록 노력하되, 이 경우 그 재원을 노동조합의 재정자립에 사용하도록 한다.

2) 김형배, 『노동법』, 2007, 670쪽; 김유성, 『노동법Ⅱ』, 2001, 64쪽; 임종률, 『노동법』, 2007, 47쪽; 이병태, 『최신노동법』, 2007, 118쪽; 대판 2004.2.27, 2001두8568 ; 노조법 제2조는 첫째로 제1호에서 근로자의 개념을 규정하고, 둘째로, 제4호 라목 본문에서 노동조합의 소극적 요건으로 근로자가 아닌 자의 가입을 허용하는 경우를 명시하고 , 셋째로 제4호 라목 단서에서 해고의 효력을 다투는 자를 근로자가 아닌 것으로 보지 말 것을 규정하고 있다. 이때 첫째 및 둘째의 경우에는 실업자까지 포함하는 개념이다. 이에 반해 셋째의 경우는 기본적으로 실업자를 배제한 후에 제한적으로 근로자로 보라는 의미를 가지고 있어 모순이라고 생각할 수 있다.

3) 법을 집행하는 과정에서 노조활동과는 무관한 징계 해고자나 정당하게 해고된 자들도 조합원의 자격을

이 규정은 해고된 자가 조합원으로서 활동할 수 있는 요건을 규정한 것이다. 다만, 조합원 자격을 인정받지 못했더라도 단체교섭의 위임(노조법 §29②)을 받아 교섭담당자로 나서거나 쟁의행위를 지원할 수 있다.

근로자가 아닌 자로 해석하여서는 안 되는 범위는 조합원 자격에 그치고 근로관계상의 '근로자 지위'나 '공법상 지위'까지 인정하려는 취지는 아니다.[1] 따라서 노동조합의 설립 또는 운영과 관련이 없는 자가 근기법상의 근로자 지위를 주장하기 위하여 해고의 효력을 다투는 경우[2]나 근참법상의 근로자위원의 자격 유무와 관련해서는 이 규정이 원용되지 않는다.[3]

조합원의 지위를 유지한다는 의미에 대해 노동조합의 설립·존속의 요건을 따질 때만 적용된다는 견해[4]와 사업장 출입, 조합임원 출마, 단체교섭 또는 쟁의행위에도 적용된다는 견해[5]로 나뉜다. 노동조합에 중요한 역할을 하는 사람이 부당하게 해고되어 조합 활동에서 배제될 수 있다는 점을 감안하여 후자가 타당하다고 생각한다.

⑥ 정치활동 목적

노동조합이 근로자의 '근로조건 유지·개선'과 '경제적·사회적 지위향상'을 도모한다는 목적성을 확보하기 위해 '주로 정치운동을 목적으로 하는 경우'를 결격사유로 규정하고 있다. 노동조합은 정당과 같이 정치적 목적을 달성하고자 하는 단체가 아니다.

다만, 주된 목적을 달성하기 위하여 부수적으로 의견표명이나 후보자초청대담·토론회 개최 등 정치활동을 하는 것은 무방하다. 그러나 노동조합은 일반

유지하기 위하여 해고의 효력을 다투는 쟁송이 일어나고 단체교섭 때마다 복직을 요구하는 등 분쟁의 대상이 되었다. 이에 따라 1997년의 제정법에서 '제한이 없던 기간'을 '중앙노동위원회 재심까지'로 한정하고, 해당자도 '부당노동행위 구제 신청을 한 자'로 좁혔다.

1) 김유성, 『노동법Ⅱ』, 2001, 65쪽; 대판 1990.3.13, 89도2399, 풍산금속사건, 산업체 근무 특례보충역의 입영처분 관련이다. 해고자에 대해 해고무효 재결 또는 판결이 나면 입영처분이 취소(대판 1990.5.8, 90누1342)되나 임의로 복귀시키면 취소되지 않는다(대판 1990.5.11, 90누1335); 대판 1991.11.8, 91도326; 대판 1993.6.8, 92다42354, 대우전자사건, 사원아파트 퇴거 거부 사건이다.

2) 노사 68130-339, 1955.11.14.

3) 이상윤, 『노동법』, 2007, 514쪽. 사용자와의 근로계약관계를 맺고 있는 근로자에 한정되기 때문이다(법제처유권해석, 일국1101-304, 1955.11.6).

4) 김형배, 『노동법』, 2007, 672쪽 ; 노조 01254, 1988.11.23

5) 김유성, 『노동법Ⅱ』, 2001, 65쪽; 이병태, 『최신노동법』, 2002, 119쪽 ; 이상윤, 『노동법』, 2007, 572쪽 ; 대판(전합) 1990.11.27, 89도1579 ; 대판 1992.3.31, 91다14413, 노조위원장의 활동을 인정하였다; 노조 68112-559, 1993.5.19, 전원합의체 판결을 따라 입장을 변경하였다.

단체와 마찬가지로 정치자금을 기부할 수 없다.[1)]

(3) 적극적 요건과 소극적 요건의 관계

적극적 요건에 해당하지 않거나 소극적 요건 중 어느 하나에 해당하면 실질적 요건을 충족하지 못하였다고 보는 것이 원칙이다. 그러나 소극적 요건 중 어느 한 항목에 문제가 있다 하여 실질적 요건을 바로 부정하지 말고 적극적 요건을 충족하여 전체적으로 보아 자주성과 민주성을 확보하고 있는지 그리고 문제가 된 항목이 조합의 자주성과 민주성을 부정할 정도로 심각한지 여부를 살펴 종합적으로 판단하여야 할 것이다.[2)]

2·다. 형식적 요건

(1) 취 지

우리나라는 노동조합의 설립과 관련하여 실질적 요건 즉 '대외적 자주성'과 '대내적 민주성'을 갖추고, 행정관청에 신고하여야 하며(노조법 §10), 주요 선진국과 마찬가지로[3)] 행정관청이 이를 심사하는(노조법 §12) 설립신고·심사제도를 취하고 있다.

그러나 설립신고·심사제도는 설립신고증을 받아야 신고서 제출 시점으로 소급하여 노동조합으로 성립하고, 노동조합의 실질적 요건 중 소극적 요건을 심사하도록 되어 있는 등 인가주의적인 요소를 내포하고 있어 자유설립주의(노조법 §5)와 충돌한다. 이에 따라 '행정관청의 심사가 신고 서류에 대한 형식적 심사에 그치는가 아니면 사실 여부를 가리는 실질적 심사를 포함하는가?'가 쟁점이 되고 있다.

---

1) 1997년 제정법에서 구 「노동조합법」상 정치활동 제한 규정을 삭제하였으나 정치자금법에 의하여 금지된다. 헌법재판소는 노동조합의 정치자금기부 금지를 규정한 구정치자금법 제12조 제5호는 결사의 자유 및 표현의 자유를 침해할 뿐만 아니라 평등원칙에도 위반되는 위헌적인 규정으로 판시(헌재 1999.11.25, 95헌마154)했으나, 여전히 정치자금법 제31조(외국인, 국내·외의 법인 또는 단체는 정치자금을 기부할 수 없다.)에 의해 금지된다.

2) 같은 의견; 이병태, 『최신노동법』, 2007, 128면; 하경효, 『노동법사례연습』, 박영사, 2002, 32쪽.

3) 이상윤, 『노동법』, 2007, 519쪽, 일본에서는 노동위원회가 노조의 성립요건에 대해 심사를 하고 있으며 노동조합은 관련 증거를 제출하여 이를 입증하여야 한다(노동조합법 §5). 영국은 확인관의 검사를 충족한 경우에 노동조합 명부에 등재한다[Trade Union and Labour Relations(Consolidation) Act of 1992, 제1장]. 프랑스는 검사가 심사하고 설립요건을 충족하지 못한 조합에 대하여 공소를 통해 법원이 해산을 선고한다(노동법전 L.411-3조, L.481-3조). 미국에서는 노동조합 설립이 자유이나 전국노사관계위원회(NLRB)로부터 요건을 인정받은 노조만이 배타적 단체교섭권을 행사할 수 있다 (NLRA §9).

(2) 설립신고

① 내 용

ⓐ 개 요

노동조합을 설립하고자 하는 자는 설립신고서에 기재할 사항을 기재한 후 조합 규약을 첨부하여 행정관청에 설립신고를 하고, 행정관청은 이를 심사하여 노동조합의 설립에 결함이 없다고 판단되면 접수한 때로부터 3일 이내에 신고증을 교부하고, 신고증이 교부되면 설립신고서가 접수된 때에 노동조합이 설립된 것으로 본다(노조법 §12).

ⓑ 주 체

신고주체는 단위노조 및 노동조합 연합단체이다. 노조법(§10②)은 "연합단체라 함은 동종 산업의 단위노동조합을 구성원으로 하는 산업별 연합단체와 산업별 연합단체 또는 전국규모의 산업별 단위노동조합을 구성원으로 하는 총연합단체를 말한다."고 규정하고 있다. 이 조항은 예시조항으로 보는 것이 타당하다. 따라서 '동종 산업'이 아닌 형태의 노동조합 조직이 가능하고, '산업별 연합단체'와 '총 연합단체'가 아니라도 지역별 연합단체, 직업별 단위노조, 연합 단위노조도 설립신고를 하여야 한다.

한편, 노조령(§7)은 "근로조건의 결정권이 있는 독립된 사업 또는 사업장에 조직된 노동단체는 지부·분회 등 이름이 어떠하든 간에 노동조합의 설립신고를 할 수 있다"고 규정하고 있다. 지부·분회 등은 노동조합의 내부기관이다. 그럼에도 불구하고 시행령에 '지부·분회 등'을 예시하는 것은 '기업별 산하조직을 강화하도록 유도'한다거나 '자유설립주의를 침해'한다는 비판[1]의 여지가 있다.

따라서 명칭만 그러할 뿐 독립된 단체로서의 실체가 있고 상급단체에도 단체의 자격으로 가입되어 있는 경우에 설립신고가 가능할 것이다.

ⓒ 신고기관

설립신고는 행정관청에 하여야 한다. 연합단체인 노동조합과 2 이상의 특별시·광역시·도·특별자치도에 걸치는 단위노동조합은 노동부장관에게, 2 이상의 시·군·자치구에 걸치는 단위노동조합은 특별시장·광역시장·도지사에게, 그 외

---

1) 임종률, 『노동법』, 2007, 52쪽; 김형배, 『노동법』, 2007, 686쪽.

의 노동조합은 특별자치도지사·시장·군수·자치구청장에게 제출한다.

ⓓ 제출서류 및 기재사항

노동조합을 설립하려는 자는 규약이 첨부된 설립신고서를 제출하여야 한다.

설립신고서에는 명칭, 주된 사무소의 소재지, 조합원 수, 임원의 성명과 주소, 소속된 연합단체가 있는 경우에는 그 명칭, 연합단체인 노동조합에 있어서는 그 구성노동단체의 명칭·조합원 수·주된 사무소의 소재지 및 임원의 성명과 주소를 기재하여야 한다(노조법 §10①).[1)]

규약에는 노조법(§11)에 명시되어 있는 필수적 기재사항[2)]이 기재되어 있어야 한다. 다만, 규약에서는 대강의 개요만 정하고 총회 또는 집행위원회의 결정에 따른다고 위임할 수 있다.[3)]

(3) 설립심사

① 처 리

노동조합은 스스로 자주성과 민주성을 법이 마련한 절차(노조법 §10,§11,§12) 즉, 심사제도에 따라 확인 또는 증명을 하여야 한다.[4)] 행정관청은 법이 마련한 절차에 따라 접수된 신고를 심사를 하게 되며, 요건에 따라 각각 그 처리에 차이가 있다.

먼저, 노동조합이 요건을 충족하고 있으면 3일 내에 신고증을 교부한다. 행정관청은 신고증을 교부한 사실을 관할 노동위원회와 당해 사업 또는 사업장의 사용자나 사용자단체에 통보하여야 한다(노조령 §9③).

다음으로, '노동조합의 실질적 요건 중 소극적 요건(노조법 §2,제4호단서)'[5)]에 해당되면 반려한다(노조법 §12③).

셋째로, 절차적 요건인 '설립신고서에 규약첨부 여부와 규약의 기재사항이

---

1) 구체적인 제출서류는 규칙(노조칙 §2)에 명시되어 있다. 설립신고서는 설립총회 개최시기, 장소 및 참석인원 등이 포함된 별지(1호) 서식이고, 첨부해야 할 서류는 '규약 1부', '임원의 성명 및 주소록 1부', '구성노동단체의 명칭, 조합원 수, 주된 사무소의 소재지 및 임원의 성명, 주소(연합단체인 노동조합에 한한다)' 및 '사업 또는 사업장별 명칭, 조합원 수, 대표자의 성명(2 이상의 사업 또는 사업장의 근로자로 구성된 단위노동조합에 한한다)'이다.

2) '제3장. 제3절. 2·다'의 각주에 15가지 사항을 열거하였다.

3) 임종률, 『노동법』, 2007, 55쪽.

4) 김형배, 『노동법』, 2007, 690쪽.

5) 2009년 12월 31일까지는 이미 조직되어 있는 노동조합과 조직대상을 같이하는 새로운 노동조합을 설립한 경우에도 반려사유가 된다.

누락되었거나 허위사실'인 경우와 '임원의 선거 또는 규약의 제정절차가 법정한 절차(노조법 §16②,③,④ 또는 §23①)를 위반'[1] 한 경우는 절차적 요건의 위반으로 20일 이내의 기간을 정하여 보완을 요구하여야 한다(노조령 §9①). 이 경우 보완된 설립신고서 또는 규약을 접수한 때에는 3일 이내에 신고증을 교부하여야 한다. 만약 20일 이내에 보완을 하지 않으면, 행정관청은 설립신고서를 반려하여야 한다.

마지막으로, 노동조합이 설립신고증을 교부받은 후 설립신고서의 반려사유가 발생한 경우에는 행정관청은 30일간의 기간을 정하여 그 시정을 요구하고, 그 기간 내에 이를 이행하지 아니하는 경우에는 당해 노동조합에 대하여 노동조합으로서의 자격이 없음을 통보하여야 한다(노조령 §9②).

② 학 설

노동조합의 설립심사의 대상에 대해서는 형식적 심사설, 실질적 심사설 그리고 혼합설로 의견이 나뉜다.

형식적 심사설에 따르면, 행정관청은 설립신고서와 규약을 기준으로 하여 '필요한 내용의 기재 여부' 및 '서류의 구비 여부'를 심사하는 등 요식행위에 그쳐야 하며, 실제로 당해 노동조합이 그 규약대로 운영되느냐는 심사할 수 없다.

실질적 심사설에 따르면, 행정관청은 '설립요건을 실제로 충족시키는지', 즉 민주성 및 자주성을 갖추고 있는지를 실제로 파악하여야 한다.[2] 판례도 노동조합의 설립신고와 관련하여 행정관청에 광범한 재량의 여지를 인정하는 등 행정관청이 신고 서류의 내용에 대해 실질적 심사권을 가진다고 판시하고 있다.[3]

혼합설에 따르면, 행정관청은 자주성에 대해서는 형식적 심사를, 민주성에 대해서는 실질적 심사를 하여야 한다.[4]

현행 법체계는 노동조합의 설립에 대하여 자유설립주의를 선언하고 있음에도 불구하고 행정관청의 실질적 심사를 받도록 하고 있음을 부인하기 어렵다.

---

1) 규약의 제정은 창립 조합원 과반수의 출석과 출석 3분의 2 이상의 찬성을, 임원 선거는 원칙적으로 과반수 출석과 과반수 찬성을 얻어야 하며 둘 모두 직접·비밀·무기명 투표에 의해야 하며(노조법 §16②③④), 임원은 조합원 중에 선출하여야 한다 (노조법 §23①).

2) 이상윤, 『노동법』, 2007, 523쪽.

3) 대판 1979.12.11, 76누189, 한국일보사건.

4) 김형배, 『노동법』, 2007, 690쪽, 규약 및 신고서의 기재사항 중 누락된 것, 선거 또는 규약의 제정 등은 형식적 심사 대상이다. 그러나 노동조합의 실질적 요건 중 소극적 요건에 대해서는 실질적 심사 대상이나 상급단체인 연합노조에 대해서는 한계가 있다고 지적한다; 임종률, 『노동법』, 2007, 57쪽, 선거 또는 규약 제정의 위법성은 실질적 심사 대상이고, 노동조합의 실질적 요건 중 소극적 요건은 형식적 심사 대상으로 보고 있다.

그 이유는 우선 심사대상에 '근로자가 아닌 자', '사용자 및 이익 대표자', '복수 노조 해당 여부', '경비의 주된 부분 원조' 등 '노동조합의 실질적 요건 중 소극적 요건'이 포함되어 있는데, 제출해야 될 서류에 이러한 내용을 파악할 수 있는 자료가 포함되지 않은 상황에서 서류 외의 요소를 가지고 판단하는 것이 불가피하기 때문이다. 다음으로, '기재사항 중 허위사실' 역시 제출된 서류만 가지고 판단하는 것은 무리이며 실질적 심사가 없이는 밝혀지기 어렵기 때문이다. 한편, 심사 대상 항목에 따라 심사 방법을 달리하는 혼합설의 취지에는 공감이 간다. 그러나 여러 항목을 자주성 항목과 민주성 항목으로 나누는 것이 쉽지가 않다. 예컨대, 혼합설 사이에도 형식적 심사 대상을 자주성 관련 항목으로 할 것인지 아니면 민주성 관련 항목으로 해야 할 것인지에 대해서도 의견이 나뉘고 있다. 따라서 그 취지에도 불구하고 수용하는 데 한계가 있다고 생각한다. 따라서 실질적 심사설을 따르되 그 한계를 검토하는 것이 오히려 의미가 있을 것이다.

③ 심사권의 한계

심사기간을 3일로 하고 있는 상태에서 제출받는 서류는 매우 제한적이다. 이는 심사가 자의적으로 이루어지고 나아가서 인가나 허가제도에 가깝게 운용될 수 있음을 의미한다.1)

아울러 신고증이 교부되기까지는 노동조합이 비밀로 취급하고자 하는 부분도 있을 수 있다. 따라서 형식적 심사를 원칙으로 하고 실질적 심사에 대해서는 '최소한의 원칙', '과잉금지의 원칙' 및 '자주권의 본질적 침해금지의 원칙'을 적용하여 꼭 필요한 경우에 시행하여야 할 것이다.

3. 설립효과와 법외 조합

3·가. 의 의

1) 임종률, 『노동법』, 2007, 57쪽, 심사대상이 광범위한 점 등 현행제도에서 입법론적으로 재검토될 필요성을 지적하고 있다. 예컨대 규약에 대해서는 기재사항 누락 여부 외에 노동조합의 목적, 구성원, 경비조달, 규약개정 및 임원선거 방법, 해산 관련 사항 등이 위법한지를 포함하고, 이를 위해 규약의 기재 사항을 보완하여야 한다는 것이다. 구체적으로는 임원선거 방법의 위법성 판단과 규약의 제정 절차(총회 의결사항에서도 제외)를 심사 대상서 제외하는 것을 제안하고 있다. 사단법인도 정관 제정은 설립자가 하고 총회는 변경만 할 뿐이므로(민법 §40 및 §42), 뜻을 같이하는 창립조합원들의 규약 제정에 대해 의결 방법을 문제 삼을 필요가 없다는 이유에서이다. 한편 기재사항의 허위는 신고증 교부 후에 발견될 수 있으므로 신고증 철회의 사유에도 포함하자는 의견도 제시하고 있다.

'이 법에 의하여 설립된 노동조합이 아니면' 노동위원회에 노동쟁의의 조정 및 부당노동행위의 구제를 신청하지 못하고 노동조합이라는 명칭을 사용할 수 없다(노조법 §7①,③). 여기서 '이 법에 의한 노동조합'이라 함은 노동조합의 실질적 요건(노조법 §2,제4호)을 갖추고 설립신고증을 교부(노조법 §12④)받아 설립된 노동조합으로 '법내조합'[1]이라고 부른다. 법내조합에 대해서는 헌법과 노동법상 특별 보호가 모두 적용된다는 데 대해 이의가 없다.

한편, 법내조합의 요건을 갖추지 못한 조합은 크게 두 가지 유형으로 나눌 수 있다. 첫째 유형은 '설립신고증을 받았든[2] 받지 않았든 간에, 실질적 요건 중 적극적 요건을 갖추지 못한 조합'이다. 둘째 유형은 '실질적 요건 중 적극적 요건을 갖추었으나, 설립신고서를 제출하지 않거나 반려되어 설립신고증을 받지 못한 조합'이다.

여기서 첫째 유형은 노동조합의 본질적인 요건인 자주성을 갖추지 못하였으므로 헌법이나 노동법에서 말하는 노동조합이 아니다. 이처럼 노동조합이 아닌 단체에 대해서는 노동법은 물론이고 헌법상으로도 노동3권에 대한 특별 보호를 받을 수 없다는 것이 통설이다.[3]

한편, 둘째 유형은 신고증이 없어 '이 법에 의해 설립된 노동조합'은 아니지만 실질적 요건 중 적극적 요건[4]을 갖추었으므로 노동조합이라는 사실 자체를 부정하기 어렵다. 따라서 이러한 노동조합은 '이 법에 의해 설립된 노동조합'이 아닌 노동조합 즉 '법외조합'[5]으로 볼 수 있다.[6]

---

1) 임종률, 『노동법』, 2007, 60쪽, 신고증 교부 여부만을 요건으로 하여 개념을 정리하고 있다. 따라서 실질적 요건을 충족하지 못하면서 형식적 요건을 충족 못한 경우도 법외노조로 인정하고 있다.

2) 대판 1996.6.28, 93도855, 삼성중공업노조사건, '제3자 개입 금지' 위반 관련이다.

3) 임종률, 『노동법』, 2007, 63쪽; 이상윤, 『노동법』, 2007, 526쪽; 이병태, 『최신노동법』, 2007, 128쪽; 이철수·김홍영, 『노동법강의』, 2005, 399쪽 등.

4) 뒤의 각주에서 예를 든 것처럼 학자들 사이에 '적극적 요건만 포함할지' 아니면 '소극적 요건을 포함한 실질적 요건을 모두 포함할지'에 대하여 의견이 다르며 그러한 구분을 명확히 하지 않고 사용하는 경우도 발견된다.

5) 임종률, 『노동법』, 2007, 60~63쪽, 법외조합이라는 표현을 쓰면서 적극적 요건까지 결여한 경우에 대해서는 무자격노조 또는 비자주 조합이라고 한다. 법외조합에 대해서도 '헌법상의 조합' 또는 자주조합이라는 표현도 쓰고 있다 ; 이병태, 『최신노동법』, 2007, 126쪽, 무자격노조와 혼용하여 법외조합이라는 표현을 같은 의미로 쓰고 있다. 그러나 그 개념을 형식적 요건을 갖추지 못한 경우와 형식적 요건을 갖추더라도 실질적 요건을 갖추지 못한 경우를 포함하고 있다; 김유성, 『노동법Ⅱ』, 2001, 59쪽, 헌법상 단결체라는 표현을 쓰고 있다 ; 김형배, 『노동법』, 2007, 692쪽, '노조법상의 노동조합이 아닌 단체'라는 표현을 쓰고 있다. 그 개념도 자주성(노조법 §2,제4호)을 갖추었으나 설립신고절차를 완료하지 못한 단체로 좁게 보고 있다.

6) 법외조합이 신고증을 갖추지 못한 이유는 실질적 요건 중 소극적 요건이 '충족된 경우'와 '충족되지 않은 경우' 두 가지로 나누어 볼 수 있다. '충족된 경우'에는 노동조합으로의 자주성을 완전하게 인정할 수 있

3·나. 법외조합의 보호

노동조합의 실질적 요건이건 형식적 요건이건 어느 한 쪽을 충족하지 않으면 이는 무자격노조로서 '법내노조'가 아니다. 한편 '법외조합'은 노동법은 물론이고 헌법적 보호도 받을 수 없다는 견해[1]가 있으며 이러한 견해는 판례[2]와 행정해석[3]의 입장이기도 하다.

그러나 헌법 33조 제1항은 노조법보다 넓게 노동기본권을 인정하고 있는 것으로 해석된다.[4] 따라서 '이 법에 의하여 설립된 노동조합(노조법 §7①)'이라는 개념은 법에 정한 요건을 갖추도록 하기 위하여 일정한 불이익을 부과하려는 취지이지 노동기본권을 박탈하려는 취지는 아니다.

따라서 법외조합에게는 민사상 면책(노조법 §3)과 형사상 면책(노조법 §4)이 인정된다. 또한 단체교섭 및 단체협약 체결자격(노조법 §29①)도 인정되나 사용자의 교섭 거부는 부당노동행위에 해당하지 않는다(노조법 §7①,②). 아울러 단체의 일상적인 단체 활동도 가능하다.[5]

3·다. 법외조합이 받는 불이익

(1) 법에 명시된 사항

노조법과 『직업안정법(이하 직안법이라 한다.)』은 법외조합에 적용되지 않는 보호를 직·간접적으로 명시하고 있다.

우선, 법외조합은 노동위원회에 노동쟁의의 조정을 신청할 수 없다(노조법 §7①). 이는 노동위원회가 행하는 조정, 중재 등의 공적 서비스를 제공받을 수 없음을 의미한다. 그렇다면 그 효과는 무엇인가? 조정 신청을 할 수 없으므로

다. 다만, '충족되지 않은 경우' 는 그 자주성이 완전하지 못하다. 그럼에도 불구하고 적극적 요건을 갖추고 있다면 소극적 요건 중 일부에 문제가 있더라도 전체적으로 보아 자주성을 해칠 정도가 아니라면 실질적 요건 전체를 부정하기는 어렵다. 그러한 의미에서 신고증이 없으면서 적극적 요소를 갖춘 경우를 법외조합이라고 정의하였다.

1) 이상윤, 『노동법』, 2007, 526쪽, '다른 어떠한 이름이건 간에 노동조합이 아닌 조직'도 마찬가지이다; 이영희, 『노동법』, 법문사, 2002, 157쪽.

2) 대판 1979.12.11, 76누189

3) 교수노조처럼 법외조합이 있으나 단체교섭이 이루어지지 않고 있다는 점에서 노동3권 행사와 관련한 법적 보호 문제가 대두되지는 않고 있다.

4) 김유성, 『노동법Ⅱ』, 2001, 59쪽; 이병태, 『최신노동법』, 2007, 128쪽; 임종률, 『노동법』, 2007, 60~63쪽; 김형배, 『노동법』, 2007, 692쪽; 이철수·김홍영, 『노동법강의』, 2005, 399쪽 등.

5) 대판 1979.12.11, 76누189, 설립신고서를 반려받은 '인적집합체'는 사회적 실체로서 소송의 당사자자격이 있다.

조정전치의무(노조법 §45②) 등 조정절차에 관한 조항들이 적용되지 않으며, 조정을 거치지 않은 채 쟁의행위를 하더라도 위법이 아니라는 견해[1]가 있다. 그러나 관련 조항이 '조정의 신청'만 제한하고 있고 다른 조정 절차에 대해서는 제한을 하지 않고 있다. 따라서 조정을 신청하지 못해 조정절차를 거치지 못한 법외조합의 쟁의행위는 '조정전치를 거치지 않은 쟁의행위'의 법리를 따라야 할 것이다. 다만, 법외조합이라도 사적 조정·중재(노조법 §52)를 받을 수 있으므로 이를 통해 조정전치의무를 이행할 수 있을 것이다.

다음으로, 법외조합은 노동위원회에 부당노동행위의 구제를 신청할 수 없으며, 근로자가 개인자격으로 비열계약과 불이익취급(노조법 §81,제1호·2호·5호)의 구제 신청을 할 수 있을 뿐이다(노조법 §7①). 다시 말해서 노동조합 차원에서 비열계약과 불이익취급에 대해 구제 신청을 하지 못하며, '단체교섭의 거부' 및 '지배개입 또는 원조'(노조법 §81,제3호·4호)도 구제 신청 대상이 아니다.

셋째로, 법외조합은 노동조합이라는 명칭을 사용하지 못하며(노조법 §7③), 이를 위반하면 500만원 이하의 벌금에 처해질 수 있다(노조법 §93).

넷째로, 법외조합은 법인이 될 수 없다. 법인이 되기 위해서는 설립신고증을 첨부하여 등기를 해야 하기 때문이다(노조법 §6①② 및 노조령 §4).

다섯째로, 법외조합은 근로자공급사업(직안법 §33)의 허가를 받을 자격이 없다. 허가 대상을 '노조법에 의한 노동조합'으로 한정하고 있기 때문이다.

(2) 기타 사항

노동법에 규정된 성질이나 취지를 감안할 때 법외조합에 적용되기 어려운 보호가 있다.

우선, 법외조합에게 노동위원회나 행정기관의 공인을 전제로 한 권리·보호·수혜에 관한 규정을 적용하기 어렵다. 예컨대 조세면제(노조법 §8), 노동위원회 위원 추천(노위법 §6), 쟁의행위기간 중의 구속제한(노조법 §39)은 적용되지 않는다. 안전보호시설 운영의 정지·폐지·방해 행위 중지명령(노조법 §42)도 적용되지 않는다는 견해[2]가 있으나, 이 규정이 인명 피해 또는 심각한 위험으로부터 예방을 목적으로 한다는 점과 법외조합에 혜택을 주는 조항이 아니라는 점 등을

---

1) 임종률, 『노동법』, 2007, 61쪽, 법외조합이 법내조합보다 더 쉽게 쟁의행위를 할 수 있는 모순에 대해 조정절차가 쟁의행위를 제한하는 장치로 변모되어 있는 데서 비롯된 것이라고 설명한다.

2) 임종률, 『노동법』, 2007, 61쪽.

감안하여 적용되어야 한다고 생각한다.

다음으로, 자주성과 민주성이 모두 충족된 법내조합을 전제로 하여 사인 간의 관계에 확대되어 적용되는 권리나 보호는 수혜받기가 어렵다고 해석된다. 이에 따라 대체근로의 제한(노조법 §43①)은 적용되지 않으므로 대체근로가 항상 가능하다. 사업장 단위[1] 및 지역적 단위 구속력 확장(노조법 §35 및 §36) 또한 적용되기 어려울 것이다.

4. 노동조합의 설립시기

4·가. 의 의

노동조합이 신고증을 교부받은 경우에는 설립신고서가 접수된 때에 설립된 것으로 본다(노조법 §12④). 이 규정은 두 가지의 의문을 불러일으킨다.[2] 첫 번째는 '신고증이 교부되어야 노동조합이 설립되는 것이고 교부되지 않으면 노동조합이 설립되지 않는지'에 대한 의문이다. 두 번째 의문으로는 '설립시기를 설립신고서가 접수된 때로 소급하는 조항의 성격이 무엇인지'를 들 수 있다.

4·나. 신고증과 설립 요건

노동조합은 '신고증을 교부받은 경우(노조법 §12④)'에 신고서가 접수된 때로 소급하여 설립된 것으로 본다. 다시 말해서 교부를 받지 못하면 노동조합은 설립된 것으로 간주되지 않는다. 신고서를 제출하지 않았거나, 제출했음에도 반려되었다면 법외조합으로 남는다.

4·다. 설립시기와 소급의 법적 효과

법내조합의 설립시기는 설립신고서가 접수된 때[3]이다.[4]

---

1) 같은 의견, 이병태, 『최신노동법』, 2007, 128쪽; 다른 의견, 임종률, 『노동법』, 2007, 63쪽, 실질적 요건을 충족한다면 효력이 있다고 본다.

2) 1996년 12월 31에 신설된 이 조항을 노조의 설립을 제한하려는 구시대 유산이라는 비판 (이병태, 『최신노동법』, 2007, 125쪽)이 있다. 그 이유는 "첫째, 노조 자유설립주의(헌법 §33①, 노조법 §5)와 상치되고 둘째, 신고의 개념에 신고증 교부행위까지 포함시키는 것은 법리상 문제가 있고 셋째, 정지조건부인지 해제조건부인지 해석의 혼란을 자초하고 있다"로 정리된다.

3) 신고시설, 접수시설, 신고증교부시설 등의 논란이 있었으나 관련 조항이 신설되어 입법적으로 해결되었다.

4) 한편 2009년 까지 적용되는 복수노조 금지와 관련하여 두 개의 기업별 노조가 거의 동시에 설립신고서를 제

이는 요건을 실제로 갖추고 있는 확실한 시점으로 노동조합의 설립시기를 앞당기는 효과를 가져 온다. 이때 그 효과에 대해 의견이 나뉜다. 첫째로, 신고증 교부를 정지조건으로 하여 신고서를 접수한 때에 노동조합이 성립한다는 '신고증 교부 정지조건부 접수시설'이 있다.[1] 다음으로, 신고증이 교부되지 않는 것을 해제 조건으로 하여 노동조합은 신고서를 접수한 때부터 성립하나 신고증이 반려되면 소급하여 노동조합이 성립하지 않는다는 '신고증 불교부 해제조건부 접수시설'이 있다.[2]

이러한 논의는 설립심사 중인 기간의 노동조합 지위와 관련하여 실익이 있다. 앞의 두 가지 설은 모두 설립기간 중에 법내조합의 자격을 인정하는 결과를 가져온다.

그러나 설립심사 중인 단체는 '이 법에 의하여 설립된 노동조합'이 아니라는 법내조합으로 보기 어렵다. 따라서 법외조합에 대해 헌법상 단결권까지 부인하는 것이 아니라는 점을 감안하면, 심사기간은 법외조합 기간이라 봄이 타당하다. 다만, 그 심사 기간 동안에 법내조합으로 행한 일이 있다면 소급해서 추인되는 효과에 그칠 것이다.

한편, 노동조합 설립일이 이와 같이 법에 정해져 있으므로 내부적으로 설립총회 개최일을 창립일로 기념하더라도 이를 공식적인 설립일로 보지 않는다.

행정관청이 보완이나 반려의 의사표시 없이 3일 이내에 설립신고증을 교부하지 않은 경우 노동조합이 설립되지 않은 것이라는 판례[3]가 있다. 그러나 특별한 흠이 없거나, 사회통념상 합리적인 이유가 없이 반려 또는 보완의 의사표시를 하지 않은 채로 3일 내에 신고증을 교부하지 않은 때에는 단결권 보장(헌법 §33①)의 정신을 감안하여 노동조합이 설립된 것으로 보는 것이 타당할 것이다.[4]

출한 경우, 어느 하나가 신고증을 받았다면 나머지의 신고서를 반려하지만, 그렇지 않다면 반려할 수 없다.

1) 김형배, 『노동법』, 2007, 692쪽.

2) 이상윤, 『노동법』, 2007, 524쪽; 이병태, 『최신노동법』, 2007, 125쪽; 이영희, 『노동법』, 2002, 165쪽.

3) 대판 1990.10.23. 89누3243, 3일 경과 후에도 설립신고서에 대하여 보완지시 또는 반려처분을 할 수 있다는 견해를 피력하고 있다.

4) 같은 취지, 이병태, 『최신노동법』, 2007, 123쪽.

5. 설립신고 · 심사제도의 법적 성격

5·가. 학 설

헌법과 노조법에 보장되어 있는 노동조합 자유설립주의에 충돌하는 설립신고·심사제도의 법적 성격이 무엇인지에 대해 허가주의, 신고주의 및 준칙주의로 의견이 나뉜다.[1)]

먼저, 허가주의는 설립 신고 및 심사를 국가로부터 노동조합의 자격을 인정·보호받기 위한 행위로 본다. 따라서 노동조합이 행정관청으로부터 신고증을 교부받지 못하면 노동법상의 권리 행사는 물론이고 헌법상의 권리도 인정받지 못하게 된다.

다음으로, 신고주의[2)]는 설립신고를 노동조합의 설립허가를 받는 행위가 아니고 노동조합이 자주적 조직으로 결성되었음을 행정관청에 단순히 통지하는 행위로 본다.[3)] 따라서 설립신고증을 교부하는 행위는 노동조합의 설립을 대외적으로 확인·발표하는 의미를 갖는다.

셋째로, 준칙주의[4)]는 신고라는 요건을 갖추면 노동조합의 자격을 인정한다. 허가주의와 차이점은 "설립신고 반려 요건(노조법 §12③)이 없는 한 신고증을 교부해야 한다."는 점이다.

5·나. 검 토

허가주의는 헌법의 '단결권 보장' 조항과 'ILO와 같은 국제규범'에 정면으로 부딪친다. 현재는 이러한 견해를 발견하기 어렵다.

준칙주의와 신고주의는 모두 행정관청의 허가나 인가를 노동조합의 설립 요건으로 보지 않는다.

---

1) 이상윤, 『노동법』, 2007, 519쪽을 참고하여 정리하였다.

2) 김형배, 『노동법』, 2007, 688쪽, '우리나라의 설립신고제도는 자유설립주의를 원칙으로 하고 신고 제도를 가미하고 있다'고 설명하면서 신고제도의 성격이나 효과에 대해서는 따로 설명하지 않고 있다.

3) 김유성, 『노동법Ⅱ』, 2001, 72쪽; 이영희, "노동조합의 설립신고제도와 문제", 『노동법학』, 한국노동법학회, 1987, 90쪽; 박상필, 『한국노동법』, 1994, 406쪽; 신인령, "노동기본권 옹호를 위한 현행 노동관계법 소고", 『노동법의 제문제』, 가산 김치선 박사회갑기념논문집, 박영사, 1993, 46쪽.

4) 임종률, 『노동법』, 2007, 51쪽; 이상윤, 『노동법』, 2007, 519쪽.

신고주의는 노동3권이 갖는 자유권적 성격에 충실하다. 따라서 행정관청에의 신고 행위가 노동조합의 성립요건이 아니라고 본다. 다만, 신고증과 관련하여 신고주의의 개념 자체만으로는 '노동조합의 성립을 확인·공표하는 행위'임에도 실제로는 '노동조합 성립요건인 점'을 설명하기 어렵다.[1] 아울러 이 설은 설립신고·심사제도가 '노조법에 의하여 설립된 노동조합' 즉 법내조합의 설립을 목적으로 하고 있음을 지적하고 있다. 따라서 설립신고증을 받지 못한 조합은 법외조합으로 헌법상 노동3권을 갖는다는 점을 인정한다. 그렇다면, '신고증이 단순히 노동조합의 성립을 확인·공표'라는 주장을 받아들이기 어렵고, 법내조합의 성립요건임을 인정하여야 할 것이다.

따라서 설립신고·심사제도는 행정관청이 '설립신고 요건'을 심사하여 반려할 수는 있지만, 신고라는 요건을 갖추면 노동조합의 자격을 인정하게 되는 준칙주의에 가깝다고 생각한다.

6. 신고증 교부 후의 변화

6·가. 변경신고 및 통보

노동조합은 설립신고(노조법 §10①)된 사항 중 '명칭', '주된 사무소의 소재지', '대표자의 성명' 및 '소속된 연합단체의 명칭'에 변경이 있는 때에는 그 날부터 30일 이내에 행정관청에게 변경신고를 하여야 한다(노조법 §13① 및 §96 과태료 적용).[2]

신고서 기재사항 중 일부[3]에 대해 변경이 있으면, 매년 1월 31일까지 행정관청에게 통보하여야 한다(노조법 §13② 및 §96 과태료 적용).

변경신고는 사실 관계의 변화를 확인하는 것으로 노동조합의 지위에 영향을 미치지 않는다.

---

1) 신고주의를 주장하는 대부분의 견해가 신고증의 효력요건(노조법 §12④)을 신설한 1996년 전에 제시되었음에 주목할 필요가 있다.

2) 신고를 할 때에 신고증을 첨부하여야 하며, 주된 사무소의 소재지를 다른 행정관청의 관할 구역으로 옮기는 경우에는 새로운 소재지의 행정관청에 변경신고를 하여야 하고, 행정관청은 변경신고서를 받은 3일 이내에 변경신고증을 교부하여야 한다(노조령 §10).

3) '전년도에 규약의 변경이 있는 경우에는 변경된 규약내용', '전년도에 임원의 변경이 있는 경우에는 변경된 임원의 성명' 및 '전년도 12월 31일 현재의 조합원 수(연합단체인 노동조합에 있어서는 구성단체별 조합원 수)'이다. 다만, 전년도에 변경신고된 사항은 제외되며(노조법 §13②), 조합원 수를 통보함에 있어서 2 이상의 사업 또는 사업장의 근로자로 구성된 단위노동조합은 사업 또는 사업장별로 구분하여야 한다(노조령 §10).

6·나. 신고증 철회

신고증을 교부한 후 반려사유가 발생하면 행정관청은 30일의 기간을 정하여 노동조합에게 그 시정을 요구하고, 그 기간 내에 이를 이행하지 않을 때에는 '이 법에 의한 노동조합'으로 보지 아니함을 통보하여야 한다(노조령 §9②).

철회 사실을 통보받은 노동조합은 노동조합의 실질적 요건 중 적극적 요건을 결하지 않는 한 법외조합으로 전환된다. 한편, 행정관청은 철회 사실을 관할 노동위원회와 당해 사업 또는 사업장의 사용자나 사용자단체에 통보하여야 한다.

제3절 노동조합의 운영

1. 기본원칙

노동조합을 운영함에 있어 고려되어야 할 기본원칙으로 세 가지가 있다.

첫 번째 원칙은 민주성의 원칙이다. 노동조합의 의사는 조합원들의 총체적인 의사에 따라 결정되어야 하고, 결정된 의사에 따라 노동조합이 운영되어야 한다.

두 번째 원칙은 평등성의 원칙이다. 노동조합의 조합원은 법 앞에 평등하므로(헌법 §11①) 어떠한 경우에도 인종·종교·성별·정당 또는 신분에 의하여 차별대우를 받지 아니하며(노조법 §9) 노동조합의 모든 문제에 균등하게 참여할 권리를 갖는다(노조법 §22.).

세 번째 원칙은 자주성의 원칙이다. 노동조합은 근로자들이 자주적으로 결합된 조직체로서 그 운영에 있어 외부의 간섭을 받지 않고 자치적으로 운영되어야 한다.

2. 조합규약

2·가. 의 의

조합규약(이하 규약이라 한다.)이라 함은 노동조합의 조직과 운영에 관한 사항을 정한 기본규범으로 조합의 기관과 조합원을 구속하는 노동조합의 헌법이라고 말할 수 있다. 민주성, 평등성 및 자주성의 원칙은 규약에 의하여 구현된다.

노조법은 노동조합 운영의 민주성, 평등성 및 자주성을 확보하기 위해 노동조합으로 하여금 조합규약을 의무적으로 제정토록 하고, '기재할 사항'과 '변경절차', '행정관청의 감독' 등에 대하여 규정하고 있다.

2·나. 성 격

규약은 노동조합의 조직과 운영을 규율하는 자주적인 법규범[1]이다. 따라서 조합원의 권리의무를 정하는 법원(法源)이며, 조합원에 대해 내부통제권을 행사할 수 있는 근거가 된다. 다만, 자치법규의 성격을 가지므로 강행법의 한계 안에서 효력을 갖는다.

노동조합은 민법상 단일의 단체성을 가진 사단으로서의 결합체이다. 따라서 조합원 개인은 단체에 흡수되고 단체 스스로가 조합원 개인으로부터 독립되어 독자적인 권리·의무의 주체가 된다. 따라서 노동조합은 조합과 조합원의 수직적 관계를 전제로 하여 조합의 명칭, 기관 등 단체 스스로의 존재와 활동을 위한 여러 가지 제도가 규약에 의해 정해진다. 아울러 조합원 개인은 그 구성원으로서 조합의 지배, 즉 내부 통제에 따르게 되며 조합의 기구인 총회 등을 통해 의사를 반영하게 된다.

규약은 노동조합을 설립하기 위한 필수 요건이다. 노동조합을 설립할 때, 설립신고서에 규약을 첨부해야 한다(노조법 §10).

2·다. 기재사항

노조법(§11)은 노동조합의 민주성, 평등성 및 자주성을 확보하기 위해 필요한 사항을 필수적 기재사항[2]으로 명시하고 있다. 그렇더라도 노동조합은 목적이나 성격에 적합한 임의적 기재사항을 규약에 기재할 수 있다. 필요적 기재사항과 임의적 기재사항은 법률적 효력에 있어 차이가 없다. 조합규약에 기재하여야 법적으로 효력이 부여되는 임의적 기재사항으로는 '법인격취득(노조법 §6①), 대의원회 설치(노조법 §17①), 조합비를 미납한 조합원의 권리 제한(노조법 §22), 소집공고기간의 단축(노조법 §19조)' 등이 있다.

---

1) 법규범인가 법률적 합의인가에 대해 의견이 나뉘지만, 개개 조합원은 물론 최고 의사결정기관인 총회까지 구속하므로 조합 내부의 자치법규이다.

2) 1. 명칭 2. 목적과 사업 3. 주된 사무소의 소재지 4. 조합원에 관한 사항(연합단체인 노동조합에 있어서는 그 구성단체에 관한 사항) 5. 소속된 연합단체가 있는 경우에는 그 명칭 6. 대의원회를 두는 경우에는 대의원회에 관한 사항 7. 회의에 관한 사항 8. 대표자와 임원에 관한 사항 9. 조합비 기타 회계에 관한 사항 10. 규약변경에 관한 사항 11. 해산에 관한 사항 12. 쟁의행위와 관련된 찬반투표 결과의 공개, 투표자 명부 및 투표용지 등의 보존·열람에 관한 사항(2006.12.30 개정) 13. 대표자와 임원의 규약위반에 대한 탄핵에 관한 사항 14. 임원 및 대의원의 선거절차에 관한 사항 15. 규율과 통제에 관한 사항.

한편, 규약에는 '강행법규에 위반하는 사항'과 '노동조합의 목적에 위배되는 사항' 즉 금지적 기재사항을 기재할 수 없다.

2·라. 제정 · 변경

규약의 제정·변경에 관한 사항에 대해서는, 총회에서 '조합원의 직접·비밀·무기명 투표'에 의하여 '재적조합원 과반수의 출석과 출석조합원 3분의 2 이상의 찬성'으로 의결을 거쳐야 한다(노조법 §16조).

2·마. 행정관청의 감독

규약에 대한 행정관청의 감독은 노동조합의 자주성과 민주성을 확보하기 위하여 최소한의 수준에 머물러야 한다. 노동조합을 설립하고자 하는 자는 조합규약을 설립신고서와 함께 행정관청에 제출하여 이를 신고하여야 한다. 행정관청은 규약의 기재사항 누락 등에 대하여 심사를 한다(노조법 §10~§12). 노동조합은 조합규약의 변경이 있을 때에는 매년 1월 31일까지 행정관청에 통보하여야 한다(노조법 §13②).

규약이 노동관계법령에 위반하는 경우, 행정관청은 노동위원회 의결을 얻어 그 시정을 명할 수 있다(노조법 §21①).

규약 위반은 조합 내부의 문제이다. 그러나 행정관청은 노동조합의 결의 또는 처분이 규약에 위반된다고 인정되면, 이해관계인의 신청이 있는 경우에 한하여, 노동위원회의 의결을 얻어 시정을 명할 수 있다(노조법 §21②). 시정명령을 받은 노동조합은 30일 이내에 이를 이행하여야 한다. 다만, 정당한 사유가 있는 경우에는 그 기간을 연장할 수 있다(노조법 §21③).

3. 조합원 지위의 취득과 상실

3·가. 취 득

(1) 의 의

근로자는 자유로이 노동조합을 조직하거나 가입(노조법 §5)함으로써 조합원의 지위를 취득하게 된다.

근로자는 노동조합의 결성에 참여할 때, 가입할 때 및 가입한 후에 인종·종교·성별·정당 또는 신분에 의하여 차별 대우를 받지 않는다(노조법 §9).

미성년자인 근로자는 단독으로 노동조합의 결성에 참여하거나 가입할 수 있다. 조합원의 권리와 의무는 조합원 개인에게 일신 전속적으로 귀속되고, 노동조합의 성격상 민법상 행위무능력자제도가 적용되지 아니하므로, 법정대리인이 행위무능력자인 미성년자를 대리하여 조합의 결성이나 가입 행위를 할 수 없다.

(2) 노동조합 결성

노동조합의 결성 행위는 근로자들이 방향을 같이 하는 두 개 이상의 의사표시를 합치시킴으로써 이루어지는 합동행위이다.

근로자가 새로운 노동조합의 결성에 참여하면 조합원의 자격이 주어진다. 조합 결성은 근로자들이 공동으로 참여하고 스스로 그 조직체의 구성원이 되는 것을 말하며 행위 당사자인 근로자들은 공동의 목적을 실현하기 위하여 협력하는 관계이다.

(3) 노동조합 가입

① 원 칙

조합에 가입하는 행위는 근로자의 신청이라는 청약의 의사표시와 노동조합의 승낙이라는 의사표시의 합치에 의하여 성립되는 계약 행위이다.

노동조합은 법령에 위반되지 않는 범위 내에서 당해 노동조합에 가입할 수 있는 자격과 절차를 규약으로 정할 수 있다.[1)]

조합원의 자격을 갖추고 있음에도 불구하고 노동조합이 가입을 승인하지 않은 경우에는 조합가입의 의사표시가 노동조합에 도달한 때에 가입된 것으로 본다.[2)] 이 경우 노동조합이 가입을 거부함에 따라 근로자에게 손해가 발생하였다면 불법행위에 따른 손해배상 책임을 물을 수 있다.

② 제 한

일반 노동조합은 '근로자가 아닌 자'(노조법 §2,제4호라목), '사용자의 이익을 대표

---

1) 대판 1996.10.29, 96다28899, 노동조합은 설립 목적의 범위, 단결력 확보 등 합리적인 사유가 있으면 규약에 따라 조합원의 자격을 제한하거나 가입 자격을 심사할 수 있다; ILO의 '결사의 자유와 단결권 보호에 관한 협약'(제87호, 1948).

2) 행정해석(노조 01254-130, 1996.2.6)도 같은 의견이다.

하는 자'(노조법 §2,제4호가목) 등 노조법에 의해 자격이 없는 자, 교원 노동조합은 '초·중등교육법(§19①) 규정에 따른 교원이 아닌 자'처럼 교노법에 의해 자격이 없는 자, 공무원 노동조합은 '국가공무원법(§2) 및 지방공무원법(§2)에 따른 공무원이 아니거나 5급 이상 공무원처럼 공노법에 의해 자격이 없는 자'의 가입이 허용되지 않는다. 한편 조합원이던 자가 승진·전보·전직 등에 따라 '자격이 없는 자'로 전환되면 조합원 자격이 상실된다.

단체협약으로 노동조합 가입을 제한하는 것은 단결권의 침해로 효력이 없다.[1] 다만, 법령이 정한 범위 내에서 노사가 자유 의사에 따라 조합가입 범위에 관한 규정을 둘 수는 있다.[2]

(4) 조합과 조합원과의 관계

노동조합과 조합원은 규약을 계약 내용으로 하는 계약관계라는 '계약설'과 조합원이 법적 실체를 갖는 노동조합 즉 사단에 가입하고 사단이 정한 규약에 따르는 관계라는 '사단설'이 있는데, 헌법에 의해 보장된 노동법적 사단으로 사법상의 사단보다 큰 통제력을 갖는다고 보는 것이 타당하다.[3]

3·나. 상 실

(1) 개 설

조합원으로서의 지위는 조합원의 사망, 법령이나 규약에 정한 자격 미달, 자유의사에 의한 탈퇴, 제명 및 조합의 해산에 의하여 상실된다.

조합원의 사망에 의하여 조합원의 지위를 상실하는 것은 당연하며, 제명·조합의 해산 등에 대해서는 논란이 있다.

(2) 사망 · 퇴직 · 해고 · 조합해산

조합원이 사망으로 조합원의 지위를 상실하는 것은 당연하다.

기업별 노동조합에서는 퇴직이나 해고로 근로관계가 종료하면 조합원으로서의 지위를 상실한다. 다만, 해고된 조합원이 노동위원회에 부당노동행위의 구

1) 사용자의 이익 대표자에 대한 범위와 관련하여 현장에서 흔히 있는 일이다. 이에 대해 행정해석(노동조합과-419, 2004.2.18)도 단체협약에 불구하고 규약상 조직 범위에 포함되는 근로자의 가입을 거부할 수 없다고 본다.

2) 노조법 규정에 따라 제한적 Union Shop조항의 내용과 한계를 정하는 것을 예로 들 수 있다.

3) 이상윤, 『노동법』, 2007, 537쪽.

제를 신청한 경우에는 중앙노동위원회의 재심 판정이 있을 때까지 조합원의 지위를 유지한다(노조법 §2,제4호라목).

조합이 해산하여 청산절차를 거쳐 소멸하면 조합원의 지위는 당연히 상실한다. 다만, 해산절차를 진행하는 동안에는 '청산의 목적'이라는 범위 안에서 권리 의무 관계가 존속한다.

(3) 법령이나 규약에서 정한 경우

조합원이 법령 또는 규약에서 정한 자격을 상실한 경우에는 원칙적으로 조합원으로서의 지위를 상실한다.

조합원의 자격은 법령에 위반하거나 반사회질서에 해당하지 않는 한 조합이 규약으로 정할 문제이다. 따라서 규약으로 정한 조합원의 자격 또는 범위를 충족하지 못하면 조합원의 지위를 잃는다.

단체협약으로 정하는 것은 사용자의 개입 여지가 있어 단결권의 침해로 효력이 없다.

(4) 탈 퇴

① 탈퇴의 자유

탈퇴란 조합원이 자발적 의사로 그 지위를 종료시키는 법률행위를 말한다. 규약에서 승인을 받게 하는 것처럼 조합원의 탈퇴 자유를 제한하는 규정은 헌법상 보장된 단결선택의 자유를 침해하는 것이므로 무효이다.

다만, 탈퇴에 관해 규약에서 일정한 절차를 정한 경우 그것이 불합리하지 않는 한 그 절차를 이행한 때에 탈퇴의 효력이 생긴다.

② 탈퇴의 효과

탈퇴의 효과는 탈퇴의 의사표시가 노동조합에 도달한 때 발생하는 것이 원칙이다(민법 §111①). 다만, 조합규약에 탈퇴의 절차나 요건을 정당하게 정한 때에는 그 절차나 요건을 충족할 때 효력이 발생한다.

탈퇴의 효과가 발생하면 조합원으로서의 권리와 의무를 상실하고, 탈퇴한 조합원에게는 노동조합의 재산에 대한 분할청구권이 인정되지 아니한다.

Union Shop협정 아래에서도 신규 채용된 근로자가 조합에 가입하지 않거나 또는 근로자 스스로 조합을 탈퇴하는 경우에는 해고 등의 신분상 불이익처분이 가해질 수 있다.[1] 단결강제에 대해서는 단결권 관련 부분에서 이미 설명하였고[2] Union Shop협정에 대해서는 부당노동행위 부분에서 다시 설명한다.[3]

(5) 제 명

제명은 조합원으로서의 자격을 상실하게 하여 조합원의 단결권을 침해할 우려가 있다. 따라서 조합 규약에 명확하고 구체적인 사유와 절차가 있어야 한다.

4. 조합원의 권리와 의무

4·가. 조합원의 권리

(1) 일반적 권리

조합원은 정당한 사유 없이 자격을 박탈당하지 않을 권리를 갖는다. 아울러 조합 활동에 있어 어떠한 경우에도 인종, 성별, 종교, 정당 또는 신분에 의하여 차별대우를 받지 아니한다(노조법 §9).

조합원에게는 조합 규약에 정하여진 내부통제권을 위반하지 않는 범위 내에서 표현의 자유가 보장된다.

(2) 개별적 권리

① 균등참여권

조합원은 균등하게 그 노동조합의 모든 문제에 참여할 권리와 의무를 갖는다(노조법 §22). 구체적인 참여 방법은 규약에 따른 의사결정기관이나 집행기관의 결정으로 정해진다.

다만, 노동조합은 규약으로 조합비를 납부하지 아니한 조합원의 권리를 제한할 수 있다(노조법 §22후단).

② 총회출석 · 의결권

조합원은 총회에 출석하여 의결 과정에 참여하고(노조법 §16②), 총회를 갈음할 수 있는 대의원회의 대의원 선출에 참여(노조법 §17)할 권리를 갖는다.

---

1) 대판 1995.2.28, 94다15363
2) 제1장. 제3절. 4·가. (3). ①. 참조.
3) 제8장. 제3절. 2·가. 참조.

③ 선거권 · 피선거권

조합원은 총회에 직접 참석(노조법 §16②)하거나, 대의원 선출에 참여(노조법 §17)함으로써 임원을 선출하고 해임할 수 있는 권리를 갖는다.

노동조합의 임원은 그 조합원 중에서 선출되어야 한다(노조법 §23). 따라서 조합원은 합리적으로 정하여진 입후보자격[1] 범위 내에서 임원으로 선출될 수 있는 권리를 가진다.

④ 임시총회 소집요구권

조합원 또는 대의원의 3분의 1이상(연합단체인 경우 노동조합에 있어서는 그 구성단체의 3분의 1이상)이 회의에 부의할 사항을 제시하고 임시총회의 소집을 요구할 수 있다(노조법 §18②).

⑤ 운영상황 공개요구권

노동조합의 대표자는 회계연도마다 결산결과와 조합의 운영상황을 공표하여야 하며, 조합원의 요구가 있을 때에는 언제든지 이를 열람하게 하여야 한다(노조법 §26). 조합원은 노동조합의 공표된 운영상황을 열람하고 이에 대해 의견을 제시할 권리를 갖는다.

조합원은 노동조합의 대표자가 지시하여 실시한 후 공개(노조법 §25)하는 회계감사 결과에 대해 의견을 제시할 권리를 갖는다.

⑥ 조합재산에 관한 권리

조합의 재산은 규약에 따라 조합원이 납부하는 일정액의 조합비(노조법 §22)나 기타 납입금 등으로 구성된다. 이에 근거하여 조합원은 조합시설 및 기금을 이용할 권리를 갖는다.

조합이 해산되거나 그 조직이 변경되면 조합재산 분할 청구권이 인정되지만, 탈퇴할 때에는 인정되지 않는다.

4·나. 조합원의 의무

(1) 조합비 납입 의무

모든 조합원은 조합 활동의 재정적 기반이 되는 조합비를 의무적으로 납부

---

1) 대판 1992.3.31, 91다14413, 규약으로 제한할 수 있다.

하여야 한다. 조합비를 납부하지 않은 조합원은 권리를 제한받을 수 있으며(노조법 §22), 제명될 수도 있다. 조합비는 규약으로 결정되며 법적 상한은 없다.

(2) 조합통제에 복종할 의무

조합의 목적을 달성하기 위하여 조합원은 노동조합의 단결을 강화하고 통일된 의사를 형성하는 등 그 목적 달성을 위해, 조합의 통제에 복종할 의무를 진다.

조합원은 조합의 결의에 대해서는 비록 결정 과정에서 반대하였더라도 이에 따라야 한다. 아울러 조합의 명예를 훼손하거나 분열시키는 행위를 하여서는 아니 되며, 규약을 준수하고 조합 활동에 참가할 의무를 진다.

5. 노동조합의 기구

5·가. 기관의 분류

노동조합에는 의사결정기관, 집행기관, 감사기관, 특수 임무 수행기관 등이 있다.

5·나. 의사결정기관

(1) 의 의

노동조합의 최고의사결정기관으로서 총회와 대의원회가 있다.

총회는 모든 조합원이 참여하여 자주성과 민주성을 바탕으로 기본적이고 중요한 사항을 결정한다. 그러나 큰 노동조합에서는 모든 조합원이 의사 결정에 참여하는 것이 쉽지 않고 효율적이지 못하기 때문에 규약으로 총회에 갈음하여 대의원회를 둘 수 있다(노조법 §17①).

대의원회의 의결 사항, 설치 요건, 의결 절차 등에 대해서는 따로 정해져 있지 않고 총회에 관한 규정이 준용된다(노조법 §17④).

규약으로 총회에 갈음할 대의원회를 두고 대의원을 선출한 상태에서 노조대표자가 총회를 소집하는 행위는 무효이며, 동일사항을 대의원회와 총회에 동시에 부의할 수 없다.[1]

1) 노조 01254-697, 1994.5.24

(2) 설치 및 구성

① 총 회

총회의 설치는 법정 사항이다. 총회는 전체 조합원으로 구성된다.

② 대의원회

대의원회의 설치에 대해서는 법에 강제되어 있지 않으며 규약으로 설치할 수 있다(노조법 §6). 총회에 갈음하여 대의원회를 둘 수 있도록 법으로 명문화(노조법 §17①)한 이유는 노동조합의 대규모화, 사업장의 분산, 조합 업무의 전문성 등을 감안할 때 간접 참가가 더 효율적일 수 있기 때문이다.

대의원은 규약에 따라 조합원을 대표하여 조합의 최고의결기관을 구성하는 자를 말한다. 선출방법은 조합민주주의의 실현을 위해 강행규정으로서 명문화되어 있다. 대의원은 조합원의 직접·비밀·무기명투표에 의하여 선출되어야 한다(노조법 §17②).

대의원의 임기는 규약으로 정하되 3년을 초과할 수 없다(노조법 §17③).

(3) 총회 및 대의원회 소집

① 정기 총회

노동조합은 매년 1회 이상 총회를 개최하여야 한다(노조법 §15).

② 임시총회 및 임시대의원회

ⓐ 노동조합 대표 소집

노동조합의 대표자는 필요할 때에 임시총회 또는 임시대의원회를 소집할 수 있다(노조법 §18①).

노동조합의 대표자는 조합원 또는 대의원의 3분의 1 이상(연합단체인 노동조합에 있어서는 그 구성단체의 3분의 1 이상)이 회의에 부의할 사항을 제시하고, 회의의 소집을 요구하면 지체 없이 임시총회 또는 임시대의원회를 소집하여야 한다(노조법 §18②).

ⓑ 소집권자 지명

행정관청은 노동조합의 대표자가 조합원 등이 요구한 회의(노조법 §18②)의 소집을 고의로 기피·해태하여, 조합원 또는 대의원의 3분의 1 이상이 소집권자의 지명을 요구하면, 15일 이내에 노동위원회의 의결을 요청하고 노동위원회의 의결이 있는 때에는 지체 없이 회의의 소집권자를 지명하여야 하고(노조법 §18③), 노동조합의 대표자에게 그 사실을 서면으로 통보하여야 한다(노조령 §11).

행정관청은 노동조합에 총회 또는 대의원회의 소집권자가 없는 경우에, 조합원 또는 대의원의 3분의 1 이상이 회의에 부의할 사항을 제시하고 소집권자의 지명을 요구한 때에는, 15일 이내에 회의의 소집권자를 지명하여야 하고(노조법 §18④) 노동조합의 대표자에게 그 사실을 서면으로 통보하여야 한다(노조령 §11).

지명행위에 의해 소집권자가 된 자는 지명할 때 명시한 회의만을 소집할 수 있다.

③ 소집방법 및 절차

총회 또는 대의원회는 회의개최일 7일전까지 그 회의에 부의할 사항을 공고하고 규약에 정한 방법에 의하여 소집하여야 한다. 다만, 노동조합이 동일한 사업장 내의 근로자로 구성된 경우에는 그 규약으로 공고기간을 단축할 수 있다(노조법 §19).

(4) 의결사항 및 방법

① 의결사항

규약의 제정 등 법정 사항[1]에 대하여는 총회의 의결을 거쳐야 한다(노조법 §16①).

법정 사항의 의결은 총회 또는 대의원회에서 이루어져야 하며, 다른 기관에 위임이 인정되지 않는다.

노조법의 법정 사항에는 '기타 중요한 사항'이 포함되어 있다. 따라서 노동조합은 필요한 사항을 총회 또는 대의원회의 의결 대상으로 정할 수 있다.

② 의결방법

노동조합의 대표자는 총회 또는 대의원회의 의장이 된다(노조법 §15, §17④). 그러나 대의원이 아닌 대표자에게는 회의 주재권이 있으나 표결권은 없다.

총회는 재적조합원 과반수의 출석과 출석조합원 과반수의 찬성으로 의결한

---

1) 1. 규약의 제정과 변경에 관한 사항, 2. 임원의 선거와 해임에 관한 사항, 3. 단체협약에 관한 사항, 4. 예산·결산에 관한 사항, 5. 기금의 설치·관리 또는 처분에 관한 사항, 6. 연합단체의 설립·가입 또는 탈퇴에 관한 사항, 7. 합병·분할 또는 해산에 관한 사항, 8. 조직형태의 변경에 관한 사항, 9. 기타 중요한 사항.

다. 다만, 규약의 제정·변경, 임원의 해임, 합병·분할·해산 및 조직형태의 변경에 관한 사항은 재적조합원 과반수의 출석과 출석조합원 3분의 2 이상의 찬성이 있어야 한다(노조법 §16②). 출석조합원의 의결정족수는 기권표나 무효투표자수를 제외한 유효투표자 수가 아니라, 총투표자를 말한다.

임원의 선거에 있어서 출석조합원 과반수의 찬성을 얻은 자가 없는 경우에는 규약이 정하는 바에 따라 결선투표를 실시하여 다수의 찬성을 얻은 자를 임원으로 선출할 수 있다(노조법 §16③).

규약의 제정·변경과 임원의 선거·해임에 관한 사항은 조합원의 직접·비밀·무기명 투표에 의하여야 한다(노조법 §16④).

노동조합이 특정 조합원에 관한 사항을 의결할 경우에는 그 조합원은 표결권이 없다(노조법 §20).

5·다. 집행기관

(1) 구 성

집행기관은 대외적으로 노동조합을 대표하고 노동조합의 의사를 표시하며, 대내적으로 의결기관이 의결한 사항을 집행한다.

노동조합의 집행기관은 조합규약에서 정하는 바에 따라 위원장, 부위원장, 사무국장 등 1인 내지 수인의 임원으로 구성되며, 노조전임자는 임원중에서 임명되나 임원이 곧 노조의 전임자인 것은 아니다.

(2) 선출과 해임

① 선 출

임원은 그 조합원 중에서 선출되어야 한다(노조법 §23①). 선출 절차는 규약에 따르되(노조법 §11,제14호), 조합원의 직접·비밀·무기명 투표(노조법 §16④)에 의해,[1] 재적 조합원 과반수의 출석과 출석조합원 과반수의 찬성(노조법 §16②)으로 선출되어야 한다. 이 경우 출석조합원 과반수 득표자가 없으면 규약이 정하는 바에 따라 결선투표를 실시하여 다수의 찬성을 얻은 자를 선출할 수 있다(노조법 §16③).

모든 조합원은 피선거권을 가진다. 다만, 규약으로 '다른 조합원 추천', '조합

1) 다른 의견, 노조 01254-7864, 1987.5.15, 대의원회 갈음을 인정하고 있다.

원 경력' 등 요건을 설정하더라도 다른 출마자나 소수 조합원의 권리를 침해하지 않거나 경력 요구 기간이 업무수행에 합리적인 기간으로 정하여져 있다면 피선거권을 침해한 것이 아니다.[1)]

② 해 임

임원을 해임하기 위해서는 재적 조합원 과반수의 출석과 출석조합원 3분의 2 이상의 찬성이 있어야 한다(노조법 §16②단서).

(3) 임 기

임원의 임기는 규약으로 정하되 3년을 초과할 수 없다(노조법 §23②).

3년이란 1회의 임기를 정한 것이므로 규약이 연임을 허용하는 경우 전체 기간이 3년을 초과할 수 있다. 임기가 만료되면 임원의 자격은 상실되나 새로운 임원을 선출하기 위한 최소한의 업무집행, 기본적인 사무 관리 등의 업무는 규약이 정하는 바에 따라 가능하다.

(4) 권 한

규약에 제한이 없으면 집행기관은 의사결정기관의 의결 범위 안에서 조합의 목적 달성에 필요한 일체의 업무를 할 수 있다.

노동조합의 대표자는 '총회 의장 수임(노조법 §15②)', '임시총회 또는 임시대의원회를 소집(노조법 §18①,②단서)', '회계감사 실시 지시(노조법 §25①)', '결산결과와 운영상황 공개(노조법 §26)', '해산신고(노조법 §28②단서)', '단체교섭 및 단체협약체결권(노조법 §29①)', '노사협의회 근로자 위원 수임권(근참법 §6②)' 등의 권한을 가지고 있다.

(5) 노조전임

단체협약으로 정하거나 사용자의 동의가 있는 경우에는 노동조합의 전임자를 둘 수 있다(노조법 §24①). 노조전임자에 대해 그 전임기간 동안 급여를 지급하는 것은 부당노동행위로서 금지되나(노조법 §24② 및 §81,제4호), 2009년 12월 31일까지 유예되어 있다(노조법 부칙 §6①).[2)]

---

1) 이상윤, 『노동법』, 2007, 552쪽 ; 김유성, 『노동법Ⅱ』, 2001, 89쪽 ; 대판 1992.3.31, 91나14413

2) 같은장. 제4절. 4·다. (2). ④ 참조.

5·라. 감사기관

(1) 의 의

노동조합은 노동조합의 설립목적에 위배되지 않도록 집행기관의 업무집행상황을 감사하는 감사기관을 둔다. 노조법은 감사기관에 관하여 명시적인 규정을 두고 있지 아니하나 회계감사를 의무화하고 있다.

(2) 감사 및 공개

노동조합의 대표자는 그 회계감사원으로 하여금 6월에 1회 이상 당해 노동조합의 모든 재원 및 용도, 주요한 기부자의 성명, 현재의 경리 상황 등에 대한 회계감사를 실시하게 하고 그 내용과 감사결과를 전체 조합원에게 공개하여야 한다(노조법 §25①).

노동조합의 회계감사원은 필요하다고 인정할 경우에 당해 노동조합의 회계감사를 실시하고 그 결과를 공개할 수 있다(노조법 §25②).

(3) 자료의 공개

노동조합의 대표자는 회계연도마다 결산결과와 운영상황을 공표하여야 하며 조합원의 요구가 있을 때에는 이를 열람하게 하여야 한다(노조법 §26).

5·마. 기타 기관

집행기관에 사무국, 조직부, 재정부, 쟁의부, 교육부 등 하부 기관을 두기도 한다. 이 밖에 특별 기관으로 선거관리위원회, 탄핵위원회, 투쟁위원회 등을 두는 경우가 있다.

6. 노동조합의 재정

6·가. 조합재정자치의 원칙

(1) 의 의

노동조합은 국가, 사용자 등 제3자로부터 간섭을 받지 않고 조직 및 활동에 필요한 재원을 확보·관리·사용할 수 있어야 하는데 이를 '조합재정자치의 원칙'이라고 한다. 조합재정자치의 원칙은 자주성과 민주성을 갖추어야 한다.

(2) 자주성

노동조합에 대한 사용자의 재정지원은 금지된다. 구체적으로는 '사용자로부터 주된 경비원조를 받는 행위'는 노동조합 설립을 위한 실질적 요건 중 소극적 요건이 되며(노조법 §2,제4호나목), 사용자의 운영비 원조는 부당노동행위가 되고(노조법 §81,제4호), 노조전임자에 대한 급여지급이 금지(노조법 §24②)된다.

국가의 간섭은 법에 근거하여 최소한에 그쳐야 한다. 노동조합은 행정관청이 요구하는 경우에는 결산결과와 운영상황을 보고하여야 한다(노조법 §27). 이러한 자료제출 요구권은 노동조합의 자주성을 침해할 수 있다. 따라서 개별적·구체적 사건에 대해 사법(司法)상의 통제로 한정하여 사후적으로 이루어져야 한다.

(3) 민주성

노동조합은 '조합비 기타 회계에 관한 사항'을 규약으로 정하고(노조법 §11,제9호), '예산·결산에 관한 사항' 및 '기금의 설치·관리 또는 처분에 관한 사항'에 대하여는 총회의 의결(노조법 §16①,제4호·제5호)을 거쳐 스스로 결정한다.

노동조합은 재정에 관한 장부와 서류를 작성하여 비치하여야 하고(노조법 §14①,제5호), 회계감사를 실시하고 그 결과를 공개하여야 하며(노조법 §25), 결산결과와 운영상황을 행정관청에 보고(노조법 §27)하여야 한다.

6·나. 조합비

(1) 의 의

노동조합의 수입은 조합비, 기부금 및 사업수입금으로 구성된다.

조합비는 조합원이 노동조합의 운영을 위해 부담하는 것으로서 노동조합 재정의 기본이 된다. 조합비에는 조합비, 회비, 파업기금, 회관건립기금, 장학금, 공제회비 등 명칭과 정기적이든 일시적이든 형태를 불문하고 조합원으로부터 징수하는 모든 금품이 포함된다.[1)]

조합원은 노동조합의 구성원으로서 조합비 납부의무를 진다. 노동조합은 규약에 근거하여 이러한 의무를 지키지 않은 조합원의 권리를 제한할 수 있다.

1) 법무 811-17865, 1979.7.27; 법무 810-2345, 1969.2.28; 법무 811-28270, 1980.10.30

(2) 조합비의 규모

조합비의 규모는 규약(노조법 §11,제9호)을 통해 조합 내부에서 자체적으로 결정할 사항이다. 노동조합은 조합비를 납부하지 않는 조합원에 대하여 권리를 제한할 수 있다(노조법 §22단서).

(3) 조합비 일괄 공제제도

① 의 의

ⓐ 개 념

조합비를 어떻게 받을 것인가에 대해서는 법적인 제한이 없다.

그러나 현실적으로는 조합비 일괄 공제제도가 행해지고 있다. 조합비 일괄 공제제도(check-off)란 사용자가 조합원인 근로자의 임금에서 조합비를 일괄적으로 공제하여 이를 노동조합에게 넘겨주는 제도를 말한다.

ⓑ 기 능

Shop제도가 인적 단결강제 수단이라면, 조합비 일괄 공제제도는 물적 단결강제 수단이다. 이는 조합비 징수를 확실하게 보장해줌으로써 노동조합의 재정을 안정시키고 조합원의 참여의식을 높이는 기능을 갖는다.

② 요 건

ⓐ 단체협약 규정

임금은 근로자에게 그 전액을 지급하여야 한다. 다만, 법령 또는 단체협약에 특별한 규정이 있는 경우에는 임금의 일부를 공제할 수 있다(근기법 §43①). 따라서 조합비 일괄 공제제도가 단체협약에 규정되어 있지 않으면 효력이 없고, 사용자는 근로자의 임금에서 조합비를 공제할 수 없다.[1)]

ⓑ 규약과 근로자 동의

조합비 일괄 공제제도가 임금 전액지급의 원칙에 위반되지 않더라도, 공제를 반대하는 근로자를 구속할 수 있는지가 문제가 된다.

조합비 공제제도는 규약에 기재되어야 한다. 조합비에 관한 사항이 규약의 기재 사항(노조법 §11,제9호)이기 때문이다. 따라서 규약에 기재되어 있으면 근로자

---

1) 조합비 공제제도는 궁극적으로 근로자의 이익을 위한 제도로서 근로기준법이 적용되지 않으므로 관행이나 묵시적·명시적 합의에 의해서도 가능하다는 적용부정설과 근로기준법의 해당 규정은 강행규정이므로 적용된다는 적용긍정설로 의견이 나뉠 수 있으나 적용긍정설이 통설이다(이상윤, 『노동법』, 2007, 555쪽).

동의는 필요하지 않다.[1] 그러나 규약에 기재되어 있지 않으면, 단체협약상의 조합비 일괄공제제도는 노동조합과 사용자만을 구속하는 채무적 효력만을 가지며[2] 조합원 개인을 구속하는 규범적 효력은 갖지 않는다. 따라서 규약에 기재되어 있지 않다면, 근로자의 명시적 또는 묵시적 동의[3]가 필요하다. 이 경우 사용자는 동의를 받지 못한 근로자의 의사에 반하여 임금에서 조합비를 공제할 수 없다.[4]

③ 조합비 공제 중지

ⓐ 사용자의 중지

조합비 공제제도는 조합비를 걷는 데 들어가는 비용을 사용자가 대신 부담한다는 점에서 경비원조의 성격을 갖지만 단결권 강화를 보장한다는 점에서 부당노동행위로 보지 않는다. 그러나 이미 시행하고 있는 조합비 공제를 사용자가 일방적으로 중지하면 부당노동행위가 성립될 수 있다. 조합비 일괄 공제제도를 단체협약이 아닌 관행이나 합의로 시행하더라도 마찬가지이다.[5]

ⓑ 조합원의 신청

조합비는 규약의 필요적 기재사항이며, 단체협약에 의한 '임금 전액지급원칙'이 인정되고, 조합원은 노조 탈퇴로 공제제도를 면할 수 있다. 따라서 조합비 일괄 공제제도가 유효하게 성립되었다면, 조합원의 중지요청권은 인정되지 않는다.[6]

④ 효 과

사용자는 노동조합의 불법행위로 인한 손해배상 청구권과 노동조합에 인도할 조합비를 상계할 수 없다. 노동조합의 '조합비 인도 청구권'과 사용자의 '손해배상 청구권'은 '서로 종류를 같이 하는' 채권이 아니다(민법 §492①). 아울러 공제한 조합비는 현실적으로 인도되는 것을 조건으로 하는 것이어서 상계를 배제하는 약정(민법 §492②, '다른 의사를 표시한 경우')이 포함되어 있는 것으로 해석

---

1) 임금 1249, 2004.4.10; 노조 01254-22724, 1985.12.18
2) 김유성, 『노동법Ⅱ』, 2001, 89쪽, 다수설적인 견해이다.
3) 대판 1960.11.27, 4293민상326은 규약 기재 여부에 대해서는 거론치 않고 동의가 필요하다고 판정하였다.
4) 같은 취지, 이병태, 『최신노동법』, 2007, 189쪽; 임종률, 『노동법』, 2007, 83쪽; 이철수·김홍영, 『노동법강의』, 2005, 421쪽; 이상윤, 『노동법』, 2007, 556쪽에서 비슷한 의견을 제시하고 있다.
5) 김형배, 『노동법』, 2007, 953쪽.
6) 김유성, 『노동법Ⅱ』, 2001, 114쪽; 이상윤, 『노동법』, 2007, 557쪽 등 통설적인 견해이다.

된다.[1)]

⑤ 한 계

사용자는 노동조합을 탈퇴하였거나, 제명되는 등 조합원의 자격을 상실한 근로자의 임금을 공제하여서는 안 된다.[2)]

6·다. 조 세

노동조합에 대하여는 그 사업체를 제외하고는·세법이 정하는 바에 따라 조세를 부과하지 아니한다(노조법 §8).

'복리후생용으로 구입한 자가용을 조합원의 출·퇴근 목적으로 사용'하거나 '노동조합이 운영하는 소비조합에서 조합원을 위하여 물품을 원가로 구입하여 그 가격으로 판매하는 것'은 수익사업이 아니므로 면세된다.

그러나 법인세법상의 수익사업인 경우에는 수익에서 생긴 소득에 대해 세금이 부과되는 것이 원칙이다. 노동조합에게 면세 혜택이 주어지는 이유는 '근로조건의 유지·개선을 목적으로 하는 비영리단체'이기 때문이다. 따라서 수익사업이라 하더라도 계속적·반복적이 아니라면 면세 혜택이 부여되어야 할 것이다.[3)]

한편, 조합임원 또는 직원에 지급되는 급여는 납세의무가 그 소득자에게 있으므로 면세대상이 아니다.[4)]

6·라. 조합재산의 소유형태

노동조합은 등기를 하여 법인이 될 수 있다. 법인인 노동조합은 사단법인에 관한 규정이 적용되므로(노조법 §6③), 그 재산은 노동조합의 단독 소유에 속한다.

노동조합이 법인이 아니면, 민법상으로 '권리능력 없는 사단'으로 보아 노동조합의 재산은 구성원 전체의 소유(總有, 민법 §275)에 속하게 되어 조합원은 재산에 대해 지분권 또는 분할청구권을 갖지 못한다. 따라서 노동조합의 채무에 대하여 조합원 개인은 책임을 부담하지 아니하고, 조합 재산만이 책임 재산이

---

1) 임종률, 『노동법』, 2007, 83쪽.
2) 노조 01254-10877, 1986.7.3
3) 이상윤, 『노동법』, 2007, 558쪽.
4) 노정노 1452-5178, 1966.10.17

된다.

노동조합의 법인여부를 불문하고 조합재산의 귀속관계는 차이가 없고, 조합재산에 대한 조합원의 권리와 의무는 조합의사인 규약이나 총회의 의결에 의해서 결정된다.

7. 노동조합의 내부통제

7·가. 통제권의 의의

노동조합은 그 목적을 달성하고 특히 단결력을 확보하기 위하여 규약·방침·지시 등에 위반한 조합원에 대하여 제재 처분을 가하는 등 일정한 통제권을 행사할 수 있는데 이를 노동조합의 통제권 또는 내부통제라고 한다.

7·나. 통제권의 근거

통제에 관한 사항은 규약의 필요적 기재사항이다(노조법 §11,제15호). 이에 따라 규약에 통제처분의 사유·결정기관·종류 등이 규정되어 있다. 다만 규약의 규정이 추상적이거나 없는 경우에도 관행 또는 '조합 민주주의 원칙'에 따라 노동조합은 조합원에 대하여 통제권을 행사할 수 있다.

노동조합의 통제권의 근거에 대해서는 실정법상 규정이 없으나 학설을 통해 정립되었다. 학설은 규약준거설[1]과 조합가입의사설[2]로 나뉘는 계약설,[3] 단체고유권설[4], 그리고 순수단결권설[5]과 절충단결권설[6]로 나뉘는 단결권설로 분류할 수 있다. 이 중 단결권설이 다수설이나 열거된 학설들이 모두 노동조합의 통제권을 부정하지 않고 있으며, 단지 그 근거를 어디에서 찾느냐는 문제에 논의를 집중하고 있어 그 실익이 크지 않다고 본다.[7]

---

1) 조합원이 합의한 조합규약에서 통제권의 근거를 찾는 견해로서, 노동조합을 독립한 별개의 법적 실체로 보지 않고 조합원 상호간의 계약으로 보는 영미법계의 일반적 경향이다.

2) 조합규약의 준수와 그에 기초한 제재도 감수하겠다는 조합원 각자의 합의가 궁극적 근거라고 본다.

3) 노동조합의 통제권은 조합원 각자의 계약에서 비롯한 것이라는 입장이다.

4) 노동조합을 하나의 독립된 단체로서 인정하고 그러한 한도 내에서 단체의 존립과 고유의 목적활동을 위한 통제권이 당연히 인정되어야 한다는 견해이다.

5) 노동조합의 사단으로서의 법적 성격을 완전히 부정하고, 순전히 헌법상 규정된 단결권보장에 의거하여 통제권의 법리를 구성하려는 견해이다; 김유성, 『노동법Ⅱ』, 2001, 90쪽.

6) 노동조합이 단체라는 법적 성격을 받아들이면서 헌법상 단결권의 보장에 근거하여 다른 단체에 비해 강한 통제력이 요청된다고 보는 견해이다.

7) 임종률, 『노동법』, 2007, 88쪽, 단체협약 고유권설과 단체협약설의 양면설을 지지하고 있다.

7·다. 통제권의 내용

(1) 통제권의 범위

조합원의 활동이 조합의 단결 유지에 중대한 영향을 미치면 통제권을 행사할 수 있다. 그 사유로는 분파활동, 조합지시 위반, 조합이나 임원에 대한 부당한 비판, 조합비 체납 등이 있다.

(2) 통제권의 구체적 내용

① 정치활동

정치활동은 국민의 기본권 행사의 하나이므로 이러한 활동에 대하여 원칙적으로 노동조합의 통제를 받지 아니한다. 노동조합의 통제권은 단결권이라는 헌법상의 원리 아래에서 인정되는 권리이기 때문이다. 다만, 정치활동이 반(反)조합적 행위이거나 근로조건과 관련이 있다면, 통제권의 대상이 될 수 있다.

② 위법한 지시

조합의 지시가 명백하게 위법인 경우에는 조합원은 이에 따를 의무가 없다. 다만, 조합의 지시가 중대하고 명백한 위법성을 가지지 않는다면, 조합원은 일단 조합의 의결이나 지시에 따라야 한다.

③ 언론 · 비판활동

집행부나 조합의 방침을 건전하게 비판하는 조합원의 행위는 조합민주주의의 활성화 및 그 유지를 위하여 마땅히 보장되어야 한다. 다만, 사실을 왜곡하거나 허위사실을 유포하는 것이라면 통제권의 대상이다.

④ 조합의 결의 · 지시 위반 행위

조합의 민주적인 절차를 거쳐 결정된 조합방침에 대해서는 이에 반대했던 조합원도 그에 따라야 한다. 특히 '총회의 의결'처럼 노동조합의 통일적인 의사가 형성되었다면 이에 반하는 행위는 통제권의 대상이다. 나아가서 파업 참가처럼 조합의 결의·지시에 위반하는 행위는 통제권의 대상이 된다.

⑤ 조합비 체납

조합비를 납부하지 않으면 권리를 제한할 수 있으며, '조합 목적 달성을 위한 임시조합비'도 당연히 통제권의 대상이다.

7·라. 통제권의 한계

(1) 제재 종류

제재처분은 경고, 견책, 제재금 부과, 권리정지, 제명 등이 있다. 조합원의 위반행위는 제재의 내용과 비교하여 상당성을 가져야 한다. 상당성 즉 비례의 원칙을 현저히 결여하면 통제권의 남용으로 무효이다.

(2) 제재 처분의 절차

절차상 중대한 흠이 있는 제재는 무효이다.

제명 처분은 총회 의결 대상 중 '기타 중요사항(노조법 §16①,제9호)'에 해당되므로 반드시 총회 또는 대의원회에서 직접·비밀·무기명 투표에 의하여 재적과반수의 출석과 출석 과반수의 찬성으로 결정[1]되어야 한다.

제명 이외의 제재는 규약에 정해진 징계위원회의 의결을 거쳐야 하며, 규약에 결정기관에 관한 규정이 없으면 총회나 대의원회에서 결정되어야 한다. 총회나 대의원에서 징계를 결의하는 경우, 징계처분을 받을 자는 표결권이 없다(노조법 §20).

한편, 규정이 없다 하더라도 심리의 공정성을 위한 최소한의 요건인 공정성을 확보하기 위해 변명권은 부여되어야 한다.[2]

7·마. 통제권과 사법심사

노동조합의 통제 처분이 위법하면 행정관청의 시정명령(노조법 §21②)에 의하여 구제될 수 있으며 조합원이 통제 처분의 무효를 주장하는 소송을 제기할 수 있다.

자주성을 가진 노동조합의 본질에 비추어 조합 내부에서 결정된 문제에 대하여 법원이 개입하는 것은 바람직하지 못하다. 그러나 조합의 통제권이 남용되어 조합원의 권리가 침해되는 경우라면 사법심사의 대상이다.

이 경우 구제절차는 민사소송절차를 따르며 부당노동행위나 부당해고처럼 행정적 구제절차를 따르는 것이 아니다.[3]

---

1) 임원의 제명은 해임이므로 재적 과반수와 출석 2/3 이상의 찬성이 있어야 한다.
2) 노정 1452-6162, 1969.6.2; 이병태, 『최신노동법』, 2007, 172쪽.
3) 대판 1993.3.9, 92다29429

8. 노동조합과 법인격

8·가. 의 의

순수한 재산상의 거래 관계에 있어 권리·의무의 주체가 되어 예금, 토지·건물의 등기 등 재산상의 행위를 하기 위해서는 법인격을 취득하는 것이 편리하다.[1] 그러나 우리나라는 노동조합이 법인으로 할 것을 강제하고 있지 않으며, 규약이 정하는 바에 의하여 법인으로 할 수 있다(노조법 §6①). 노동3권 행사나 노동조합의 요건에도 법인격이 필요하지는 않다.

8·나. 절 차

노동조합을 법인으로 하고자 할 경우, 대표자는 주된 사무소의 소재지를 관할하는 등기소에 등기사항[2]에 대하여 등기하여야 한다(노조법 §6②, 노조령 §2 및 §3).[3]

8·다. 효 과

(1) 민법의 준용

법인인 노동조합에 대하여는 이 법에 규정된 것을 제외하고는 민법 중 사단법인에 관한 규정을 적용한다(노조법 §6③). 법인이 아닌 노동조합에 대하여는 민법상 법인격이 없는 사단으로서 민법의 사단법인에 관한 규정이 준용된다.[4]

(2) 당사자 능력

법인이 아닌 사단이라도 대표자가 있으면 그 이름으로 소송당사자가 될 수 있다(민소법 §52). 노동조합뿐 아니라 '노동조합의 성립요건을 갖추지 못한 노동단체'[5]도 소송당사자가 될 수 있다.

---

1) 산업별 노동조합의 경우 자산 가치의 제고를 위해 법인으로 하는 문제에 더 큰 관심을 가질 수 있다.
2) 1. 명칭, 2. 주된 사무소의 소재지, 3. 목적 및 사업, 4. 대표자의 성명 및 주소, 5. 해산사유를 정한 때에는 그 사유.
3) 등기신청은 노동조합 대표자가 등기신청서에 규약과 설립신고증(노조법 §12) 사본을 첨부하여 신청한다(노조령 §4). 법인인 노동조합이 그 주된 사무소를 다른 등기소 관할로 이전한 경우 3주 이내에 구소재지에서는 이전 등기를 하고 신소재지에 등기하여야 한다. 동일한 등기소 관할로 이전하였거나 등기사항에 변경이 있으면 3주 이내에 이전등기 또는 변경등기를 하면 된다(노조령 §5, §6).
4) 예컨대 "이사의 대표권 제한은 등기하지 않으면 제3자에게 대항하지 못한다(민법 §60)"는 조항은 재산 거래상 행위에는 적용되나 노동3권 행사에는 적용되지 않는다고 해석된다(이상윤, 『노동법』, 2007, 533쪽).
5) 대판 1979.12.11, 76누189

(3) 조합 재산

법인인 노동조합의 재산은 단독소유이고 법인이 아닌 경우에는 총유이다. 노동조합 재산은 법인 여부를 불문하고 조합원 전체의 권익향상을 위해 보유되는 목적재산이므로 조합원 개인의 지분은 인정되지 않는다. 다만, 규약 등에 의해 지분이 인정되는 예탁금·적립금 등을 예외적으로 설치할 수 있다.[1]

9. 노동조합 운영 관리

9·가. 의 의

노동조합은 자주성을 생명으로 한다. 이를 위해 외부로부터의 간섭을 배제하다 보면 관료주의와 부패로부터 자유로울 수 없다.[2] 이러한 문제를 해결하기 위해 노동조합의 활동을 공개하여 자율적 통제가 이루어지는 한편 행정관청을 통한 외부적 통제가 법에 마련되어 있다.

9·나. 자율적 통제

(1) 서류의 작성 · 비치

노동조합은 조합설립일부터 30일 이내에 '조합원 명부(연합단체인 노동조합에 있어서는 그 구성단체의 명칭)', '규약', '임원의 성명·주소록', '회의록' 및 '재정에 관한 장부와 서류'를 작성하여 그 주된 사무소에 비치하여야 한다(노조법 §14①). 이러한 의무는 민주성을 확보하기 위해 부과되고 있으며, '회의록' 및 '재정에 관한 장부와 서류'는 3년간 보관하여야 한다(노조법 §14②).

(2) 회계감사 · 운영상황 공개

노동조합의 대표자는 회계감사를 실시하게 하고 그 결과를 공개해야 하며(노조법 §25①), 회계에 관한 사항은 규약의 필요적 기재사항(노조법 §11,제9호)이다. 아울러 노동조합의 대표자는 회계연도마다 결산 결과와 운영상황을 공표하여야 하며, 조합원의 요구가 있을 때에는 이를 열람하게 하여야 한다(노조법 §26). 이러한

---

1) 이상윤, 『노동법』, 2007, 534쪽.
2) 신은종, 『쉘위댄스?』, 생능출판사, 2007, 140쪽, 미국의 경우 1993년부터 1995년 사이에 98개 노동조합의 104명의 간부가 횡령혐의로 입건되었다.

의무들은 조합 재산의 운영에 대하여 민주적 통제가 가능하도록 하기 위해 부과된 것이다.

9·다. 행정관청의 통제

(1) 의 의

노동조합의 민주성과 적법성을 확보하기 위해서는 자율적 통제뿐 아니라 타율적 통제도 인정된다. 이러한 이유로 노조법은 여러 군데에서 행정관청의 감독을 명시하고 있다. 행정관청의 통제는 입법[1]정책의 문제이나 본질적으로 노동조합의 자주성을 침해할 우려가 있으므로 꼭 필요한 수준에 그쳐야 한다.

행정관청의 통제는 설립·해산과 임시총회 관련[2] 외에도 '규약에 대한 시정명령', '결의 처분의 시정', '자료의 제출 요구' 및 '단체협약의 시정명령'처럼 감독적인 성격을 갖는 통제가 있다.

(2) 규약 · 결의 · 처분 · 단체협약의 시정

행정관청은 노동조합의 '규약'이 노동관계법령에 위반되거나, '결의 또는 처분'이 노동관계법령에 위반된다고 인정할 경우에는 노동위원회의 의결을 얻어 그 시정을 서면으로(노조령 §11) 명할 수 있다. 시정명령을 받은 노동조합은 30일 이내에 이를 이행하여야 하나 정당한 사유가 있는 경우에는 그 기간을 연장할 수 있다(노조법 §21). 이행치 않으면 벌칙(노조법 §93, 벌금 500만원)이 적용된다.

(3) 자료제출의 요구

노동조합은 행정관청이 요구하는 경우에는 결산결과와 운영상황을 보고하여야 한다(노조법 §27). 제출하지 않거나 허위로 제출하면 벌칙이 적용된다(노조법 §96, 과태료 500만원). 행정관청의 자료 제출권은 다른 감독권과는 달리 노동위원회의

---

1) 1959년에 제정된 미국의 「랜드그리핀법」(LMRDA)은 노동조합으로 하여금 전년도 재정상태 및 운용상황을 노동부에 보고하도록 하고, 기금의 운용을 제한하여 2,000 달러 이상의 대출을 금지하며, 노동조합 기금을 횡령하면 10.000 달러 이하의 벌금이나 5년 이하의 징역에 처하도록 하였다. 미국의 노동조합은 1935년의 「와그너법」(NLRA) 이후 최대한의 자유를 누렸으나, 1957년의 맥클랜위원회(McClellan Committe)의 조사 결과, 대부분의 노동조합 간부들이 노동조합 기금을 횡령한 것으로 밝혀져 입법이 추진되었다.

2) '노동조합 설립신고(노조법 §10), 신고증 발급 및 보완·반려(노조법 §12)', '설립신고 사항 중 변경사항의 신고 및 통보(노조법 §13)', '임시총회의 소집권자의 지명(노조법 §18)', '휴면노조 해산(노조법 §28①,제4호)' 및 '노동조합 해산신고(노조법 §28②)'를 들 수 있다.

의결을 전제로 하고 있지 않아 행정관청의 임의적 판단에 맡겨져 있고, 그 요건도 '요구하는 경우'로 되어 있어 매우 자의적이다. 따라서 노동조합의 자주성을 침해하지 않도록 사후적으로 사법적인 문제에 대해서만 요구권이 있는 것으로 해석하는 것이 타당하다.

단체협약의 당사자는 단체협약의 체결일부터 15일 이내에 이를 행정관청에게 신고하여야 하며(노조법 §31②), 행정관청은 단체협약 중 위법한 내용이 있는 경우에는 노동위원회의 의결을 얻어 그 시정을 명할 수 있다(노조법 §31③).

제4절 노동조합 활동의 보장

1. 의 의

1·가. 개 념

조합 활동은 근로자가 노동조합의 목적을 달성하기 위하여 하는 모든 행위 중 노동조합의 조직·가입, 단체교섭 및 쟁의행위를 제외한 행위이다.[1] 조합 활동은 일반적으로 단결력을 유지하고 강화하기 위해서 행하여지는데 집회 참가, 리본이나 머리띠 착용, 유인물 배포, 벽보 부착, 연설, 설문조사, 홍보와 선전, 현수막 게양 등 모습으로 나타난다. 조합 활동은 노동조합 자체의 행위가 아닌 근로자 개인의 행위를 말한다.

1·나. 효 과

조합 활동은 헌법상 보장된 노동3권으로부터 당연히 인정되는 것이므로 민·형사 책임이 면제[2]되고(노조법 §3및§4) 불이익취급[3]이 금지된다(노조법 §81,제1호). 따라서 조합 활동에 대해 면책이 인정되는지, 징계나 해고를 할 수 있는지 등이 중요한 논의 대상이다.

1·다. 원 칙

조합활동은 노동3권의 보호를 위해 행해질 수 있도록 그 요건을 갖추어야

---

1) 임종률,『노동법』, 2007, 99쪽; 이병태,『최신노동법』, 2007, 176쪽, 노동조합의 조직·가입은 제외대상으로 열거하지 않고 있다.

2) 민사면책 규정(노조법 §3)은 '단체교섭 또는 쟁의행위'으로 표현되어 있고 형사면책 규정(노조법 §4)은 '기타의 행위로서 제1조의 목적을 달성하기 위하여 한 정당한 행위'를 추가(이 이유로 형사면책에 대해서는 이론이 없다. 대판 1990.5.15, 90도 357)하고 있다. 그럼에도 불구하고 조합활동은 권리의 행사로서 채무불이행 또는 불법행위에 해당되지 않으며 해당되더라도 위법성이 조각되므로 노동조합이나 조합원은 손해배상책임을 지지 않으나 인정범위는 사용자의 업무지휘권 또는 시설관리권과의 조화 속에서 정하여진다(이병태,『최신노동법』, 2007, 177쪽).

3) 금지 대상에 '기타 노동조합의 업무를 위한 정당한 행위'를 포함하고 있다.

한다. 즉 주체와 목적이 요건에 맞아야 하고, 과정이나 양태에 있어 '사용자의 노무지휘권이나 시설관리권 침해'와 '조합 활동으로 보호해야 할 법익'의 균형이 맞아야 한다.

2. 해당 요건

2·가. 원 칙

조합 활동이 되기 위해서는 주체적 요건으로 노동조합의 지시나 승인에 근거하여야 하고, 목적적 요건으로 근로조건의 유지 또는 개선이나 단결의 유지 또는 강화를 위한 경제적 활동이어야 한다.

2·나. 주 체

(1) 자발적 행위

조합원은 조합의 기관이 행한 의사 결정에 따라야 한다.

다만, 노동조합의 명시적인 지시 없이 행하여진 조합원의 행위라도 노동조합의 묵시적인 수권(授權) 또는 승인[1]이 있거나 그 성질상 노동조합의 활동으로 볼 수 있는 때에는 자발적 행위로서 조합 활동으로 볼 수 있다.[2] 미조직근로자에 대한 노조가입 권유, 임원 선거 출마 등과 같이 민주성을 확보하기 위한 행위가 그러하다.[3]

(2) 사적 행위

조합원의 독자적 행동, 즉 사적 행위는 노동조합과 관련이 없는 자의적 행위로서 조합 활동으로 볼 수 없는 것이 원칙이다.[4] 그러나 사적 행위가 단결권 보장의 취지를 가진 행위로서 객관적으로 용인될 수 있다면 예외가 인정된다. 따라서 그러한 행위는 노동조합의 방침에 반하더라도 내부 통제의 대상이 되기는 하지만, 조합 활동으로 인정될 것이다. 간부에 대한 비판이나 불신임을 위한 서명 활동을 예로 들 수 있다.

---

1) 대판 1994.2.22, 93도613
2) 대판 1991,11,12, 91누4164, 대선조선사건; 대판1990.8.10, 89누8217, 대진운수사건.
3) 김유성, 『노동법Ⅱ』, 2001, 100쪽.
4) 대판 1992.9.25, 92다18542

2·다. 목 적

근로조건의 유지·개선을 목적으로 하는 것이나 단결권 강화를 위한 것이 아니라면 조합활동으로 보호받을 수 없다.[1] 경영권 변경[2]과 관련된 행위가 그러하다. 한편 합창반 활동, 양로원 방문 등 사회 문화 활동은 그 자체로는 근로조건과 관계가 없지만, 단결력을 강화하여 '근로조건 향상'이라는 목적을 이루어 내는 데 필요하므로 조합 활동으로 본다.[3]

정부나 정당 등과 관계되는 순수한 '정치적 활동'은 조합활동에 포함되지 않는다. 다만, 근로자의 사회적·경제적 지위 향상과 관련 있는 입법이나 정책을 촉구하거나 또는 저지하기 위해 특정 후보를 지지·반대하는 행위는 조합활동으로 볼 수 있다.[4]

3. 정당성

3·가. 의 의

조합활동의 정당성은 사용자가 갖는 시설관리권 및 노무관리권과 충돌할 수밖에 없다. 따라서 '조합활동의 필요성'과 '시설 및 노무 관리권'의 침해 정도를 구체적이고 종합적으로 비교하여야 하며, 궁극적으로는 조합 활동이 '시설 및 노무 관리권'의 본질적 내용을 해치는지 여부에 따라 정당성이 결정될 수 있을 것이다.[5]

조합 활동의 정당성을 판단할 수 있는 기준은 그 의견이 다양하여 일반화하기가 쉽지 않으나 판례[6]나 학자들의 의견을 살펴볼 때 공통적인 기준을 시도해 볼 수 있다.

먼저, 취업시간 중의 조합 활동은 단체협약, 관행[7] 또는 사용자의 승낙이

---

1) 대판 1994.2.22, 93도613
2) 대판 2006.5.26, 2004다62597, 전국교직원노동조합 소속 교원들이 '족벌재단 퇴진'등을 주장하는 조끼, 리본 등을 착용한 사례이다.
3) 김유성, 『노동법Ⅱ』, 2001, 100쪽; 임종률, 『노동법』, 2007, 100쪽.
4) 1998년에 공직선거 및 선거부정방지법의 개정으로 노동조합의 특정 후보 지지 등 정치활동이 가능하게 되었다. 다만, 정치자금에 관한 법률에 의해 정치자금의 기부는 허용되지 않는다.
5) 같은 취지, 김형배, 『노동법』, 2007, 709쪽.
6) 대판 1990.5.15, 90도357; 대판 1994.2.22, 93도613
7) 대판 1995.2.17, 94다44422

있어야 한다.[1]

다음으로, 사업장 내의 조합 활동에 대하여는 사용자의 시설관리권에 바탕을 둔 합리적 규율이나 제약에 따라야 한다.[2]

셋째로, 조합 활동이 취업시간 외나 사업장 밖에서 이루어질 때에도 근로자는 근로계약에 부수적인 의무인 성실의무 즉 사용자의 이익을 부당하게 침해하지 않도록 할 의무를 진다.

넷째로, 폭력과 파괴행위 등의 방법에 의하지 않는 것이어야 한다.[3]

다섯째로, 조합 활동의 유형, 대체수단의 존재 여부, 근무형태와 사용자 권리에 침해 유무, 관행 또는 선례, 직종 또는 직무의 성질상 조합 활동의 필요성, 당사자의 태도[4] 등을 종합적으로 고려하여 사회통념에 맞게[5] 조합 활동의 정당성을 판단하여야 한다.

3·나. 구체적 판단

(1) 노무관리권과 조합 활동

① 의 의

사용자는 근로계약상 근로제공의 종류, 장소, 시간 등 구체적인 방법과 양태를 정하거나 근로의 내용을 지휘·감독할 권한을 갖는다. 근로자는 근로시간 중에 근로를 제공할 의무를 지며, 이러한 의무는 법령, 단체협약, 취업규칙에 규정되어 있거나 사용자가 임의로 허용하는 경우에 한하여 면제되는 것이 원칙이다.

따라서 이러한 요건을 충족하지 못하는 노조활동은 인정되지 않으며 이로 인한 다툼은 노동쟁의가 아니라고 해석[6]된다.

---

1) 집회선례, 사전통보, 근무형태, 조합활동 시간의 합리성 등을 고려할 때 사용자의 법익을 실질적으로 침해한다고 볼 수 없다면 근로시간 중의 조합활동이 인정된다(대판 1994.2.22, 93도613, 대판 1994.5.10, 91구28750, 대판 1995.2.17, 94다44422)는 판례가 있으나, '특별한 사정이 쉽게 인정되어서는 안 될 것'이라는 견해(김형배, 『노동법』, 2007, 708쪽)에 찬성하며 이를 매우 엄격히 해석하여야 할 것이다.
2) 대판 1994.2.22, 93도613
3) 대판 1990.5.15, 90도357, 근로시간 중에 집기를 부순 행위 관련이다.
4) 대판 1992.3.13, 91누5020
5) 대판 1994.5.10, 93누15380
6) 대판 1996.2.23, 94누9177

② 머리띠, 리본, 투쟁복 등 착용

머리띠, 리본, 투쟁복 등의 착용이 정당성이 있는지는 성실의무에서 찾을 수 있다. 성실의무는 조합 활동을 하더라도 업무에 지장을 초래하지 않도록 할 의무를 말한다.

업무에 미치는 지장은 근로의 내용, 업종이나 직종 등에 따라 그 정도가 다를 수 있다. 따라서 병원,[1] 은행, 그 밖에 고객을 많이 상대하는 서비스 업무로서 정숙함이나 단정함이 상품가치와 직접 관계가 있는 업무에 대하여는 정당성이 인정되지 않을 수도 있다.

③ 집 회

근로자가 일방적으로 취업시간 중에 보고대회, 규탄대회 등의 집회에 참여하는 것은 노무관리권의 침해로 정당성이 부인된다.[2]

그러나 '취업시간 중에 집회를 개최할 불가피한 필요성', '노무지휘권의 침해 정도' 등 여러 사정을 종합적으로 고려하여 예외적으로 그 정당성을 인정한 판례[3]가 발견된다.

한편, 사전 통보를 조건으로 한 경우, 집회의 종류나 소요시간 또는 횟수를 엄격하게 한정하였다면 그러한 기준에 따라 사전 통보만으로 집회가 가능하지만, 한정하지 않았다면 앞에서 설명한 것처럼 여러 사정을 종합적으로 판단하여야 한다.[4]

(2) 시설관리권과 조합 활동

① 의 의

사용자는 사업의 물적 시설이나 설비를 사업목적에 따라 이용할 수 있도록

---

1) 대판 1996.4.23, 95누6151, 근로시간 중에 구호가 적힌 주황색 셔츠를 입은 행위는 환자에게 불안감을 주므로 시정 명령을 따르지 않은 데 대한 징계는 정당하다고 보았다.

2) 대판 2001.11.27, 99도4779, 단체협약에 허용규정이 없고 관행이나 회사의 승낙도 없이 근무시간 중에 오랜 시간 동안 조합원 총회를 개최한 것은 그 방법의 면에서 위법하다.

3) 대판 1994.2.22, 93도613, 쟁의찬반투표를 위한 임시총회의 소집을 2회에 걸쳐 서면으로 사용자에게 통보하여 대비할 수 있도록 하였고, 교대 근로에도 불구하고 전체 근로자가 참여할 수 있도록 하기 위해서는 근로시간에 소집하는 것이 불가피하다는 점을 감안하여 동의 없이 소집한 임시 총회의 정당성을 인정하였다.

4) 대판 1995.3.14, 94누5496; 한편, 사전 통보에 대하여 사용자는 특별한 사유가 없는 한 승낙하여야 한다는 규정이 있다면 사용자가 승낙여부를 결정하되 승낙권을 남용하지 않아야 한다는 합의로 볼 수 있다. 이 경우 승낙 없이 근로시간 중에 집회를 열었다면 사용자가 남용한 것이 아닌 한 정당성이 인정되지 않는다(대판 1994.9.30, 94다4042).

적절히 보전 또는 관리하는 규칙을 만들거나 필요한 조치를 취할 권한이 있다. 따라서 기업 시설 내의 조합 활동이 단체협약, 취업규칙, 관행 및 사용자의 허가가 있다면 정당성이 인정된다.[1)]

그러나 이런 요건들이 충족되지 않아도 조합 활동이 인정될 수 있는가에 대해서는 수인의무설(受忍義務說), 권리남용설 및 실질적지장설로 의견이 나뉘고 있다.

ⓐ 수인의무설

근로자가 조합 활동을 하면서 사용자로부터 편의를 제공받는 것은 헌법에서 보장된 단체행동권 속에 내재하는 권리이며 사용자의 업무지휘권 및 시설관리권은 그 범위 내에서 제한되기 때문에 단체협약, 승낙 등 사용자의 동의가 없어도 시설을 이용할 수 있다.

ⓑ 권리남용설

사용자가 동의한 경우에 비로소 기업 시설을 이용[2)]할 수 있으나, 사용자가 동의를 하지 않는 것이 권리남용이 되어서는 안 된다.

ⓒ 실질적지장설

노동조합이 기업의 시설을 이용하려면 사용자의 동의가 있어야 하는 것이 원칙이다. 그러나 기업시설을 이용하는 조합 활동의 필요성이 있고 그로 인해 업무운영이나 시설관리에 실질적으로 지장이 없었다면 정당성을 부인할 수 없다.[3)]

노조법에 정한 면책특권은 헌법상 단체행동권을 근거로 해서 조합 활동이 정당할 때 사용자의 책임 추궁을 면한다는 소극적이고 방어적인 권한일 뿐, 사용자가 조합 활동을 광범위하게 참고 받아들이라는 의미로 해석하기는 어렵다.[4)] 따라서 사용자의 수인의무를 인정하기는 어렵다.

권리남용설은 시설관리권을 사용자에게 전속된 권리로 보고 권리남용의 법리로 접근하고 있다. 조합 활동은 헌법상 단체행동권에 근거를 두고 있다. 그런데 기업별 노동조합 형태 아래에서는 기업의 시설을 이용하지 못하면 헌법상의 단결권이 크게 제약받을 것이다. 따라서 시설관리권을 사용자에게 전속

---

1) 대판 1994.2.22, 93도613
2) 대판 1994. 9.30, 94다4042; 대판 1990.5.15, 90도357
3) 이상윤, 『노동법』, 2007, 563쪽; 임종률, 『노동법』, 2007, 103쪽.
4) 이병태, 『최신노동법』, 2007, 180쪽.

된 배타적 권리라고만 볼 수 없다.

이러한 이유로 개인적으로는 실질적지장설을 지지한다.

② 벽 보

사용자의 승낙 없이 벽보를 부착하면 원칙적으로 정당성이 부정된다.

그러나 장소나 시설의 성격, 부착의 양과 범위, 부착 방법 등 여러 사정에 비추어 불가피한 필요성이 있고 실질적 지장을 초래하지 않았다면 정당성이 인정될 수 있다.

취업규칙에 벽보 부착을 허가 사항으로 정하였다면 이에 따라야 하겠지만 그 허가 조건이 합리적이어야 한다. 시설관리권에 실질적 지장이 없는 경우까지 제한하는 것은 합리성이 부정된다.[1]

③ 유인물

유인물 배포는 일시적인 성격으로 인하여 시설관리권보다는 노무관리권과의 갈등이 문제된다고 볼 수 있다.

사용자의 승낙 없이 벽보를 부착하면 원칙적으로 정당성이 부정된다.

그러나 유인물의 내용, 매수, 배포의 시기,[2] 대상, 방법[3] 등을 감안할 때 노무관리나 시설관리에 실질적인 지장을 초래했는지에 따라 정당성을 판단할 수 있다.

사용자가 시설관리나 질서유지를 위하여 설정한 규칙의 정당성 여부도 마찬가지로 판단한다.

(3) 언론 활동

언론 활동이란 유인물 배포·게시, 방송, 인터넷 등의 수단으로 자신의 의견이나 방침을 조합원이나 일반인에게 알리는 활동을 말한다. 언론활동의 내용이 '경영전반 또는 인사노무에 관한 것'으로 진실한 것이라면 정당성이 인정된다. 언론활동은 근로자의 성실의무를 위반하지 않아야 한다. 따라서 인신공격·

---

1) 임종률, 『노동법』, 2007, 104쪽.

2) 대판 1991.11.12, 91누4164, 휴게시간 중 유인물 배포는 다른 근로자의 근로에 나쁜 영향을 미치거나 휴게시간의 자유로운 이용을 방해하거나 구체적으로 직장질서를 문란하게 하는 것이 아닌 한 허가를 얻지 아니하였다는 이유만으로 정당성을 잃는다고 할 수 없다.

3) 대판 1992.6.23, 92누4253, 몰래 배포한 것은 비록 대의원 선거 운동 기간 중이더라도 직장질서를 문란케 할 위험이 크다는 이유로 정당성을 부정하고 있다.

비방,[1] 사생활 침해 및 폭로[2]·명예훼손,[3] 인격 모욕, 과격하고 불순한 문구[4] 등은 정당성을 훼손할 수 있다.

인신공격의 위험이 있고, 허위사실이 있거나, 표현이 과장되더라도 그 정도가 부분적이고 크지 않은 상태에서 전체적으로 진실하다면 정당한 조합활동이라는 취지의 판례[5]가 있다. 이는 언론활동의 필요성 및 침해된 사용자의 인격권을 구체적이고 종합적으로 살펴 그 정당성을 판단하여야 한다는 의견[6]으로 받아들일 수 있으며 그 판단 기준은 사실성, 장소, 대상, 범위 등을 들 수 있다.[7] 조합활동의 정당성을 판단함에 있어 타당한 견해라고 생각한다. 그러나 헌법상 노동3권도 궁극적으로는 인간의 존엄 즉 인격권을 보장받는 데 목적이 있다. 따라서 노동3권을 이유로 인격권을 훼손할 수는 없다. 그러므로 조합활동이 종합적으로는 정당성을 부정할 정도는 아니어서, 민·형사상 면책의 대상이 되더라도 사용자가 인격권 침해의 정도에 상응하는 징계권을 행사할 수는 있을 것이다.

4. 편의 제공

4·가. 의 의

사용자가 조합 활동을 위하여 제공하는 인적 또는 물적 지원을 편의제공이라고 한다.

편의제공에는 '조합 활동에 대한 사전 양해나 사후 추인' 같은 소극적 성질의 것과 '조합비 사전 공제', '노조 전임 인정', '조합사무소 제공' 등 적극적 성질의 것이 있다.

4·나. 법적 성질

편의 제공의 법적 성질에 관한 견해는 두 가지로 나뉜다.

---

1) 대판 1993.2.9, 92다20880
2) 대판 1992.2.28, 91누9572
3) 대판 11994.5.27, 93다57551; 대판 1992.2.28, 91누9572
4) 서울고판 1993.1.29, 92구6411·17664
5) 대판 1993.12.28, 93다 13544
6) 이상윤, 『노동법』, 2007, 565쪽; 김유성, 『노동법Ⅱ』, 2001, 106쪽; 임종률, 『노동법』, 2007, 105쪽.
7) 김유성, 『노동법Ⅱ』, 2001, 106쪽에서 장소는 사업장 안인지 여부, 범위는 외부인도 대상인지를 들고 있다.

먼저, '단결권설'은 편의 제공을 헌법상 단결권 보장의 한 효과로 보고 노사 합의가 없어도 사용자가 의무를 진다고 본다.

다음으로, 통설적인 견해[1]인 '협정설'은 동의나 협정에 따라 사용자가 편의 제공의 의무를 진다고 본다.

개인적으로는 협정설에 찬성한다. 단결권은 교섭력의 실질적인 균형을 보장하는 데 목적이 있고, 지원자체가 단결체의 자주성에 묵시적으로 영향을 미칠 수 있어, 단결권으로부터 사용자의 지원 의무까지 도출해내기는 어렵기 때문이다.

4·다. 내 용

(1) 조합사무소

조합사무소는 조합 활동에 필수적이므로 특히 기업별 노동조합에서는 '사용자에게 제공 의무가 있다.'는 견해[2]가 있다. 그러나 편의 제공의 성격을 감안할 때 회사시설을 조합사무소로 사용하여야 한다는 논리를 도출하기 어려우며, 실제에 있어서도 관행에서 유래했다고 볼 수 있으므로, 제공 여부·규모 등에 대해서는 협정이나 사용자의 동의가 있어야 한다.[3]

'최소한의 규모의 노동조합사무소의 제공'은 부당노동행위로서의 경비원조에 해당되지 않는다(노조법 §81,제4호). 이 규정에 의하여 사용자에게 사무소 제공 의무는 발생하지는 않는다.

합의나 관행에 반하여 이미 제공되고 있는 조합사무소를 일방적으로 반환토록 하는 행위는 허용되지 않으며[4] 부당노동행위에 해당할 수 있다.

(2) 전임자

① 의 의

관행이나 단체협약 등에 따라 조합의 임원 또는 일반 조합원이 근로를 제공하지 않고 노동조합의 업무에만 전념하도록 하는 제도를 노조전임제도라고 한다.

---

1) 이상윤, 『노동법』, 2007, 567쪽; 김유성, 『노동법Ⅱ』, 2001, 108쪽.
2) 이병태, 『최신노동법』, 2007, 181쪽.
3) 같은 의견, 이상윤, 『노동법』, 2007, 573쪽.
4) 김유성, 『노동법Ⅱ』, 2001, 112쪽.

노조전임은 근로관계를 유지하고 있는지에 따라서 무적전임(無籍專任)과 재적전임(在籍專任)으로 나뉘는데, 기업별 노동조합은 재적전임의 형태를 취한다.

② 전임제도의 성립

근로자는 단체협약으로 정하거나 사용자의 동의가 있는 경우에는 근로계약에 정한 근로를 제공하지 아니하고 노동조합의 업무에만 종사할 수 있다(노조법 §24조①). 전체 근로를 제공하지 않으면 상시전임(常時專任), 일부를 제공하지 않으면 부분전임(部分專任)이라고 한다.

노조전임제도는 '단체협약으로 정하거나 사용자의 동의가 있는 경우' 즉 노사간의 자율협정으로 행해질 때에 정당성이 인정된다.[1] 다만, 이미 관행으로 운영되고 있는 노조전임제도를 '단체협약으로 정하거나 사용자의 동의가 있어야 한다.'는 이유로 사용자가 일방적으로 철회할 수는 없다.[2]

③ 전임자 지명

노조전임자를 두는 데 동의한 이상, 사용자는 노동조합이 요구하는 자를 전임자로 인사 조치하여야 한다. 정당한 사유 없이 교체를 주장하며 인사 조치를 지연하는 것은 지배 개입으로 부당노동행위가 된다.

사용자는 인사조치할 때 휴직을 조건으로 할 수 있다.[3]

④ 전임자 대우

ⓐ 급 여

노조전임자는 그 전임 기간 동안 사용자로부터 어떠한 급여도 지급받아서는 안 되며(노조법 §24조②),[4] 급여지급 행위는 부당노동행위[5]로 금지된다(노조법 §81,제4호).[6] 그러나 이 두 조항은 2009년까지 적용되지 않는다(노조법 부칙 §6).[7]

---

1) 대판 1996.2.23, 94누9177.

2) 하경효, 『노동법사례연습』, 2002, 351쪽.

3) 임종률, 『노동법』, 2007, 85쪽.

4) '노조전임 급여지급금지'와 관련하여 부정적인 견해는 '무노동 무임금 원칙', 그리고 '교섭 상대방에게 급여를 지급하는 것이 노사자치에 기초한 교섭 원리에 맞지 않는다는 점'을 근거로 들고 있다. 반면에 긍정적인 견해는 '우리나라는 그 동안 산업별 노동조합을 제한해온 역사적 배경이 있고 실제로 기업별 노동조합이 대부분이어서 조합 활동을 위해서는 불가피하다'고 주장하여 왔다. 이러한 주장들은 입법론적으로 해결되었으나 '지급금지원칙'을 법에 정한 예를 흔치 않다.이 조항 위반에 대해 벌칙이 규정되어 있지 않으므로 우리나라의 특수성을 감안한 선언적 규정이라고 볼 수 있다.

5) 노동조합의 적극적 투쟁의 결과로 체결한 단체협약에 따라 지급되므로 부당노동행위가 아니라는 견해(대판 1991.5.28,90누6392)와 경비원조로 부당노동행위라는 견해의 대립이 있었으나 1997년 개정법이 입법론적으로 해결하였다.

6) 전임자의 처우에 관한 사항은 임의적 교섭대상으로, 관련 쟁의행위는 정당성을 상실한다.

7) 1997.3.13 개정 당시에 이 규정을 신설하면서 전임자에게 임금을 지원하고 있는 사업 또는 사업장에 대

노조전임자가 지급받아서는 안 되는 급여에는 '임금[1]에 해당하는 금품'은 물론이고 복리후생적 금품,[2] 상여금, 연차휴가수당 등도 포함된다.[3]

휴직한 근로자에게도 지급되는 급여와 각종 사회보험료의 사용자측 부담금은 지급금지 대상에서 제외된다.

급여를 받지 못하는 상태에서 평균임금을 산정할 일이 발생하면 동일 직급 및 동일 호봉의 근로자의 평균임금을 기준으로 한다.[4]

부분전임에 대해서도 급여지급 금지 규정이 적용되므로 근로를 제공하지 않는 부분에 대해서는 급여를 지급할 수 없다. 다만, 근로시간 중에 사용자와 교섭·협의한 것에 대해 사용자가 임금을 지급하는 것은 허용되므로(노조법 §81, 제4호단서), 그 범위 안에서 이들에 대한 임금 지급은 적법하다고 볼 수 있다.

ⓑ 전임의 지위와 근로조건

㈎ 휴직과 유사

노조전임자는 일시적으로 근로 의무가 면제된다는 점에서 휴직상태에 있는 근로자와 유사한 지위를 갖는다.[5] 따라서 교육훈련[6]처럼 근로제공을 전제로 하는 권리·의무는 적용되지 않는다.

노조전임자에 대해 무단결근을 이유로 행한 해고를 정당하다고 본 견해[7]가 있다. 노조전임자는 노조 사무실에 출근하는 등 조합 업무에 전념할 의무를 진다. 그러나 전임결근에 대한 징계는 노동조합 내부의 문제이며, 이를 이유로 사용자가 해고 또는 징계를 할 권리는 없다.[8] 노조전임자는 사용자에게 근로를 제공하지 않으므로 출근 여부에 대한 사용자의 확인 의무가 성립하지 않기 때문이다.

하여 2001까지 시행을 유예하였으나, 2001에 다시 '전임자에게 임금을 주지 않고 있는 사업 또는 사업장'까지 포함하여 다시 5년을 유예하고, 2006년에 다시 3년을 유예하였다; '노동조합과 사용자는 (법이 시행될 때까지)전임자에 대한 급여지원 규모를 노사협의에 따라 점진적으로 축소하도록 노력하고 그 재원을 노동조합의 재정자립에 사용하도록 한다'고 규정하고 있다.

1) 대판 2003.9.2, 2003다4815·4822·4839, 전임자에게 지급되는 급여는 근로의 대가가 아니므로 임금이 아니다.

2) 임종률, 『노동법』, 2007, 84쪽.

3) 법이 시행되기 전의 상황에서 단체협약에 규정이 있다면 상여금, 연차휴가수당 등을 지급받을 수 있다고 본 판례(대판 1995.11.10, 94다54566)가 있는데 이는 '임금에 상당하는 금품'을 포함한 다른 급여도 마찬가지이다.

4) 대판 1998.4.24, 97다54727

5) 대판 1995.11.10, 94다54566; 대판 1998.4.24, 97다54727

6) 대판 1999.11.23, 99다45246, 의무적인 교육은 근로제공과 같기 때문이다.

7) 대판 1995.4.11, 94다58087; 대판 2000.7.28, 2000다23297; 대판 2005.10.13, 2005두5093; 이상윤, 『노동법』, 2007, 570쪽.

8) 같은 의견, 임종률, 『노동법』, 2007, 85쪽.

노조전임자의 출근에 대한 사용자의 확인 의무가 부정된다면 연차유급휴가, 주휴일 등도 적용되지 않는 것이 타당하다.

한편, 교원노조의 전임자는 당해 기간 중 교육공무원법(§44) 및 사립학교법(§59)의 규정에 의한 휴직명령을 받은 것으로 본다(교노법 §5②).

㈏ 근로자 대표로의 지위

노조전임자는 근로자 대표의 지위와 역할을 갖고 있다. 따라서 사회보험과 같은 기본적 보호사항에 대해서는 일반 근로자가 갖는 권리·의무를 갖는다.

따라서 노조전임자에게 고용보험[1]이 적용된다.

아울러 노조전임자의 업무는 원칙적으로 업무상 재해에 해당된다.[2] 다만, 사용자의 사업과는 무관한 상부 또는 연합단체와 관련된 활동이나, 불법적인 조합 활동, 사용자와 대립관계로 되는 쟁의단계에 들어간 이후 조합 활동 중에 발생한 재해 등은 업무상 재해로 인정되지 않는다.

⑤ 전임자 복직

노조전임자는 전임기간이 만료 후에 단체협약이나 취업규칙, 노사관행에 따라 즉시 원직에 복귀할 수 있다. 이 경우 사용자가 즉시 복귀시키지 않거나 승진·승급 등에 있어 원직에 있었던 근로자와 차별할 경우 부당노동행위가 성립한다. 아울러 전임기간은 근속년수에 산입해야 한다.

전임기간 중에 사용자가 일방적으로 원직복귀를 명할 수 없다. 다만, 임원 임기 종료 등 '전임자로 선정된 사유'가 해소되었음에도 이러한 사실을 통지할 신의칙상 의무를 노동조합이 위반하면 사용자가 원직복직을 명할 수 있다.[3]

노동조합이 전임 해제를 요구하면, 사용자는 전임자를 바로 복귀시켜야 한다. 또한 전임의 근거가 되는 단체협약이 효력을 상실하면 전임자는 사용자의 복귀 명령에 따라야 한다.[4]

(3) 조합비 일괄 공제[5]

---

1) 노조전임은 '임금으로 보는 금액'의 총액에 실업급여의 보험료율을 곱한 금액을 보험료로 납부하여야 한다(고용보험 및 산업재해보상보험의 보험료징수 등에 관한 법률 제13조 제2항 단서).

2) 대판 1993.1.26, 92다11695, 노동조합 업무가 노무관리 업무와 밀접한 점, 사고 원인이 된 업무 처리 경위, 전임이 종업원의 지위를 유지하고 있는 점 등을 볼 때 일반근로자와 다름없이 보호하는 것이 산재법의 취지에 부합한다고 보았다; 1994.2.22, 92누14502

3) 서울동부지판 1992.10.2, 91가합21907

4) 대판 1997.6.13, 96누17738

5) 같은장. 제3절. 6·나. (3). 참조.

제5절 노동조합의 변동

1. 개 요

노동조합은 조직의 형태가 변경되거나, 다른 노동조합과 합병하거나, 분열하거나, 소멸하는 것처럼 변화한다. 노동조합의 변화는 안으로는 '조합원의 지위'나 '조합재산의 귀속 문제'를, 밖으로는 '상급단체와의 관계'나 '단체협약의 승계·효력'의 문제를 일으킨다. 노동법은 '해산의 사유'를 규약에 기재하도록 하고(노조법 §11,제11호), '합병·분할 또는 해산'과 '조직형태 변경에 관한 사항'을 총회의 의결사항으로 명시하면서 정족수를 규정하고 있으며(노조법 §16①,제7·8호및②), 해산사유(노조법 §28)를 명시하고 있다.

여기서는 노동조합의 소멸을 전제로 하는 해산과 그렇지 않은 조직변경으로 나누어 설명한다.

2. 노동조합의 변동

2·가. 해 산

(1) 의 의

노동조합의 해산이란 노동조합이 본연의 기능이나 활동을 멈추고, 소멸을 위해 조합사무와 조합재산을 정리하는 청산과정에 들어간 것을 말한다. 해산 중인 노동조합은 청산의 목적 범위 안에서 소멸할 때까지 법인격을 보유하고 권리와 의무를 부담한다. 노조법(§28)은 '규약에 정한 해산사유 발생', '합병·분할 소멸', '총회·대의원회의 해산결의' 및 '휴면노조'를 해산 사유로 규정하고 있다.

(2) 해산사유

① 규약의 해산사유 발생

노동조합은 규약에서 정한 해산사유가 발생한 경우에 해산된다(노조법 §28①,제1호). 노동조합의 설립이 근로자의 자유에 맡겨져 있으므로(노조법 §5) 해산도 조합원의 의사에 맡겨져 있다. '해산에 관한 사항'은 규약에 기재되어야 한다(노조법 §11,제11호). 다만, 규약에 정할 때 해산의 본질이나 정신에 어긋나지 않아야 한다. 예컨대 총회나 대의원회 대신 집행위원회가 해산을 의결하도록 한다면 이는 무효이다.

② 합병 · 분할

ⓐ 의 의

노동조합은 합병 또는 분할로 소멸한 경우 해산한다(노조법 §28①,제2호). 합병·분할은 노동조합을 기준으로 한다. 기업이 합병·분할되어도 노동조합이 합병·분할되거나 소멸하는 것이 아니다.

노동조합의 합병은 새로운 노동조합이 설립되면서 옛 노동조합이 소멸하는 신설합병(新設合併)과 하나의 노동조합이 다른 노동조합에게 흡수되어 소멸하는 흡수합병(吸收合併)이 있다.

노동조합의 분할이란 하나의 노동조합이 나뉘어 두 개 이상의 노동조합이 설립되고, 원래의 노동조합은 소멸하는 것을 말한다.

합병과 분할은 노동조합의 소멸과 관련되는 중요한 사항이므로 규약에 따라 총회(대의원회)의 해산 결의가 있어야 하며, 다수의 조합원들이 조합집행부에 반대하여 집단적으로 탈퇴하여 노동조합을 설립하는 것은 해산의 과정이 없기 때문에 분할과 다른 개념으로서 '분열',[1] '탈퇴' 또는 '사실상의 분리'[2]라고 불린다.[3]

ⓑ 절 차

'합병을 하려는 각각의 노동조합'과 '분할하려는 노동조합'은 총회(대의원회)에

---

1) 임종률, 『노동법』, 2007, 95쪽; 이병태, 『최신노동법』, 2007, 200쪽.

2) 김유성, 『노동법Ⅱ』, 2001, 120쪽; 이상윤, 『노동법』, 2007, 580쪽.

3) 복수노조를 인정하는 상황에서 노동조합이 분리되는 현상은 첫째, 조합원이 탈퇴하여 새로이 노동조합원을 만드는 경우 둘째, 제명당한 반대파 조합원들이 새로이 노동조합을 만드는 경우 셋째, 현재의 조합을 해산하고 각각 조합을 만드는 경우 넷째, 현재의 조합이 그 기능을 정지하고 각각의 조합으로 분리하는 경우로 나눌 수 있다. 이 중 첫째와 둘째는 분열로 볼 수 있고, 셋째는 분할로 볼 수 있으며, 넷째는 실질적인 분할로서 휴면노조의 법리를 따라 원래의 노조를 해산하는 절차를 거치게 되면 분할과 같이 취급할 수 있다.

서 재적 조합원(대의원) 과반수의 출석과 출석조합원(대의원) 3분의 2 이상의 찬성으로 결의하여야 한다(노조법 §16①,제7·8호및②). 흡수합병을 할 때에는 흡수하는 노동조합의 규약을 변경하고, 신설합병을 할 때에는 새로운 노동조합의 규약을 제정하고 새로운 노동조합의 설립 절차를 거쳐야 한다.

아울러 분할로 신설되는 각각의 노동조합은, '노동조합의 설립에 관한 규정'이 적용되므로 창립총회를 개최하고 새로이 규약을 제정하는 등 새로운 설립 절차를 거쳐야 한다. 한편, 노동조합의 분열은 옛 노조는 그대로 존속하므로, 탈퇴한 조합원들이 설립하는 노조는 새로운 노조의 설립 절차를 밟는다.

ⓒ 신고 등

합병 또는 분할의 경우 소멸되는 노동조합의 대표자는 해산한 날로부터 15일 이내에 행정관청에 신고해야 한다(노조법 §28②). 아울러 신설합병을 하는 새로운 노동조합이나 분할 결의에 따라 설립되는 노동조합은 대표자가 규약을 첨부(노조법 §13②)하여 행정관청에 설립 신고(노조법 §10)[1]를 하는 등 설립 절차를 거쳐야 한다.

ⓓ 법적 효과

㈎ 합 병

신설합병의 경우 새로운 노동조합은 존속하고 옛 노동조합은 해산하게 된다. 흡수합병의 경우 흡수한 노동조합은 존속하고 흡수된 노동조합은 소멸하게 된다. 이 경우 소멸 대상인 노동조합이 체결한 단체협약이나 사용자와의 권리·의무는 신설된 노동조합이나 흡수한 노동조합에 포괄적으로 이전되어 그 효력이 유지된다.

㈏ 분 할

노동조합이 분할되면 옛 조합의 조합원은 새로 설립된 두 조합의 그 조합원이 된다. 한편, 옛 조합의 재산은 분할 결의를 할 때 정한 기준이 있으면 그 기준에 따라, 기준을 정하지 않았으면 조합원 수에 비례하여 새 조합에 분배된다. 조합원의 노동조합에 대한 권리와 의무는 새 조합에 분할하여 승계된다.

분할의 경우 옛 노동조합이 체결한 단체협약이 새 조합에 승계되는지에 대해서는 의견이 나뉜다.

---

1) 같은장, 제2절. 2·다. 참조.

먼저, 다수설인 승계부정설[1]은 분할 전후의 조직이 실질적으로 동일하지 않다면서 옛 노동조합의 단체협약은 분할에 의하여 소멸·종료된다고 본다.

다음으로, 승계긍정설[2]은 분할은 합병과 반대방향의 조직변동으로서, 분할 전후의 조직 사이에 실질적 동일성을 인정할 수 있으므로, 단체협약도 새로운 노동조합에 승계되어 효력을 유지한다고 본다.

조합이 분할되는 이유는 노선이나 운영방향 등에 대한 생각이 다르기 때문이다. 따라서 실질적으로 보면 단체협약의 내용에 대해서도 의견이 다른 조합원들의 조직체가 될 수 있으므로 승계부정설에 찬성한다. 다만, 단체협약 중 근로조건에 관한 부분인 규범적 부분은 효력이 유지된다.

㈐ 분 열

조합원은 조합재산에 대하여 지분권을 갖지 못하며 탈퇴하더라도 분할청구권을 인정받지 못한다.

조합의 분열은 조합원이 탈퇴하여 다른 노조를 만드는 것이다. 그러나 하나의 통일적 조직체로 존립할 수 없을 정도로 대립하는 이질적 집단으로 나뉘어 있다는 점에서 단순한 탈퇴와는 성격이 다르다. 따라서 이러한 형태의 분열에 대해 다수결의 원칙이 내부대립으로 관철될 수 없고 회복될 수 없는 것이라면 이를 분할로 보고,[3] '재산분할권을 인정해야 한다'[4]는 주장[5]이 있다.

그러나 남아 있는 노동조합이 조직적인 동일성을 가지고 있고, 새 노동조합은 별개의 존재이므로 분할과 분열은 각기 다른 개념으로 보는 것이 타당하다.

노동조합 재산은 법인인 경우에는 단독소유이고 아니라면 총유(總有)이다. 따라서 분할이 아닌 분열이라면 합법적으로 존재하고 있는 옛 노동조합의 총회나 대의원회의 의결이 없는 한, 새 노동조합에게 재산분할권은 인정되지 않는다.[6] 아울러 양 노동조합 사이에는 동질성이 없으므로 옛 노조의 단체협약이 새 노동조합에게 적용되지 않는다.

---

1) 김유성, 『노동법Ⅱ』, 2001, 120쪽; 이상윤, 『노동법』, 2007, 581쪽; 이병태, 『최신노동법』, 2007, 200쪽 ; 김형배, 『노동법』, 2007, 715쪽.
2) 임종률, 『노동법』, 2007, 95쪽.
3) 日本, 最高判 1974.9.31
4) 日本, 大分地判 1967.3.28; 名古屋地判 1967.3.28
5) 이병태, 『최신노동법』, 2007, 198쪽.
6) 임종률, 『노동법』, 2007, 95쪽, 분할과 달리 단체협약도 승계를 인정하지 않는다; 김형배, 『노동법』, 2007, 715쪽; 김유성, 『노동법Ⅱ』, 2001, 121쪽.

③ 총회 · 대의원회 해산 결의

노동조합은 규약에 정한 해산 사유가 없더라도 임의로 해산을 결의할 수 있다(노조법 §28①,제3호). 해산 결의는 총회(대의원회)에서 조합원(대의원) 과반수의 출석과 출석한 조합원(대의원) 3분의 2 이상의 찬성으로 행한다. 이는 강행규정이므로 결의기관이나 출석조합원 수에 흠이 있으면 무효가 된다. 아울러 규약 등으로 정족수를 더 강화하는 것은 가능하나 완화시키는 것은 허용되지 않는다.

④ 노동조합 활동이 없는 경우

ⓐ 휴면노조

임원이 없고 노동조합으로서의 활동을 1년 이상 하지 아니한 실체적 요건이 있어 휴면노조(休眠勞組) 상태이고, 행정관청이 노동위원회의 의결을 얻는 절차적 요건이 충족되면 그 노동조합은 해산된다(노조법 §28①,제4호).

'노동조합으로서의 활동을 1년 이상 하지 아니한 것으로 인정되는 경우'라 함은 계속하여 1년 이상 조합원으로부터 조합비를 징수한 사실이 없거나 총회 또는 대의원회를 개최한 사실이 없는 경우(노조령 §13①)로서, 사실상 노동조합의 기능이 유명무실하게 된 경우이다.

행정관청이 관할 노동위원회의 의결을 얻은 때에 해산된 것으로 보며(노조령 §13②), 노동위원회는 의결에 있어 해산사유 발생일 이후의 당해 노동조합 활동 여부를 고려할 수 없다(노조령 §13③).[1]

ⓑ 자연 소멸

조합원이 단 한 명도 남아 있지 않으면 활동하지 않은 기간이 1년을 경과하지 아니하더라도 자연적으로 소멸한다. 나아가서, 노동조합의 구성은 원칙적으로 복수를 전제로 하므로 조합원이 1인 밖에 없고 조합원이 증가될 가능성이 없는 경우에는 소멸된 것으로 본다.[2]

또한, 기업단위노동조합은 기업이 완전히 소멸되어 그 설립단위 내지 조직의 근거가 없어지면 성질상 당연히 소멸된다. 다만, 기업 자체가 타 기업에 인수·합병되든지 하는 경우에는 그렇지 않다.

---

1) 행정관청은 노동위원회의 의결(노조법 §28①,제4호및②)이 있거나 동조 제2항의 규정에 의한 해산신고를 받은 때(노조법 §28②)에는 지체 없이 그 사실을 관할노동위원회(노조법 §28②의 규정에 의한 해산신고를 받은 경우에 한함)와 당해 사업 또는 사업장의 사용자나 사용자단체에 통보하여야 한다(노조령 §13④).

2) 대판 1998.3.13, 97누19830.

(3) 해산절차 및 효과

① 신 고

노조법(§28①)에 정하여진 해산 사유 중 '휴면노조'를 제외하고 '규약에 정한 해산사유 발생', '합병·분할' 및 '총회·대의원회의 해산결의'로 노동조합이 해산한 때에는 그 대표자는 해산한 날부터 15일 이내에 행정관청에게 이를 신고하여야 한다(노조법 §28②).

해산신고는 단순한 행정절차로서 이를 위반하더라도 해산이 무효가 되지 않는다.

② 해산의 효과

해산하는 노동조합은 노동조합의 본래 활동 즉 노동3권의 당사자가 될 수 없고 단체협약도 해산에 의하여 효력을 잃는다.[1] 따라서 본래의 활동을 정지하고 조합 사무를 정리하며 조합재산을 청산한다. 청산 활동은 총회 또는 대의원회의 의결에 따라야 한다.

법인인 노동조합에게는 민법의 사단법인 해산에 관한 규정이 준용된다(노조법 §6③). 그러나 잔여 재산의 귀속 및 청산에 관한 규정(민법 §79~§97)은 종교·자선·학술 등 공익을 목적으로 하는 법인을 염두에 둔 규정이어서 조합원의 공동이익을 목적으로 하는 노동조합에는 적절치가 않다.[2] 따라서 잔여 재산에 대하여는 규약에 규정이 있으면 그에 따른다.

그러나 규약에 정함이 없으면 총회 또는 대의원회의 결의를 거쳐 유사한 목적을 위해 처분하거나, 조합원에게 조합비 비율에 따라 평등하게 분배할 수 있다.[3]

법인이 아닌 노동조합인 경우에는 해산절차에 따라 총유(總有)가 폐지된다고 보아 조합규약이나 총회의 의결에 따라 처분 또는 반환을 인정할 수 있다고 본다. 다만, 조합규약이나 총회의 결의로 달리 정하지 않았다면, 각 조합원은 조합재산에 대해서 그 동안 납부한 조합비의 비율에 따라 잔여 재산 분할청구권을 갖는다.

---

1) 임종률, 『노동법』, 2007, 98쪽; 반대의견, 김유성, 『노동법Ⅱ』, 2001, 121쪽, 조합사무소를 계속 이용할 수 있다고 밝히고 있다.
2) 임종률, 『노동법』, 2007, 98쪽.
3) 조합재산의 대부분이 조합의 활동에 의해서가 아니라 조합비에 의해 형성되었기 때문이다.

③ 상부단체의 소멸과 하부조직

연합체 조직인 상급단체가 소멸하더라도 하부조직인 단위 노동조합에는 영향을 미치지 아니한다. 그러나 상급단체가 단위노동조합인 경우, 하부조직이 독립된 노동조합으로서의 실체를 갖추고 있지 않으면 당연히 해산·소멸된다.

2·나. 조직변경

(1) 의 의

① 개념 및 취지

조직변경이라 함은 노동조합이 '현재의 조합을 해산하고 다른 조합을 신설'하는 번잡한 절차를 거치지 않고 실체의 동일성을 유지하면서 조직의 형태를 변경하는 것을 말한다. 이는 근로자로 하여금 자유롭게 노동조합에 가입하거나 결성할 수 있도록 함과 동시에, 조합원 전체의 자유로운 의사에 따라 그 형태를 바꿀 수 있도록 함으로써 단결권을 확실하게 보장하려는 데 목적이 있다.

한편, 노동조합의 설립 또는 해산 절차를 통하여 조직변경을 하는 경우에는 구성원의 동일성과 관계없이 법에 정하여진 절차를 거쳐야 한다.

② 요 건

조직변경으로서 인정을 받기 위해서는 노동조합의 실체적인 동일성이 유지되어야 한다. 동일성에 관하여 법에 규정이 없다. 다만, 판례는 노동조합의 인적 구성을 그 기준으로 제시하고 있다. 즉 조합원의 자격 범위를 변경하는 경우에는 한 사업장의 근로자로 구성된 노동조합이 다른 사업장의 노동조합을 결성하거나, 다른 사업장의 조직형태를 결정하거나, 다른 사업장의 근로자를 가입대상에 포함시킬 수 없다.[1)]

(2) 절 차

① 의 의

행정관청에 변경신고를 하여야 한다. 만약 노동조합의 자격이 없는 지부, 분회 등의 단체의 경우에는 원칙적으로 개별 조합원들이 개별적으로 산업별 노

1) 대판 2002.7.26, 2001두5361

동조합을 탈퇴한 후, 규약을 제정하고 임원을 선출하여 행정관청에 설립신고를 하여야 한다. 다만, 지부나 분회가 조직변경을 하려면, 독자적인 근로조건 결정권이 있는 상태에서, 총회의 의결을 거치고 규약을 변경하면 예외적으로 조직변경 결의가 가능하다.

② 총회의 의결

조직형태의 변경에 관한 사항은 반드시 총회(대의원회)의 의결(노조법 §17①)을 거쳐야 하며(노조법 §16①,제8호), 재적조합원(대의원)의 과반수 출석과 출석조합원(대의원)의 3분의 2 이상의 찬성이 있어야 한다(노조법 §16②).

③ 규약의 변경

조직변경이 있게 되면 명칭과 조합원의 지위에 변경이 따르므로 규약의 변경이 있게 된다. 따라서 총회·대의원회에서 비밀·직접·무기명투표에 의한 출석조합원의 3분의 2 이상의 찬성을 얻어 규약을 변경하여야 한다.

④ 행정관청에의 변경 통보

조직변경으로 규약 내용 중 명칭, 주된 사무소 소재지, 대표자 성명 및 소속 연합단체 명칭이 변경되면 이를 행정관청에 30일 이내에 신고하고 그 밖의 내용에 대해서는 매년 1월 31일까지 행정관청에 통보하여야 한다(노조법 §13).

신고나 통보는 효력 요건이 아니다.

(3) 조직변경의 유형

① 연합체 조직이 단위 노동조합으로 변경

연합체 조직은 총회 또는 대의원회에서 변경의 취지를 결의한 후, 단위 노동조합인 구성 단체를 지부·분회 등의 하부조직으로 하는 단위 노동조합으로 변경할 수 있다. 이때 구성단체인 단위 노동조합은 총회(대의원회)에서 조직형태를 산하조직으로 변경하는 결의를 하여야 한다. 그리고 새로 조직이 변경된 단위 노동조합은 행정관청에 변경신고를 하여야 한다.

② 단위 노동조합이 연합체 노동조합으로 변경

단위 노동조합은 총회(대의원회)에서 변경의 취지를 결의한 후, 지부·분회 등의 하부조직을 단위 노동조합으로 변경하여, 이를 구성단체로 하는 연합체 조직으로 변경할 수 있다. 이때 변경된 연합체 조직은 설립 신고를 할 필요는 없지만 명칭 등이 바뀔 것이므로 변경 신고를 하여야 한다.

연합체 조직이 되면 가입 대상이 노동조합으로 바뀐다. 따라서 지부나 분회가 단위노동조합으로 존립하기 위해서는 요건을 갖추어 적절한 절차를 거쳐 행정관청으로부터 설립신고서를 받아야 한다.[1]

분회가 설립신고를 통해 단위 노동조합으로 바뀔 경우, 그 성격을 어떻게 볼지에 대해 의견이 나뉜다.

먼저, '변경결의 인정설'은 그러한 행위는 조직적 동일성을 가지고 있으므로, 조직형태의 변경을 결의하면 충분한 조직변경으로서, 해산 결의가 따로 필요치 않다고 본다.[2]

반면에, '변경결의 부인설'은 지부나 분회가 자체적으로 결의를 통해 기업별 노동조합으로 조직 형태를 변경할 수 없으므로 조합원이 개별적으로 연합체 조직을 탈퇴하여 별개의 기업별 노동조합을 설립하여야 한다고 본다. 다만, 이 견해도 지부나 분회와 같은 하부조직이 규약이나 결의에 있어 독립적 실체가 인정된다면 예외적으로 당해 지부의 조합원에 국한하여 조직형태의 변경을 결의할 수 있다고 본다.[3]

하부조직이 노동조합의 적극적 요건은 갖추고 있으나 별도로 설립신고가 되어 있지 않아서 형식적 요건을 갖추지 않았더라도 단체로서의 자주성이 인정되면 헌법상 단결권이 보장되어야 하므로 기존의 조합원을 대상으로 하는 조직변경 결의는 그 자체로 효력이 있다고 보아야 한다. 따라서 '변경결의 인정설'에 찬성한다.

③ 조합원의 범위 변경

조합원의 범위를 변경하려면 변경의 취지를 총회에서 결의하고 규약을 변경하여야 한다. 이는 조직의 축소·확대에 불과하다. 따라서 설립신고는 필요하지

1) 노조 68107-585, 2001.5.23, 이러한 절차를 거쳐 단위 노동조합이 되기 전까지는 기존의 지부·분회가 계속 존속하는 것이므로 당해 사업(장)의 일부 근로자들이 다른 노동조합을 설립하거나 이에 가입하는 것은 복수노조에 해당한다.

2) 노조 68107-325, 2001.3.19, 따라서 조직형태의 변경에 대해 당해 연합체 조직의 승인을 받지 않았다는 이유만으로 조직형태 변경에 대한 결의의 효력을 부인하기 어렵다고 보았다. 또한 신규로 설립되는 기업별 노동조합이 복수노조 금지 조항을 위반한 것으로 볼 수 없음을 확인하고 있다.

3) 독자적인 규약을 가지는 하부조직은 각 조직의 총회에서 그 취지를 결의하고 필요한 규약의 개정을 할 수 있다. 이 경우 규약에 따로 정하지 않았다면 법에 정해진 규약 개정 요건을 따르면 된다(김형배, 『노동법』, 2007, 721쪽).

않다.

(4) 효 과

조직변경이 되더라도 노동조합의 동일성이 유지되므로 조직내부 및 사용자나 제3자에 대한 권리·의무는 그대로 조직변경 후의 노동조합에 승계된다. 따라서 종래 재산 또는 단체협약상의 권리·의무는 그대로 유지된다. 또한 조직변경 후에도 조합원으로서의 지위는 그대로 유지되므로 별도의 가입절차는 필요로 하지 않는다.

한편, 조직변경 절차에 따르지 않고 기존 노동조합의 해산과 새 조합의 설립에 의하여 조직형태를 변경하더라도 그 본질은 조직형태의 변경에 있으므로 옛 조합과 새 조합의 동일성이 인정된다면 재산이나 단체협약은 승계된다.

제4장

단 체 교 섭

제1절 의 의

1. 개 념

단체교섭(collective bargaining)이란 노동조합과 사용자 또는 사용자단체가 근로조건을 포함해서 노사 관계의 여러 사항에 대하여 집단적으로 교섭하는 것을 말한다.

단체교섭은 상대방의 양보나 합의가 절대적으로 요구되거나 강제되지 않는 공동결정이나 대표를 정하지 않고 많은 근로자가 참여하는 대중교섭과 구별된다.[1)]

단체교섭이라는 용어는 영국의 웹(Webb) 부부가 처음으로 사용하였다.

2. 기 능

단체교섭은 근로조건을 유지하고 개선함으로써 근로자의 생활을 보장하여 사회 불안의 요인을 제거한다.

사용자측에서 보면 근로자들의 불만이나 요구사항을 하나의 창구로 흡수하여 한꺼번에 처리하고, 근로조건의 기준을 통일적으로 설정한다.

다시 말해서 단체교섭은 노사관계의 기준을 정함으로써 사업장의 질서를 확립하고 일정한 기간 동안 평화롭고 안정된 분위기 속에서 일할 수 있도록 함으로써 산업평화를 보장해준다.

3. 보 장

헌법은 노동3권으로 단체교섭권으로부터 보장하고 있고, 노조법은 헌법 정신에 입각하여 단체교섭에 대한 구체적인 규정을 두고 있다. 그 내용을 살펴

---

1) 임종률, 『노동법』, 2007, 108쪽.

보자.

먼저 정당한 단체교섭에 대하여는 민·형사적 책임을 면제하고(노조법 §3 및 §4), 다음으로 단체교섭 당사자는 그 권한을 위임할 수 있으며(노조법 §29①), 셋째로 정당한 이유 없이 단체 교섭을 거부하거나 게을리하는 사용자의 행위는 부당노동행위로 금지되고(노조법 §81,제3호), 넷째로 근로시간 중에 임금을 보장받으면서 교섭하는 것을 사용자가 허용하는 것은 부당노동행위가 되지 않는다(노조법 §81,제4호).[1)]

근로조건 향상을 위한다는 목적에 비추어 볼 때 집단적 노사관계의 핵심은 단체교섭과 그 결과인 단체협약에 있다. 따라서 단체교섭이 노동3권 가운데 가장 중요한 권리이며, 단체교섭을 전제로 하지 않은 단결이나 쟁의행위는 의미가 없다.

1) 김형배, 『노동법』, 2007, 728쪽.

제 2 절 단체교섭의 유형

1. 개 요

단체교섭은 노동조합의 조직형태, 노사관계의 모습, 노동운동의 발전 과정 또는 산업사회의 특성 등에 따라 여러 형태로 나타난다. 대표적인 유형으로는 기업별 교섭, 통일교섭, 대각선교섭, 공동교섭 및 집단교섭을 들 수 있다. 노조법은 단체교섭의 방법에 관하여 따로 규정을 두고 있지 않으므로 노사가 그 형태를 자유로이 선택할 수 있다.

2. 단체교섭의 형태

2·가. 기업별 교섭

기업별로 조직된 노동조합과 사용자의 단체교섭을 말한다. 이 유형은 우리나라, 일본 그리고 미국에서 많이 행하여지는 방식이다.

이 교섭은 해당 기업의 특수성을 잘 알고 있는 당사자가 자신들의 근로조건을 결정한다는 장점이 있다.

그러나 교섭력의 차이 때문에 소외받는 근로자 계층이 많고 업종, 직종, 산업 등 공통된 분야나 전체 근로자의 권익을 향상시키는 데에는 한계가 있다.[1)]

2·나. 통일교섭

전국 또는 지역 단위로 구성된 산업별 또는 직종별 노동조합과 그에 대응하는 사용자단체가 해당 근로자들에게 공통으로 적용되는 근로조건에 대해 행하

1) "노동조합 대표가 사용자의 종업원이라는 종속적 관계로 실질적인 대등성을 확보하기 어렵고, 단체교섭과 노사협의가 혼재하게 되며, 기업마다 근로조건이 다르므로 노동이동이 심하고, 노동운동 전문가를 육성하지 못하여 단체교섭의 전략과 전술을 개발하기 어렵다"는 단점도 제기된다(이병태, 『최신노동법』, 2007, 204쪽).

는 단체교섭이다. 독일·영국 등 서유럽에서 보편적이다.[1)]

한편, 산업별 연합 노동단체가 기업별 단위 노동조합의 위임을 받아 사용자단체와 교섭하는 것도 통일교섭이다.[2)] 광범위한 노동조합이 산업별 또는 직종별로 전국 또는 지역 노동시장을 지배하면서 강력한 통제력을 가지고 있고 이에 상응하는 사용자단체가 있을 때 유용하다.

노동조합의 교섭력이 강하고, 산업별・직종별로 근로조건의 통일성을 기함으로써 격차를 줄일 수 있는 장점이 있다.

그러나 개별 기업의 사정을 반영하기 어려워 공동협약의 보충협약을 체결[3)]할 목적으로 기업별 교섭을 병행하기도 하고, 이중교섭이 이루어지기도 하는 것이 단점이다.

2·다. 대각선교섭

산업별·지역별·직종별 단위 노동조합이 개별 기업의 사용자와 교섭하는 방식이다. 대각선교섭은 노동조합에 대응하는 사용자단체가 없거나 또는 이러한 사용자단체가 있더라도 각 기업에 특별한 사정이 있을 때 사용된다. 미국에서 많이 사용되는 방법이다.

중요한 사용자와 교섭을 집중하여 모범이 되는 협약을 체결한 후 다른 사용자로 하여금 받아들이도록 하는 패턴교섭으로 활용되기도 한다. 또한, 개별기업 사용자들의 동의[4)]를 받아 한 자리에서 교섭하는 '대각선 집단교섭'으로도 활용된다.

기업별 노동조합의 위임을 받은 산업별·지역별·직종별 연합 단체가 개별 기업의 사용자와 교섭하더라도 대각선 교섭이라고 말할 수 있다.

---

1) 우리나라에서는 공무원노조, 교원노조, 전력노조(이상, 이병태, 『최신노동법』, 2007, 204쪽), 철도노조 등을 예로 들 수 있다. 산업별로 사용자단체가 구성되어 있지 못하고, 사용자 단체가 소속 사업장에 대해 대표권이나 통제력을 가지고 있지 못해 우리나라에서는 활성화되지 못하고 있다. 사용자단체의 구성을 제도적으로 강제하는 것이 시급하다는 지적(이병태, 『최신노동법』, 2007, 204쪽)이 있으나 법리적 또는 목적론적으로 볼 때 수긍하기가 쉽지 않다.

2) 임종률, 『노동법』, 2007, 107쪽.

3) 노조 68107-1182, 2001.10.26, 공동교섭 후 개별 사업장 단위에서 그 사업장에 국한된 내용을 변경하는 것이 유효하다고 판단하였다.

4) 노조 01254-560, 1997.6.20, 사용자측이 원치 않아 교섭에 응하지 않더라도 특별한 사정이 없는 한 '부당한 교섭거부'가 아니다.

2·라. 공동교섭

기업별 노동조합이 자신이 소속되어 있는 상급단체와 공동으로 개별 기업의 사용자와 교섭하는 방식이다.[1] 상급단체와 기업별 조합이 연명으로 기업에 대하여 단체교섭을 신청하기 때문에 연명교섭이라고도 한다.

기업별 교섭을 하면서, 기업별 단위 노동조합이 상급단체의 임원을 참석시키거나, 산업별 단위 노동조합이 기업별 지부나 분회의 임원을 참석[2]시키면, 기업별 교섭과 대각선교섭을 절충하는 형태가 된다.

2·마. 집단교섭

몇 개의 기업별 노동조합이 공동으로 이에 대응하는 사용자집단과 교섭하는 방식으로, 연합교섭 또는 집합교섭이라고도 한다. 이 방식은 기업별 교섭과 산업별교섭의 절충 형태로 볼 수 있다. 노동조합이 상급단체에 소속되어 있지 아니하거나 상급단체가 없는 경우에 취하는 방식이다.[3]

---

1) 섬유노조, 택시노조(이상, 이병태, 『최신노동법』, 2007, 206쪽) 등이 활용하고 있다.

2) 보건의료노조의 예를 들 수 있다.

3) 버스·택시노조의 경우 지역별 교섭, 섬유노련으로 교섭권을 위임받은 노조측 대표와 대한방직협회를 중심으로 한 사용자측 대표 간에 집단으로 교섭하는 경우가 해당한다.

제 3절 단체교섭의 주체

1. 의 의

단체교섭의 주체는 당사자(當事者)와 담당자(擔當者)로 구분된다.

당사자는 자기 이름으로 단체교섭을 하고 법적효과를 자기에게 귀속시키는 주체이다.

담당자는 당사자를 위하여 사실행위인 단체교섭 즉 회의에 참석하여 협상을 하고 단체협약을 작성하여 서명하는 일을 하는 사람을 말한다.

당사자는 담당자가 행사하는 교섭 권한의 근거 또는 전제가 될 수 있다. '노동조합의 대표자' 및 '노동조합의 위임을 받은 자' 그리고 '사용자·사용자단체의 대표자' 및 '사용자·사용자단체의 위임을 받은 자'는 담당자이고, 당사자는 노동조합과 사용자가 된다.

교섭 또는 협약 담당자의 역할은 위임이 가능하나 단체협약의 권리와 의무의 주체인 당사자의 역할은 위임이 가능하지 않다.

2. 당사자

2·가. 근로자측 당사자

(1) 노동조합

① 단위 노동조합

근로자측의 단체교섭 당사자는 근로자 개인이 아니라, 근로자단체인 노동조합이다. 소수의 조합원으로 구성된 노동조합이라도 단체교섭의 당사자가 될 수 있다.

기업별 단위 노동조합은 해당 사용자와 기업별교섭을 할 수 있다.

초(超)기업 단위 노동조합은 그 조합원을 고용하고 있는 사용자와 대각선교섭을 하거나 해당 사용자단체와 통일교섭을 할 수 있으며 복수의 사용자와 ‘대각선 집단교섭’을 할 수 있다.

2010년 이후에는 하나의 사업 또는 사업장에 동종의 근로자를 조직대상으로 하는 복수의 노동조합이 인정된다. 이 경우 각각의 단위 노동조합이 당사자가 되는 ‘복수교섭 대표제’가 인정되는 것이 아니고, ‘단일 교섭대표제’에 따라 2009년까지 마련될 교섭창구 단일화 절차를 거쳐 권한을 부여받은 단위 노동조합이 당사자가 된다.[1]

② 지부 · 분회

단위 노동조합의 산하조직은 독자적인 노동조합이 아니므로 당사자가 아니다.[2]

산하조직이라도 독자적인 규약 및 집행기관을 가지고 독립된 조직체로 활동하고 있다면 그 조직에 고유한 사항에 대해 당사자가 된다는 판례[3]가 있다. 그러나 상급단체의 단체교섭권이 형해화될 수 있는 점, 산하조직의 고유한 기능에 단체교섭이 포함되지 않는 점 등을 감안할 때 받아들이기 어려운 판결이다. 다만, 위임이 있는 경우나 탈퇴로 인해 실질적으로 단위 노동조합과 다름이 없는 경우에는 예외가 인정된다.[4]

③ 연합단체

ⓐ 당사자 자격

단위 노동조합으로부터 교섭권을 위임받은 연합단체인 노동조합이 당사자가 될 수 있는지에 대하여 의견이 나뉜다.

먼저, 부정설[5]은 연합단체의 구성원이 단위 노동조합 자체이므로 단위 노동조합의 이양이 없다면 당사자 자격이 없다고 본다.

---

1) 교섭창구 단일화에 대한 입법이 없는 상태에서는 단체협약에 사용자가 특정한 노동조합과만 단체교섭을 하기로 약정하는 유일단체교섭 조항을 규정하더라도, 이는 다른 노동조합의 단체교섭권을 침해하는 것으로 무효라는 것이 통설이다.

2) 당사자의 역할은 위임이 되지 않는다. 따라서 지부나 분회에게 위임이 되더라도 담당자의 역할이 위임된 것으로 보아야 하고, 단체협약이 체결되면 그 권리 의무의 주체는 산하조직이 아닌 단위 노동조합이 된다.

3) 대판 2001.2.23, 2000도4299; 노동부는 “노조령 제7조 규정에 의하여 설립신고를 한 경우에는 단체교섭 및 협약 체결권을 행사할 수 있다(노조 01254-511, 2000.5.21)는 견해를 보이는 반면에 지부는 협약을 체결할 권한이 없는 것이 원칙(노조 68107-867, 2002.11.5)이라면서 반대 취지의 판례를 소개하는 등 다소 애매한 태도를 취하고 있다.

4) 임종률, 『노동법』, 2007, 112쪽.

5) 김형배, 『노동법』, 2007, 734쪽.

다음으로, 다수설인 긍정설[1]은 현행법상 연합단체도 노동조합임을 고려하여 연합단체와 사용자 사이의 교섭절차 문제나 소속되어 있는 단위 노동조합의 통일적인 근로조건에 관해서는 당사자가 된다고 본다.

연합단체도 노동조합으로 '그 노동조합과 조합원을 위하여 교섭'할 권한을 가지며(노조법 §2,제4호), 헌법이 보장하고 있는 단결권을 염두에 둘 때 긍정설이 타당하다고 생각한다.

ⓑ 교섭의 한계

연합단체는 단위 노동조합을 그 구성원으로 한다. 따라서 당사자로서의 권한을 인정하게 되면 교섭의 한계와 관련하여 몇 가지 문제가 발생한다.

먼저, 연합단체가 단위 노동조합에 대하여 통제력이 있을 때 당사자의 권한을 갖는다는 견해[2]가 있다. 그러나 연합단체와 단위 노동조합의 교섭 범위는 분리되어 있는 것으로 보아야 한다.[3] 따라서 통제력이 당사자 권한을 판단하는 기준이 되지는 않는다고 생각한다.

다음으로, 단위 노동조합이 당사자 권한을 위임할 수 있는 것으로 보는 견해[4]가 있으나, 담당자로서의 권한에 한해 위임할 수 있을 것이다.[5]

셋째로, '노동조합 일반에 관한 공통적인 사항'은 연합단체가 당사자가 되고 '단위노동조합에 한정된 사항'에 관해서는 당해 단위 노동조합이 당사자가 된다.[6] 다만, 이 경우에도 조합자치의 원칙에 따라 단위 노동조합의 규약에 있거나 위임을 받았다면 연합단체도 '단위 노동조합에 한정된 사항'에 대해서도 단체교섭권을 갖는다.[7] 그러나 이때 연합단체는 담당자로서의 권한을 갖는다고 보아야 할 것이다.[8]

넷째로, 연합단체와 단위 노동조합 사이에 단체교섭권이 경합되면 사용자는

1) 긍정설도 세부적으로는 그 내용이 조금씩 다르고, 이상윤(『노동법』, 2007, 597쪽)은 위임이나 통제력과 관계없이 당사자가 될 수 있다고 본다. 이 견해에 찬성한다; 임종률(『노동법』, 2007, 112쪽)은 법률에 위임이 있는 경우에는 당연히 당사자가 되는 것으로 보고 있는데, 당사자자격을 위임할 수 없다는 반론이 가능하다; 김유성(『노동법Ⅱ』, 2001, 130쪽)은 통제력이 있는 경우에 당사자로 인정하고 있다.

2) 김유성, 『노동법Ⅱ』, 2001, 130쪽.

3) 이상윤, 『노동법』, 2007, 597쪽.

4) 임종률, 『노동법』, 2007, 112쪽; 김유성, 『노동법Ⅱ』, 2001, 130쪽.

5) 이상윤, 『노동법』, 2007, 597쪽.

6) 이상윤, 『노동법』, 2007, 597쪽.

7) 김유성(『노동법Ⅱ』, 2001, 130쪽)은 규약에 정하면 그에 따라야 한다고 한다; 임종률(『노동법』, 2007, 112쪽)은 규약에 정하거나 위임이 있으면 단체교섭권을 갖는다고 한다.

8) 같은 취지, 이상윤, 『노동법』, 2007, 597쪽.

양 노동조합이 조정을 거친 후 교섭에 임하도록 요구할 수 있다. 이때 사용자는 조정이 이루어질 때까지 단체교섭을 거부할 수 있다.[1)]

(2) 법외조합

근로자단체가 노동조합의 형식적 요건을 갖추지 못하더라도 실질적 요건을 갖추면 당사자가 될 수 있다는 것이 다수설의 입장이다.[2)] 그러나 실질적 요건 중에서도 적극적 요건을 갖추지 못한 근로자단체는 단체교섭의 당사자가 될 수 없다.

한편, 실질적 요건 중 적극적 요건은 갖추었으나 소극적 요건(노조법 §2,제4호단서) 중의 일부에 해당하는 근로자단체의 경우에는 자주성 확보의 정도에 따라 단체교섭권이 있는지를 판단하여야 할 것이다.

법외조합에게도 당사자 자격이 주어지더라도 사용자가 교섭을 거부하거나 해태한 데 대해 부당노동행위가 성립하지 않는다.

(3) 일시적 쟁의단

당면한 목적을 달성하기 위하여 조직된 일시적 쟁의단이 당사자가 될 수 있는지에 대해 의견이 나뉜다.

먼저, 판례의 입장이기도 한 부정설[3)]은 노동조합으로의 실체를 갖추지 못하였다는 데 그 근거를 둔다.

반면에 다수설인 긍정설[4)]은 일시적 요구나 불만이 해결되면 소멸하는 조직이므로 단체협약을 체결할 자격은 인정되지 않지만, 근로자의 통일적인 의사가 형성되고 자주성을 가진 단체라면 당사자가 될 수 있다고 본다.

헌법의 단결권을 염두에 둘 때 긍정설에 찬성한다. 다만, 교섭대상은 쟁의단의 목적 범위를 넘을 수 없고, 사용자가 교섭에 응하지 않더라도 부당노동행위가 성립하지는 않을 것이다.[5)]

---

1) 김유성, 『노동법Ⅱ』, 2001, 130쪽.
2) 제3장. 제2절. 3. 참조.
3) 대판 1991.6.25, 90누2246; 김형배, 『노동법』, 2007, 731쪽.
4) 임종률, 『노동법』, 2007, 113쪽; 이병태, 『최신노동법』, 2007, 205쪽 ; 박홍규, 『노동법론』, 1995, 736쪽; 김유성, 『노동법Ⅱ』, 2001, 129쪽.
5) 같은 의견, 菅野和夫(이정역), 『일본노동법』, 2007, 517쪽.

2·나. 사용자측 당사자

(1) 사용자

① 개 념

단체교섭의 사용자측 당사자는 원칙적으로 근로계약의 당사자인 사용자이다. 따라서 개인회사는 사업주가, 법인은 법인 자체가 당사자이다. 한편, 사업주로부터 위임을 받은 광의의 사용자 즉 사업 경영담당자나 '사업주를 위하여 행위하는 자'가 서명날인한 단체협약도 유효하게 성립한다.[1] 그러나 이는 당사자의 권한이라기보다는 담당자의 권한을 위임한 것으로 볼 수 있다.

② 개념의 확대

단체교섭의 당사자로서의 사용자를 근로계약상의 사용자로 한정하는 판례가 있다.[2] 그러나 단체교섭이 노사간에 대립되는 주장에 관하여 합의를 도출하는 사실행위라는 점을 감안하여 반드시 근로계약관계를 전제로 할 필요가 없으며[3] 근로계약상 사용자와 근접해 있거나 유사한 지위에 있는 자도 일정한 범위 내에서 당사자로 보아야 한다.[4]

또한, 파견근로나 근로자공급사업처럼 근로계약 관계와 사용종속관계가 분리되는 고용형태와 도급처럼 근로계약상의 사용자가 아닌 도급인이나 모회사가 수급인이나 자회사에 종사하는 근로자의 근로조건에 실질적인 영향을 미치는 경우가 존재한다.[5]

이러한 이유로 사용자 개념을 확대해야 한다는 견해[6]가 제시되고 있다.

단체교섭 당사자의 확대를 인정할 수 있는 기준으로는 '근로조건에 있어 실질적인 영향력 또는 지배력을 행사할 수 있는 자'를 들 수 있으며, 세부적으로 여러 가지 경우가 제시될 수 있다.[7] 그러나 이러한 세부적 기준은 매우 추상

---

1) 대판 2002.8.27, 2001다79457

2) 대판 1986.12.23, 85누856; 대판 1995.12.22, 95누3565; 명시적이거나 묵시적인 근로계약이 필요하다고 하면서 항운노조와 관련하여 하역사업주가 단체교섭에 응할 의무를 부정하고 있다.

3) 김유성, 『노동법Ⅱ』, 2001, 132쪽.

4) 임종률, 『노동법』, 2007, 115쪽.

5) 특히, 위장도급 또는 유사도급이 그러하다(하갑래, 『근로기준법』 제18판, (주)중앙경제, 2007, 895쪽).

6) 임종률, 『노동법』, 2007, 113쪽 ; 김유성, 노동법Ⅱ, 2001, 133쪽 ; 이상윤, 『노동법』, 2007, 604쪽 등.

7) 김유성(『노동법Ⅱ』, 2001, 133쪽)은 ① 직접 고용관계를 맺고 있지 않은 근로자를 실질적으로 취로시키는 기업, ② 합병계약을 체결하고 가까운 장래에 확실하게 근로계약상 사용자로 될 것이 예상되는 기업, ③ 자본·임원구성·영업내용 면에서 특정기업을 완전히 지배하고 있는 기업을 예로 들고 있다; 이상윤(『노동

적이어서 그 범위가 지나치게 확대될 수 있다.

단체교섭 상대방으로서의 사용자가 단체교섭을 거부·해태하게 되면 부당노동행위가 되어 형사책임까지 부담한다. 따라서 사용자 개념의 확장을 인정하는 기준은 가능한 한 구체적이어야 한다.

개인적으로는 도급계약, 파견계약, '노동조합의 근로자 공급사업', '제3자가 매개된 사실상 계속 취업' 등에 있어 파견·공급·수급 관련 사업주와 사용사업주의 계약이 형식적이고, 노무관리 및 경영상 독립성이 인정되지 않아 대상 근로자와 사용사업주의 관계가 직접 고용으로 인정될 수 있을 정도로 형해화되어 있는 경우에 사용자 개념이 확장될 수 있을 것이다.[1)]

(2) 사용자단체

사용자단체도 단체교섭의 당사자가 될 수 있다(노조법 §29①). 여기에서 사용자단체라 함은 그 구성원인 사용자에 대하여 조정·규제할 수 있는 권한 즉 내부적 통제권을 가진 사용자단체를 말한다.[2)] 구체적으로는 정관에 구성원인 사용자를 위하여 단체교섭을 하고 단체협약을 체결할 수 있도록 규정되어 있거나 단체교섭권을 각 사용자로부터 이양[3)]받은 경우를 들 수 있다.[4)]

법』, 2007, 604쪽)은 ① 다른 회사의 주식 소유·상호출자·임직원 파견 및 업무 분장 등을 통하여 경영에 간여 또는 지배하고 있는 기업, ② 파견근로자의 근로조건에 대해 직접적인 결정권한을 보유하고 있는 파견사업주를 들고 있다 ; 임종률(『노동법』, 2007, 115쪽)은 ① 해고자나 계절근로자처럼 가까운 과거에 근로계약 관계가 있었거나 가까운 장래에 근로계약을 맺을 가능성이 있는 경우, ② 모자기업에 있어 주식 소유·임직원 파견·업무도급 관계에서 자회사 근로자에 대해 지배관계를 갖고 있는 모회사, ③ 사외근로자에 있어 업무도급계약이나 파견근로에 있어 사용근로자에 대해 현실적·실질적 지배력을 행사하는 사용사업주 및 수급 기업 사업주, ④ 사실상 계속 취업에 있어 사용근로자에 대해 현실적·실질적 지배력을 행사하는 기업(항만노조에 있어 하역회사 사업주와 '카바레와 악단장의 계약에 따라 일하는 악단원에 있어 카바레 사업주'를 예시하고 있다) 등을 들고 있다.

1) 예컨대, 도급계약이나 파견계약의 경우에는 수급사업주나 파견사업주가 당사자이나 도급계약이나 파견계약이 형식에 지나지 않고 형해화되어 있다면 도급사업주나 사용사업주가 당사자가 될 수 있을 것이다. 항운노조의 경우에는 동일한 하역사업주에게 같은 근로자를 계속 공급하는 체제가 아니라면 하역사업주를 당사자로 보기 어려울 것이다. 한편 근로계약관계가 가까운 과거에 있었거나 합병계약이 이미 체결된 경우처럼 가까운 장래에 확실하게 있다면 해당 사업주는 당사자가 될 수 있을 것이다.

2) 이러한 이유로 한국경영자총협회 등 경제5단체는 당사자 자격을 갖는다고 보기 어렵다.

3) 이 경우에도 단체협약의 권리 의무는 개별 사업주가 된다.

4) 대판 1992.2.25, 90누9409, 특별법에 의해 결성된 사용자의 협동조합 관련이다; 대판 1999.6.22, 98두137

3. 담당자

3·가. 원래 담당자

(1) 노동조합측

① 의 의

근로자측의 대표적인 단체교섭의 담당자는 노동조합 대표자이다. 노동조합의 대표자는 규약에 의하여 선출되어 '노동조합을 대표하는 자'를 말하며, 보통 위원장·조합장 등이 이에 해당된다.

② 인준투표제

ⓐ 의 의

노동조합 대표자는 단체교섭권 및 단체협약체결권을 갖는다(노조법 §29①). 이때 노동조합의 규약이나 총회의 의결로 "단체협약을 체결할 때 노동조합의 직접투표를 통해 추인 또는 승인을 받아야 한다."는 이른바 인준투표제도의 효력에 대해 의견이 나뉜다.

ⓑ 연 혁

1997년 이전의 「노동조합법」은 노동조합 대표자에 대해 단체협약 체결권을 부여하는 조항이 없었다. 이에 따라 대법원 전원합의체 판결[1]은 인준투표제가 노동조합 대표자 등의 협약체결권을 전면적·포괄적으로 제한하여 그 권한을 무력화시키므로 위법하다면서, 이 제도를 규정한 단체협약이나 규약에 대한 행정관청의 시정지시가 적법하다고 판시하였다. 한편, 학설은 인준투표제에 대해 소수설인 무효설과 다수설인 유효설로 나뉘었다.

1997년의 제정 노조법은 "노동조합 대표자가 단체협약체결권을 갖는다."고 규정하였다. 이에 대해 판례[2]는 여전히 "단체협약의 가부에 대하여 조합 총회의 의결을 거치도록 하는 것은 대표자 등의 협약체결권을 전면적·포괄적으로 제한함으로써 단체협약체결권을 형식화하므로 무효"라는 태도를 보이고 있어 인준투표제도 자체를 부인하고 있다. 이에 대해 학설은 '제도의 설정'과 '제도

1) 대판(전합) 1994.3.27, 91누12257
2) 대판 2002.11.26. 2001다36504

의 효력'을 구분하면서 인준투표제의 효력을 제한적으로 인정하는 쪽으로 정리되고 있다.

ⓒ 제도의 설정

인준투표제 자체를 위법이나 무효로 볼 수 없으므로 행정관청이 이 제도를 규정한 단체협약이나 규약에 대하여 시정명령을 할 수 없고, 판례[1]와는 달리 사용자가 교섭을 거부할 수 있는 사유가 되지 않는다는 것이 통설적인 견해이다.[2]

따라서 노동조합이 규약을 통해 사전에 교섭 범위·시기·절차·방법 등에 대하여 제한할 수 있고, 총회 의결을 통해 인준을 받게 하더라도 위법이거나 효력이 부정되는 것은 아니다.

ⓓ 제도의 효력

'규약에 의한 사전 제한'이든 '총회의결에 의한 사후 승인'이든 제도 자체를 두는 것을 무효로 볼 수 없다면, 대표자가 서명·날인한 단체협약이 인준투표로 효력을 잃는 것인지가 논의의 핵심이다. 대표자가 서명·날인하지 않았다면 단체협약체결권을 아직 행사하지 않았으므로 효력 문제가 발생하지 않기 때문이다.

먼저, '단체협약 효력 전체 인정설'은 인준투표 결과와 관계없이 대표자가 서명·날인한 단체협약의 효력은 유지된다는 설[3]이다. 1997년의 제정 노조법이 '단체협약 체결권'을 노동조합 대표자의 권한으로 신설한 이유는 '단체협약의 효력발생에 영향을 주는 인준투표제'를 금지하려는 것이며, 인준투표제는 조합 내부의 제한에 지나지 않는다는 것이 논리적 근거이다.

다음으로, '단체협약 효력 부분 부인설'은 특정사항에 대해서만 전체 의견을 구하도록 하는 인준투표는 유효하다는 설이다.[4]

---

1) 대판 2000.5.12, 98도 3299, 규약에 제한 규정을 두었다는 이유로 사용자가 교섭을 거부할 수 있다고 보았다 ; 대판 1998.1.20, 97도588, 총회인준 조항을 이유로 교섭을 거부하더라도 부당노동행위가 되지 않는다고 보았다.

2) 임종률, 『노동법』, 2007, 119쪽; 김유성, 『노동법Ⅱ』, 2001, 138쪽; 이상윤, 『노동법』, 2007, 608쪽; 이병태, 『최신노동법』, 2007, 220쪽 등.

3) 임종률, 『노동법』, 2007, 119쪽; 김형배, 『노동법』, 2007, 740쪽; 이상윤, 『노동법』, 2007, 608쪽, "인준투표로 단체협약 체결 전에 소수 잔여 쟁점에 대해 의견을 물을 수 있다"는 표현을 "체결 후라면 소수 잔여 쟁점도 의견을 물을 수 없다"고 반대 해석하여 '단체협약 효력 인정설'로 분류하였다.

4) 김유성, 『노동법Ⅱ』, 2001, 138쪽, 서명·날인한 단체협약의 효력이 부인되는지에 대해 직접 명시하고 있지 않으나, 인준투표가 유효한 경우로 본문에 든 두 가지 경우와 '최종 타결 이전에 조합원의 총의를 확인하는 것'을 병렬적으로 나열하고 있어, 두 가지 경우는 최종 타결 이후를 대상으로 한다고 볼 수 있다.

개인적으로는 '단체협약 효력 전체 인정설'에 찬성한다.

(2) 사용자측

사용자 또는 사용자단체의 대표자는 단체교섭의 담당자가 된다(노조법 §29①).

사업주 또는 사업의 경영담당자뿐만 아니라, 그 사업의 근로자에 관한 사항에 관하여 사업주를 위하여 행동하는 자도 교섭담당자로 선정될 수 있다.

사용자단체는 근로관계에 관하여 그 구성원인 사용자에 대해 조정·통제의 권한을 가진 사용자단체를 말한다.[1] 사용자단체의 대표자는 회장, 임원, 간부 등 그 단체의 내규나 총회의 의결에 의해 선출되는 자이다.

3·나. 수임자

(1) 위임 대상

노동조합과 '사용자 또는 사용자단체'는 원래의 교섭 담당자가 아닌 제3자에게 교섭 또는 단체협약의 체결에 관한 권한을 위임할 수 있다. 수임자가 될 수 있는 자격[2]이나 수임자의 수에 관하여는 법적인 제한이 없다.[3] 따라서 자연인뿐만 아니라 단체(노조령 §14②)에게도 위임할 수 있다.

교섭 의사가 통일적으로 이루어지지 않는다거나, 원만한 교섭이 이루어지기에 너무 많은 인원이 참석하는 것은 교섭 방법에 흠이 있는 것이므로 교섭거부의 사유가 될 수 있다.[4]

위임자의 사전 동의가 없었다면 재위임은 할 수 없을 것이다.

(2) 수임자의 교섭권한 범위

수임자는 위임받은 범위 안에서 그 권한을 행사할 수 있다(노조법 §29②). 위임을 하기 위해서는 교섭사항과 '권한의 범위'를 정하여야 한다(노조령 §14①).

---

1) 대판 1986.12.23, 85누856, 청과물위판장을 설치·운영하는 원예협동조합에서 일하는 근로자들은 하역노동조합에서 임의로 선발되어 파견되고 하역노동조합 연락소장의 지휘·감독하에 있으며 노임도 각 하주로부터 직접 받는다면 그 협동조합은 사용자단체에 해당하지 않는다.

2) 노동조합이 해고된 자에게 교섭권을 위임한데 대해 수임자의 활동경력, 그 간의 관계 등을 감안할 때 정상적인 교섭을 기대할 수 없으면, 사용자는 노동조합에 대하여 교섭권 위임의 철회 또는 수임자의 교체를 요구할 수 있으며 이를 이유로 한 잠정적 교섭 거부는 정당하다고 본 행정해석(노조 68107-405, 2991.4.4)이 있다.

3) 해고된 근로자 100명으로 구성된 복직투쟁위원회에 위임한 것을 인정한 행정해석(노조 01254-281, 1999.4.15)도 발견된다.

4) 임종률, 『노동법』, 2007, 121쪽.

(3) 위임의 절차와 방식

위임자는 수임자의 성명 또는 수임단체의 명칭 및 대표자 성명, 교섭대상, '권한의 범위' 등을 명시하여 위임 사실을 상대방에게 통보하여야 한다(노조법 §29③ 및 노조령 §14②). 위임을 함에 있어 특별한 형식은 없으며, 위임이 있음을 증명할 수 있으면 충분하다. '교섭 및 협약체결의 위임'은 단체협약에 관한 사항으로서 총회의 의결 사항이다(노조법 §16①).

(4) 제3자 위임금지조항

'제3자 위임금지조항'이란 단체교섭 권한을 당해 노동조합의 조합원 이외의 자에게 위임하지 않도록 단체협약에 명시한 규정을 말한다. 기업별 교섭에서 사용자측이 기업 비밀의 누설을 우려하여 요구하는 것이 일반적이다. 이러한 조항의 효력에 대해 의견이 나뉜다.

먼저, 유효설[1]은 노사가 '협약자치의 원칙'에 따라 교섭의 방법을 자율적으로 제한[2]할 수 있으므로 공서양속에 반하지 않고 채무적 조항으로 정당한 이유가 있다면, '제3자 위임금지조항'의 효력을 인정하여야 한다고 본다. 이 설에 따르면 사용자는 '제3자 위임금지조항'을 이유로 단체교섭을 거부할 수 있다.

다음으로, 무효설은 노동조합의 자율성을 침해하고 지배·개입의 성격이 강하므로 '제3자 위임금지조항'의 효력을 인정할 수 없다는 설[3]이다. 이 설에 따르면 사용자가 노동조합의 수임자와 교섭을 거부하면 부당노동행위에 해당한다.

셋째로, 절충설에는 연합단체는 제3자가 아니므로 이 조항을 적용받지 않는다는 설,[4] 제3자에게 위임할 필요성이 있고 수임자와의 단체교섭에 응하더라도 특별히 지장이 없다면 무효라는 설[5] 등이 있다.

단체교섭의 방법은 노동조합이 자유로운 의사로 결정할 수 있으므로 유효설이 타당하다고 생각한다.

---

1) 김유성, 『노동법Ⅱ』, 2001, 135쪽; 이상윤, 『노동법』, 2007, 611쪽; 이병태, 『최신노동법』, 2007, 223쪽.
2) 수임자는 대표자가 아닌 대리인에 지나지 않으므로 언제든지 당사자가 협의하여 '제3자 위임금지조항'을 파기할 수 있다.
3) 박홍규, 『노동법론』, 1995, 959쪽.
4) 김형배, 『노동법』, 2007, 743쪽.
5) 임종률, 『노동법』, 2007, 121쪽.; 노동조합과-648, 2004.3.15

(5) 위임의 효과

단체교섭권을 위임한 단체교섭 당사자는 '이를 해지한다.'는 의사표시를 따로 하지 않더라도 수임자와 경합적으로 단체교섭 권한을 갖는다.[1)]

1) 대판 1998.11.13, 98나20790

제4절 단체교섭의 대상

1. 의 의

노사 당사자가 교섭할 수 있는 사항을 '단체교섭의 대상'이라 한다. 사용자가 '단체교섭의 대상'에 대한 교섭 요구에 응하지 않으면 부당노동행위의 책임을 진다. 우리의 부당노동행위제도는 원상회복주의와 함께 형벌주의를 채택하고 있다. 따라서 단체교섭의 대상은 범죄의 구성요건이 되므로 그 범위와 기준이 명확하여야 한다.

노조법(§29①)은 단체교섭 및 체결 권한에 대해 "…노동조합 또는 조합원을 위하여 사용자나 사용자단체와 교섭하고…"라고 규정하고 있다. '노동조합을 위한 사항'과 '조합원을 위한 사항'을 '단체교섭의 대상'으로 정하고 있고, 구체적인 내용에 대해서는 해석론에 맡기고 있는 것이다.

그러다 보니 사용자측은 근로조건에 관한 사항만을 교섭의 대상으로 국한하려 하고, 근로자는 경영 참가·이윤 분배·인사권 등 경영권까지 그 대상을 확대하려고 한다. '단체교섭의 대상'은 궁극적으로 법원과 노동위원회가 노조법의 전체 체계를 고려하여 종합적이고 합목적적으로 판단하게 된다.

2. 교섭대상의 분류

2·가. 미국의 분류

미국 연방노동관계법(§8d)은 부당노동행위와 관련하여 '임금· 근로시간 기타 근로조건(wages, hours, and other terms and conditions of employment)'을 교섭사항으로 설정하고 있다. 이에 따라 미국에서는 현장에서 발생할 수 있는 교섭 요구 사항을 3가지 유형으로 나누는 이론이 판례[1]를 통해 정립되었다.

---

1) NLRB v. Wooster Division of the Borg-Warner Co., 356 U.S.342 (1958).

먼저, 의무적 교섭 사항(mandatory subject)은 사용자가 교섭에 응하여야 하는 사항으로 임금·근로시간 기타[1] 근로조건이 이에 해당한다.

다음으로, 임의적 교섭 사항(permissive subject)은 교섭에 응할 사용자의 의무는 없지만 단체협약이 체결되면 법적효력이 인정되는 사항[2]이다.

마지막으로, 위법적 교섭 사항(prohibitive or illegal subject)은 법규나 공서양속에 위반되어 교섭하는 것 자체가 금지되며, 합의해도 무효가 되는 사항[3]이다.[4]

이러한 이론은 쟁의행위와 부당노동행위 법리와 관련하여 구성된 것이다. 다시 말해서 쟁의행위의 대상이 되고 교섭 거부에 대해 부당노동행위가 인정되는 것은 의무적 교섭사항에 한정되고 임의적 교섭사항이나 위법적 교섭사항에 대해서는 쟁의행위를 할 수가 없다. 다시 말해서 의무적 교섭사항에 대하여는 국가가 강한 보호를 하면서 그 이외의 사항에 대하여는 사용자측의 결정에 유보하려는 것이다.

2·나. 평 가

교섭대상을 세 가지로 분류하는 체계의 필요성에 대해 우리나라의 학설은 견해를 달리하고 있다.

먼저, 이러한 분류를 자연스럽다고 보는 적극적 수용설[5]이 있다. 이 설은 위법적 교섭사항을 제외하고 의무적 교섭사항과 임의적 교섭사항을 교섭대상에 포함한다. 다만, 임의적 교섭사항에 대해서는, 의무적 교섭사항과 법적 효과를 달리하여, 사용자가 교섭에 응하지 않더라도 부당노동행위로 보지 않는다. 한편, 판례[6]도 임의적 교섭사항의 개념을 인정하고 있다.

다음으로, 제한적 수용설은 교섭 대상을 사용자가 의무를 지는 사항에 한정

---

1) 안전·위생, 작업량, 승진·전근·징계·해고 등 인사의 기준이나 절차, 복지후생, '조합활동 보장', '근로자에게 영향을 미치는 경영권 관련 사항' 등을 해당 항목(일률적으로 판단할 수 없고 사안에 따라 구체적으로 보아야 하기 때문에 이처럼 표현하였다)으로 예시할 수 있다.

2) '노동조합과 근로자의 내부관계'를 해당 항목으로 예시할 수 있다.

3) Closed Shop, 차별적 대우를 규정한 조항, hot cargo 조항(대상기업과 거래관계에 있는 제3기업과 체결한 '대상기업과 거래 중지 계약'), 특정 종교의 강요, 노동조합에 대한 지배·개입, 임금이나 소득의 허위신고, 구속자 석방 등을 해당 항목으로 예시할 수 있다.

4) 김유성, 『노동법Ⅱ』, 2001, 142쪽; 이상윤, 『노동법』, 2007, 614쪽 이하.

5) 이상윤, 『노동법』, 2007, 618쪽.

6) 대판 1996.2.23, 94누9177, 노조전임에 관한 사항은 임의교섭 대상으로서 단체교섭이 결렬되더라도 노동쟁의로 볼 수 없어 강제중재의 대상이 될 수 없다고 판시하였다; 서울고판 1996.6.13, 95구22810

함으로써, 의무적 교섭사항과 같은 개념으로 본다. 이 설은 임의적 교섭사항을, 헌법상의 단체교섭권이 아닌 사적 자치의 원칙에 의하여 이루어지는 교섭으로 보고, 교섭대상으로 분류하지 않는다. 아울러 위법적 교섭사항에 대해서는 강행법규나 공서양속에 위반되므로 사적 자치에 의해서도 교섭이 금지된다고 봄으로써 구분의 실익을 인정하고 있다.

마지막으로, 수용거부설[1]은 세 가지 분류체계를 부정한다. 단체교섭제도가 노사관계의 제반 사항에 관한 분쟁을 해결하는 가장 평화적인 방식이고 교섭사항의 범위가 경영참가적인 것까지 확대되는 추세이며, 의무적 교섭 사항과 임의적 교섭사항의 구분이 모호한 상태에서 실질적으로 단체교섭권과 단체행동권을 제한하는 결과를 가져오고, 임의적 교섭사항과 위법적 교섭사항이 동일하게 취급될 우려가 있다는 것이 논리적 근거이다.

개인적으로는 적극적 수용설이 타당하다고 생각한다. 세 가지 분류체계를 둘러싼 학설들은 공통적으로 근로자측이 요구할 수 있는 여러 가지 교섭사항에 대해 사용자가 응해야 할 의무가 있는 사항이 있다는 점을 부정하지 않으며 또 실질적으로 논의의 실익이 있는 부분이다. 다만, 그러한 부분을 의무적 교섭사항이라는 이름으로 할 것인지, 아니면 교섭대상이라는 이름을 붙일 것인지에 대해 의견이 나뉜다. 그러나 교섭대상이라는 말을 꼭 사용자에게 의무가 있는 교섭사항에 한정할 필요는 없다고 생각한다.

법외조합,[2] 노동조합활동,[3] 일시적인 쟁의단[4]등이 헌법상 노동3권에 근거하여 보호를 받을 수 있다고 본다면, 당사자의 합의에 의해서 이루어지는 임의적인 교섭도 노조법상 쟁의행위나 부당노동행위 관련 규정의 보호를 받는 문제는 별론으로 하고,[5] 헌법의 노동기본권에 근거를 두고 보호할 필요[6]가 있을 것이다.

한편, 관련 학설들은 법령과 공서양속에 위반한 사항은 교섭대상이 될 수

---

1) 김유성, 『노동법Ⅱ』, 2001, 143쪽; 김형배, 『노동법』, 2007, 746쪽, 논리적 근거는 달리하고 있다.
2) 제3장. 제2절. 3·다. 참조.
3) 제3장. 제4절. 참조.
4) 같은장. 제3절. 2·가. 참조.
5) 의무적 교섭대상이거나 사용자가 받아들이지 않은 임의적 교섭사항이라면 노동조합의 쟁의행위는 찬반투표를 거쳤더라도 인정되지 않는다(대판 2002.4.12, 2000도3485).
6) 단체교섭의 대상인지와 노조법상 노동쟁의의 대상인지는 별개의 문제이다(임종률, 『노동법』, 2007, 127쪽). 따라서 임의적 교섭사항에 응하지 않는다는 이유로 쟁의행위를 할 경우, 보호의 수준은 법외조합이 받는 보호(제3장. 제2절. 3·다. 참조)를 기준으로 판단할 수 있을 것이다.

없다는 점도 부정하지 않고 있다. 따라서 세 가지 분류체계는 의미가 있다고 생각한다.[1] 다만, 구체적인 행위가 세 가지 교섭사항 중 어디에 해당하는지에 대해서는 일률적이고 통일적인 기준을 제시하기 어렵다. 따라서 구체적인 사안을 중심으로 노동기본권 보호 취지를 종합적으로 감안하여 판단하여야 할 것이다.

3. 교섭대상의 내용

3·가. 근로조건에 관한 사항

(1) 원 칙

'근로조건에 관한 사항'과 '근로조건과 밀접한 관계가 있는 사항'은 원칙적으로 의무적 교섭대상이다. 임금 체계, 임금 지급시기·장소·방법, 퇴직금, 근로시간의 종류·내용·배분·실시방법·교대제, 휴게·휴일·휴가, 안전·위생·보건·재해보상, 근무 장소·작업량 등 작업환경, 복지후생, 교육훈련, 기타 근로자의 고용이나 근로조건에 관한 사항이 여기에 해당한다.

노사협의회 협의사항(근참법 §19)이 의무적 교섭사항이 되는지에 대해 긍정설[2]과 부정설[3]이 있다. 근로조건과 관계가 있을 수 있는 사항이라면 의무적 교섭사항이라고 생각한다.

(2) 쟁 점

① 인사권

전직·휴직·징계·해고·승진·승급·근무평정 등 인사와 관련된 사항은 경영권에 속하므로 의무적 교섭사항이 될 수 없다는 판례[4]가 있다. 그러나 인사의 기준과 절차[5]는 의무적 교섭사항이며, 개별적인 인사 조치는 임의적 교섭사

---

1) 행정해석(노조 68107-33, 2002.1.12)도 3가지 분류체계를 받아들이고 있다.
2) 임종률, 『노동법』, 2007, 125쪽.
3) 김형배, 『노동법』, 2007, 746쪽, 노사협의 사항이 단체교섭 대상은 아니라고 명시하고 있지는 않지만 양자를 뚜렷이 구분하고 있다.
4) 대판 1998.4.28, 97누19953
5) 인사위원회의 구성 및 운영, 징계나 인사이동에 있어 '진술기회 부여' 또는 '근로자측과 협의나 합의' 등이 이에 해당한다.

항[1]이라는 것이 일반적인 견해이다.

개별적인 인사 조치라도 노동조합이나 다른 조합원의 대우와 관련된 경우에는 의무적 교섭사항이라는 견해[2]가 있으나 권리분쟁[3] 또는 경영권[4]에 관한 문제로서 의무적 교섭사항으로 보기 어렵다고 생각한다. 개별 근로자의 해고 처분에 대한 항의로 임직원을 퇴직시키라는 요구처럼 권리분쟁의 목적이 사업의 민주적 운영에 있으면 단체교섭의 대상이라는 견해[5]가 있으나 의무적 교섭사항은 아니라고 생각한다.

채용은 근로조건과 관계가 없으므로 의무적 교섭사항이 아니다. 그러나 경영상 해고에 있어 우선 재고용은 근로기준법에 규정이 있으므로[6] 의무적 교섭사항으로 볼 수 있다.

② 권리분쟁

권리분쟁이라 함은 법령·단체협약·취업규칙 등 규범의 해석이나 적용에 관하여 발생한 분쟁을 말하며, 권리·의무 관계를 설정하려는 과정에서 발생하는 이익분쟁과 구분된다. 권리분쟁이 의무적 교섭대상인지에 대해, 법원이나 노동위원회를 통해 해결할 성질의 분쟁이라는 이유로 부정하는 견해[7]와 다른 구제절차가 있다 해서 당사자 간의 자율적인 해결이 금지되는 것이 아니라는 이유로 긍정하는 견해[8]가 있다.

개별근로자의 해고 처분과 같은 권리분쟁은 법적으로 무엇이 옳은가 하는 판단에 관한 분쟁이므로 협상이나 양보에 좌우될 수 없다. 나아가서 노조법도 노동쟁의를 '근로조건의 결정'에 관한 분쟁이라고 정의하고 있다. 이러한 점을 감안할 때 의무적 교섭사항으로 보기 어렵다. 다만, 권리분쟁을 법원이나 노동위원회를 통해서만 해결할 수 있는 것은 아니므로 위법적 교섭사항은 아니다.

---

1) 노조 01254-614, 1995.5.29, 인사권의 본질을 침해하거나 개인적인 인사조치는 교섭대상이 아니다.

2) 김유성, 『노동법Ⅱ』, 2001, 144쪽.

3) 임종률, 『노동법』, 2007, 132쪽.

4) 이상윤, 『노동법』, 2007, 619쪽.

5) 대판 1992.5.12, 91다 34523, 근로자를 파면 처분한 연구소장의 퇴진 요구가 연구활동 자율 수호를 위한 것이라는 이유로 교섭사항으로 보고 있다.

6) 일반적인 퇴직자나 해고자처럼 법령에 근거가 없다면 이들에 대한 우선 재고용을 의무적 교섭사항으로 보는 것은 헌법상 직업 선택의 자유를 침해하므로 인정하기 어렵다고 생각한다.

7) 김형배, 『노동법』, 2007, 825쪽, 쟁의행위와 관련해서 부인하고 있는데 단체교섭에 대해서도 같은 의견인 것으로 보았다; 노조 32262-173, 1993.2.24

8) 이병태, 『최신노동법』, 2007, 234쪽, 근로관계에 관한 사항이라는 이유를 들고 있다; 대판 1990.5.15, 90도357, 중재의 대상이 된다고 보았다.

따라서 임의적 교섭사항이라고 보는 것이 타당[1]하다고 생각한다.

③ 집단성

단체교섭 대상에 집단성이 요구되는가?

먼저, 긍정설[2]은 근로자 전체의 근로조건과 관련된 집단성을 띠어야 한다고 본다. 따라서 근로자 개인에 국한되는 사항은 노사협의회나 고충처리의 대상은 될 수 있어도 단체교섭의 대상은 될 수는 없다.[3]

다수설인 부정설[4]은 집단의 판단이 어렵고, 집단성이 교섭주체에는 요구되지만 단체교섭 대상에까지 요구되는 것은 아니라고 본다.

부정설이 타당하다고 생각한다.

집단성을 부정한다면 근로자 1인의 문제가 의무적 교섭대상이 될 수 있는가? 먼저, 협의설은 근로조건의 결정과 관련이 되면 권리분쟁이 아닌 한 의무적 교섭 대상이 된다[5]고 본다. 다음으로, 광의설은 근로조건 결정에 관한 사항이 아니라도 '조합간부 해고'처럼 조합 활동이나 다른 조합원의 대우와 관련되면 의무적 교섭사항으로 본다.[6] 개인적으로는 협의설이 타당하다고 생각하며, '조합간부 해고'는 임의적 교섭사항이라고 생각한다.

④ 조합원 관련성

단체교섭 대상은 조합원과 관련되어야 한다.

비조합원에 관한 사항은 의무적 교섭 대상이 아니다. 그러나 비조합원에 관한 사항이더라도 조합원의 근로조건에 영향을 미치면 단체교섭 대상이라는 것이 일반적인 견해[7]이다.

---

1) 임종률, 『노동법』, 2007, 128쪽.
2) 김형배, 『노동법』, 2007, 748쪽, 다만, 집단성이 단체협약 체결의 전제가 될 필요는 없다고 한다. 따라서 임의적 교섭사항이라는 점까지 부정하는 것으로 보이지는 않는다.
3) 김형배, 『노동법』, 2007, 746쪽.
4) 김유성, 『노동법Ⅱ』, 2001, 141쪽; 임종률, 『노동법』, 2007, 126쪽; 이병태, 『최신노동법』, 2007, 235쪽 등.
5) 임종률, 『노동법』, 2007, 126쪽.
6) 김유성, 『노동법Ⅱ』, 2001, 141쪽; 이상윤, 『노동법』, 2007, 619쪽.
7) 이상윤, 『노동법』, 2007, 619쪽; 김유성, 『노동법Ⅱ』, 2001, 141쪽, 미조직 근로자를 대상으로 한 취업규칙 변경을 예로 들고 있다. 그러나 이러한 문제는 취업규칙 변경에 대한 근로자대표의 협의나 동의의 법리로 접근해야 한다고 생각한다; 임종률, 『노동법』, 2007, 125쪽, 임시직의 채용으로 인하여 조합원의 직종이 변경되는 경우 또는 퇴직자의 충원을 임시직으로 함으로써 조합원이 감소하고 교섭력이 약화될 우려가 있는 경우를 예로 들고 있다. 그러나 채용이나 새로운 직제의 신설이 기존 조합원의 인사이동이나 지위의 변동과 관련이 없다면 의무적 교섭사항으로 보기 어렵다. 한편 이로 인해 단결권이 약해지는 문제는 노동조합의 조직 확대 노력으로 해결하여야 할 문제라고 생각한다.

이러한 견해를 인정하면 노동조합과 비조합원의 근로조건이 서로에게 지나치게 영향을 미칠 우려가 있다. 예를 들어 비조합원의 근로조건이 조합원보다 낮으면 향후 조합원의 근로조건을 낮게 할 수 있는 개연성이 있고, 높으면 차별적인 대우가 되어 조합원의 근로조건에 영향을 미칠 수 있기 때문이다.

교섭권한이 '조합원을 위하여(노조법 §29①)' 행사되고, 단체협약의 효력확장제도(노조법 §35 및 §36)가 보장되어 있는 점을 감안할 때 비조합원의 근로조건 결정은 의무적 교섭사항이 아닌 임의적 교섭사항이라고 생각한다.

3·나. 사용자의 처분 가능성

단체교섭은 법률에 규정[1]을 두고 있든 그렇지 않든 간에, 법적으로 또는 사실상으로, 사용자에게 처분 권한이 있는 사항이어야 한다.[2] 따라서 '구속자 석방',[3] '정치적 사항', '법령 개정', '정부・국회 승인 사항'[4] 등을 교섭 대상이 아니다.

사용자에게 처분의 권한이 있는 사항이라면, 근로자측의 요구가 지나치더라도, 교섭을 거부할 수는 없을 것이다.[5]

'의료보험제도의 통합화에 대한 공동의 노력'처럼 서로 노력할 수 있는 사항이라면 교섭 대상이 된다는 의견[6]이 있다. 그러나 '노력 사항'에 대해 교섭을 게을리하였다고 부당노동행위의 죄를 묻는 것은 타당치 않다. 따라서 이는 임의적 교섭사항으로 보아야 한다.[7]

3·다. 집단적노사관계

단체교섭이나 쟁의행위의 절차(노조법 §48), 노동조합에 대한 편의 제공, Shop 제도, 조합 활동의 시간·절차·방법, 조정·중재에 관한 사항, 노사협의기구, 고

---

1) 공무원(공노법 §8)과 교원(교노법 §6)에 대해서는 법에 규정이 되어 있다.
2) 대판 2003.12.26, 2003두8906
3) 대판 1991.1.23, 90도2852, 쟁의행위 관련이다.
4) 대판 2002.11.23, 2002누24935, 농지개량조합이 농림부장관의 승인 없이 노동조합과 체결한 임직원 보수 약정 관련이다.
5) 대판 1992.1.21, 91누5204
6) 김유성, 『노동법Ⅱ』, 2001, 141쪽, 교섭대상을 의무적 교섭대상과 같은 의미로 보므로 교섭 거부에 대해서는 쟁의행위의 대상이 되고, 부당노동행위 위반이 된다.
7) 쟁의행위와 관련하여서는 '법외조합의 노동기본권 보호'처럼 노조법이 아닌 헌법상 노동기본권에 근거하여 그 범위 내에서 보호를 받을 수 있다고 생각한다.

충처리기관 등 집단적노사관계도 근로조건과 밀접한 관계가 있으므로 강행법규나 공서양속에 반하지 않는 한 의무적 교섭사항이다.[1] 노동조합의 대표는 '노동조합 또는 조합원을 위하여(노조법 §29①)' 교섭할 수 있기 때문이다.

다만, 단체협약에 정할 사항을 한정하거나, 파업기간 중에 임금을 지급하는 것처럼 단체교섭권의 남용에 해당하는 부분은 임의적 교섭사항으로 보아야 할 것이다. 그러나 이러한 사항에 대해 교섭대상으로 하기로 합의하였다면 의무적 교섭사항이 된다.[2]

노조전임자에 대해서는 임의적 교섭사항이라는 판례[3]가 있다. 그러나 근로자는 단체협약으로 정하거나 사용자의 동의가 있는 경우에는 근로계약 소정의 근로를 제공하지 아니하고 노동조합의 업무에만 종사할 수 있도록 법(노조법 §24①)이 보장하고 있다. 따라서 단체협약에 정하기 위해 노동조합이 단체교섭을 요구하는 경우, 사용자는 교섭을 거부하지 못한다. 다만, 전임기간의 임금지급은 법(노조법 §24②)이 금지하고 있으므로 2010년부터는 위법적 교섭사항이다.

3·라. 경영권

(1) 개 념

경영권이란 사업의 합병·분할, 양도, 축소·확대, 휴·폐업, 경영진의 임면, 업무의 자동화, 사업장의 이전, 업무의 하도급화·용역화, 조직 폐쇄[4] 등 기업경영에 필요하여 사업주가 행사할 수 있는 권리를 말한다. 경영권의 근거는 헌법의 '직업 선택의 자유'(§15)와 '재산권보장'(§23) 규정에서 간접적으로 도출할 수 있다.

(2) 의견의 나뉨

경영권은 사실적 개념으로서 실정법상 권리가 아니며 상황·시대·사회 체제 등에 따라 변동적이다.[5] 경영권은 근로조건이 아니다. 따라서 '의무교섭 대상

---

1) 이상윤, 『노동법』, 2007, 620쪽; 김유성, 『노동법Ⅱ』, 2001, 145쪽; 임종률, 『노동법』, 2007, 127쪽; 이병태, 『최신노동법』, 2007, 235쪽 등.
2) 임종률, 『노동법』, 2007, 125쪽.
3) 대판 1996.2.23, 94누9177
4) 대판 1994.3.25, 93다30242, 시설사업관리부 폐지 관련이다; 대판 1999.6.25, 99다8377, 지점 폐쇄 관련이다.
5) 해고나 임금처럼 근로조건에 관한 사항도 자본주의 초기에는 경영전권으로 보았다.

은 아니고[1] 임의교섭 대상'[2]이라고 보는 순수 부정설이나, '단체교섭은 노동조합을 위하여 하는 교섭이므로 의무교섭 대상'[3]이라고 하는 순수 긍정설은 받아들이기 어렵다.

그렇다면 경영권 중 어떠한 부분이 의무교섭 대상이 될 수 있는가?

먼저, 제한적 부정설[4]은 경영권 자체를 의무적 교섭사항으로 보지 않고,[5] 근로조건과 관련이 있더라도 임의적 교섭사항으로 본다.[6] 다만, 경영권 자체가 행사된 다음에 발생하는 근로조건 즉 고용조정, 배치전환 및 정리해고 등이 의무적 교섭사항이 된다.

다음으로, 제한적 긍정설[7]은 '경영에 관한 사항'을 임의적 교섭사항 또는 의무적 교섭사항이라고 본다. 근로조건에 중대한 영향을 미치거나,[8] 근로조건과 밀접한 관계가 있거나,[9] 근로조건의 개선에 주된 목적이 있거나,[10] 근로의 양이나 방법을 결정하는 것[11]은 의무적 교섭사항이 된다.

---

1) 한국경영자총협회 등 사용자단체의 견해이다.

2) 대판 1992.9.25, 92다118542, 인사권은 원칙적으로 사용자의 권한에 속하나 사용자가 단체협약을 체결하여 조합원의 인사에 대한 관여를 인정하였다면 유효하다. 이 판례는 인사권에 관한 사항으로 인사권과 경영권을 분리하여 분석한다면 직접적으로 경영권과 관련된 판례는 아니다.

3) 한국노동조합총연맹 등 노동단체의 견해이다.

4) 이병태, 『최신노동법』, 2007, 234쪽; 대판 1994.3.25, 93다30242, 부서폐지로 근로자 일부를 다른 공장에 배치하는 것은 경영권에 속하므로 의무적 교섭사항이 아니나, 재배치 결과 증가된 업무량은 근로조건으로 의무적 교섭사항이다.

5) 대판 2001.4.24, 99다9370, 경영상 해고 자체가 안된다는 취지의 요구 사항은 교섭의 대상이 될 수 없다; 대판 2003.2.11, 2000도4169, 경영상 해고 및 사업의 통·폐합 등 경영권 자체는 본질적 내용이므로 근로조건에 영향을 미치는 경우에도 쟁의행위 목적의 정당성을 인정할 수 없다고 한다; 대판 2002.2.26, 99도5380, 본질적 내용에 대해 단체협약을 체결하였더라도 당연히 유효한 것이 아니며 체결의 경위, 상황 및 노동조합의 책임 정도 등을 종합적으로 검토하여 동의의 의미를 해석해야 한다고 함으로써 임의적 교섭사항의 효과마저 제한하고 있다.

6) 이상윤, 『노동법』, 2007, 623쪽, 제한적 긍정설에서 말하는 근로조건과 관련된 사항을 임의적 교섭사항으로 본다.

7) 김유성, 『노동법Ⅱ』, 2001, 145쪽; 박홍규, 『노동법론』, 1995, 246쪽; 임종률, 『노동법』, 2007, 120쪽, 경영사항은 기본적으로 임의적 교섭사항이 되고 근로조건과 관련이 있으면 의무적 교섭사항이라고 본다. 예컨대 전체 경영진의 퇴진 요구는 그 진의가 근로조건의 개선에 있는 것이라면 의무적 교섭사항이나 이사 선임에 노동조합의 동의나 협의를 요건으로 하거나 특정인의 임면을 요구하는 것은 의무적 교섭사항이 아니라고 본다. 또한 화학무기 생산이나 공해배출 공정의 반대 등은 단체교섭의 대상 즉 의무적 교섭사항이 아니고 임의적 교섭사항이다.

8) 서울지판 1991.9.12, 90가합5721, 경향신문사건.

9) 대판 1994.8.26, 93누8993, 대일실업사건.

10) 대판 1992.5.12, 91다34523, 현대사회연구소사건. 연구소장의 퇴진을 요구하였더라도 주된 목적이 조합원의 근로조건의 개선 요구에 있다고도 볼 수 있다면 단체교섭사항이 될 수 있다. 그러나 이 판례는 하나의 쟁의행위에서 추구하는 목적이 여러 가지이고 그 중 일부가 정당하지 못한 경우에는 주된 목적 내지 진정한 목적의 당부에 의하여 그 쟁의행위의 당부를 판단하여야 한다는 취지이다.

11) 대판 1994.8.26, 93누8993, 조합원의 차량별 고정승무발령, 배차시간, 대기기사 배차순서 및 일당기사 배차에 관한 노조와 사전합의를 하도록 한 조항 관련이다.

(3) 검 토

제한적 긍정설의 경우 '경영권이 근로조건과 관계가 있는지' 여부에 대한 판단이 매우 어렵다. 근로조건과 관계가 있다함은 인사이동을 수반하거나, 근로조건이 낮아지거나, 기타 불이익이 초래되는 경우라고 볼 수 있다. 따라서 논의의 실익을 따져 보면 이러한 경우는 경영권 자체보다는 경영권이 행사된 후의 근로조건의 문제로 해결하더라도 문제가 없다. 그 때에는 근로조건의 저하를 이유로 교섭을 요구하고 결렬되었을 경우에는 쟁의행위를 할 수 있으며 교섭을 거부하면 부당노동행위가 될 수 있기 때문이다. 그럼에도 불구하고 근로조건이 낮아질 우려가 있으니 자동화를 하지 말라거나, 임원진이 모두 사퇴하라는 내용이 단체교섭의 대상은 될 수 없다고 본다. 따라서 개인적으로는 제한적 부정설을 지지한다. 다만, 순수하게 경영에 관한 사항이라도 노사자치에 의해 임의적으로 교섭할 수는 있다고 생각한다.

(4) 경영권의 본질적 내용과 교섭권의 한계

제한적 긍정설에 있어, '누적적자에 따른 사업폐지'처럼 경영상 본질에 해당하는 문제도 의무적 교섭사항인지 논란이 있다.

먼저, 노동조합과 협의하는 것은 경영권을 근본적으로 제한하지 않으므로 단체교섭의 대상이 되지만 노동조합과 합의하거나 노사 동수로 구성되는 기관의 의결을 거치는 것은 의무적 교섭대상이 아니라는 의견[1]이 있다.

반면에, 헌법상 단체교섭이 경영권을 근본적으로 제한할 수 없다는 점은 수긍하나, 합의와 협의를 기준으로 삼는 것은 타당하지 않으므로[2] '교섭이익'과 '사업경영 부담'을 비교하여 의무적 교섭사항인지를 판단[3]하자는 반대 의견[4]이 있다.

그러나 제한적 부정설을 따르면 사업의 폐지 자체는 임의적 교섭사항이고 폐지에 따르는 보상 문제가 의무적 교섭대상이 될 것이다.

---

1) 노조 01254-427, 1994.3.31; 노조 01254-5989, 1990.4.25

2) 운수업체의 배차문제에 대해 노동조합과 합의토록 한 것은 경영권의 근본적인 제한이 아니라는 판례(대판 1994.8.23, 93누21514)를 예로 들고 있다. 그러나 배차문제는 경영권이기도 하지만 작업량과 작업방법에 관한 사항이므로 근로조건과 밀접한 관련이 있다.

3) 미국 판례(Fired Paper Products Corp. v. NLRB, 379 U.S. 203. 1963)를 소개하고 있다.

4) 임종률, 『노동법』, 2007, 131쪽.

3·마. 단체협약 체결 예정성

교섭대상은 반드시 단체협약의 체결을 전제로 하여야 하는가? 단체협약이 예정되지 않은 단체교섭은 의미가 적다. 다만, 그러한 교섭이라도 헌법상 노동기본권에 근거하여 보호받을 수는 있다. 따라서 단체협약의 체결이 예정되지 않은 사항은 임의적 교섭 사항이라고 생각한다.

제 5절 단체교섭의 방법 및 절차

1. 노사 자치주의

노조법(§48)은 단체교섭의 절차와 방법을 노사자치주의 원칙에 맞기고 있다. 따라서 노사는 단체교섭을 위해 구체적인 시기·시간·장소·인원·태도 등에 대해 교섭 전에 단체협약에 미리 정해두든지, 단체교섭에 임하면서 예비교섭으로 정하여야 한다.

단체협약이나 관행으로 정해진 방법과 절차에 따라 노동조합이 요구한 단체교섭을 거부하는 사용자의 행위는 부당노동행위가 된다. 반면에 사용자는 그러한 방법과 절차를 중대하게 위반한 노동조합의 단체교섭 요구를 거부할 수 있다.[1)]

2. 성실 교섭 의무

2·가. 법적 근거

노동조합과 '사용자 또는 사용자단체'는 신의에 따라 성실히 교섭하고 단체협약을 체결하여야 하고, 그 권한을 남용하여서는 안되며(노조법 §30①), 정당한 이유 없이 교섭 또는 협약의 체결을 거부하거나 게을리할 수 없다(노조법 §30②).

2·나. 내 용

당사자는 합의를 목적으로 교섭하고 합의된 내용에 대해 단체협약을 체결하도록 노력하여야 한다. 따라서 '단체교섭 거부행위', '불성실한 교섭행위'나 '협

1) 김형배, 『노동법』, 2007, 750쪽.

약체결 거부행위'는 성실교섭의무에 반한다.[1)]

먼저, '단체교섭 거부행위'로는 합리적 이유 없이 교섭장소에 나오지 않는 행위, 교섭기일을 미루는 행위,[2)] 합의문서나 전화로만 대화하려는 행위, '권한 없는 자'나 '위임 여부가 확인되지 않은 자'를 내세우는 행위,[3)] 무리한 일정[4)]·장소[5)]·참가인원[6)] 등을 요구하면서 교섭을 지연시키는 행위, 교섭 도중에 퇴장하는 행위 등을 들 수 있다.

다음으로, '불성실한 교섭행위'로는 합리적 이유 없이 대안을 제시하지 않는 행위, 자료제공을 거부하는 행위,[7)] 불명확한 주장을 하면서 자신의 안만을 고집하는 행위,[8)] 주장을 수시로 변경하여 진정한 의도를 알 수 없게 하는 행위, 교섭대상이 아니라거나 임의적 교섭사항임을 고집하면서 회의를 진척시키지 않는 행위, 협박이나 폭력 등을 들 수 있다.

셋째로, '협약체결 거부행위'로는 합리적인 이유 없이 합의내용에 대해 새로운 제안을 하면서 서명·날인을 거부하는 행위를 들 수 있다. 노동조합이 예정에 따라 합리적인 기간을 정하여 인준투표를 거치는 행위는 '협약체결 거부행위'로 볼 수 없다. 그러나 합리적 기간이 지나도록 인준을 받는 행위를 게을리하면 사용자는 재교섭을 거부할 수 있다.[9)]

---

1) 이병태, 『최신노동법』, 2007, 240쪽.
2) 상대방에게 준비할 시간을 주지 않고 단체교섭을 통고하면 상대방은 요구일로부터 가까운 날을 정하여 연기할 수 있다. 이때 사회 통념상 긴 기간을 정하거나 불확정한 일자를 정하면 합리성을 인정받을 수 없다.
3) 대판 2000.5.12, 98도3299, 총회에서 "단체협약 체결권이 조합원에게 있음을 밝히면서 인준투표를 거치지 않고 서명하면 위원장을 불신임한다."고 결의를 한 것을 이유로 단체교섭을 거부한 데 대해, 노동조합이 회사측의 의문을 해소시키지 않았다면 성실의무 위반이고 나아가서 이를 이유로 한 쟁의행위는 그 목적과 시기, 절차에 있어서 정당하지 않다고 보았다.
4) 상대방이 용인할 수 있는 수준이어야 한다. 철야 교섭이나 너무 잦은 일정 등에 대해서는 이를 거부할 수 있다. 다만, 취업시간이라도 당사자가 교섭 일정에 포함하기로 합의할 수 있다.
5) 당사자가 정하는 것이 원칙이지만, 공장과 본사가 멀리 떨어져 있을 때 원격지를 고집하는 행위 등은 합리성을 인정받기 어렵다.
6) 기업의 규모, 근로자 수 등을 고려하여 당사자가 정하는 것이 원칙이나, 군중집회에 참석을 요구하는 대중교섭(같은장. 제1절. 1. 참조)하거나 효율적인 회의의 진행을 저해할 정도의 수를 요구하는 행위(같은장. 제3절. 3·나. 참조)는 합리성을 인정받기 어렵다.
7) 미국에서는 판례(NLRB v, Truit Mfg. Co, 351 U.S.149.19560; 교섭사항과 관련성이 있는지가 합리성 판단의 기준이 된다. 관련성이 인정된다면 기업비밀을 이유로 거부할 수 없다. 다만, 연봉제에서처럼 개인적인 비밀과 관련되거나 공개되면 제도 자체의 존립이 위태로운 경우에는 예외가 인정될 수 있다(임종률, 『노동법』, 2007, 133쪽).
8) 주장 근거와 자료를 명확히 제시한다면, 현격한 의견 차이를 보이거나 상대방의 의견을 받아들이지 않았다는 이유만으로 불성실 교섭이 되지는 않는다(대판 2005.6.9, 2005두2964).
9) 임종률, 『노동법』, 2007, 134쪽.

2·다. 교섭 결렬

당사자는 성실의무를 다하였음에도 교섭이 진전될 전망이 없다면 교섭의 중단이나 결렬을 선언할 수 있다. 성실교섭 의무는 상대방의 요구를 수락하거나 양보를 할 의무까지를 포함하지 않기 때문이다.[1]

교섭을 중단한 후 오랜 시간이 지났거나 사정 변화가 생겼다면 성실교섭 의무가 다시 발생한다.

쟁의행위 중이라 상대방이 의미 있는 제안을 하면 성실교섭 의무가 발생한다. 그러나 이때 노동조합이 쟁의행위를 중단해야 하는 것은 아니다.

2·라. 위반의 효과

성실교섭 의무를 위반한 효과는 노·사에 따라 다르다.

사용자측이 위반하면 노조법(§81,제3호)에 의해 부당노동행위가 되고, 그러한 행위는 사법(私法)상 효력이 없다.[2] 따라서 노동조합측은 노동위원회에 부당노동행위 구제신청을 하거나 법원에 '단체교섭 의무 이행의 청구', '단체교섭 응낙 가처분 신청' 및 '손해배상 청구'를 할 수 있다.[3]

노동조합측이 위반하면 강행법규 위반 및 권리 남용(노조법 §30①)이 되어 사용자가 교섭을 거부한 데 대해 부당노동행위 구제를 받을 수 없다.

3. 폭력 등의 금지

단체교섭은 합의를 도출하기 위한 과정이므로 어떠한 경우에도 폭력·파괴행위와 협박·감금 행위를 할 수 없다. 이러한 행위를 하지 않겠다는 약속을 하지 않을 경우에는 상대방이 교섭을 거부할 수 있다. 나아가서 이러한 행위를 한 경우에는 민·형사적 책임이 면제되지 않는다. 다만, 구체적인 판단을 함에 있어 '양보를 하지 않으면 파업을 하겠다.'는 단순한 위협은 여기서의 협박에 해당하지 않는다. 아울러 상대방의 도발적인 태도에서 유발된 행동은 그 사유, 정도 등을 종합적으로 판단하여야 할 것이다.

---

1) 대판 2005.6.9, 2005두2964

2) 대판 1993.12.21, 93다11463

3) 이병태, 『최신노동법』, 2007, 241쪽.

제5장

단 체 협 약

제1절 총 괄

1. 단체협약의 개념

단체협약이란 노사관계 당사자가 단체교섭을 통하여 근로조건[1] 기타 근로자의 대우에 관한 사항과 노사관계의 권리·의무에 관한 사항에 합의하여 서면화한 문서를 말한다.

2. 단체협약의 특징

단체협약은 시민법상 계약 원리를 수정하고 보완하면서 탄생하였으며, 시민법상 계약과 비교하여 다음과 같은 특징을 갖는다.

먼저, 사용자가 자유로이 체결할 수 있는 근로계약과는 달리 헌법에 의해 보장된 노동3권(헌법 §33①), 특히 노조법에 의해 의무화(노조법 §30② 및 §81,제3호)된 교섭의 최종 산물이며, 당사자가 합의에 도달할 경우 체결이 강제된다.

다음으로, 근로계약과는 달리 단체협약은 행정관청에의 신고 및 위법한 단체협약에 대한 시정 명령 등 행정관청의 관여(노조법 §31)가 인정되며 서면 작성(노조법 §31), 유효기간(노조법 §32) 등 그 형식에 제한이 있다.

셋째로, 시민법상 계약은 채권·채무 관계를 형성하나, 단체협약은 규범적 효력(노조법 §33)과 효력확장(노조법 §35 및 §36)도 인정된다.

---

1) 노동조합은 근로조건을 유리하게 변경하는 내용뿐만 아니라 근로조건을 불리하게 변경하는 내용도 단체협약으로 체결할 수 있다(대판 2002.11.26, 2001다36504). 따라서 근로조건의 유지·개선이라는 표현은 정확하지가 않다.

3. 단체협약의 기능

3·가. 근로조건 개선 및 단결 강화

단체협약은 단결력을 배경으로 근로조건에 대해 교섭한 결과로서 개별 근로자와 사용자 간에 체결되는 근로계약보다도 근로조건을 개선하는 기능을 갖는다. 아울러 유리한 근로조건을 쟁취하는 과정에서 근로자의 단결력을 강화시킨다.

3·나. 질서 유지 및 기업 민주화

단체협약은 노·사의 자주적 교섭에 기초하여 공동의사로 결정되므로 노사의 관행, 노사관계의 질서 및 기업 운영을 민주적으로 형성한다.

3·다. 평화 유지 및 경영 안정

노·사는 서로 협약의 내용을 존중하고 성실히 준수할 의무를 부담하므로 단체협약의 유효기간 중 쟁의행의를 할 수 없다. 따라서 그 기간 동안 산업 평화가 유지되고 경영이 안정된다.

4. 단체협약의 법적 성질

4·가. 배 경

단체협약은 당사자 사이의 채권·채무 관계를 규율하는 채무적 부문과 근로조건과 대우에 관해 규율하는 규범적 부문으로 구성된다. 이때 규범적 부문으로의 효력을 갖는 근거를 둘러싸고 법규범설과 계약설로 의견이 나뉜다.[1] 양설은 모두 단체협약에 대해 규범적 효력을 인정하나, 그 근거에 대한 견해가 다르다.

---

1) 영미법계는 단체협약의 법적 성질을 주로 당사자 간의 계약으로 파악하면서 예외적으로 법적 효력을 인정하는 반면에, 대륙법계는 계약적 성질과 규범적 성질에 대해 의견이 크게 나뉘고 있다(이상윤, 『노동법』, 2007, 634~637쪽).

4·나. 법규범설

법규범설은 단체협약을 법규범으로 본다.

이에 대한 논리적 근거에 대해서는 의견이 나뉜다.

먼저, 사회적 자치법설[1]은 '국가가 아닌 다른 사회 부문도 내부에서 적용될 법을 만들 권리와 능력을 가지고 있고, 단체협약도 이와 같은 사회적 힘에 의해 자치법으로의 효력을 갖는다.'는 견해이다. 입법 기능이 국회에 있다는 점과 양립하기 어려우며, 사회적 작용을 법 규범으로 보기는 어렵다.

다음으로, 백지관습법설[2]은 '노사가 단체협약을 설정하는 관행이 관습법으로 받아들여짐[3]으로써 규범적 효력이 인정된다.'는 견해이다. 우리처럼 노동3권이 헌법상 권리로 보장되는 점을 설명하기가 어렵고, 관행 자체를 관습법으로 보는 것도 무리이다.

4·다. 계약설

계약설은 단체협약을 당사자 사이의 계약으로 본다.

그럼에도 불구하고 사법(私法)적 계약이 어떻게 규범적 효력을 갖는지에 대해서는 의견이 나뉜다.

먼저, 집단적 규범계약설[4]은 "노사 당사자가 구성원의 의사에 기초하여 법률적인 효과를 의욕하면서 단체협약을 체결하고 이를 준수하기로 하였기 때문에 규범적 효력을 갖는다."는 견해이다. 당사자의 의욕으로 규범적 효력이 생긴다는 점을 자연스럽게 설명하기가 쉽지 않다.

다음으로, 다수설인 수권설[5]은 '단체협약은 당사자 사이의 계약에 불과하지만, 노동관계의 목적 달성하기 위해, 국가의 법(노조법 §31)이 당사자에게 규범을 설정할 권한을 주었다.'는 견해이다. 헌법이 단체교섭권을 특별히 보장하고 있으며, 단체교섭권 안에 단체협약 체결권이 당연히 존재한다고 해석되는 상황

---

1) 심태식, 『노동법개론』, 법문사, 1998, 169쪽; 이을형, 『노동법』, 대왕사, 1995, 188쪽(이상 '이병태, 『최신노동법』, 2007, 246쪽'에서 재인용).

2) 石井照久, 『勞動法總論』, 有斐閣, 1995, 427쪽('임종률, 『노동법』, 2007, 138쪽'에서 재인용).

3) 당사자에 따라 다른 단체협약의 내용을 관습법으로 볼 수는 없다.

4) 김형배, 『노동법』, 2007, 754쪽.

5) 임종률, 『노동법』, 2007, 139쪽; 김유성, 『노동법Ⅱ』, 2001, 159쪽; 이병태, 『최신노동법』, 2007, 247쪽, 다만, 수권설을 계약설로 분류하고 있다.

에서 노조법이 특별히 규범적 효력을 창설한다고 보는 것이 타당한지에 대해 의문이 있다.

4·라. 헌법 내재설

헌법이 보장하는 단체교섭권 안에 근로조건의 유지·개선이라는 본질적인 목적이 내재해 있고, 이러한 목적이 단체협약이 규범적 효력을 갖는 근거가 된다는 견해[1]이다. 이 견해는 법규범설처럼 규범적 효력을 사회적 또는 관습적으로 확인하는 것이 아니며, 계약설처럼 따로 창설된 것도 아니라고 본다.

단체협약은 계약의 성격을 가지고 있음에도 불구하고, 사법적 계약과는 달리, 강제성을 갖으면서 형식과 요건을 특정하는 등의 특징을 갖는다.[2] 이러한 특징은 노동3권을 통해 개별적 근로조건을 규율하려는 헌법의 목적에서 비롯된 것으로 해석할 수 있다. 따라서 개인적으로는 헌법 내재설에 찬성한다.

---

1) 이상윤, 『노동법』, 2007, 638쪽.
2) 같은장, 같은절, 2. 참조.

제 2절 단체협약의 성립

1. 총 설

단체협약은 당사자, 내용 및 형식에 있어 정당한 요건을 갖추어야 유효하게 성립한다.

2. 단체협약의 당사자와 합의

2·가. 당사자

단체협약의 당사자라 함은 자기 이름으로 단체협약을 체결할 수 있는 법률상의 능력을 가진 자를 말한다. 근로자측에서는 노동조합이, 사용자측에서는 사용자와 사용자단체가 단체협약의 당사자가 된다(노조법 §29①). 단체협약은 단체교섭의 당사자 사이의 합의를 문서화한 것이다. 따라서 단체협약의 당사자는 원칙적으로 단체교섭의 당사자와 같다.[1]

2·나. 단체협약과 당사자 합의

단체협약은 단체교섭의 산물이다. 따라서 노사협의회의 의결 사항(근참법 §23)이나 위원들의 노사협정은 단체협약으로 볼 수 없다. 다만 노사 합의, 규약 또는 관행에 따라 단체교섭의 연장 차원에서 예비적 교섭으로 이루어지는 노사협의의 결과 합의된 사항은 단체협약화할 수 있다.

근기법의 일정한 사항(§51, §52, §58②③, §59 등)에 대해 노동조합장이 근로자 대표로 합의하더라도 단체협약으로 보지 않는다는 의견이 있다.[2] 그러나 그러한 합의를 직접 단체협약으로 볼 수는 없더라도, 합의 내용이 기존 단체협약의

---

1) 단체교섭의 당사자에 대하여는 제4장. 제3절. 참조.

2) 임종률, 『노동법』, 2007, 140쪽.

내용을 변경하는 것이라면 그 효력을 부정할 수 없으므로 단체협약의 일부로 보아야 할 것이다.[1)]

2·다. 합의의 대상

의무적 교섭사항이든 임의적 교섭사항이든 당사자가 합의한 내용은 단체협약의 내용이 된다. 다만, 의무적 교섭사항이 전혀 포함되어 있지 않은 단체협약은 단체협약으로 보기 어렵다. 임의적 교섭사항은 의무적 교섭사항과 달리 여후효(餘後效)의 적용을 받지 않으므로 유효기간이 지나면 사용자가 임의로 그 내용을 변경할 수 있다.[2)] 위법적 교섭사항은 단체협약의 내용이 될 수 없다. 행정관청은 단체협약의 위법한 내용에 대해 노동위원회의 의결을 거쳐 그 시정을 명할 수 있다.

2·라. 단체협약의 형식

(1) 작성 요건

① 의 의

단체협약은 서면으로 작성하여 당사자 쌍방이 서명 또는 날인하여야 한다(노조법 §31①). 이처럼 서면을 요구하는 이유는 단체협약의 성립을 명확히 하여 일어날 수 있는 분쟁을 미리 예방하고자 하는 데 있다. 아울러 서명 또는 날인을 요구하는 것은 당사자의 의사를 확정적으로 표시하여 단체협약의 진정성을 확보하기 위함이다.[3)]

② 서 면

단체협약을 서면으로 작성함에 있어서 임금협정·각서·단체교섭의사록 확인서·퇴직금 규정 등과 같이 단체협약이라는 이름을 쓰지 않아도 되며, 표제를 붙이지 않아도 될 정도로 형식을 따지지 않는다. 아울러 서면에 전체 내용을 담는 포괄협정을 체결하거나 상여금처럼 근로조건이나 단체교섭 절차처럼 주제별로 체결해도 된다.

---

1) 하갑래, 『근로기준법』 제18판, 2007, 341쪽.
2) 이상윤, 『노동법』, 2007, 641쪽.
3) 대판 2001.5.29, 2001다15422·15439

③ 서명 또는 날인

'서명 또는 날인'[1]에는 서명날인(署名捺印)은 물론이고, 기명날인(記名捺印) 또는 서명무인(署名拇印)[2]도 포함된다. 나아가서 서명만 하든지 아니면 날인만 하는 것도 가능하다. 다만, 기명이나 무인만 하면 효력을 인정하기 어렵다.

④ 효 력

단체협약의 효력발생 시기는 당사자가 정하며, 정함이 없으면 단체협약 체결일[3] 즉, 서명 또는 날인한 시점이 된다. 한편 소급효를 인정하더라도 퇴직자에게는 적용되지 않는다.[4]

작성요건을 갖추지 못한 단체협약의 효력에 대해서는 '단체협약으로서의 효력은 부정되지만, 민법상의 계약으로서의 효력은 인정된다는 견해',[5] '규범적 효력은 노동기본권의 확인이므로 인정된다.'는 견해,[6] 반대로 '합의가 당사자 간의 권리 의무 관계라면 채무적 효력은 인정된다.'는 견해[7] 등이 있다.

그러나 단체협약의 규범적 효력과 평화적 기능을 감안하여 사법(私法)적인 효과나 단체협약으로서의 법적 효력을 부정하는 다수설[8]이 타당하다고 생각한다.

(2) 신 고

단체협약의 당사자는 단체협약 체결일부터 15일 이내에 이를 쌍방의 연명(노조령 §15)으로 행정관청에 신고하여야 한다(노조법 §31②). 신고의무 관련 규정은 행정목적을 달성하기 위한 단속규정이며 효력규정이 아니다.[9] 위반에 대해서는 과태료가 부과된다(노조법 §96②).

---

1) 2006.12.30 전에는 '서명날인'이었다.
2) 대판 1995, 3.10, 94마605, 현대정공사건.
3) 노조 68107-1035, 2001.9.7
4) 대판 1992.7.24, 91다3407
5) 박홍규, 『노동법론』, 1995, 981쪽.
6) 이병태, 『최신노동법』, 2007, 251쪽, 녹음테이프처럼 당사자 의사를 확인할 수 있는 이상 일반적 구속력은 부정될지라도 합의 자체의 효력을 부인할 수 없다.
7) 김유성, 『노동법Ⅱ』, 2001, 164쪽.
8) 김형배, 『노동법』, 2007, 757쪽; 이상윤, 『노동법』, 2007, 643쪽; 대판 2001.1.19, 94다72422; 대판 2001.5.29, 2001다15422·15439
9) 김유성, 『노동법Ⅱ』, 2001, 156쪽; 노정근 14525-183, 1963.9.25

2·마. 행정관청의 시정 명령

행정관청은 단체협약 중 위법한 내용에 대해 노동위원회의 의결을 얻어 그 시정을 명할 수 있다(노조법 §31③).

제 3절 단체협약의 내용과 효력

1. 총 설

단체협약의 효력은 단체협약의 내용에 따라 다르다. 규범적 부분은 사용자와 개별 조합원의 관계를 규율하고, 채무적 부분은 사용자와 노동조합의 관계를 규율한다.

단체협약의 내용 중 '경영제도·기관의 조직과 운영 등에 관한 사항'을 조직적 부분 또는 제도적으로 부분을 따로 분류하는 견해가 있다.[1] '해고협의·동의조항', '경영협의회와 고충처리기구의 조직과 운영에 관한 조항' 등이 여기에 포함되는데, 근참법에 따라 노사협의의 대상인 경우가 많다. 아울러 '해고 동의조항'은 근로관계에 직접 영향을 미치므로 규범적 부분으로 분류될 수 있다.

조직적·제도적 부분은 원칙적으로 규범적 효력을 갖는다.[2] 따라서 여기서는 규범적 부분으로 보고 그 효력을 검토하였다.

2. 규범적 부분과 그 효력

2·가. 규범적 부분

(1) 근로자 대우에 관한 사항

단체협약 가운데 '근로조건 기타 근로자의 대우에 관한 기준(노조법 §33①)'을 정한 부분을 규범적 부분이라고 한다. 여기서 '근로조건'과 '기타 근로자의 대우'는 구분하여 대비하는 개념이 아니고 같은 성격을 가진 하나의 개념으로 보아야 한다.

'근로조건 기타 근로자의 대우'라 함은 '근로계약상의 조건 내지 약속사항

1) 이상윤, 『노동법』, 2007, 661쪽
2) 예컨대, 징계위원회 규정이 있는 경우에는 그 의결을 거치는 것이 효력 요건이다(대판 1990.12.7, 90다9095).

및 노동관계에 있어서 근로자에 대한 대우'[1] 또는 '개별적 근로관계 즉 근로계약의 유지 및 종료에 관한 사항'[2]이라고 달리 표현할 수 있다.

따라서 '임금액·지불방법', '근로시간·휴게·휴일·휴가', '퇴직금·복리후생', '안전·보건·재해보상', '배치·전직·상벌·교육훈련', '근로관계의 종료' 등이 이에 해당한다.

규범적 부분은 단체협약의 본질적인 부분이다. 따라서 이 부분이 없다면 단체협약으로 보기 어렵다.[3]

(2) 기준 또는 준칙으로서의 성격

규범적 부분에 해당하려면 사용자에게 이행의 의무가 주어지고 근로자에게 공통으로 적용되는 '기준' 또는 '준칙'의 성격을 가져야 한다.

그러므로 노력 의무를 부과하는 조항은 규범적 부분으로 보기 어렵다는 것이 다수설의 견해이다. 그러나 이에 대해 규범적 부분에는 해당하지만 강행적 효력이 인정되지 않는다는 반대설[4]이 있다. 개인적으로는 다수설에 찬성한다.

특정한 근로자의 대우에 관한 사항[5]에 대해서는 기준으로 보기 어렵다는 부정설[6]과 다른 규정 또는 다른 근로자와의 관련성이 있는 이상 본래의 기준에 준하여 규범적 부분으로 보아야 한다는 긍정설[7]과 다른 조합원의 근로조건에 영향을 미치면서 그 개별 근로자에게 불리하지 않은 경우에 규범적 부분으로 볼 수 있다는 절충설[8]이 있다.

절충설이 타당하다고 생각하며 특히, 1명의 개인에게만 그 효과가 미치더라도, 기준의 형식을 취하고 있다면 규범적 부분이 된다.

(3) 해고 동의 · 협의 조합

"근로자의 해고는 노동조합과 협의하거나 노동조합의 동의를 얻어야 한다."

---

1) 임종률, 『노동법』, 2007, 145쪽.
2) 개별적 근로관계의 체결까지 포함한다는 견해(이상윤, 『노동법』, 2007, 644쪽)가 있으나, 채용을 포함하지 않는다는 통설(김형배, 『노동법』, 2007, 761쪽, 임종률, 『노동법』, 2007, 145쪽 등)적인 견해가 타당하다고 생각한다.
3) 김형배, 『노동법』, 2007, 760쪽.
4) 이상윤, 『노동법』, 2007, 645쪽.
5) 특정 조합원 해고 철회, 소수직종 수당 지급 등.
6) 김유성, 『노동법Ⅱ』, 2001, 167쪽.
7) 임종률, 『노동법』, 2007, 145쪽.
8) 이상윤, 『노동법』, 2007, 638쪽; 이병태, 『최신노동법』, 2007, 251쪽.

는 규정을 해고협의 또는 동의 조항이라 한다. 이러한 조항이 규범적 부분에 해당하는지 그리고 그 효력이 어떠한지에 대해 의견이 나뉜다.

먼저, 규범적 부분설은 '해고협의·동의 절차는 근로조건의 기준에 직접 영향을 미치므로 규범적 부분에 속한다.'고 본다.[1]

다음으로, 채무적 부분설은 '해고협의·동의 조항은 원칙적으로 해고의 절차에 관한 약정으로서 엄밀한 의미에서는 기준으로 보기 어렵기 때문에 채무적 부분이며 위반하더라도 사용자가 협약위반의 책임을 진다.'고 본다.[2]

셋째로, 절충설은 자문이나 협의라면 효력에 영향을 미치지 않으나 합의나 동의는 효력 조항이라 본다.[3] 이러한 견해는 판례[4]가 효력의 기준을 '규범적인지 채무적인지'보다는 '협의인지 합의인지'에 두고 판단한 태도를 받아들인 것이다.

해고는 근로자의 대우 중 가장 중요한 기준 중의 하나인 점, 절차적 부분은 해고의 정당성 부분에 큰 영향을 미친다는 점, 당사자가 이러한 사실을 알고 협약을 체결한다는 점[5] 등을 감안해서 규범적 부분설에 찬성한다. 다만, 해고 동의·협의권이 지켜져야 하지만 신의성실의 원칙에 따라 행사되어야 한다. 따라서 노동조합이 권한을 남용하여 합리적 이유 없이 협의·동의를 거부하거나 게을리하는 경우에는 사전 동의권 행사를 포기한 것이 된다.[6]

---

1) 김유성, 『노동법Ⅱ』, 2001, 187쪽; 이병태, 『최신노동법』, 2007, 251쪽; 대판 1993.9.28, 91다3062, 동의 조항 관련이다. 협의조항과 대비하여 설명하면서, 남용금지의 원칙을 밝히고 있다.

2) 김형배, 『노동법』, 2007, 780쪽, 단순히 동의를 받는다고 하면 노동조합에 대한 채무적 의무를 규정한 것이고, '정당한 이유가 있어도 동의를 받도록 명백히 한 경우'에는 규범적 부분으로 볼 수 있다고 한다; 대판 1992.4.14, 91다4755, 협의조항 관련이다; 대판 1992.6.9, 91다41477, 협의조항 관련이다; 대판 1993.4.23, 92다34940, 협의 조항 관련이다. 인사의 내용을 미리 노동조합에 통지하는 등 납득시키려는 노력을 하게 하고, 노동조합에 의견을 제시할 기회를 주게 하며, 아울러 노동조합으로부터 제시된 의견을 참고자료로 고려하게 하려는 것에 지나지 않는 것이므로 사전협의를 거치지 아니한 채 행하여졌다고 반드시 무효라고 할 수는 없다.

3) 이상윤, 『노동법』, 2007, 663쪽; 대판 1993.9.28, 91다30620, 의견을 제시할 수 있는 기회만을 주어야 하도록 규정된 경우에는 그 절차를 거치지 아니하였다고 하더라도 인사처분의 효력에는 영향이 없다고 보아야 하지만, 사전 동의를 얻어야 한다거나 또는 노동조합의 승낙을 얻거나 의견의 합치를 보아 인사처분을 하도록 규정된 경우에는 그 절차를 거치지 아니한 인사처분은 원칙적으로 무효라고 보아야 한다; 대판 1993.4.23, 92다34940, 협의인 경우에는 효력요건이 아니라고 본다.

4) 관련 판례를 규범적 부분설과 채무적 부분설을 설명할 때 각주에 소개하였는데 전자는 동의 조항 관련 사례가 해당하고, 후자는 협의 관련 사례가 해당된다.

5) 대판 1996.9.20, 95다20454, 단체협약과 같은 처분문서는 진정한 성립이 인정되는 이상 그 기재 내용을 부정할 만한 분명하고도 수긍할 수 있는 반증이 없는 한 그 기재 내용에 의하여 그 문서에 표시된 의사표시의 존재 및 내용을 인정하여야 하고, 그 명문의 규정을 근로자에게 불리하게 해석할 수는 없다.

6) 대판 1993.9.28, 91다30620, 일단 동의를 거치지 않으면 효력이 없다고 해 놓고 동의권 남용을 거론하고 있다.

2·나. 규범적 효력

(1) 의 의

단체협약의 규범적 효력은 강행적 효력과 보충적 효력의 두 가지[1]로 나뉜다. 단체협약의 강행적 효력과 보충적 효력은 같이 발생할 수도 있고 어느 하나만 발생할 수도 있다. 단체협약의 규범적 효력을 배제하는 당사자의 특약은 무효이다.

(2) 적용 대상

단체협약의 규범적 효력은 '유효기간 동안'의 협약당사자인 노동조합의 조합원과 사용자에 대하여 미친다. 다시 말해서 효력 발생일을 소급하여 단체협약을 체결하더라도 체결 이전에 근로관계가 종료된 근로자에게는 그 효력이 미치지 않는다.[2]

한편, 단체협약의 효력확장제도(노조법 §35 및 §36)의 적용을 받으면 비조합원에게도 규범적 효력이 미친다. 아울러 비조합원일지라도 노동조합에 가입하면 당해 단체협약이 적용된다. 노동조합을 탈퇴하거나 노동조합으로부터 제명된 근로자에게도 단체협약의 기준이 이미 개인의 근로조건으로 체화되어 효력을 미친다. 그러나 개별적 합의로 근로조건을 변경할 수 있다.

(3) 내 용

① 강행적 효력

단체협약의 규정은 강행적 효력을 갖는다. 즉, 단체협약에 정한 근로조건 기타 근로자의 대우에 관한 기준에 위반하는 취업규칙 또는 근로계약의 부분은 무효로 한다(노조법 §33①).

강행적 효력에 의하여 취업규칙 또는 근로계약의 일부가 무효로 되더라도 위반된 부문만 무효이다.[3]

근로자는 단체협약상의 권리를 포기할 수 없다.

---

1) 독일의 「단체협약법」(1918년)에서 최초로 규정하였다.

2) 대판 1992.7.24, 91다34073, 중소기업진흥공단사건.

3) 법률행위의 일부 무효는 그 법률행위 전체를 무효로 하고 무효인 부분이 없더라도 그 법률행위를 하였을 것이라는 점이 인정될 경우에 한하여 나머지 부분도 무효가 되는 것이 원칙이다.

② 보충적 효력

단체협약은 보충적 효력[1)]을 갖는다. 즉 '근로계약에 규정되지 아니한 사항' 또는 강행적 효력에 의해 '무효로 된 부분'은 단체협약에 정한 기준에 따른다(노조법 §33②).[2)] 보충적인 효력은 개별적 합의·동의 또는 인식을 전제로 하지 않는다.

(3) 규범적 효력의 한계

① 유리한 조건 우선 적용의 원칙

근로계약이나 취업규칙이 단체협약보다 근로자에게 유리한 경우에도 강행적이고 보충적인 효력이 미치는가? 이른바 '유리한 조건 우선 적용의 원칙'에 대해 노조법이 명문 규정[3)]을 두고 있지 않아 의견이 나뉜다.

긍정설[4)]은 '단체협약은 근로자를 보호하기 위하여 근로조건의 최저 기준을 정한 것이므로, 보다 유리한 조건을 정한 근로계약이나 취업규칙은 유효하다.'고 본다. 이 설은 계약자유의 원칙과 사적 자치의 원칙에 따라 개인근로자의 근로조건을 보호하는 데 의미가 있다. 따라서 단체협약의 기준을 최고기준이라고 합의하더라도 이는 무효이다.

반면에 부정설[5)]은 첫째 강행적 효력을 규정한 법문의 표현이 '…단체협약…기준에 위반'이고 '…단체협약…기준에 미달'이라고 하지 않은 점, 둘째 기업별 노동조합 아래에서는 단체협약은 표준적·정형적 기준이라는 점, 셋째 노동조합에의 가입이 근로자 스스로 계약의 자유를 제한한 것이라는 점, 넷째 개별조합원의 개별교섭을 인정하면 노동조합의 세력이 약화될 수 있다는 점, 다섯째 단체협약보다 유리한 근로계약을 맺는 사용자의 행위가 부당노동행위에 해당할 수 있다는 점 등을 들어 근로계약 등이 비록 더 유리한 내용이더라

---

1) 직접적 효력 또는 직률적 협력이라고도 한다. 단체협약의 기준이 바로 취업규칙이나 근로계약의 내용이 되는 효력을 자동적 효력이라 말하기도 한다.

2) 이러한 표현 때문에 자동적 효력이라고 부르기도 한다. 단체협약의 규범적 효력이 자동적 효력을 갖는지에 프랑스는 긍정적이고 독일은 부정적인 것처럼 논란이 있으나(김형배, 『노동법』, 2007, 763쪽), 우리나라는 이처럼 법문에 표현이 되어 있어 자동적 효력에 대해 부정하는 견해는 보이지 않는다.

3) 독일의 단체협약법은 단체협약이 최저 기준임을 직접 규정하고 있어 논란의 여지를 없애고 있다. 노동기본권 실현 수단이 한편으로는 산업별 또는 직종별로 노동조합의 산업별 협약을 통해 최저기준을 설정하는 기능을 수행하고 다른 한편으로는 기업별로 종업원평의회를 통해 취업규칙과 유사한 형태인 경영협정으로 산업별 협약보다 유리한 근로조건을 설정하는 2원적 구조가 그 배경이다.

4) 김형배, 『노동법』, 2007, 764쪽.

5) 임종률, 『노동법』, 2007, 145쪽; 김유성, 『노동법Ⅱ』, 2001, 169쪽.

도 단체협약의 기준에 따라야 한다고 본다.

한편, 절충설은 '유리한 조건 우선 적용의 원칙'에 대해 먼저, 산업별 노동조합에만 적용하고 기업별 노동조합에는 적용할 수 없다는 설[1]과 다음으로 노동운동을 저해하지 않고 연대의식을 파괴하지 않는 합리적인 범위 안에서만 인정하여야 한다는 설[2] 등이 있다. '유리한 조건 우선 적용의 원칙'이 제한적으로 적용되어야 한다는 견해는 한편으로 설득력이 있어 보이나 어느 수준까지 인정할지에 대해서는 의견을 통일하기가 어렵다.

따라서 개인적으로는 부정설에 찬성한다.

② 새 단체협약 우선 적용

새 단체협약이 옛 단체협약을 대치할 경우에는 비록 근로조건이 불리해지더라도 새 단체협약이 적용된다. 이러한 원칙을 해소의 원칙[3]이라고도 한다.

단체협약의 목적이 근로조건의 향상 등 근로자의 경제적·사회적 지위 향상에 있으므로 더 불리해진 새 단체협약은 규범적 효력을 갖지 않는다는 의견[4]이 있다.

그러나 노동조합이 사용자에 대해 교섭에 있어 대등한 지위를 가지고 있고, 근로조건을 장기적이고 전체적으로는 개선한다는 전제 아래 일시적이고 부분적으로 단체협약의 근로조건이 저하될 수 있다. 따라서 새 단체협약이 규범적 효력을 갖는다는 통설적 견해[5]가 타당할 것이다.

③ 강행법규 위반 금지에 의한 한계

강행법규[6]나 공서양속에 반하는 단체협약 내용은 규범적 효력을 갖지 못한다.

④ 근로자 개인의 권리 보호

단체협약이 일방적으로 침해할 우려가 있는 개인적 영역이 있다. 먼저, 단체

---

1) 이상윤, 『노동법』, 2007, 650쪽.
2) 이병태, 『최신노동법』, 2007, 266쪽.
3) 김형배, 『노동법』, 2007, 764쪽, 신·구 단체협약처럼 같은 수준의 규범간의 관계를 대상으로 한다는 점에서 다른 수준의 규범을 대상으로 하는 질서의 원칙과 구분한다. 독일의 경우 전자는 산업별 협약간의 문제이고 후자는 산업별 협약과 기업내 경영협정의 관계를 설명하는 데 유용하다.
4) 後藤清, 西谷敏 등 일본학자들의 주장이다(임종률, 『노동법』, 2007, 145쪽).
5) 이상윤, 『노동법』, 2007, 652쪽; 임종률, 『노동법』, 2007, 147쪽; 김유성, 『노동법Ⅱ』, 2001, 173쪽; 이병태, 『최신노동법』, 2007, 266쪽; 대판 200.9.29, 99다67536; 대판 2002.4.12, 2001다41384; 대판 2002.11.26, 2001다36504 등.
6) 대판 2002.11.13, 2002다24935; 대판 2004.7.22, 2002다57362; 이상 주무부 장관의 승인을 받아야 하는 임직원 임금 인상을 노조와 그러한 과정 없이 합의한 사례이다.

협약의 내용이 이미 발생한 임금채권을 삭감하는 것처럼 개별 조합원의 기득권을 침해하거나, 다음으로 근로자의 의사에 좌우되어야 할 연장근로나 휴일근로를 강제로 실시하는 것처럼 근로의무를 창설하거나, 셋째로 근로자의 동의 없이 전직 처분을 하는 것처럼 그 지위를 일방적으로 변동시키거나, 넷째로 해고나 퇴직처럼 근로자 개인의 이해와 관계되는 사항으로 노동조합에 처분권이 없거나, 다섯째로 그 밖에 개인의 사생활에 관련되는 사항이라면 전체 근로자나 전체 노동조합 활동에 중대한 영향을 미치지 않는 한 원칙적으로 규범적 효력이 인정되지 않는다.

2·다. 규범적 부분의 위반 효과

(1) 사용자의 이행의무

사용자가 단체협약의 규범적 부분을 위반하면, 개별 조합원은 사용자를 상대로 직접 그 이행을 청구할 수 있고, 경우에 따라서는 노동조합이 이행을 청구하거나 확인의 소를 제기할 수 있다. 자세한 내용은 채무적 효력 중 이행의무 부분에서 자세히 설명한다.

(2) 이행의무와 형사적 제재

단체협약은 계약의 성격을 갖는다. 그러나 실효성을 확보하기 위하여 노조법은 사용자가 법에 명시된 중요한 사항을 위반하면 민사적인 제재뿐 아니라 형사적인 처벌을 받도록 규정하고 있다.[1]

3. 채무적 부분과 그 효력

3·가. 채무적 부분

(1) 당사자 간 권리 · 의무 사항

단체협약은 당자자간의 권리·의무 즉 채무적 부분을 규정할 수 있다. 노조

1) 노조법(§92,제1호)은 '임금·복리후생비, 퇴직금에 관한 사항', '근로 및 휴게시간, 휴일, 휴가', '징계 및 해고의 사유와 중요한 절차에 관한 사항', '안전보건 및 재해부조에 관한 사항', '시설·편의제공 및 근무시간 중 회의 참석에 관한 사항'을 위반하면 1천만원 이하의 벌금에 처한다; 단체협약 위반에 대한 벌칙을 규정하고 있었으나 헌법재판소가 죄형법정주의 위배를 이유로 위헌 결정(헌재 1998.3.26, 96헌가20)으로 효력을 잃고 2001.3.28 개정법에 특정사항 위반으로 한정하여 벌칙을 부과하게 되었다.

법은 규범적 부문에 대하여는 규정(노조법 §33)을 두고 있지만 채무적 부분에 대하여 따로 규정을 두지 않고 있다. 이러한 관계로 구체적으로 어떤 조항들이 채무적 부분에 속하는지 명백하지 않다.

(2) 구체적 내용

① 의 의

채무적 부분 중 'Shop 조항과 같은 조직 강제 조항',[1] '조합비 공제·전임자·조합비 공제 등 조합활동에 관한 조항'[2] 등에 대해서는 이미 앞에서 설명하였다. 이외에도 채무적 부분에는 평화조항, 조합원의 범위 조항, 유일 단체교섭에 관한 조항 등 집단적 노사관계 아래서 단체협약 당사자인 노동조합과 사용자의 권리·의무에 대한 규정이 포함된다.

② 평화 조항

ⓐ 내 용

분쟁을 예방하고 원활하게 해결하기 위해 당사자가 쟁의행위 절차 등을 규정하여 서로에게 의무를 과할 수 있다.

이러한 조항으로는 먼저, 쟁의개시 전에 노동쟁의 조정 절차를 거칠 것을 의무화하는 평화조항을 들 수 있다.

ⓑ 평화조항 위반의 효과

(가) 민·형사 책임

평화조항은 당사자의 계약에서 비롯된 '단체협약의 채무적 부분'이다. 따라서 평화조항을 지키지 못한 당사자 특히, 노동조합은 민법상 계약 위반에 따른 손해배상책임을 진다. 평화조항을 위반하더라도 형사상 책임이 성립하지는 않는다. 따라서 평화조항을 위반한 당사자가 '민·형사적 책임을 진다.'는 행정해석[3]은 받아들이기 어렵다.

손해배상액은 신뢰관계를 파괴하는 데서 오는 정신적 위자료라는 견해가 있으나, 평화조항 위반의 쟁의행위와 상당인과관계에 있는 손해액 전체가 될 것이다.[4] 다만, 면책특약을 체결한 경우에는 손해배상책임을 물을 수 없다.

---

1) 제1장. 제3절. 4·가. (3). 참조.
2) 제3장. 제4절. 참조.
3) 노조 01254-697, 1996.7.8
4) 같은장. 같은절. 3·나. (2). ②.의 평화의무 설명을 참조.

(나) 징계책임

평화조항을 위반하더라도 그것만으로 쟁의행위의 정당성이 부인되지 않는다. 또 평화조항은 법규범으로 보기도 어렵다. 따라서 이를 위반하여 쟁의행위에 참가한 자에 대하여 기업질서 위반을 이유로 징계책임을 물을 수는 없다. 다만, 조합 간부가 평화조항에 반하여 쟁의행위를 한 경우에는 해고의 대상이 될 수 있다.

(다) 부작위 청구

평화조항에 위반하는 당사자의 상대방은 협약상 이행청구에 해당하는 작위·부작위의 청구를 할 수 있다.

③ 쟁의조항

쟁의행위 주체, 쟁의행위 예고·개시 통지 및 절차, '보안작업 유지 약속', '쟁의행위 중의 질서유지·시설보존', '대체근로의 내용과 한계' 등 쟁의행위의 방법을 규정하고 있는 조항을 쟁의조항이라 한다.

④ 유일교섭단체조항

사용자가 특정한 노동조합을 단체교섭의 유일한 상대방으로 인정하고 다른 노동조합과는 단체교섭을 하지 아니할 것을 약정하는 조항을 유일교섭단체조항이라 한다. 이러한 조항은 헌법상 보장된 소수노조의 단체교섭권을 침해하므로 무효이다.

⑤ 조합원의 범위에 관한 조항

조합원의 범위는 노동조합이 규약에서 자주적으로 정할 사항이지 협약사항이 아니다.[1] 따라서 조합원의 범위를 정한 단체협약 조항은 노동조합이 자주적으로 정한 조합원의 범위를 노·사 간에 확인하는 규정에 지나지 않으며, 단체협약으로서의 효력을 갖지 못하고, 당사자를 구속하지 못한다.

⑥ 면책특약

면책특약(免責特約)이라 함은 단체교섭 또는 쟁의행위로 발생된 민·형사 및 기타 책임을 묻지 않기로 하는 내용의 약정을 말한다.

단체협약에서 '일체의 책임을 면한다.'고 약정하면, 쟁의행위뿐 아니라 일체

1) 대판 2003.12.26, 2001두10264, 대우자동차판매(주)사건.

성을 갖는 준비행위 및 유발행위에 대하여 민사 및 징계 책임이 면제된다.[1] 다만, 징계 면책은 징계 사유로 삼지 않는다는 말이므로, 징계의 양정을 판단하는 자료로 삼는 것까지 금지되지 않는다고 해석된다.[2]

형사책임은 국가의 형벌권과 관련되므로 사용자가 형사상 고소를 하지 않더라도 면제될 수는 없다. 따라서 형사 면책 규정은 고소·고발을 자제하고 회사가 피의자에 대해 선처되도록 노력하여야 하는 것으로 해석된다.

한편 '일체의 책임을 묻지 않는다.'는 형식을 취하지 않고 민·형사 면책만 규정하였다면 징계를 않겠다는 취지로 볼 수 없다.[3]

3·나. 채무적 효력

(1) 의 의

채무적 효력이란 '단체협약의 당사자가 단체협약에서 정한 모든 사항을 성실하게 준수할 의무를 지는 것'을 말한다. 채무적 효력은 채무적 부분과 규범적 부분 모두에 대해 적용된다. 따라서 단체협약에서 정한 근로조건의 기준에 따라 근로자를 대우하여야 할 의무도 채무적 효력에 해당한다.

(2) 채무적 효력의 내용

① 이행의무

ⓐ 내 용

단체협약은 계약의 성격을 갖는다. 따라서 당사자는 단체협약을 성실히 이행할 의무를 진다.

먼저, 당사자는 협약준수의무(協約遵守義務)를 진다. 만약 이러한 의무를 위반하면 상대방은 강제이행(민법 §389, 민집법 §261) 또는 손해배상(민법 §390)의 청구[4]를 할

1) 대판 1991.1.11, 90다카21176; 대판 1994.1.28, 93다49284, 농성 전에 유인물을 무단 배포하여 파업을 선동한 행위도 농성과 일체성을 가지는 것이므로 면책의 범위에 포함되는 것으로 해석하고 있다.

2) 대판 1994.9.30, 94다4042; 대판 1995.9.5, 94다52294, 면책 합의되었거나 징계 시효가 지난 비위행위라 하더라도 그러한 비위행위가 있었던 점을 징계양정의 판단자료로 삼는 것까지 금하는 것은 아니므로, 그러한 근무내력도 해고처분의 정당성을 판단하는 자료로 삼을 수 있다.

3) 대판 1993.5.11, 93다1503, 쟁의행위 중에 발생한 고소·고발자에 대하여 "징계를 하지 않는다"라는 문구 대신 "최대한 선처하겠다"라고 합의한 경우, 형사처벌이 감경되도록 노력하겠다는 취지로 해석되고 구속자들을 징계하지 않겠다는 내용의 합의로는 볼 수 없다.

4) 단체협약은 쌍무계약과는 달라 일방의 의무가 상대방의 의무와 대가관계를 가지지 않음으로써 동시이행의 항변(민법 §536)은 적절한 수단이 되지 못한다. 또 상대방의 채무불이행에 대항하여 계약 자체에 대해 해지 또는 해제를 할 수 있으나 단체협약에서는 근로자에게만 손해가 가게 되므로 실익이 없다(임종률, 『노동법』, 2007, 149쪽).

수 있다.

다음으로, 당사자 특히 노동조합은 영향의무(影響義務)를 진다. 영향의무란 '당사자가 신의성실의 원칙에 따라 그 구성원이 단체협약을 이행하도록 적절한 제재수단으로 영향을 미칠 의무'이다. 영향의무가 도덕적 의무라는 견해[1]가 있다. 그러나 당사자는 조직에서 구성원에 대해 통제력을 갖는다. 따라서 당사자는 이러한 통제력을 기초로 구성원의 위반행위에 대해 제재를 가하는 등 상응하는 노력을 하지 않으면 민사상 책임을 질 수도 있을 것이다.[2]

ⓑ 규범적 부분과 이행의무

규범적 부분은 조합원 개개인이 규범적 효력을 근거로 청구권을 행사할 수 있다. 다만, 조합원이 청구권을 행사하더라도 노동조합에 대한 사용자의 이행의무는 면제되지 않는다.

한편, 조합원 개개인이 청구권을 행사하기 어려운 작업환경, 작업강도, 작업체계 등 집단적 사항에 대해 노동조합은 이행 소송을 제기할 수 있다.

규범적 부분에 대해 '확인의 소'가 가능한지에 대해 논란의 여지는 있다. 그러나 '확인의 소'가 근로조건에 대한 해석상 다툼을 일거에 해소할 수 있어 조합원의 개별적인 지위 확인소송보다 효과적인 분쟁해결 방법이 될 수 있으므로 소의 이익이 인정된다.[3]

ⓒ 이행의무와 형사적 제재

단체협약은 계약의 성격을 갖지만 실효성 확보 차원에서 중요한 사항을 위반하면 민사적인 제재뿐 아니라 형사적인 처벌도 받는다.[4]

② 평화의무

ⓐ 의 의

평화의무란 단체협약 당사자가 협약의 유효기간 중에 단체행동 즉 쟁의행위를 하지 않을 의무이다. 평화의무를 위반한 쟁의행위는 정당성이 인정되지 않

---

1) 김유성, 『노동법Ⅱ』, 2001, 176쪽.
2) 비슷한 취지, 임종률, 『노동법』, 2007, 148쪽.
3) 임종률, 『노동법』, 2007, 149쪽.
4) 노조법(§92,제1호)은 '임금·복리후생비, 퇴직금에 관한 사항', '근로 및 휴게시간, 휴일, 휴가', '징계 및 해고의 사유와 중요한 절차에 관한 사항', '안전보건 및 재해부조에 관한 사항', '시설·편의제공 및 근무시간 중 회의 참석에 관한 사항'을 위반하면 1천만원 이하의 벌금에 처한다; 단체협약 위반에 대한 벌칙을 규정하고 있었으나 헌법재판소가 죄형법정주의 위배를 이유로 위헌 결정(헌재 1998.3.26, 96헌가20)으로 효력을 잃고 2001.3.28 개정법에 특정사항 위반으로 한정하여 벌칙을 부과하게 되었다.

는다.

평화의무는 이행의무 중 협약준수 의무의 한 내용으로도 볼 수 있다.

한편, 채무적 부분인 쟁의조항 또는 평화조항은 분쟁의 예방 및 평화적인 해결을 목적으로 한다는 점에서는 평화의무와 비슷한 기능을 갖는다. 그러나 이러한 조항들은 쟁의행위를 금지하는 것이 아니고 예정하고 있는 점이 다르다.

평화의무는 주로 노동조합측에 의무를 많이 부과한다는 점에서, 주로 사용자측이 의무를 부담하는 이행의무와 서로 대비되면서 전체적인 균형을 이룬다.

평화의무는 절대적 평화의무와 상대적 평화의무로 나눌 수 있다.

ⓑ 절대적 평화의무

절대적 평화의무는 유효기간 중에 어떠한 쟁의행위든 금지되는 의무이다. 이러한 의무는 헌법의 노동3권을 제약하는 의미를 가지므로 단체협약에 근거가 있어야 하며,[1] 이 경우에도 효력에 대하여 의견이 나뉜다.

먼저, 다수설[2]인 무효설은 그러한 약정은 쟁의권을 포괄적으로 포기하는 것으로서 사정변경에 대처할 수 없으므로 헌법상 단체행동권의 본질적인 내용을 침해한다고 본다.

다음으로, 유효설[3]은 당사자가 단체협약의 유효기간 중에 쟁의권의 행사를 스스로 포기할 수 있다고 본다.

노동3권의 본질은 단체교섭을 통해 단체협약을 체결하는 것이다. 따라서 당사자가 대등한 지위에서 유효기간 중에 쟁의행위를 하지 않기로 합의하였다면 이는 인정되어야 한다고 생각한다. 특히, 단체협약의 유효기간이 2년 이내로 제한되어 있어, 당사자가 여러 가지 사정을 예측할 수 있을 뿐만 아니라 예측이 어려운 부분에 대해서는 더 짧은 기간을 유효기간으로 삼을 수 있다는 점을 고려할 수 있다.

ⓒ 상대적 평화의무

(가) 성 격

상대적 평화의무는 '이미 합의한 내용을 변경 또는 폐지할 목적으로 쟁의행위를 할 수 없는 의무'이다. 명시적 합의 없이 상대적 평화의무가 성립할 수

1) 쟁의포기 조항, 절대적 평화의무 조항, no strike clause 등으로 불린다.
2) 김유성, 『노동법Ⅱ』, 2001, 176쪽; 이상윤, 『노동법』, 2007, 655쪽; 이병태, 『최신노동법』, 2007, 271쪽.
3) 임종률, 『노동법』, 2007, 152쪽; 이상윤, 『노동법』, 2007, 655쪽.

있는 지를 둘러싸고 내재설, 합의설 그리고 신의칙설로 의견이 나뉜다.

먼저, 내재설[1)]은 상대적 평화의무를 단체협약의 평화적 기능에 내포되어 있는 본질적 의무라고 본다. 그러므로 다른 조치 없이 단체협약 자체로서 상대적 평화 의무가 성립한다는 것이다. 그러나 '단체협약이 갖는 평화적 기능' 즉 사실적 기능에서 법적 의무를 도출하는 것은 무리라는 비판이 가능하다. 이 설에 따르면 당사자는 상대적 평화의무의 일부 또는 전부를 배제하는 내용의 특약을 할 수 없다.

다음으로 합의설[2)]은 당사자가 명시적 또는 묵시적으로 합의한 경우에 상대적 평화의무가 인정된다. 다만, 이 설도 유효기간 중에 단체협약이 근로조건에 대해 배타적 규제 권능을 가지므로 특별한 사정이 없는 한, 상대적 평화의무에 관한 묵시적인 합의가 있다고 본다. 다시 말해서 명시적인 합의가 없어도 상대적 평화 의무가 성립하는 것으로 본다. 이 설에 대해서는 묵시적인 합의가 있는지를 인정할 근거가 분명치 않다는 비판이 가능하다. 이 설에 따르면 평화의무의 일부 또는 전부를 배제하는 내용의 특약을 할 수 있다.

마지막으로 신의칙설[3)]은 '당사자는 유효기간 동안 협약 내용을 성실히 이행할 의무가 있으므로 이를 변경하기 위하여 쟁의행위를 하는 것은 신의칙상 허용되지 않는다.'는 견해이다. 따라서 단체협약에 명시하지 않더라도 상대적 평화의무는 성립한다.

따라서 어느 의견이든 명시적 합의를 필수적으로 요구하지는 않으며, 내재설과 신의칙설은 묵시적 합의도 요건으로 보지 않는다. 특히 내재설과 신의칙설은 결론이 비슷하나 법적 성격이 어디에 있는지에 대해 견해의 차이가 있다.

개인적으로는 신의칙설에 찬성한다. 이 설을 취할 경우 성실의무를 배제하는 특약 역시 신의칙에 반하므로 그 효력을 인정하기 어렵다.

(나) 위반의 효과

㉠ 쟁의행위의 정당성

상대적 평화의무를 위반한 쟁의행위의 정당성에 대해 의견이 나뉜다.

---

1) 김형배, 『노동법』, 2007, 772쪽; 이상윤, 『노동법』, 2007, 655쪽; 대판 1992.9.1, 92누7733; 대판 1994.9.30, 94다4042

2) 김유성, 『노동법Ⅱ』, 2001, 176쪽, 평화의무가 전혀 인정되지 않는 영국이나 명시적인 합의가 있을 때 인정되는 미국의 예를 들면서 단체협약에 평화의무가 내재해 있다고 볼 수 없으며 우리나라에서도 그 정도의 법규범성을 획득하고 있지 않다고 지적하고 있다; 이병태, 『최신노동법』, 2007, 271쪽.

3) 임종률, 『노동법』, 2007, 153쪽.

먼저, 판례[1]와 중노위 판결례[2]를 중심으로 한 내재설에 따르면 평화의무를 위반한 쟁의행위는 '노사관계 안정과 단체협약의 질서형성적 기능을 담보하는 단체협약의 성격에 비추어' 정당성이 부정된다. 쟁의행위의 정당성이 부정되면 단체협약의 당사자는 불법행위책임(민법 §750)이나 징계책임을 질 수 있다.

다음으로, 합의설에 따르면 '평화의무는 명시적·묵시적 합의에 의하여 권리·의무 관계가 발생하는 것'이므로 계약위반에 불과하므로 평화의무를 위반한 것만으로는 쟁의행위의 정당성이 부인되지는 않는다.

셋째로, 신의칙설도 평화의무 위반의 쟁의행위는 채무불이행이 되지만, 그 정당성이 부인되지 않는다고 본다.

개인적으로는 신의칙설에 찬성한다.

㉡ 민·형사 책임

상대적 평화의무를 위반한 쟁의행위는 정당성 인정과 관계없이 '형법상 범죄의 구성요건에 해당되지 않는 한' 형사 면책은 인정되고, 민사 면책은 인정되지 않는 다는 것이 통설이다.

민사책임의 대상에 대해서는 노사관계상 신뢰관계를 침해한 데 대한 정신적 손해 즉 위자료에 한정된다는 의견[3]이 있다. 그러나 평화의무 불이행이 채무불이행으로 되는 한, 평화의무를 위반한 쟁의행위와 상당인과관계가 있는 모든 손해를 부담해야 한다는 다수설[4]에 찬성한다. 아울러 사용자는 쟁의행위에 의해 회복할 수 없는 손해를 입을 우려가 있을 경우 쟁의행위중지가처분신청도 할 수 있다.[5]

(다) 내 용

단체협약 당사자는 이미 합의한 기존의 내용을 변경 또는 폐지할 목적으로 쟁의행위를 할 수 없다. 따라서 '기존의 내용을 변경 또는 폐지할 목적'이 아

---

1) 대판 1992.9.1, 92누7733, 평화의무가 노사관계의 안정과 단체협약의 질서형성적 기능을 담보하는 것인 점에 비추어 보면, 단체협약이 새로 체결된 직후부터 뚜렷한 무효사유를 내세우지도 아니한 채 단체협약의 전면 무효화를 주장하면서 평화의무에 위반되는 쟁의행위를 행하는 것은 이미 노동조합활동으로서의 정당성을 결여한 것이라고 하지 아니할 수 없다; 대판 1994.9.30, 94다4042, 노사관계를 평화적 자주적으로 규율하기 위한 단체협약의 본질적 기능을 해치고 노사관계에서 요구되는 신의성실의 원칙에도 반하는 것이므로 정당성이 없다.

2) 중노위 94쟁의99, 1995.1.16, 명문 규정에 없더라도 단체협약의 평화유지기능에 내재하는 본래의 의무라고 보았다.

3) 김유성, 『노동법Ⅱ』, 2001, 179쪽.

4) 임종률, 『노동법』, 2007, 154쪽; 김형배, 『노동법』, 2007, 772쪽; 이병태, 『최신노동법』, 2007, 274쪽. 박홍규, 『노동법』, 삼영사, 1994, 997쪽.

5) 이병태, 『최신노동법』, 2007, 274쪽; 日本, 最高裁 1973.12.27

니라면 상대적 평화의무의 대상이 되지 않는다. 구체적으로 살펴보자.[1)]

먼저, '이행 또는 해석과 관련하여 쟁의행위를 하는 것'은 그 정당성 문제는 별론으로 하고 평화의무의 범주에 포함되지 않는다.

둘째로, 다음의 단체협약을 위해 교섭하고 쟁의행위를 하는 것은 평화의무에 해당하지 않는다.

셋째로, 기존의 협약을 변경하기 위해 재교섭을 요구하면서 쟁의행위를 하면, 사용자가 받아 줄 의무가 없어 정당성을 인정받지 못하지만, 상대적 평화의무에 위반한다고 볼 수는 없다.

넷째로, 기존의 협약에 없는 내용을 신설하려는 목적으로 쟁의행위에 하더라도 마찬가지로 해석할 수 있다. 다만, 교섭과정에서 신설하지 않기로 합의된 사항이라면, '신설하지 않는 것'이 기존 단체협약의 내용이므로 이를 이유로 한 쟁의행위는 상대적 평화의무에 위반될 수 있다.

다섯째로, 단체협약이 형식적으로는 유효하나, 무효라고 주장할 만한 특별한 사정이 인정되는 경우, 그 근거를 제시하면서 기존의 단체협약의 개폐를 위한 단체교섭을 요구할 수 있다

ⓓ 평화의무의 주체와 영향의무

평화의무의 주체는 협약 당사자이다. 평화의무는 규범적 부분이 아니라, 채무적 부분의 권리·의무를 대상으로 한다. 따라서 협약 당사자의 구성원은 평화의무의 주체가 아니다.

평화의무는 그 구성원의 단체협약 위반 행위에 대하여 '교사(教唆), 선동 및 지지'를 하지 않을 소극적 의무를 포함한다. 나아가서 협약 당사자 예컨대 노동조합이 소속 조합원에게 단체협약의 내용을 정확하게 알리고 이행할 의무를 진다.

그렇다면 조합원이 단체협약을 위반하였을 경우, 적절한 조치를 취해야 할 적극적인 의무 즉 영향 의무를 지는가? 이에 대해서는 부정설[2)]이 있다. 그러나 개인적으로는 판례[3)]의 견해이기도 하면서 통설적인 견해인 긍정설에 찬성

1) 대판 2003.2.11, 2002두9919
2) 반대의견, 김유성, 『노동법Ⅱ』, 2001, 176쪽, 영향의무의 내용이 불명확하고 일부 조합원의 쟁의행위에 대해서는 그 자체의 정당성 평가로 족하다고 본다.
3) 대판 1992.9.1, 92누7733, 노동조합의 위원장은 조합원들에 대하여 통제력을 행사하여 그와 같은 쟁의행위를 행하지 못하게 방지하여야 할 이른바 평화의무를 지고 있다

한다. 긍정설에 따르면 적극적인 노력을 하지 않는 부작위 행위는 민사상 제재의 대상이 된다.

다만, 협약 당사자 즉 노동조합이 적극적으로 노력을 하였음에도 불구하고 일부 구성원이 이에 따르지 않았다면 평화의무 위반의 책임을 지지 않는다. 이 경우 구성원의 행위는 통제 위반 또는 반조합적 쟁의행위가 된다. 따라서 노동조합은 해당 조합원에 대하여 징계권을 행사할 수 있다. 징계권의 행사는 노동조합이 영향의무를 다하였다는 증거가 될 것이다.

ⓔ 평화의무의 소멸

단체협약의 유효기간이 지났거나 효력이 상실된 경우에는 평화의무도 당연히 소멸한다.

사정 변경이 있으면 평화의무가 소멸한다는 견해[1]가 있으나, 단체협약을 해약할 수 있는 사유는 되지만, 당연히 평화의무가 소멸하는 사유는 아니라고 생각한다.[2]

3·다. 채무적 부분의 위반과 민법

단체협약 당사자 중 일방이 채무적 부분을 위반하면 상대방은 민법상 강제이행의 청구(민법 §389), 단체채무불이행으로 인한 손해배상청구(민법 §390), 단체협약의 해제·해지(민법 §543), 동시이행항변권(민법 §536) 등의 권리를 행사할 수 있다.

구제절차는 법원에 소를 제기하고, 이론상 가처분 신청을 하는 등 민법상의 절차가 그대로 준용된다. 그러나 재산 거래를 전제로 하는 채권법과는 달리, 단체협약은 노사관계의 질서 형성이라는 특수성이 있다. 따라서 사법적 개입은 한계를 갖는다. 이를 구체적으로 살펴보자.

먼저, 강제이행에 대하여는 직접강제나 대체 집행을 할 수 없고, 다음으로 동시이행항변에 대하여는 권리·의무의 대응관계가 불명확하며, 셋째로 단체협약 해제에 대하여는 결국 근로자의 손해로 귀착되고, 넷째로 손해배상에 대하여는 근로자측의 위반에 상응하는 손해액의 산정은 쉬우나 사용자측의 위반은 단결권 침해라는 무형의 정신적 손해이므로 손해액의 산정이 어려워 근로자에게 불리한 결과를 초래한다. 이러한 이유로 합리적인 구제절차를 실현하기 위

1) 김유성, 『노동법Ⅱ』, 2001, 178쪽; 日本, 東京地判 1973.12.26
2) 임종률, 『노동법』, 2007, 152쪽.

한 노동법적 법리의 재정립이 필요하다는 주장[1]이 제기되고 있다.

4. 단체협약의 해석과 시정 명령

4·가. 취 지

법원은 단체협약의 해석이나 적용과 관련한 분쟁의 심사 권한을 갖는다. 그러나 사법적 심사에만 의존하면 소송비용이 많이 들고 긴 기간이 결려 갈등이 쉽게 해소되지 않는다. 이러한 취지에서 노조법은 노동위원회에 단체협약의 해석권을 부여하고, 행정관청에게 법령에 위배된 단체협약의 시정명령권을 부여하고 있다.

4·나. 노동위원회의 해석

단체협약의 해석 또는 이행방법에 대해 당사자 사이에 의견의 불일치가 있는 때에는 당사자 쌍방 또는 단체협약에 정하는 바에 따라 어느 일방이 노동위원회에 그 해석 또는 의견의 제시를 요청할 수 있다(노조법 §34①). 노동위원회는 요청을 받은 때로부터 30일 이내에 명확한 견해를 제시(노조법 §34②)하여야 하며, 제시된 견해는 중재재정과 동일한 효력을 갖는다(노조법 §34③).[2]

단체협약의 해석을 요청할 수 있는 당사자는 단체협약 체결 당사자이다. 따라서 조합원이 개인 자격으로 해석을 요청할 수 없다.

이 규정은 단체협약과 관련한 권리분쟁이 노동쟁의의 대상이 아니라는 근거로 활용되기도 한다.[3]

한편, 수락된 조정안과 중재재정의 해석과 이행방법에 대해 불일치가 있는 경우에도, 당사자는 일괄적으로 조정위원회와 중재위원회에 견해의 제시를 요청할 수 있고, 제시된 견해는 중재재정과 같은 효력을 갖는다(노조법 §61③ 및 §68②).

---

1) 이병태, 『최신노동법』, 2007, 276쪽.

2) 1997년 제정법에 처음으로 반영되었다; 위법·월권이 아닌 한 효력이 확정된다. 확정된 중재재정에는 단체협약과 동일한 효력이 부여되어 당사자 쌍방이 이를 준수할 의무를 부담하므로 쟁의행위를 할 수 없다. 위법·월권인 경우에는 재심 신청이나 행정소송으로 다툴 수 있다(노조법 §69, 대판 2005.9.9, 2003두896).

3) 이철수·김홍영, 『노동법강의』, 2005, 483쪽.

4·다. 행정관청의 시정 명령

단체협약 이행의무는 적법하고 유효하다는 전제 아래 주어진다. 위법한 단체협약의 이행을 요구하는 것을 예방하기 위하여, 관할 행정관청은 노동위원회의 의결을 얻어 위법한 단체협약의 시정을 명령할 수 있다(노조법 §31③).[1)]

1) 위반하면 500만원 이하의 벌금에 처한다(노조법 §93).

제4절 단체협약의 효력 확장

1. 의 의

단체협약은 노사자치주의의 산물이므로 원칙적으로 협약 당사자에게만 효력이 미친다. 그러나 동종의 사업 또는 사업장과 하나의 지역 내의 소수·미숙련 근로자의 근로조건을 보호하고 평준화하여 사용자의 불필요한 경쟁을 방지하도록 협약의 효력을 확장할 필요가 있다. 이러한 목적으로 노조법은 일정한 요건을 갖춘 단체협약을 직접 관련이 없는 근로자나 사용자에 대해서도 적용할 수 있도록 '사업장 단위 효력 확장제도'와 '지역단위 효력 확장제도'를 규정하고 있다.

우리나라는 기업별 노동조합이 지배적이다. 그러므로 '사업장 단위 효력 확장제도'는 적용이 가능하나, '지역 단위 효력 확장제도'는 적용이 쉽지 않다.

2. 사업장 단위의 효력확장

2·가. 취 지

하나의 사업 또는 사업장에 상시 사용되는 동종의 근로자 반수 이상이 하나의 단체협약의 적용을 받게 된 때에는 당해 사업 또는 사업장에 사용되는 다른 동종의 근로자에게도 당해 단체협약이 적용된다(노조법 §35).

이 제도는 '사업장 단위의 단체협약 효력 확장제도'라고 불리며, 그 효력은 '사업장 단위 단체협약의 일반적 구속력'이라 한다.

노동조합이 비조합원에 대해 단체협약의 배제[1]를 요구할 수도 없지만, 비조합원이 단체협약의 적용을 요구할 수도 없다.[2] 그럼에도 불구하고 현실적으

1) 격차조항 또는 단체협약 배제협정이라 하며 균등처우 위반으로 효력이 부정된다.

2) 노조 1454-14973, 1983.6.13

로 보면, 비조합원에게도 단체협약이 적용되는 경우가 많다. 그러나 이는 단체협약의 효력에서 비롯된 것이 아니고, 사용자가 임의로 적용하여 주기 때문이다.[1)]

이 제도는 이러한 한계를 뛰어 넘어, 협약 당사자의 의지와 관계없이 단체협약의 효력을 확장하여 적용함으로써 동일사업장 내에서 조합원과 비조합원을 균등하게 처우하고, 근로조건의 형평을 도모하는 한편, 소수 근로자 보호를 통해 전체 근로자의 근로조건을 개선하려는 데 취지가 있다.

2·나. 성 질

사업장 단위의 일반적 구속력은 강행규정이므로 이를 위반한 근로계약·취업규칙·단체협약은 당연히 무효이며, 일반적 구속력의 대상이 되는 근로조건이 무효로 된 부분을 자동적으로 보충한다.

이러한 점에서 단체협약 당사자의 신청 또는 행정관청의 직권에 의존하는 지역단위의 일반적 구속력과 그 성격이 다르다.

2·다. 요 건

(1) 하나의 사업 · 사업장

사업장 단위의 일반적 구속력은 하나의 사업 또는 사업장을 단위로 한다. 사업장이란 동일한 장소에서 유기적인 조직으로 결합되어 작업이 계속적으로 행하여지는 공간을 말한다.

하나의 사업이 수 개의 사업 또는 사업장으로 구성되어 있으면 개개 사업 또는 사업장의 독립성에 따라 각각을 하나로 볼 것인지 아니면 전체를 묶어서 하나로 볼 것인지를 판단한다.

구체적인 판단기준은 근로기준법과 관련한 '사업·사업장 구분기준'[2)]을 준용할 수 있을 것이다. 그 구체적인 내용은 다음과 같다.

① 장 소

본사·지점·출장소·공장·지사 등이 같은 장소에 있으면 이를 각각 나누지 않고 1개의 사업으로 보는 것이 원칙이다. 다만, 같은 장소에 있더라도 근로형태가 현저히 다른 부문이 있고 그러한 부문을 주(主)된 부문과 분리하여 취급

1) 노조 01254-506, 1993.5.8
2) 하갑래, 『근로기준법』 제18판, 2007, 87쪽.

하는 것이 보다 적절히 법을 적용할 수 있게 한다면 이를 독립된 사업으로 본다.

본사·지점·지사 등이 다른 장소에 있다면 이를 각각 별개의 사업으로 보는 것이 원칙이다. 다만, 장소가 분산되어 있더라도 지점 등의 업무처리 능력을 볼 때 하나의 사업이라고 말할 정도의 독립성이 없으면 직근상위조직(直近上位組織)과 같은 하나의 사업으로 본다.

② 독립성

본사와 지사 등이 하나의 사업장인지 여부와 관련하여 통일된 기준을 제시하기는 어려우며 해당 기업의 여러 가지 복합적인 요소를 고려하여 독립성이 있는지 여부를 따져야 한다. 구체적으로는 '서로 다른 단체협약이나 취업규칙을 적용받는지 여부' 및 '노무관리,[1] 회계 등이 명확하게 독립적으로 운영되는지 여부'를 기준으로 삼을 수 있다.[2]

(2) 상시 사용

이 제도는 상시 사용되는 근로자를 기준으로 하여 적용된다. 상시 사용이란 근로자의 지위, 계약기간 및 갱신 여부, 명칭 등에 구애됨이 없이 당해 사업 또는 사업장에서 사실상 계속적으로 사용되는 것을 말한다.[3] 따라서 일급제,[4] 촉탁·임시직,[5] 일용근로자,[6] 외국인근로자,[7] 임시직근로자, 도급제근로자 등을 포함한다.

(3) 동 종(同種)

동종의 근로자는 '당해 단체협약의 규정에 의하여 그 협약의 적용이 예정되는 자'[8]를 기준으로 하는 것이 판례의 태도이다. 이러한 이유로 작업내용이나 형태가 단체협약의 적용을 받는 근로자와 다른 경우[9]는 물론이고, 단체협약이

---

1) 근기 01254-1504, 1993.7.9 ; 하수급인이 시공한 두 개의 공사현장이 장소적으로 분리되어 있다 하더라도 노무관리 측면에서 독립적으로 볼 수 없다는 이유로 하나의 사업장으로 보고 있다.
2) 근기 01254-13555, 1990.9.26
3) 대판 1992.12.12, 92누13189
4) 법무 811-31803, 1980.11.28
5) 대판 1992.7.31, 91구28506
6) 대판 1987.4.14, 87도153 ; 대판 1987.7.21, 87다카831
7) 근기 68207-1090, 1994.7.7 ; 근기 68208-948, 1994.6.13, 불법취업자도 포함하고 있다.
8) '단체협약의 적용 예정자', '노동조합 규약 상 조합원 자격자' 등으로 표현되기도 한다.
9) 대판 1995.12.22., 95다39618, 한국아트라이드매그네틱스사건, 경비원이 단체협약의 적용을 받는 생산직

근로자 일부에게 적용함으로써 조합원 자격을 배제당한 근로자[1]도 동종의 근로자에 해당되지 않는다.

판례와 학설[2]이 이처럼 동종의 근로자를 '단체협약의 적용 예정자'로 한정하는 것은 '단체협약의 적용대상은 노동조합이 주관적으로 결정하는 점', '효력확장제도의 목적이 미조직 근로자의 보호에 있다는 점', '효력확장제도가 강행법규인 점', '제2노조의 설립을 자극할 수 있는 점[3]' 등을 감안할 때 타당하지 않다고 생각한다.

따라서 단체협약의 적용 대상이 아니더라도 '작업의 내용·성질·형식이 같은지'를 고려하여 동종인지를 살펴야 하고,[4] 나아가서 어떠한 작업이 유기적으로 연계된 작업군의 일부를 이룬다면 동종의 작업으로 보아야 한다. 이 경우 월급제 또는 일급제처럼 임금지급 방법만 다르다면 동종의 근로자로 보아야 할 것이다.[5]

한편, 동종의 근로자를 '단체협약의 적용대상'으로 보더라도 기업별 단체협약이나 산업별 단체협약처럼 적용범위가 특정되지 않거나, 단체협약의 조항이 모든 직종에 걸쳐 공통적으로 적용되는 경우에는 반대 의견[6]이 있기는 하지만, 사업 또는 사업장 내의 모든 근로자가 동종 근로자가 된다.[7]

(4) 반수 이상 근로자가 하나의 단체협약 적용

'하나의 사업·사업장에서', '상시 사용되는', '동종 근로자' 가운데 반수 이상

근로자와 작업내용이나 형태가 같지 않다고 보았다.

1) 대판 1987.4.28, 86다카2507, 촉탁직 및 임시직, 견습 중인 자에 대해 노동조합 가입대상에 해당하지 않는다는 이유로 동종근로자임을 부인하였다; 대판 1997.4.25, 95다4056, 서울지하철공사사건, 순찰 경비직이 단체협약의 적용을 받는 고용직 기능직 직원과 동종이 아니라고 보았다; 대판 1997.10.28, 96다13415, 부산문화방송사건, 단체협약 적용 대상이 아니라는 이유로 부장 이상을 제외하였다; 대판 2003.12.26, 2001두10264, 5급 이상 직원을 조합원 대상에서 제외해 놓은 상태에서 3급과 4급을 동종이 아니라고 보았다; 대판 2004.1.29, 2001다5142, 과장급 이상을 조합원 대상에서 제외해 놓은 상태에서 과장급을 동종이 아니라고 보았다; 대판 2005.4.14, 2004도1108. '회사에서 사원으로 발령하지 않은 자'를 단체협약 적용 대상에서 제외하고 있는 상황에서 대무(代務)기사를 동종에서 제외하였다.

2) 임종률, 『노동법』, 2007, 162쪽.

3) 김형배, 『노동법』, 2007, 785쪽.

4) 김유성, 『노동법Ⅱ』, 2001, 196쪽; 김형배, 『노동법』, 2007, 785쪽.

5) 이병태, 『최신노동법』, 2007, 278쪽.

6) 임종률, 『노동법』, 2007, 162쪽.

7) 대판 1992.12.22, 92누13189, 한국일보사건; 대판 1999.12.10, 99두6917, 기능직과 일반직 즉 직종의 구분 없이 단체협약이 적용되면 기능직 중심의 단체협약도 일반직근로자에게 효력이 확장될 수 있다; 이병태, 『최신노동법』, 2007, 278쪽; 김유성, 『노동법Ⅱ』, 2001, 196쪽.

근로자가 하나의 단체협약을 적용받을 때[1] 그 협약의 효력이 확장된다.

'하나의 단체협약을 적용 받는지'는 '당해 단체협약의 적용 대상자'를 기준으로 판단하며 '사실상 당해 단체협약과 동일한 근로조건으로 근로하는 자'는 판단 기준에 포함되지 않는다.[2]

한편, 단체협약의 내용을 근속기간, 직급 등 특정 조건을 붙여 일부 근로자에게만 적용하고 있다면, 그러한 근로자가 전체 근로자의 과반수인지를 따져야 한다.

2·라. 효 과

(1) 확장 부분 및 절차

원칙적으로 단체협약의 규범적 부분만 확장 적용된다.

단체협약이 효력 확장 요건을 갖추면 별도의 조치 없이 자동적으로 당해 단체협약의 적용 대상이 아닌 근로자에게도 효력이 확장 적용된다. 사용자가 사업장 단위 일반적 구속력에 관한 규정을 위반하면, 해당 근로자에 대하여 단체협약 중 규범적 부분의 효력과 위반의 효과가 적용된다.

(2) 유리한 조건 우선 원칙

단체협약의 적용 대상이 아닌 근로자의 근로조건이 단체협약의 내용보다 유리하면 '유리한 조건 우선 적용 원칙'에 따라 효력이 확장 적용되지 않는다.

(3) 소수조합

소수 근로자로 조직된 노동조합의 단체협약이 없으면 일반적 구속력을 갖는 단체협약이 당연히 확장 적용된다. 그러나 소수 근로자로 조직된 노동조합이 따로 단체협약을 가지고 있으면 그 노동조합이 갖는 헌법상 노동기본권이 보호되어야 하므로 일반적 구속력이 미치지 않는다.[3]

(4) 확장된 효력의 소멸

조합원의 탈퇴나 근로자의 신규채용으로 일반적 구속력을 갖는 단체협약의

---

1) 대판 2005.5.12, 2003다52456
2) 김유성, 『노동법Ⅱ』, 2001, 196쪽.
3) 대판 1993.12.21, 92도2247

적용 대상이 '상시 사용되는 동종의 근로자 반수 이상' 이라는 기준에 미달하면 확장된 효력은 소멸한다.

아울러 일반적 구속력이 있는 단체협약의 유효기간이 만료된 경우에도 확장된 효력도 소멸된다.

3. 지역 단위의 일반적 구속력

3·가. 취 지

하나의 지역에 있어서 종업하는 동종의 근로자 3분의 2 이상이 하나의 단체협약을 적용받게 된 때에는 행정관청은 당해 단체협약 당사자의 쌍방 또는 일방의 신청에 의하거나 그 직권으로 노동위원회의 의결을 얻어 당해 지역에서 종업하는 다른 동종의 근로자와 그 사용자에 대하여도 당해 단체협약을 적용한다는 결정을 할 수 있다(노조법 §36①).

이 제도는 '지역 단위의 단체협약 효력 확장제도'라고 불리며, 그 효력을 '지역 단위 단체협약의 일반적 구속력'이라 한다.

이 제도는 미조직 소수 근로자를 보호하고, 단체협약의 실효성을 높이며, 노동조합의 조직력을 강화하는 데 취지가 있다. 아울러 이 제도는 근로조건에 있어 사용자들 사이에 불공정한 경쟁을 예방하고 형평성을 도모하는 데 기여할 수 있다. 뿐만 아니라 지역 차원에서 근로조건의 통일을 실현할 수 있다.

지역 단위의 일반적 구속력은 독일의 1918년 단체협약법에 규정되어 현재까지 계승되고 있는 제도이다. 그러나 이 제도는 산업별 노조가 횡적으로 체결하는 단체협약을 전제로 하고 있다. 따라서 기업별 노동조합 체제인 우리나라에서는 잘 활용되지 않는다.

3·나. 요 건

(1) 실질적 요건

이 제도를 적용받기 위해서는, '하나의 지역'에서 '종업하는 동종의 근로자 3분의 2 이상'이 '하나의 단체협약의 적용'을 받아야 한다.

① 하나의 지역

'하나의 지역'이란 행정구역과 반드시 일치할 필요는 없다. '하나의 지역'을 '단체협약의 당사자와 관련이 있는 동일한 경제적 지역, 즉 동일한 노동시장을 형성하고 있는 지역'이라는 견해[1]가 있다. 그러나 노동시장은 장소적 개념이 아니므로 지역으로 연결되기 어렵다는 비판이 있다. 이러한 이유로 '산업의 동질성', '경제적·지리적·사회적 입지조건의 근접성', '기업의 배치상황'이나[2] '근로조건·노사관계·경영환경'처럼 경제적 기초의 동일성이나 유사성을 고려하여 판단하여야 하고 구체적인 결정은 행정관청의 합리적인 재량에 맡겨진다.[3]

② 동종근로자 3분의 2 이상

'종업하는 동종의 근로자 3분의 2 이상'은 사업장 단위의 일반적 구속력과 같은 기준으로 판단한다.

③ 하나의 단체협약

'하나의 단체협약'은 해당 지역의 집단 교섭이나 산업별 교섭으로 보는 것이 원칙이다. 그러나 기업별 단체협약이라 하더라도 특정지역에서 대규모 기업과 그 하청기업까지 포함하여 동종근로자의 3분의 2 이상이 되는 경우에는 대상이 될 수 있다.

한편, 단위노조들로부터 교섭권을 위임받은 연합단체가 사용자단체와 체결한 단체협약도 '하나의 단체협약'으로 볼 수 있다. 그러나 이러한 협약이 그대로 적용되지 않고 단위 사업장의 실정에 맞게 수정되어 그 내용이 동일하지 못하다면 '단체협약의 시안'으로서 '하나의 단체협약'으로 보기 어렵다.[4]

(2) 절차적 요건

지역 단위의 일반적 구속력은 사업장 단위의 일반적 구속력과는 달리 행정적인 절차가 요구된다.

구체적으로는 행정관청이 당해 단체협약 당사자의 쌍방 또는 일방의 신청에 의하거나 그 직권으로, 노동위원회의 의결을 얻어, '단체협약의 확장 적용'을

1) 김형배, 『노동법』, 2007, 787쪽.
2) 이상윤, 『노동법』, 2007, 674쪽; 김유성, 『노동법Ⅱ』, 2001, 199쪽.
3) 임종률, 『노동법』, 2007, 165쪽.
4) 대판 1993.12.21, 92도2247; 김유성, 『노동법Ⅱ』, 2001, 201쪽; 다른 의견, 이병태, 『최신노동법』, 2007, 286쪽.

결정한 후 지체 없이 공고를 하여야 하며 '공고일 또는 공고에서 정한 날'에 일반적 구속력의 효력이 발생한다.

이때 심판위원으로 구성된 노동위원회는 적용 여부만 의결할 수 있고 행정관청이 요청한 '지역 범위', '단체협약 내용의 범위' 등을 수정하지는 못한다.[1)]

한편, 행정청의 결정은 행정처분의 성질을 가지므로 협약당사자 이외의 자가 행정심판 및 행정소송 등을 통해 이의를 제기할 수 있다.

3·다. 효 과

(1) 일반적 효과

지역적 단위의 일반적 구속력의 효과는 사업장 단위처럼 규범적 부분만 적용되고, 유리한 조건 우선 적용의 원칙이 인정된다. 아울러 확장 적용되는 단체협약이 종료되면 일반적 구속력도 소멸하며, 일반적 구속력의 적용을 받던 근로관계는 단체협약 종료 후의 근로관계와 같이 해석한다.

한편, 지역적 단위의 일반적 구속력은 당해 지역 내에 있는 다수의 사용자를 전제로 하므로 사업장 단위와는 달리, 근로자뿐 아니라 사용자도 구속한다.

(2) 미조직 근로자 및 소수 노조

지역적 단위의 일반적 구속력은 당연히 미조직 근로자에 대해 효력을 갖는다.

소수 노조에 대해서는 의견이 나뉜다.

먼저, 긍정설은 기업 간 근로조건을 획일화하여 부당 경쟁을 방지한다는 점을 근거로 삼는다. 그러나 이 설에 따르면 소수 노조의 단체협약이 사문화되고 독자적인 단체교섭권을 행사할 수 없다는 문제점이 있다.

다음으로, 한정적 긍정설은 소수 노조가 단체협약을 가지고 있으면 헌법상 노동3권이 보장되어야 하므로 일반적 구속력이 적용되지 않으나, 단체협약을 가지고 있지 않으면 효력이 확장된다.[2)]

셋째로, 한정적 부정설[3)]도 소수 노조가 단체협약을 가지고 있으면 일반적 구속력을 부정하고, 단체협약이 없으면 긍정한다. 다만, 소수 노조는 단체교섭

---

1) 이상윤, 『노동법』, 2007, 675쪽; 김유성, 『노동법Ⅱ』, 2001, 201쪽; 임종률, 『노동법』, 2007, 165쪽, 일반적 구속력의 결정 및 내용을 전적으로 행정관청의 권한으로 보고 있다; 다른 의견, 이병태, 『최신노동법』, 2007, 284쪽.
2) 대판 1993.12.21, 92도2247
3) 김유성, 『노동법Ⅱ』, 2001, 202쪽.

및 쟁의행위를 통해 보다 유리한 단체협약을 체결할 수 있는 권리를 인정함으로써 유리한 조건 우선의 원칙을 적용한다. 소수 노조를 대규모 노조보다 더 보호하는 것이 문제점으로 지적된다.

넷째로, 부정설[1)]은 소수 노조에 대해 노동3권을 존중하여, 유·불리를 불문하고 확장 적용을 부정한다.

앞에서 소개한 견해들은 긍정설을 제외하고는 소수 조합의 단체협약을 존중하고 있다. 다만, 소수 노조의 단체협약이 유효기간을 지났거나 없는 경우에 확장 적용을 인정할 것인지에 대해서 의견의 차이가 있다. 소수 노조가 자신의 사업장에서 자주적으로 사용자와 대등하게 교섭하여 단체협약을 체결할 권리를 보유하고 있다는 점을 감안할 때 부정설이 타당하다고 생각한다.

---

1) 임종률, 『노동법』, 2007, 165쪽; 이상윤, 『노동법』, 2007, 676쪽, 단체협약이 확장 적용되는 경우 유리한 조건 우선의 원칙이 적용되지 않는다고 본다.

제5절 단체협약의 종료

1. 단체협약의 종료 사유

1·가. 기간의 만료

(1) 유효기간

단체협약의 유효기간은 2년을 초과할 수 없으며(노조법 §32①), 유효기간을 정하지 않았거나 2년을 초과하여 기간을 정한 경우에는 2년이 유효기간이다(노조법 §32②). 유효기간을 제한한 취지는 그 기간이 지나치게 길면 변동하는 경제적·사회적 환경에 적응하지 못하여 당사자를 부당하게 구속하는 결과를 가져올 수 있기 때문이다.

노사는 2년 범위 내에서 유효기간을 자유로이 정할 수 있다. 이때 효력 발생 시기를 협약 체결 전으로 소급하였다면 소급하여 효력을 발생하는 날을 기준으로 유효기간을 계산한다.

한편, 본 협약의 유효기간 중에 임금협정처럼 개별 협정에 대해 따로 기간을 정하더라도 그 기간은 2년을 초과할 수 없다.

개별 협정에 대해 기간을 정하지 않았다면 본 협약과의 관계에 따라 유효기간을 판단한다. 즉 개별 협약이 본 협약에 부속되어 있거나 본 협약과 일체의 관계에 있다면 본 협약과 유효기간을 같이 하나, 별개로 독립되었다면 독자적으로 2년의 유효기간을 갖는 것으로 보아야 한다. 이때 부속 여부는 당사자 의사, 개별 협정의 내용, 체결에 이르게 된 과정, 본 협약의 위임 등을 종합적으로 고려한다.[1]

---

1) 김유성, 『노동법II』, 2001, 204쪽.

(2) 자동갱신협정

자동갱신협정이란 단체협약의 유효기간이 만료하기 일정기간 전까지 당사자의 어느 한 쪽으로부터 개정의 의사표시가 없으면 종전의 단체협약이 다시 동일기간 또는 일정기간 효력을 지속한다는 뜻을 정한 합의[1]를 말한다.

이때 의사표시를 하지 않거나, 정해진 기간 후에 의사표시를 하더라도 기존 협약의 유효기간이 끝난 다음 날부터 기존 협약과 같은 내용으로 새로운 협약이 체결된 것으로 본다.

이 경우 기존 협약과 새로운 협약은 각각 2년을 초과할 수 없다.[2]

(3) 자동연장협정

당사자는 단체협약의 유효기간이 만료된 후 새 협약이 체결될 때까지 또는 일정기간 동안 종전 협약의 유효기간을 연장하는 자동연장협정을 체결할 수 있다(노조법 §32③단서). 자동연장협정은 단체협약이 없는 상태에서 비롯되는 혼란을 피하는 데 목적이 있다.[3]

자동연장협정이 체결되어 있더라도 당사자 중 한 쪽은 해지하고자 하는 날의 6개월 전까지 상대방에게 통고함으로써 종전의 협약을 해지할 수 있다. 당사자가 새로운 협약을 체결할 수 있는 기회를 탄력적으로 허용코자 하는 입법이다.

(4) 3개월의 자동 연장

당사자가 단체협약의 유효기간이 만료되는 때를 전후하여, 단체교섭을 계속하였음에도 불구하고 새로운 단체협약이 체결되지 아니한 경우, 별도의 약정이 없다면, 종전의 단체협약이 그 효력 만료일부터 3월까지 효력을 유지한다(노조법 §32③본문).

이 규정은 자동갱신협정이나 자동연장협정이 없는 상태[4]에서 단체협약의 유효기간이 만료된 뒤 새로운 단체협약이 체결되지 않은 데서 오는 공백상태를 방지하기 위해 인정된 조치이다.

---

1) "유효기간 만료 30일 전까지 어느 일방이 협약 개정의 의사표시를 하지 아니하면, 이 협약은 기간 만료일부터 다시 1년간 유효한 것으로 본다"는 규정을 예로 들 수 있다.

2) 대판 1993.2.9, 92다27102

3) 대판 1992.4.14, 91누8364

4) 대판 1993.2.9, 92다27102, 따라서 이러한 협약이 3개월의 자동 연장보다 우선적으로 적용된다.

1·나. 단체협약의 취소 및 해지 · 해제

(1) 취 소

당사자 중 한 쪽은 단체협약의 중요한 부분에 착오가 있거나 사기·강박에 의한 것처럼 의사표시의 취소 사유가 있는 경우에는 단체협약을 취소할 수 있다(민법 §107 및 §110).

이 경우, 단체협약의 특수성이 고려되어야 한다. 단체교섭이나 쟁의행위가 집단적 힘을 배경으로 이루어지므로 강박, 사기 등이 성립하는지를 엄격하게 해석할 필요가 있다.

단체협약은 계속적 계약관계의 성격을 갖는다. 따라서 취소는 장래에 대하여만 효력을 갖는다.

(2) 해지 · 해제

당사자 중 한 쪽은 상대방의 채무불이행을 이유로 단체협약을 해지할 수 있다.

단체협약의 해지·해제는 노사관계에 혼란을 가져올 수 있다. 따라서 상대방의 채무불이행 위반의 정도가 단체협약의 존재 의의를 부정할 정도로 현저하거나 그에 준하는 사정 변경이 있어야 해지권이 인정될 것이다. 그러므로 일부 조항을 위반했다거나 경미한 위반인 경우에는 협약 전체를 해지하지는 못한다.

당사자는 합의에 의하여 단체협약을 해지할 수 있다. 이때 해지의 합의는 단체협약의 체결처럼 서면으로 하여야 하며, 당사자 쌍방의 서명·날인이 요구된다.

단체협약을 해지의 효력은 장래에 대하여 발생한다.

1·다. 협약 당사자의 변경 · 소멸

(1) 사용자 변경

회사의 해산·조직 변경·영업 양도 및 합병, 사업주의 사망 등으로 사업체가 변경·소멸되더라도 조직의 일체성 또는 동일성이 인정되는 한 단체협약은 승계되며 그 효력이 당연히 종료하지는 않는다. 이를 구체적으로 살펴보자.

먼저, 사업체가 해산하는 경우에는 청산절차가 종료된 때에 단체협약도 효력을 잃는다.

다음으로, 개인 사업체의 사업주가 사망하더라도 사업이 승계되는 경우에는 단체협약도 승계된다.

셋째로, 합병·영업양도는 신설 또는 양수회사가 권리의무를 포괄 승계하므로 단체협약은 존속한다.

넷째로, 합명회사·합자회사·유한회사·주식회사가 조직 형태를 서로 변경하더라도 동일성이 유지되므로 단체협약은 존속한다.

(2) 노동조합 변경

노동조합의 해산·합병·분할 및 조직변경의 경우에도, 단체의 동일성이 유지되는 한, 단체협약은 유효기간 동안 존속한다. 이를 구체적으로 살펴보자.

먼저, 해산의 경우, 청산기간 동안에는 단체협약이 존속하다가 청산 종료시점에 효력을 잃는다.

다음으로, 연합단체가 단일조합으로 바뀌거나 단일조합이 연합단체로 바뀌는 조직변경의 경우, 조직상의 실질적 동일성이 인정되는 한, 단체협약은 존속한다.

셋째로, 분할의 경우, 실질적 동일성이 있는지에 따라 판단한다. 원래의 노조가 소멸하여 둘 이상으로 분할되는 경우에는 단체협약이 효력을 잃을 것이다. 원래의 노조가 존속하는 상황에서 다수의 조합원이 탈퇴하여도 단체협약은 존속한다. 아울러 원래의 노조가 지부별로 노동조합을 결성하는 형식으로 분할되어도 단체협약은 존속한다.[1)]

넷째로, 합병의 경우, 소멸 노조의 권리 의무가 흡수 노조나 신설 노조에 포괄적으로 승계되므로 단체협약은 존속한다.

2. 단체협약 종료 후의 근로관계(여후효)

2·가. 의 의

단체협약의 유효기간이 만료된 후, 자동갱신협정이나 자동연장협정이 없는

1) 김유성, 『노동법Ⅱ』, 2001, 207쪽.

상태에서, 3개월의 자동연장기간이 지나면, 단체협약 자체의 효력은 상실한다. 이때 단체협약에 의하여 규율되었던 근로조건 기타 근로자의 대우에 관한 사항 즉 규범적 부분에 관한 사항이 어떻게 될지 문제가 된다.

아울러 '조합원의 탈퇴·제명'이나 '일반적 구속력의 흠결'로 효력확장의 혜택을 못 받게 된 근로자에게도 비슷한 문제가 발생한다.

노동법에서는 이러한 문제를 단체협약의 계속적 효력 즉 여후효(餘後效)의 문제[1)]라고 한다.

2·나. 개별적 근로관계

(1) 여후효의 인정 여부

단체협약이 종료되더라도 단체협약의 규범적 부분은 효력이 존속된다는 것이 통설적인 견해[2)]이다. 그러나 그 근거를 '단체협약 자체가 존속된다.'는 여후효에서 찾지 않고 근로계약의 성질에서 찾는 것이 일반적이다.

먼저, 단체협약이 효력을 잃기 전에 규범적 부분이 보충적 효력에 의해 근로계약의 내용으로 화체되어 효력을 가진다는 견해[3)]가 있다. 보충적 효력이 자동적으로 개인의 근로조건이 된다는 점을 감안할 때 이 견해가 타당하다고 생각한다.

다음으로, 계속적 법률관계를 규율하는 근로계약의 본질 때문에 협약에 있는 근로조건의 기준이 근로계약의 내용으로서 효력을 지속한다는 견해[4)]이다.

(2) 협약 종료 후 근로조건 변경 합의

단체협약으로부터 근로계약으로 이전된 근로조건에 대해 사용자가 개별 근로자와 합의하여 변경할 수 있는지에 대해 의견이 나뉜다.

먼저, '조합원의 탈퇴·제명'이나 '일반적 구속력의 흠결'로 혜택을 못 받게

---

1) 독일에서는 학설에서 이 문제를 다루다가 1949년의 「단체협약법」(§4 및 §5)에서 "단체협약의 종료 후에도 법규범은 새로운 단체협약, 사업장 협정, 근로계약 등 다른 합의에 대체될 때까지 계속 효력을 갖는다"고 규정함으로써 입법론적으로 해결하였다.

2) 김유성, 『노동법Ⅱ』, 2001, 209~210쪽, 해고 동의 조항도 규범적 부분이므로 마찬가지로 보았다; 임종률, 『노동법』, 2007, 172쪽; 대판 1994.1.14, 93다968, 조합원에 대한 인사 및 해고에 관한 규정인 위 제42조 등은 규범적 효력을 지니는 부분이라 할 것이므로 위 협약의 유효기간이 만료한 후에도 새로운 협약이 체결될 때까지는 그 효력이 지속된다.

3) 임종률, 『노동법』, 2007, 172쪽.

4) 김유성, 『노동법Ⅱ』, 2001, 209쪽.

된 근로자의 경우에는 변경이 가능하지만, 유효기간 만료로 단체협약이 종료된 경우에는 변경할 수 없다고 보는 견해가 있다. 이 견해는 차기 협약에 대한 단체교섭권이 침해될 수 있기 때문에 개별교섭 금지의 원칙에 위배된다고 본다. 그러나 이미 차기 협약의 근거가 될 종전의 단체협약이 없다는 점에서 받아들이기 어려운 논리라고 생각한다.

다음으로, 단체협약이 종료되는 사유와 관계없이 변경이 가능하다고 보는 견해[1]가 있다. 이 견해에 찬성한다. 단체협약의 근로조건이 근로계약으로 이전된 이상 당사자 사이에 합의가 있다면 언제든지 변경할 수 있다고 보는 것이 타당할 것이다.

2·다. 협약 당사자 간 권리 · 의무

단체협약상의 권리·의무는 채무적 부분으로 단체협약이 종료되면 소멸한다. 채무적 부분은 규범적 효력처럼 강행적 효력이나 보충적 효력을 갖지 못하므로 아예 인정되지 않아 효력이 남아 있을 여지가 없다.[2] 따라서 평화의무도 효력을 잃게 되고, 노동조합의 쟁의행위도 가능해진다.

---

1) 임종률, 『노동법』, 2007, 172쪽; 대판 2000.6.9, 98다13747, 단체협약이 실효되었다고 하더라도 개별적인 노동조건에 관한 부분은 그 단체협약의 적용을 받고 있던 근로자의 근로계약의 내용이 되어 그것을 변경하는 새로운 단체협약, 취업규칙이 체결, 작성되거나 또는 개별적인 근로자의 동의를 얻지 아니하는 한 개별적인 근로자의 근로계약의 내용으로서 여전히 남아 있어 사용자와 근로자를 규율한다.

2) 대판 1997.6.13, 96누17738

제6장

노동쟁의의 처리

제 1 절 노동쟁의의 발생

1. 노동쟁의의 개념

노동쟁의라 함은 노동조합과 사용자 또는 사용자단체 즉 노동관계 당사자 간에 임금·근로시간·복지·해고 기타 대우 등 근로조건의 결정에 관한 주장의 불일치로 인하여 발생한 분쟁상태를 말한다. 이 경우 주장의 불일치라 함은 당사자 간에 합의를 위한 노력을 계속하여도 더 이상 자주적 교섭에 의한 합의의 여지가 없는 경우를 말한다(노조법 §2, 제5호).

2. 노동쟁의의 요건

2·가. 당사자

노동쟁의의 당사자는 노조법상 노동조합과 그 상대방인 사용자 또는 사용자단체이다. 따라서 근로자 개인과 사용자의 분쟁상태는 노동쟁의가 아니다.

노동조합은 노조법상 실질적 요건(노조법 §2, 제4호)과 형식적 요건(노조법 §10 및 §12)을 갖추어야 한다.

법외조합은 실질적 요건 중 적극적 요건을 갖추었으나 형식적 요건을 갖추지 못한 단체이다. 아울러 일시적인 근로자단체·쟁의단도 노동조합의 요건을 갖추지 못한 단체이다. 따라서 이들 단체들은 헌법상 노동기본권의 보호를 받을 수 있어도, 노조법상 조정을 받을 수 있는 노동쟁의의 주체는 될 수 없다.[1)]

---

1) 같은 취지, 대판 1999.9.17, 99두5740

2·나. 근로조건의 결정

(1) 의 의

노동쟁의의 대상은 임금·근로시간·복지·해고 기타 대우 등 근로조건의 결정에 관한 사항(노조법 §2, 제5호)이다. 노동쟁의는 '노동쟁의 조정제도'의 대상이 된다.

(2) 근로조건의 범위

노동쟁의는 '근로조건'을 그 대상으로 한다. 여기서 근로조건은 '임금·근로시간·복지·해고 기타 대우 등'으로 명시되어 있다(노조법 §2, 제5호). 이 규정과 관련하여 근로조건의 범위를 어떻게 보느냐에 대해 협의설과 광의설로 의견이 나뉜다.

먼저, 협의설은 개별적 근로관계만을 근로조건의 범위에 포함하고,[1] 집단적 노사관계 즉 '전임자 수', '근무시간 중의 노동조합 활동' 등은 노동쟁의의 대상으로 보지 않는다.

다음으로, 광의설은 집단적 노사관계에 관한 분쟁도 노동쟁의에 포함한다.[2] 법문상의 '근로조건'은 예시이고, 교섭의 대상에 포함되어 있는 집단적 노사관계는 근로조건과 밀접한 관계를 맺으며, 집단적 노사관계를 노동쟁의의 대상에서 제외하면 노동쟁의조정제도의 목적을 달성할 수 없다는 것이 그 이유이다.

개인적으로는 협의설에 찬성한다. 노동쟁의의 개념을 규정하고 있는 법조문은 노동쟁의의 대상에 대해 '근로조건'만을 명시하고 있고 다른 대상을 전혀 나열하지 않고 있어 예시로 보기 어렵다. 또한 근로조건의 내용으로 예시되어 있는 '임금·근로시간·복지·해고 기타 대우 등'에 집단적 노사관계의 요소가 포함되어 있지 않아 확대 해석하기도 어렵다. 따라서 노동쟁의의 대상은 개별적 근로관계 즉, 단체협약에서 규범적 효력이 인정되는 사항[3]이 노동쟁의의 대상이 된다.

---

1) 김유성, 『노동법II』, 2001, 220쪽; 이병태, 『최신노동법』, 2007, 304쪽, 단체교섭에 대해서는 집단과 개별의 구분 없이 대상인데 노동쟁의에서 집단을 제외한 것은 쟁의행위를 잠시 제한할 수 있다 하더라도 노사관계 안정에 도움이 되지 않을 것이라고 비판하고 있다(해석 자체를 집단적 노사관계가 포함된 것으로 하지는 않는다).

2) 임종률, 『노동법』, 2007, 175쪽에서는 입법론적이 아니고 해석론적으로도 광의설을 주장하고 있다.

3) 협력 68140-431, 1997.11.12

협의설에 따르면 단체교섭의 대상과 노동쟁의의 대상이 달라진다. '전임자 수', '근무시간 중의 노동조합 활동' 등은 의무적 교섭사항이기는 하지만, 교섭이 결렬되었을 때에는 노동쟁의로 인정되지 않아 쟁의조정 절차를 거칠 수 없다.

(3) 권리분쟁과 이익분쟁

노동쟁의는 근로조건의 '결정'을 그 대상으로 한다.

노동관계의 분쟁은 이익분쟁과 권리분쟁으로 나눌 수 있다.

이익분쟁이란 근로조건의 기준에 관한 권리의 형성·유지·변경 등을 둘러싼 분쟁으로 '임·단협의 갱신 체결'이 이에 해당된다. 이익분쟁은 집단적인 기준을 정하는 것을 목적으로 한다. 따라서 개인적인 고충은 여기에 해당되지 않는다.

권리분쟁이란 법령·단체협약·취업규칙 등에 의하여 이미 확정된 권리의 해석·적용 등을 둘러싼 분쟁으로 체불임금 청산, 해고자 복직, 단체협약 이행, 부당노동행위 구제 등이 이에 해당된다.

이익분쟁이 노동쟁의에 포함되는 것은 당연하다. 반면에 권리분쟁이 포함되는지에 대해서는 의견이 갈려 왔다. 그러나 1997년 제정법이 '결정'을 법문에 명시함으로써 노동쟁의의 대상을 이익분쟁으로 한정하고 민사소송이나 부당노동행위 구제를 통해 해결할 수 있는 권리분쟁은 조정이나 중재의 대상에서 제외하였다.[1] 따라서 입법론은 별론[2]으로 하고, 해석론에서는 의견 다툼의 의미가 없다고 생각한다. 한편 권리분쟁에 대해서는 단체협약의 해석과 이행에

---

1) 권리분쟁도 노동쟁의에 포함된다고 한 '1997년 제정법 이전의 판례(대판 1990.5.15, 90도357)'는 효력이 없다고 보아야 한다.

2) 이상윤, 『노동법』, 2007, 311쪽, 집단적 권리분쟁도 노동위원회의 조정 대상이 되어야 한다고 본다. 한편 '권리분쟁도 노동쟁의에 포함되는지'에 대한 1997년 제정법까지의 의견 대립은 입법론적 차원에서 의미가 있을 것이다. 긍정설은 첫째로 권리분쟁과 이익분쟁은 명확하게 구분하기가 어렵다는 점, 둘째로 노동관계 분쟁의 해결은 전문지식과 경험이 요구된다는 점, 셋째로 노사당사자에게 노동위원회와 법원 중 하나를 택해 구제를 받을 수 있도록 폭을 넓힌다는 점(FMCS, AAA 등 미국의 구제제도도 권리구제를 주요 대상으로 하고 있는 점도 거론된다. 다만, 이러한 견해에 대해서는 국가별로 다른 사법제도의 특성이 감안되어야 한다), 넷째로 노동쟁의로 인정하는 것이 반드시 쟁의행위를 허용하는 것이 아니며 노동위원회가 당해 사건을 법원에서 해결하라는 취지의 재정을 내릴 수 있는 점(대판 1994,1,11, 93누11883.) 등을 근거로 들 수 있다. 부정설은 먼저, 권리분쟁은 사법기관에 맡김이 3권 분립의 취지에 적합한 점, 다음으로 권리분쟁을 조정의 대상으로 삼는 경우 법적 안정성이 확보될 수 없는 점, 셋째로 분쟁사실의 조정과 청구권의 법적 원인에 대한 해석이 구별되어야 한다는 점, 넷째로 구제기관에 대해 법원과 노동위원회를 모두 인정할 경우 중복 신청 등 혼란이 초래한다는 점이 논리 즉 근거이다.

관한 다툼을 해결하는 절차(노조법 §34, §60, §68)를 따로 두고 있다.

(4) 임의적 교섭사항과 의무적 교섭사항

노동쟁의에는 의무적 교섭사항만 포함되고 임의적 교섭사항은 포함되지 않는다. 사용자는 임의적 교섭사항에 대해 교섭을 할 것인지, 중단할 것인지 등을 독자적으로 결정할 수 있다.

2·다. 주장의 불일치

주장의 불일치란 당사자가 합의를 위해 계속 노력하여도 더 이상 자주적 교섭에 의한 합의의 여지가 없는 경우를 말한다(노조법 §2, 제5호후단). 따라서 노·사간의 주장이 다르다고 해서 곧 노동쟁의가 되는 것이 아니고, 단체교섭 결과로 쌍방의 주장이 대립상태에 놓여야 비로소 노동쟁의에 해당된다. 구체적으로는 단체교섭이 결렬되면 노동쟁의가 발생한다.

2·라. 분쟁 상태

노동쟁의는 노·사의 분쟁 상태를 말한다. 분쟁 상태란 주장이 달라 쟁의행위가 발생하였거나 발생할 우려가 있는 상태를 말한다.

3. 노동쟁의와 당사자의 권리 · 의무

노동관계 당사자는 노동쟁의가 발생한 때에는 어느 일방이 이를 상대방에게 서면으로 통보하여야 한다(노조법 §45조①).

노동쟁의가 발생하면 관계 당사자의 한 쪽은 노동위원회에 조정을 신청할 수 있다(노조법 §53).

제 2 절 노동쟁의 조정(調整)제도

1. 의 의

노동관계의 갈등은 노사자치주의 이념에 따라 노사관계 당사자가 자주적으로 해결하는 것이 원칙이다. 그러나 노사관계 당사자의 자주적 해결이 이루어지지 않으면 노동쟁의가 발생한다. 노동쟁의를 방치하면 쟁의행위로 연결되며, 분쟁이 길고 깊어진다. 이 경우 '근로자의 생활', '기업의 활동' 및 '국민경제'에 나쁜 영향을 준다. 이러한 이유로 노조법은 노동쟁의에 대해 제3자가 개입하여 신속·공정하게 조정할 수 있는 '노동쟁의 조정제도'를 마련하고 있다.

2. 쟁의 조정(調整)의 유형

노동쟁의 조정(調整)은 여러 기준에 따라 분류할 수 있다.

먼저, 처리 방법에 따라 알선(conciliation)·조정(mediation)·중재(arbitration)로 나뉜다. 알선에서는 당사자의 주장의 차이를 정리하여 제시하며, 조정에서는 조정자가 안을 제시한다. 그러나 이 둘은 정도의 차이일 뿐, 분쟁의 해결이 모두 당사자의 동의에 의존하는 절차라는 점에서는 질적 차이가 없다.

반면에, 중재에서는 제3자의 결정이 당사자를 구속한다. 따라서 그 결정이 권리·의무를 부여하는 것이라면 판결과 비슷하고, 단체교섭을 대체하여 노동쟁의를 종결하는 결과도 가져온다.

그러나 이런 구분은 경직적이지 않다. 조정에 실패하면 중재를 하는 조정중재(調停仲裁)처럼 중간적·혼합적 형태로 나타나기도 하고, 제3자가 분쟁해결과 관련된 사실들을 확정하는 사실조사 절차를 보완적 제도로 두기도 한다.[1)]

---

1) 김유성, 『노동법Ⅱ』, 2001, 393쪽.

다음으로, 개시요건을 보면 알선·조정(調停)·중재 등의 조정(調整)이 노사관계 당사자의 요구에 의하여 진행되는 임의방식과 국가기관 등에 의하여 진행되는 강제방식이 있다. 이 중 어느 방식을 택하는가는 국가의 정책 선택의 문제이다.

셋째로, 주체를 기준으로 보면, 국가가 설립한 법정기관이면 공적 조정(公的調整)이고, 당사자가 각각 또는 같이 선정한 개인·사적단체이면 사적 조정(私的調整)이 된다. 이들 두 방식은 양자택일적이기보다는 보완적이거나 결합적이다.

넷째로, 처리 기술을 기준으로 보면, 양측의 주장을 절충하는 절충방식과 양측 안 중 하나를 선택하게 하는 택일방식이 있다. 이러한 방식은 알선이나 조정(調停)보다는 중재에 있어 의미가 있는 구분이다.

3. 쟁의조정의 원칙

3·가. 자주성

(1) 당사자 조정 우선

노동쟁의의 해결은 노사자치주의원칙에 기초를 두고 있다.

노동관계 당사자는 단체협약에 노동관계의 적정화를 위한 노사협의 기타 단체교섭의 절차와 방식을 규정하고 노동쟁의가 발생한 때에는 이를 자주적으로 해결하도록 노력하여야 한다(노조법 §48).

노조법(제5장)의 '노동쟁의 조정' 규정은 노동관계 당사자가 직접 노사협의 또는 단체교섭에 의하여 근로조건 기타 노동관계에 관한 사항을 정하거나 노동관계에 관한 주장의 불일치를 조정하고 이에 필요한 노력을 하는 것을 방해하지 아니한다(노조법 §47).

사적 조정은 공적 조정에 우선한다(노조법 §52①).

(2) 국가 및 지방자치단체의 책무

국가 및 지방자치단체는 노동관계에 관한 당사자의 주장이 일치하지 아니할 경우, 이를 자주적으로 조정할 수 있도록 조력함으로써 쟁의행위를 예방하고 노동쟁의의 신속·공정한 해결에 노력하여야 한다(노조법 §49).

3·나. 신속성

노동쟁의가 길어지면 노사관계 당사자뿐만 아니라 국민경제에 큰 손해를 줄 염려가 있고, 그 해결이 더욱 어려워질 수 있으므로 신속한 처리가 요구된다. 따라서 노동관계의 조정을 함에 있어 노동관계 당사자와 노동위원회 기타의 관계기관은 사건을 신속히 처리하도록 노력하여야 한다(노조법 §50).

한편, 국가 및 지방자치단체도 당사자를 도와 노동쟁의를 신속하게 해결할 수 있도록 노력하여야 한다(노조법 §49).

3·다. 공정성

노동쟁의는 이해관계가 대립되어 더 이상 교섭에 의해 합의의 여지가 없는 상태를 말한다. 이는 조정을 통해 양 쪽을 모두 만족시키는 것이 어렵다는 것을 의미한다. 그럼에도 불구하고 노동쟁의의 조정은 당사자가 최대한 받아들일 수 있도록 공정하게 이루어져야 한다. 그렇게 하지 않으면 이해관계가 대립되어 있는 당사자 사이의 분쟁이 마무리되지 못하기 때문이다.

이러한 이유로 노조법(§1)은 "노동관계를 공정하게 조정하여 노동쟁의를 예방·해결함으로써 산업평화의 유지와 국민경제의 발전에 이바지함"을 목적으로 하고 있다.

한편, 국가 및 지방자치단체도 당사자를 도와 노동쟁의를 공정하게 해결할 수 있도록 노력하여야 한다(노조법 §49).

3·라. 공익성

노동쟁의 조정에는 당사자의 사익(私益)뿐만 아니라, 공익(公益)도 고려하여야 한다. 따라서 국가·지방자치단체·국공영기업체·방위산업체 및 공익사업의 노동쟁의에 대한 조정은 우선적으로 신속히 처리되어야 한다(노조법 §51). 이를 위해 노조법(§1)이 산업평화의 유지와 국가경제의 발전을 노동쟁의 조정의 목적으로 삼고 있으며, 노동위원회의 위원을 공익위원 중심으로 구성토록 하고 있다.

4. 노동쟁의 조정의 대상

노사관계 당사자는 노동쟁의가 발생하여야 노동위원회에 조정을 신청할 수 있다. 그렇다고 해서 노동쟁의가 아닌 사항에 대해서 노동위원회의 조정이 금지되어 있는 것은 아니다.

집단적 노사관계 사항, 권리분쟁, 단체협약의 채무적 부분, 단체교섭의 임의적 교섭사항 등도 분쟁상태를 해소하고 합의에 이르기 위해 도움이 된다면 조정의 대상이 될 수 있다. 나아가서 조정안이나 중재안에 '당사자가 함께[1] 조정을 신청한 사항' 또는 '조정의 대상으로 하기로 서로 합의한 사항'을 포함시킬 수 있다. 그러나 이러한 '의사의 합치'가 없는 상태에서 노동위원회가 그러한 사항을 조정안이나 중재안에 포함하면, '공정성의 원칙'에 위배된다.

5. 노동쟁의 조정의 효과

사적 조정이건 공적 조정이건 조정기간 동안의 쟁의행위는 금지된다(노조법 §54). 조정전치주의에 따라 노조법(제5장 제2절 내지 제4절)에 의한 조정절차를 거치지 않으면 쟁의행위를 할 수 없다(노조법 §45②).

---

1) 같은 의견, 대판 2003.7.25, 2001두4818, 노동쟁의가 아닌 사항은 원칙적으로 중재의 대상이 아니나(같은 취지, 대판 1996.2.23, 94누9177, 대판 1997.10.10, 97누4951, 대판 1997.1.11, 95구30316; 다른 취지, 대판 1990.5.15, 90도357, 대판 1990.9.28, 90도602) 쌍방의 신청이 있었거나 이와 동일시할 사정이 있는 경우에는 중재대상으로 보고 있다; 임종률, 『노동법』 2007, 176쪽, 임의적 교섭사항에 대해서 같은 의견을 피력하고 있다.

제 3 절 사적 조정(調整)제도

1. 의 의

사적 조정은 '노동관계 당사자가 노조법의 조정 또는 중재와 다른 방법을 통해 자주적으로 노동쟁의를 해결하는 절차'로 공적 조정에 우선한다.

사적 조정제도는 노사관계 당사자의 의사에 의하여 개시되고, 단체교섭을 하면서 제3자의 조력을 받으므로, 노사자치주의에 부합한다. 아울러 해당 사업장의 노사관계를 잘 알고 있는 개인 혹은 단체에 의뢰함으로써 조정의 실현 가능성이 높다.

2. 요 건

2·가. 합 의

사적 조정제도는 '노사가 사적 조정기구를 이용한다.'는 합의를 하거나 단체협약의 규정이 있어야 한다(노조법 §52①).

합의를 함에 있어 공적 조정제도와 내용·절차·기간·방법 및 담당기관을 달리할 수 있다. 아울러 사적 조정과 사적 중재를 택일하거나 모두 거칠 수 있다.

2·나. 노동위원회 신고

노사관계 당사자는 사적 조정·중재에 의하여 노동쟁의를 해결하기로 한 경우에는 노동부령(노조칙 §13)이 정하는 바에 따라 노동위원회에 신고하여야 한다(노조법 §52②).[1)]

1) 노동위원회는 지체없이 행정관청에 통보하여야 한다(노조칙 §13②).

신고를 의무화시킨 이유는 '분쟁의 소지가 있는 관계 당사자들을 어떻게 조정할 것인가' 하는 행정적 편의를 위해서이다.

이러한 신고는 공적 조정이나 중재가 진행 중인 경우에도 가능하다(노조령 §23②). 다만, 긴급조정절차(노조법, 제5장,제5절)를 거치고 있는 노동쟁의는 사적 조정절차의 대상이 될 수 없다. 한편, 공익사업의 조정이 진행되는 경우라도 사적 조정절차에 포함되는 것으로 대통령령이 규정하고 있는데 그 효력에 관해서 논란[1)]이 있다. 그러나 2006년 12월 개정법에서 공익사업에 대한 직권중재제도가 없어져서 공적 통제 기능이 많이 약화되었다. 그렇다면 굳이 공익사업에 대해 공적 조정이 진행되는 중에 사적 조정을 할 수 없다고 제한할 이유가 없다. 다만, 관련 규정(노조령 §23②)의 효력에 대해 입법적으로 보다 명확히 할 것이 요구된다.

3. 내 용

3·가. 사적 조정(調整)인 선임

사적 조정(調整)을 받고자 하는 노사관계 당사자는 '쌍방 합의'나 '단체협약 규정'에 정한 방법으로 사적 조정(調停)·중재인을 선임하여야 한다.

사적 조정·중재인은 지방노동위원회의 공익위원 자격(노위법 §8②)[2)]을 가진 자(노조법 §52⑤본문)로서 노사관계 당사자가 합의로 정한다. 사적 조정·중재인은 노동관계 당사자로부터 수수료, 수당과 여비를 받을 수 있다(노조법 §52⑤단서).[3)]

---

1) 임종률, 『노동법』 2007, 189쪽, 노조법 제52조 제1항은 제5장 제2절과 제3절에 대해 규정하고 있는데, 노조령 제23조 제2항은 제5장 제2절 내지 제4절에 대해 규정하고 있으므로 모법의 위임의 범위를 벗어나 효력이 없다고 한다; 노조법 제52조 제2항은 사적 조정에 대해서도 제45조 제2항을 적용하고 있다. 제45조 제2항은 제5장 제2절 내지 제4절에 대해 사적 조정의 효과를 규정하고 있으므로 복잡하기는 하지만 시행령의 효과를 아주 부정만 할 수는 없다고 생각한다.

2) '공인된 대학에서 조교수 이상으로 재직한 자', '판사·검사·군법무관·변호사 또는 공인노무사의 직에 3년 이상 재직한 자', '노동관계 업무에 3년 이상 종사한 자로서 3급 또는 3급 상당 이상의 공무원이나 고위공무원단에 속하는 공무원으로 재직한 자', '노동관계 업무에 10년 이상 종사한 자로서 4급 또는 4급 상당 이상의 공무원으로 재직한 자' 및 '기타 노동관계 업무에 10년 이상 종사한 자 또는 사회적 덕망이 있는 자로서 중앙노동위원회가 조정담당공익위원으로 적합하다고 인정되는 자'가 이에 해당한다.

3) 2006.12.30에 신설되었다. 1997년 제정법이 사적 조정제도를 도입하였으나 10년 가까운 기간 동안 실적이 16건에 지나지 않았다. 이에 정부는 노사관계 선진화 방안에서 '사적 조정과 공적 조정간 관계 설정 명확화', '사적 조정의 인프라 구축을 위한 법제도적 지원(사적 조정인 수수료 합법화, 사적 조정인 양성제도 구축, 조정 관련 민·관 기관간 연계체제 구축)' 등을 대안으로 제시하였는데 이 중 일부가 입법에 반영된 것이다.

3·나. 조정의 대상

사적 조정에 대한 내용은 당사자 합의에 의해 결정된다. 따라서 노동쟁의가 아닌 사항도 그 대상에 포함할 수 있으며,[1] 단체교섭이나 단체협약의 대상이 될 수 있으면 사적 조정의 대상이 된다.

3·다. 조정기간 및 쟁의행위 금지

(1) 법적 근거

사적 조정·중재에 대하여도 '조정전치주의'(노조법 §45②)와 '공적 조정 기간'(노조법 §54)과 '공적 중재 효과'(노조법 §63) 기간이 적용된다(노조법 §52③).

(2) 사적 조정

① 조정기간

사적 조정의 기간은 조정을 개시한 날부터 기산하여 일반사업에 있어서는 10일, 공익사업에 있어서는 15일을 초과할 수 없다. 다만, 이 기간은 당사자의 합의로 같은 기간만큼 연장할 수 있다.

② 조정기간 중 쟁의행위

조정전치주의 관련 규정(노조법 §45②)은 공적 조정 절차(제5장 제2절 내지 제4절)를 거치지 않으면 쟁의행위를 금지하고 있다. 사적 조정에 대해서는 이 중 '조정전치주의 규정'(노조법 §45②)이 적용되면서, 공적 조정 절차 중 '조정 기간'(노조법 §54)이 적용된다. 따라서 사적 조정기간 중에 쟁의행위를 할 수 없으며, 이를 어긴 경우의 정당성 문제는 공적 조정과 같은 차원에서 판단할 수 있을 것이다.

③ 조정기간 후 쟁의행위

사적 조정기간이 완료된 경우에는 쟁의행위를 할 수 있는가?

조정전치주의(노조법 §45②)에 의하면 노조법상 공적 조정 절차(제5장 제2절 내지 제4절)를 거쳐야 쟁의행위를 할 수 있다. 그런데 사적 조정은 조정전치주의 조항이 적용되면서, 공적 조정 절차에 대해서는 여러 조항 중에서 조정기간만 적용된다. 다시 말해서 공적 조정을 사적 조정으로 대체한다는 규정이 없다. 이

---

1) 대판 2003.7.25, 2001두4818, 근로조건의 결정에 관한 사항이 아니더라도 대상이 된다.

에 따라 쟁의행위를 하려면 다시 공적 조정을 거쳐야 하는지 의문이 있다.

그러나 사적 조정·중재는 '실패한 경우 공적 조정을 강제하고 있지 않은 점'을 감안할 때 공적 조정을 갈음하는 성격을 갖는다. 따라서 중재의 요건에 해당되지 않는다면 쟁의행위를 할 수 있을 것이다.[1]

(3) 사적 중재

사적 중재 기간에 대해서는 상한선을 직접 명시하지 않고 있다. 따라서 노사관계 당사자가 정한 기간이 해당기간이 될 것이다. 그러나 사적 중재를 개시한 날로부터 기산하여 15일이 지나지 않으면 쟁의행위를 할 수 없다. 15일이 경과하면 사적 조정과 같은 논리로 쟁의행위가 가능할 것이다. 한편, 노사관계 당사자가 정한 기간 내에 중재재정이 나온다면 당사자는 이를 받아들여야 할 것이다

4. 효 과

4·가. 사적 조정 성공

사적 조정에 의하여 조정 또는 중재가 이루어진 경우에 그 내용은 단체협약과 동일한 효력을 가진다(노조법 §52④).

사적 조정서와 사적 중재서의 해석과 이행방법에 관한 다툼이 있는 경우에는 담당 조정·중재인 또는 기관의 해석에 따라야 한다.

4·나. 사적 조정 결렬

사적 조정 절차가 결렬되고 조정기간이 지났다면 앞에서 검토한 것처럼 쟁의행위가 가능하다. 다만, 이 경우에도 노동관계 당사자는 공적 조정 절차에 의한 조정·중재를 하여줄 것을 관할 노동위원회에 신청할 수 있다. 신청을 받은 관할 노동위원회는 지체 없이 노조법 절차에 따라 공적 조정 또는 중재를 개시하여야 한다(노조령 §23③). 이 경우 조정기간이라도 쟁의행위가 금지되지 않는다고 보아야 할 것이다.

---

1) 임종률, 『노동법』, 2007, 189쪽.

4·다. 사적 조정 합의 위반

사적 조정을 하기로 한 합의를 지키지 않은 행위는 단체협약의 채무적 부분을 어긴 것으로 채무적 효력 위반이 된다. 따라서 위반 행위 자체만으로 쟁의행위가 부당해지지는 않는다.

제 4절 공적 조정(調整)제도

1. 조 정(調停)

1·가. 의 의

조정(調停)이란 노동위원회에 설치된 조정위원회가 관계 당사자의 의견을 청취한 뒤 조정안을 작성하여 노사 쌍방에게 그 수락을 권고하는 절차이다.

조정은 노사관계 당사자의 의사에 구속을 받으며, 그 권고가 강제적이지 않기 때문에 '노사가 자주적으로 해결하여야 한다.'는 원칙에 비교적 충실한 노동쟁의처리 제도이다.

1·나. 개시 요건

노동위원회는 관계 당사자의 일방이 노동쟁의의 조정을 신청한 때에는 지체 없이 조정을 개시하여야 하며, 관계 당사자 쌍방은 이에 성실히 임하여야 한다(노조법 §53①).

한편, 노동위원회는 관계 당사자가 조정을 신청하기 전이라도 원활한 조정을 위하여 교섭을 주선하는 등 자주적인 분쟁해결을 지원할 수 있다(노조법 §53②).

노동부장관이 긴급조정의 결정을 한 때에도 조정 절차는 자동적으로 개시된다(노조법 §78).

1·다. 조정기간

조정은 조정의 신청이 있는 날부터 일반사업에 있어서는 10일, 공익사업에 있어서는 15일 이내에 종료하여야 한다(노조법 §54①). 이 기간은 관계 당사자 간 합의로 같은 기간 이내에서 이를 연장할 수 있다(노조법 §54②).

관계 당사자의 일방이 노동쟁의의 조정을 신청한 때에는 조정전치제도에 의하여 이를 거치지 않으면 쟁의행위를 할 수 없다(노조법 §45②본문). 다만, 조정기간 안에 조정이 종료되지 않은 경우에는 그러하지 아니하다(노조법 §45②단서). 따라서 노동위원회가 반드시 조정을 마친 뒤 쟁의행위를 하여야 하는 것은 아니다.

1·라. 조정기관

(1) 조정위원회

① 구 성

노동쟁의의 조정을 위하여 노동위원회에 조정위원 3인으로 구성되는 조정위원회를 둔다(노조법 §55①②).

당해 노동위원회 위원장은 당해 노동위원회의 위원 중에서 노동조합이 추천하는 '사용자를 대표하는 자', 사용자가 추천하는 '근로자를 대표하는 자' 및 '공익을 대표하는 자' 각 1인을 조정위원으로 지명하여야 한다. 이 경우 조정위원회 회의 3일 전까지 노동조합 또는 사용자의 추천이 없으면 위원장이 당해 위원을 지명할 수 있다(노조법 §55③). 이 경우 조정위원회의 위원장은 공익을 대표하는 조정위원이 된다(노조법 §56②본문).

노동위원회의 위원장은 '근로자 또는 사용자를 대표하는 위원의 불참' 등으로 조정위원회 구성이 어려우면 당해 노동위원회의 공익을 대표하는 위원 중에서 3인을 조정위원으로 지명할 수 있다. 다만, 이때 관계 당사자 쌍방의 합의로 선정한 노동위원회의 위원이 있으면 그 위원을 조정위원으로 지명한다(노조법 §55④). 이 경우 조정위원회의 위원장은 조정위원 중에서 호선한다(노조법 §56②단서).

② 회 의

조정위원회의 위원장은 조정위원회의 회의를 소집하고 그 의장이 된다(노위법 §16①②). 조정위원회는 구성원 전원의 출석으로 개의하고 출석위원 과반수의 찬성으로 의결한다. 이 경우 회의에 참여한 위원은 그 의결 사항에 서명·날인하여야 한다(노위법 §17).

(2) 단독조정인

노동위원회는 관계 당사자 쌍방의 신청이나 동의가 있으면 조정위원회에 갈음하여 단독조정인이 조정을 하게 할 수 있다(노조법 §57①). 단독조정인은 당해 노동위원회의 위원 중에서 관계 당사자의 합의로 선정된 자를 그 노동위원회의 위원장이 지명한다(노조법 §57②). 이 제도는 노동쟁의를 신속하게 처리하기 위하여 마련되었다.

(3) 특별조정위원회

공익사업의 쟁의조정을 위하여 노동위원회에 특별조정위원회를 둔다(노조법 §72①).

1·마. 조정활동

(1) 주장의 확인과 출석 제한

조정위원회 또는 단독조정인은 기일을 정하여 관계 당사자 쌍방을 출석하게 하여 주장의 요점을 확인하여야 한다(노조법 §58).

조정위원회의 위원장 또는 단독조정인은 관계 당사자와 참고인 외의 자의 출석을 금할 수 있다(노조법 §59).

(2) 조정안의 작성 · 제시

조정위원회 또는 단독조정인은 조정안을 작성하여 이를 관계 당사자에게 제시하고 그 수락을 권고하는 동시에 그 조정안에 이유를 붙여 공표할 수 있으며, 필요한 때에는 신문 또는 방송에 의한 협력을 요청할 수 있다(노조법 §60①).

조정위원회 또는 단독조정인은 관계 당사자가 수락을 거부하여 더 이상 조정이 이루어질 여지가 없다고 판단되는 경우에는 조정의 종료를 결정하고 이를 관계 당사자 쌍방에 통보하여야 한다(노조법 §60②).

노동위원회는 조정의 종료가 결정된 후에도 노동쟁의의 해결을 위하여 조정을 할 수 있다. 이 경우의 조정에 관하여는 노조법 제55조 내지 제61조에 규정된 절차와 효력을 준용한다(노조법 §61의2).

(3) 조정안의 유권해석

조정위원회가 작성한 조정안이 관계 당사자의 쌍방에 의하여 수락된 후 그 해석 또는 이행방법에 관하여 관계 당사자 간에 의견의 불일치가 생긴 때에는 관계 당사자는 당해 조정위원회 또는 단독조정인에게 그 해석 또는 이행방법에 관한 명확한 견해의 제시를 요청하여야 한다(노조법 §60③).

조정위원회 또는 단독조정인은 그 요청을 받은 날부터 7일 이내에 명확한 유권해석을 제시하여야 한다(노조법 §60④).

조정안의 해석 또는 이행방법에 관한 견해가 제시될 때까지는 관계 당사자는 당해 조정안의 해석 또는 이행에 관하여 쟁의행위를 할 수 없다(노조법 §60⑤). 권리분쟁에 대해서는 쟁의행위를 할 수 없는 것으로 해석된다. 그런데도 이러한 조항을 직접 둠으로써 견해가 제시된 후에는 쟁의행위를 할 수 있는 것으로 반대해석을 할 수 있는 여지를 남기고 있다. 입법적으로 정리가 필요하다.

1·바. 조정의 효력

(1) 서명 또는 날인

조정안이 관계 당사자에 의하여 수락된 때에는 조정위원 전원 또는 단독조정인은 조정서를 작성하고 관계 당사자와 함께 서명 또는 날인하여야 한다(노조법 §61①).

(2) 조정서의 효력

조정서의 효력은 단체협약과 동일한 효력을 가진다(노조법 §61②). 조정위원회 또는 단독조정인이 제시한 해석 또는 이행방법에 관한 견해는 중재재정과 동일한 효력을 가진다(노조법 §61③).

2. 중 재

2·가. 의 의

중재란 노동위원회에 설치된 중재위원회가 노동쟁의에 대한 해결안 즉 중재재정을 작성하면, 당사자는 중재재정에 구속되어 노동쟁의를 해결하는 제도이다.

중재에는 임의중재와 강제중재가 있다. 임의중재는 관계 당사자의 신청이 있을 때에 중재절차가 개시되며, 강제중재는 관계 당사자의 신청 없이 강제적으로 중재절차가 개시된다.

특히, 강제중제는 중재 개시 여부와 중재재정이 모두 노사 당사자를 의사와 관계없이 구속한다는 점에서 노사자치주의 원칙이 적용되지 않는 조정(調整)제

도이다.[1)]

2·나. 개시 요건

우리나라는 임의중재제도를 택하고 있다. 임의중재는 당사자의 의사에 의하여 개시되며, 일반사업과 공익사업의 구별 없이 모두 적용된다. 임의중재는 관계 당사자의 쌍방이 함께 신청(노조법 §62,제1호)하거나, 일방이 단체협약에 의하여 신청(노조법 §62,제2호)한 때에 개시된다.

2·다. 중재 기관

(1) 구 성

노동쟁의의 중재 또는 재심을 위하여 노동위원회에 중재위원회를 둔다(노조법 §64①). 중재위원회는 중재위원 3인으로 구성한다(노조법 §64②).

중재위원은 당해 노동위원회의 공익을 대표하는 위원 중에서 관계 당사자의 합의로 선정한 자에 대하여 그 노동위원회의 위원장이 지명한다. 다만, 관계 당사자 간에 합의가 성립되지 아니한 경우에는 노동위원회의 공익을 대표하는 위원 중에서 지명한다(노조법 §64③).

위원장은 중재위원 중에서 호선한다(노조법 §65②).

(2) 회 의

중재위원회의 위원장은 중재위원회의 회의를 소집하고 그 의장이 된다(노위법 §16①②). 중재위원회는 구성위원 전원의 출석으로 개의하고, 출석위원 과반수의 찬성으로 의결한다. 회의에 참여한 위원은 그 의결 사항에 서명·날인하여야 한다(노위법 §17).

2·라. 중재 활동

(1) 주장의 확인과 출석 제한

중재위원회는 기일을 정하여 관계 당사자 쌍방 또는 일방을 중재위원회에 출석하게 하여 주장의 요점을 확인하여야 한다(노조법 §66①). 중재위원회의 위원장은 관계 당사자와 참고인 이외의 자의 회의출석을 금할 수 있다(노조법 §67).

---

1) 2008.1.1부터 폐지되고 필수유지업무제도로 대체된다.

(2) 의견 진술

노동위원회의 사용자를 대표하는 위원 또는 근로자를 대표하는 위원은 관계 당사자의 지명에 의해 중재위원회의 동의를 얻어 회의에 출석하여 의견을 진술할 수 있다(노조법 §66②).

(3) 중재안의 작성 · 송달

중재재정은 서면으로 작성하여 이를 행하며, 그 서면에는 효력발생 기일을 명시하여야 한다(노조법 §68①). 노동위원회는 중재재정서를 지체 없이 관계 당사자에게 송달하여야 한다(노조령 §29①).

(4) 중재안의 유권해석

중재재정의 해석 또는 이행방법에 관하여 관계 당사자 간에 의견의 불일치가 있는 때에는 당해 중재위원회의 해석에 따르며 그 해석은 중재재정과 동일한 효력을 가진다(노조법 §68②).

2·마. 중재재정의 불복

(1) 재 심

관계 당사자는 지방노동위원회 또는 특별노동위원회의 중재재정이 위법이거나 월권에 의한 것이라고 인정하는 경우에는 그 중재재정서의 송달을 받은 날부터 10일 이내에 중앙노동위원회에 그 재심을 신청할 수 있다(노조법 §69①).

(2) 행정소송

관계 당사자는 중앙노동위원회의 중재재정이나 재심결정이 위법이거나 월권에 의한 것이라고 인정하는 경우에는 행정소송법 제20조의 규정에 불구하고 그 중재재정서 또는 재심결정서의 송달을 받은 날부터 15일 이내에 행정소송을 제기할 수 있다(노조법 §69②).

(3) 중재재정의 확정

소정기간 내에 재심을 신청하지 아니하거나 행정소송을 제기하지 아니한 때에는 그 중재재정 또는 재심결정은 확정된다(노조법 §69③). 중재재정이나 재심결정이 확정된 때에는 관계 당사자는 이에 따라야 한다(노조법 §69④). 따라서 중재재정에 대한 쟁의행위는 허용되지 않는다.

아울러 재심이나 행정소송을 제기할 수 있는 사항은 위법이거나 월권에 의한 경우뿐이다. 따라서 중재재정의 내용이 자신에게 불리하다는 이유로 재심이나 행정소송을 제기할 수 없다.

2·바. 중재의 효력

(1) 쟁의행위의 금지

노동쟁의가 중재에 회부된 때에는 그 날부터 15일간은 쟁의행위를 할 수 없다(노조법 §63). 조정기간의 경과 후 중재에 회부되더라도 다시 15일이 경과하지 않으면 쟁의행위를 할 수 없다(노조법 §45②단서).

(2) 중재재정의 효력

중재재정의 내용은 단체협약과 동일한 효력을 가진다(노조법 §70①).[1] 노동위원회의 중재재정 또는 재심결정은 중앙노동위원회의 재심 신청 또는 행정소송의 제기에 의하여 그 효력이 정지되지 아니한다(노조법 §70②).

중재재정의 유효기간에 관하여는 명문의 규정이 없다. 그러나 중재재정은 단체협약과 동일한 효력을 가지므로 단체협약의 유효기간에 관한 규정이 준용된다고 해석된다.

3. 공익사업 등의 조정에 관한 특칙

3·가. 의 의

공익사업의 쟁의행위는 국민의 일상생활과 국민경제에 미치는 영향이 크기 때문에 노동쟁의를 신속하게 해결하기 위하여, 노조법에 많은 특칙을 두면서, 쟁의행위에 있어 일반사업의 경우보다 많은 제한을 두고 있다.

공익사업에 대해서는 특별조정위원회에 의한 조정을 받는다. 다만 강제중재

---

1) 2006.12의 법 개정 전에는 '확정된' 중재재정 및 재심 결정에 대해서만 단체협약의 효력을 부여하고 있었다. 따라서 행정소송 등을 통해 확정된 중재재정에 대해서 단체협약과 동일한 효력이 부여된다는 데에 대해서는 이견이 없었으나, 확정되기 전의 중재재정에 대해서는 효력에 논란이 있었다. 한편, 법이 개정되면서 '확정된'이라는 표현이 빠졌으며, 재심 결정이 단체협약 효력 부여 대상에서 제외되었다.

제도는 2008년 1월 1일부터는 폐지되고, 필수유지업무제도로 보완하게 되었다.

3·나. 개념과 범위

(1) 공익사업

① 개 념

공익사업이라 함은 공중의 일상생활과 밀접한 관련이 있거나 국민경제에 미치는 영향이 큰 사업을 말한다(노조법 §71①).

② 범 위

공익사업으로는 '정기노선 여객운수사업 및 항공운수사업',[1] '수도사업, 전기사업, 가스사업, 석유정제사업 및 석유공급사업',[2] '공중위생사업, 의료사업 및 혈액공급사업',[3] '은행 및 조폐사업' 및 '방송 및 통신사업'이 있다.

(2) 필수공익사업

① 개 념

필수공익사업이라 함은 공익사업으로서 그 업무의 정지 또는 폐지가 공중의 일상생활을 현저히 위태롭게 하거나 국민경제를 현저히 저해하고 그 업무의 대체가 용이하지 아니한 사업을 말한다(노조법 §71②).

② 범 위

필수공익사업으로는 '철도사업, 도시철도사업 및 항공운수사업',[4] '수도사업, 전기사업, 가스사업, 석유정제 및 석유공급사업',[5] '병원사업 및 혈액공급사업',[6] '한국은행사업'[7] 과 '통신사업'이 있다.

③ 검 토

ILO는 필수 사업에 대한 정의를 '그 업무의 정지가 국민의 생명안전·건강을

---

1) 2008. 1. 1부터 해당된다.
2) 표현방법이 '수도사업·전기사업·가스사업·석유정제 및 석유공급사업'에서 보다 독립적이고 개별적인 표현으로 바뀌어서 2008. 1. 1부터 해당된다.
3) 2008. 1. 1부터 해당된다.
4) 특별시·광역시의 시내버스를 2001년 개정법에서 삭제하였다. 2006.12.31 개정법에서 항공운수사업을 포함시켰으며 2008. 1. 1부터 해당된다.
5) 표현방법이 '수도사업·전기사업·가스사업·석유정제 및 석유공급사업'에서 보다 독립적이고 개별적인 표현으로 바뀌어서 2008. 1. 1부터 해당된다.
6) 혈액공급사업을 추가하여, 2008. 1. 1부터 해당된다.
7) 은행사업에서 범위를 좁혀, 2008. 1. 1부터 해당된다.

위태롭게 하는 사업'이라고 한정하고 있다. 이와 비교하여 우리는 좀 더 완화된 표현을 쓰면서 통신·철도사업까지 필수 공익사업으로 보고 있어 그 범위가 넓다는 지적이 있다.

3·다. 공통적 특칙

(1) 우선 취급

국가·지방자치단체·국공영기업체·방위산업체 및 공익사업에 있어서의 노동쟁의의 조정은 우선적으로 취급하고 신속히 처리하여야 한다(노조법 §51). 일반사업에 비해 공중의 일상생활과 국민경제에 미치는 영향이 크다는 점을 감안한 규정이다.

(2) 조정기간

공익사업에 있어서는 일반사업이 10일인 데 반하여, 5일이 더 긴 15일 이내에 조정을 종료하여야 한다(노조법 §54①). 아울러 일반사업은 10일, 공익사업은 15일 이내에서 연장할 수 있다(노조법 §54②).

(3) 특별조정위원회에 의한 조정

① 구 성

공익사업의 노동쟁의 조정을 위하여 노동위원회에 특별조정위원회를 두며(노조법 §72①), 특별조정위원회는 특별조정위원 3인으로 구성한다(노조법 §72②).

특별조정위원은 그 노동위원회의 공익을 대표하는 위원 중에서 노동조합과 사용자가 순차적으로 배제하고 남은 4인 내지 6인 중에서 노동위원회의 위원장이 지명한다. 다만, 관계 당사자가 합의로 당해 노동위원회의 위원이 아닌 자를 추천하는 경우에는 그 추천된 자를 지명한다(노조법 §72③).

특별조정위원회의 위원장은 공익을 대표하는 노동위원회의 위원인 특별조정위원 중에서 호선한다. 당해 노동위원회의 위원이 아닌 자만으로 구성된 경우에는 그 중에서 호선한다. 다만, 공익을 대표하는 위원인 특별조정위원이 1인인 경우에는 당해 위원이 위원장이 된다(노조법 §73).

② 회 의

특별조정위원회는 공익사업에 대하여 조정을 담당한다는 점에서 조정위원회와 다르지만, 회의는 조정위원회와 같이 구성원 전원 출석으로 개의하고 과반수의 찬성으로 의결한다(노위법 §17②).

3·라. 필수공익사업의 특칙

(1) 필수유지업무제도

① 의 의

'필수유지업무'란 필수 공익사업의 업무 중 정지되거나 폐지되는 경우 공중의 생명·건강, 신체의 안전 또는 공중의 일상생활을 현저히 위태롭게 하는 업무로서 대통령령으로 정한 업무를 말한다(노조법 §42의2①).

쟁의행위 기간 중에 필수유지업무의 정당한 유지·운영을 정지·폐지 또는 방해하는 행위를 하지 못한다(노조법 §42의2②).

필수유지업무제도는 공익침해 부분에 대해 쟁의행위를 제한하면서 다른 부분에서는 쟁의행위를 할 수 있으므로 노동기본권과 국민경제의 증진이라는 두 가지 목표를 함께 달성할 수 있는 제도이다.

② 필수유지업무의 내용

필수유지업무의 내용은 법률에 규정된 기준을 토대로 대통령령에서 구체화된다. 대통령령은 업무의 특성 등을 고려, 공익사업별 필수유지 업무 내용을 규정한다. 예컨대, 병원사업의 경우에는 '병원사업의 수술, 응급·중환자 치료·처치 업무 및 관련된 핵심지원 업무'로 규정할 수 있을 것이다.

③ 필수유지업무협정의 체결

노사는 법령에 제시된 기준을 토대로 필수유지업무의 필요 최소한의 유지·운영 수준, 대상 직무, 필요 인원 등을 노사협정 즉 '필수유지업무협정'으로 체결하여야 한다(노조법 §42의3). 예컨대, 병원사업에서는 '응급실, 중환자실, 수술실 업무 및 이와 관련된 지원 업무를 유지하기 위해 필요인력 근무'가 대상이 될 수 있다.

④ 노동위원회 결정

노사간에 협정이 체결되지 않을 경우, 관계 당사자 일방 또는 쌍방이 노동위원회에 신청하면, 노동위원회가 필수유지업무의 구체적인 범위를 정할 수 있으며, 노동위원회가 결정한 내용에 반하는 노사협정은 효력을 상실한다(노조법 §42의4).

⑤ 노동위원회의 결정에 따른 쟁의행위

노사 당사자가 노동위원회의 결정에 따라 쟁의행위를 한 경우 필수유지업무를 정당하게 유지·운영하면서 쟁의행위를 한 것으로 볼 수 있다(노조법 §42의5).

⑥ 사업장에서의 필수유지업무 수행

노동조합이 사용자에게 근무자를 통보하고, 사용자는 이에 따라 근로자를 지명하여 필수유지 업무를 수행할 수 있다(노조법 §42의6).

(2) 대체근로 허용

① 의 의

필수공익사업의 강제중재제도가 폐지됨에 따라 필수유지업무가 아니면 파업이 전면적으로 허용된다. 이에 대응하여, 공익과 국민경제를 보호하기 위해, 필수공익사업에 대하여는 일정한 범위 안에서 대체근로가 2008년 1월 1일부터 허용된다.

② 내 용

필수공익사업에 대하여는 대체근로의 제한 규정이 적용되지 아니하고, 파업참가 근로자의 100분의 50을 초과하지 않는 범위 내에서 대체근로가 허용된다. 다만, 파견법을 통한 대체근로는 종전과 같이 제한된다. 또한 대체근로는 쟁의행위 기간 중에 한하여 가능하다고 규정되어 있어 파업을 이유로 한 영구적 대체근로는 허용되지 않는다.

4. 긴급조정제도

4·가. 의 의

(1) 취 지

긴급조정제도는 국민경제를 위태롭게 할 현존하는 위험을 막기 위해 쟁의권에 대한 중대한 제한을 인정하는 불가피한 해결방법이다.

일반적인 조정제도인 조정·중재가 통상의 노동쟁의의 조정방법이라고 한다면, 긴급조정은 비상시의 쟁의조정방법이다. 또한 전자가 앞으로 발생할 쟁의행위의 예방조치라고 한다면 후자는 이미 발생한 쟁의행위의 중지조치이다.

즉, 긴급조정제도는 노동쟁의가 국민경제나 국민생활을 위태롭게 할 위험이 있는 경우 노동부장관이 쟁의행위를 중지시키고 긴급하게 조정할 것을 결정하여 행하여지는 조정을 말한다.

(2) 필수유지업무와의 관계

공익적 업무 모두가 필수유지업무로 되는 것은 아니다. 필수유지업무가 아닌 공익사업의 업무에 대해서는 파업의 태양에 따라 긴급조정이 결정될 수 있다. 필수유지업무라 하더라도 장기간 계속되는 파업, 필수유지업무가 유지되지 않는 파업 등은 긴급조정의 대상이 될 수 있음은 물론이다.

4·나. 개시 요건

(1) 법적 근거

긴급조정이란 쟁의행위가 공익사업에 관한 것 또는 그 규모가 크거나 그 성질이 특별한 것으로서, 현저히 국민경제를 해하거나 국민의 일상생활을 위태롭게 할 위험이 현존하는 경우에 그 쟁의행위를 일시 중지시키고 긴급하게 조정할 것을 결정하여 행하는 조정을 말한다(노조법 §76①).

(2) 실질적 요건

긴급조정은 당해 쟁의행위가 공익사업에 관한 것이거나, 그 규모가 크거나, 그 성질이 특별한 것이어야 한다. 긴급조정은 이상의 요건을 갖춘 것으로서 현저히 국민경제를 해하거나 국민의 일상생활을 위태롭게 할 위험이 현존하는 때에 한한다(노조법 §76①). 따라서 위험의 현저성이 추상적인 것이 아니고 구체적이어야 하며, 그 위험이 현실적으로 존재해야 된다.

(3) 형식적 요건

긴급조정의 결정권자는 노동부장관이다. 노동부장관이 긴급조정의 결정을 하고자 할 때에는 미리 중앙노동위원회 위원장의 의견을 들어야 한다(노조법 §76②). 여기에서 노동부장관이 중앙노동위원회 위원장의 의견을 들어야 한다는 것은 중앙노동위원회 위원장의 의견을 존중하여야 한다는 뜻이며, 그 의견에 구속된다는 것은 아니다. 따라서 사실상 노동부장관이 긴급조정에 대한 결정을 갖는다고 보아야 한다.

4·다. 긴급조정의 절차

(1) 공표와 통고

노동부장관은 긴급조정을 결정한 때에는 지체 없이 그 이유를 붙여 이를 공표함과 동시에 중앙노동위원회와 관계 당사자에게 각각 통고하여야 한다(노조법 §76③). 또한, 긴급조정결정의 공표는 신문·라디오 또는 기타 공중이 신속히 알 수 있는 방법으로 하여야 한다(노조령 §32).

(2) 조정 개시

중앙노동위원회는 노동부장관의 통고를 받으면 지체 없이 조정을 개시하여야 한다(노조법 §78).

(3) 중재에의 회부 및 개시

① 중재회부 결정

중앙노동위원회는 조정이 성립할 가능성이 없다고 인정되면 긴급조정결정의 통고를 받은 날부터 15일 이내[1]에 공익위원의 의견을 들어 중재에의 회부 여부를 결정하여야 한다(노조법 §79).

② 중재 개시

중앙노동위원회는 당해 관계 당사자의 일방 또는 쌍방으로부터 중재신청이 있거나 직권(노조법 §79)으로 중재회부의 결정을 한 때에는 지체 없이 중재를 행하여야 한다(노조법 §80). 당해 관계 당사자 일방의 중재신청을 인정하는 것은 헌법상 보장된 단체행동권을 침해할 위헌적인 소지가 있어 보인다.

4·라. 긴급조정의 효과

(1) 쟁의행위의 중지

긴급조정이 공표된 때에는 관계 당사자는 즉시 쟁의행위를 중지하여야 하며, 기산일인 공표일부터 30일이 경과하지 아니하면 쟁의행위를 재개할 수 없다(노조법 §77). 만약, 이를 위반할 경우에는 2년 이하의 징역 또는 2천만원의 벌

1) 공포일로부터 30일이 경과되지 아니하면 쟁의행위를 재개할 수 없으므로 15일 이내의 규정은 삭제되어도 별 무리가 없어 보인다.

금형에 처하게 된다(노조법 §90).

(2) 조정안과 중재재정의 효력

긴급조정에 의하여 조정안이 관계 당사자에 의하여 수락되거나 또는 중재재정이 내려지면 수락된 조정안과 확정된 중재재정은 단체협약과 동일한 효력을 가진다(노조법 §61 및 §70).

(3) 행정소송의 제기

현실적으로 긴급조정의 절차를 개시할 만한 실질적 요건이 구비되어 있지 아니함에도 불구하고 노동부장관이 긴급조정의 결정을 내린 때에는 행정소송으로 이를 다툴 수 있다. 또한 긴급조정의 결정이 위법한 경우에는 이 결정에 반하여 쟁의행위를 했더라도 위법한 쟁의행위라 할 수 없다.

4·마. 긴급조정의 활용

긴급조정은 공표되면 쟁의행위를 중지하여야 하며, 실질적으로 강제중재로 연결되고, 중재회부가 결정되면 관계 당사자는 중재재정의 구속을 받는다.

또한 '국민경제의 저해'나 '일상생활의 위험' 등 긴급조정의 요건이 추상적이고, 실질적으로 노동부장관의 의사에 좌우된다.

이러한 점들을 고려할 때 긴급조정은 신중하게 결정될 필요가 있으며, 입법론적으로도 필수 공익사업에 한정하는 등 보다 구체적인 요건을 마련하는 것을 검토할 필요가 있다.

제7장

쟁 의 행 위

제1절 총 설

1. 쟁의행위의 의의

1·가. 쟁의행위의 개념

쟁의행위라 함은 파업·태업·직장 폐쇄 등 노동관계 당사자가 주장을 관철할 목적으로 행하는 행위와 이에 대항하는 행위로서 업무의 정상적인 운영을 저해하는 행위를 말한다(노조법 §2, 제6호).

쟁의행위는 평화적인 단체교섭이 결렬된 후 그 주장을 유리하게 관철하기 위해 근로자의 단결력을 바탕으로 한 행하는 실력행사이다. 따라서 주장의 관철성과 업무의 저해성을 구성 요소로 하고 있다.

1·나. 쟁의행위의 절차

쟁의행위는 노동쟁의가 발생한 후 조정전치주의에 따라 노사관계 당사자 중 어느 한 쪽이 노동위원회에 조정을 신청하고 조정기간이 종료한 후에 행할 수 있다(노조법 §45조②).

노동조합이 쟁의행위를 개시하고자 할 경우에는 미리 서면으로 행정관청과 관할 노동위원회에 쟁의행위의 일시·장소·참가인원 및 그 방법을 신고하여야 한다(노조령 §17).

1·다. 쟁의행위의 보장

쟁의행위는 헌법(§33①)상 보장된 단체행동권을 구체적으로 실현하는 행위이므로 민·형사상 책임이 면제된다.

1·라. 노동쟁의와 비교

(1) 개념 및 내용

쟁의행위와 노동쟁의를 구별하는 실익은 단체교섭이 결렬되고, 분쟁상태가 발생하여, 실력행사로 들어가는 시기를 확정함으로써 노동법의 적용관계를 명확히 하려는 데 있다.

단체교섭, 노동쟁의 및 쟁의행위는 일련의 절차를 이룬다. 노사는 대등한 교섭력으로 자치주의에 기초하여 근로조건 등의 유지 및 개선을 위하여 교섭을 한다. 이때 합의가 이루어지면 단체협약으로 마무리된다. 그러나 합의가 이루어지지 않으면 주장의 불일치로 발생한 분쟁상태 즉 노동쟁의가 된다.

노동쟁의는 다시 조정(調整)을 통하여 제도적으로 제3자의 도움을 받아 주장의 불일치를 해소하려는 노력을 거친다. 조정이 성공하게 되면 조정안은 단체협약으로의 효력을 갖는다. 그러나 제3자의 조력을 받았음에도 분쟁상태가 해결되지 않으면 쟁의행위가 발생될 수 있다. 노동쟁의는 쟁의행위가 발생하거나 발생할 우려가 있는 상태이다.

쟁의행위는 주장의 관철을 위해 정상적인 업무를 저해하는 행위 즉 실력행사이다. 따라서 이를 통해 얻고자 하는 것은 상대방의 양보를 통한 분쟁상태의 해결이다. 쟁의행위의 결과는 새로운 단체협약의 체결로 귀결된다.

(2) 법내조합과 법외조합

노동쟁의의 조정신청은 법내조합에게 인정된다. 법외조합도 헌법상 노동기본권에 기초하여 민·형사면책의 보호를 받지만 노조법에 의한 조정의 수혜대상은 아니다. 쟁의수단 등 정당성에 관한 규정은 법외조합에도 적용된다.

2. 쟁의행위의 요건

2·가. 쟁의행위의 당사자

쟁의행위의 당사자는 노사관계 당사자 즉 노동조합과 그의 상대방인 사용자 또는 사용자단체이다.

2·나. '주장 관철 행위' 및 '대항 행위'

쟁의행위라 함은 주장을 관철할 목적으로 행하는 행위와 이에 대항하는 행위를 말한다(노조법 §2, 제6호).

'주장'은 상대방에 대해 '단체교섭의 대상'[1]이 되는 사항을 요구하는 것을 말한다. '관철할 목적으로 행하는 행위'는 자기의 주장을 수용하도록 하는 행위이다. 따라서 조합원총회,[2] 운동경기 등은 쟁의행위가 아니나 이를 빙자하여 주장을 관철하려고 하면 쟁의행위의 성격을 갖게 된다. 일반적으로 '주장 관철 행위'는 근로자 측의 쟁의행위가 된다.

'대항하는 행위'는 상대방의 쟁의행위를 저지할 목적으로 행하는 방어적·수동적 행위로서, 주로 사용자측의 쟁의행위가 된다. 사용자에게는 대항행위만 인정된다.

2·다. 업무의 정상적 운영을 저해하는 행위

쟁의행위라 함은 파업·태업·직장 폐쇄 등 업무의 정상적인 운영을 저해하는 행위를 말한다(노조법 §2, 제6호). '저해행위'는 반드시 그 결과가 있어야 할 필요는 없으며 위험성이 있으면 족하다.

쟁의행위는 '업무의 정상적인 운영'을 저해하는 실력행사라는 점에서 노동쟁의나 일반적 시위와 구별된다. '업무의 정상적인 운영'은 즉 '사용자의 적법한 지휘·명령에 기초를 둔 업무 운영'을 말하며 '상대방의 저해 행위에 대한 대항행위'를 포함한다.

'파업·태업·직장 폐쇄 등'은 예시이며 불매운동(boycott)이나 피케팅(picketing)처럼 업무의 정상적인 운영을 저해하는 모든 행위가 이에 해당한다. 다만, 리본 패용, 사복 착용, 일과 후의 시위 등은 집단행위라 하더라도 업무[3]의 정상적인 운영을 저해하지 않는다면 쟁의행위라고 볼 수 없지만 병원이나 호텔[4]에서 이러한 행위가 이루어지면 업무운영의 '저해행위'로서 쟁의행위가 될 수 있다.

---

1) 제4장. 제4절. 참조.
2) 대판 1994.5.10, 93누15380, 지부결성 목적으로 월차휴가를 사용한 데 대해 쟁의행위로 보지 않았다.
3) 대판 1991.6.11, 91도204
4) 대판 1994.6.14, 93다29167

제 2절 쟁의행위의 정당성과 법적 제한

1. 의 의

1·가. 쟁의행위의 정당성

쟁의행위의 정당성이라 함은 민·형사 면책과 관련법의 보호를 받을 수 있는 한계를 말한다. 쟁의행위의 정당성은, 그 판단 기준이 명확하지 않아서, 노사관계의 특수성에 따라 합목적적인 해석에 의존하는 경우가 많다.

1·나. 쟁의행위의 제한

(1) 필요성

쟁의행위는 헌법이 보장하고 있는 근로자의 권리이다. 그러나 쟁의행위는 일반 공중 또는 국민경제에 피해를 줄 수 있으므로, 다른 기본권과의 조화를 위해 법적으로 일정한 제한을 받는다. 나아가서 노사는 자주적 법규인 단체협약이나 조합규약을 통해 자율적으로 쟁의행위를 제한하기도 한다.

(2) 기본 원칙

쟁의행위를 제한·금지하는 법규를 위반한 행위는 정당성을 인정받지 못하는 것이 원칙이다.

다만, 이 경우 일반법규와 자치법규에 의한 제한이 정당성을 갖는지는 헌법이 보장한 단체행동권의 취지를 살펴 개별적으로 판단하여야 한다.

특히, 절차 규정, 행정상 편의를 위한 규정 및 노·사의 채무적 관계를 정한 규정이나 자치 규정을 위반하면 그에 따른 벌칙을 받거나 계약불이행의 책임을 지지만 반드시 정당성이 부정되는 것은 아니다.

그러나 그 내용이 단체행동권의 취지에 비추어 허용될 수 없는 사항을 규정한 것이라면 정당성이 부정된다.

(3) 법적 근거

쟁의행위는 그 목적·방법 및 절차에 있어 법령 기타 사회질서에 위반되어서는 아니 된다(노조법 §37①). 이 규정에 대해서는 벌칙이 없다. 따라서 쟁의행위의 기본원칙을 선언적으로 규정한 것으로 볼 수 있다. 아울러 주체에 대해 명시하고 있지는 않지만 쟁의행위의 개념 상 당연히 포함된다.

노동조합은 쟁의행위가 적법하게 수행될 수 있도록 지도·관리·통제할 책임이 있다(노조법 §38③). 이 규정의 취지는 노동조합에 대하여 직접 책임을 부과함으로써 준수의 실효성을 높이기 위해서이나 벌칙이 없어 선언적인 규정으로 볼 수 있다.

노동조합은 쟁의행위 기간에 대한 임금의 지급을 요구하여 이를 관철할 목적으로 쟁의행위를 하여서는 아니 된다(노조법 §44②, §90. 2년 이하 징역 또는 2천만원 이하 벌금).

2. 정당성 판단 기준

2·가. 주 체

(1) 쟁의행위의 당사자

① 개 념

쟁의행위의 당사자는 노사관계 당사자 즉 노동조합과 그의 상대방인 사용자 또는 사용자단체이다. 노조법(§2)은 이들에 대한 개념을 규정하고 있다.

쟁의행위 당사자인 노동조합은 단체교섭이나 단체협약을 체결할 능력이 있어야 한다.[1)]

조합원은 노동조합에 의하여 주도되지 아니한 쟁의행위를 하여서는 아니 된다(노조법 §37②). 이 규정은 비공인 파업(wild cat strike)을 제한하는 근거 규정이 된다.

② 지부 · 분회 및 소수 조합원

ⓐ 비독립적 조직

노동조합의 지부·분회는 노동조합의 요건을 갖추지 못한 비독립적 소속기관

1) 대판 1992.7.14, 91다43800; 대판 1992.5.12, 91다34523; 대판 1992.1.21, 91누5204; 대판 1991.5.24, 91도324; 대판 1990.5.15, 90도357; 대판 1996.1.26, 95도1959; 대판 1999.6.25, 99다8377

이다. 조합의 비독립적인 지부나 소수 조합원이 노동조합의 의사에 반하여 또는 무관하게 행하는 쟁의행위를 비공인 파업(wild cat strike)이라 한다.

현행법은 명문 규정을 두어 비공인 파업을 금지하고 있으며(노조법 §37②), 판례[1]와 학설[2]도 비독립적 지부·분회를 쟁의행위의 주체로 인정하지 않는다.

ⓑ 독립적 조직

명칭이 지부나 지회라도 독자적인 규약 및 집행기관을 가지고 독립된 조직체로서 활동을 한다면, 설립신고와 관계없이 자신의 조직이나 조합원의 고유한 사항에 대하여 독자적으로 단체교섭을 하고 단체협약을 체결할 수 있는 것으로 해석된다.[3]

다만, 이러한 지부는 형식적 요건을 갖추지 못한 독립된 법외조합으로 보아야 할 것이다.

③ 노동조합의 요건이 결여된 단체

ⓐ 법외조합

쟁의행위의 주체는 원칙적으로 노동조합이다. 이때 형식적 요건을 갖추지 못하였으나 실질적 요건 중 적극적 요건을 갖춘 법외조합에 대해서는 의견의 다툼이 있으나 헌법상 노동기본권이 인정된다.[4] 따라서 법외조합도 쟁의행위의 주체가 될 수 있다. 다만, 법외조합은 노조법상 조정의 보호를 받을 수 없으며, 사용자가 교섭에 응하지 않더라도 부당노동행위가 성립하지 않는다. 따라서 쟁의행위를 하게 되면 목적, 절차 등에 있어 정당성을 인정받지 못할 가능성이 상대적으로 크다. 법외조합이 행한 쟁의행위는 민·형사 면책처럼 헌법에 근거를 둔 보호를 받을 수 있다.

ⓑ 쟁의단

쟁의단은 일시적 존속을 전제로 하므로 노조법상 노동조합이 아니다.[5] 따라서 판례[6]는 쟁의행위의 주체로 보지 않는다.[7]

---

1) 대판 1991.5.24, 91도324; 대판 1995.10.12, 95도1016; 대판 1997.4.22, 95도748, 노동조합의 승인 또는 지시에 반한 사실을 부정의 근거로 삼는다.
2) 임종률, 『노동법』, 2007, 216쪽; 이상윤, 『노동법』, 2007, 703쪽 등.
3) 대판 2001.2.23, 2000도4299
4) 제3장. 제2절. 3·나. 참조.
5) 이러한 이유로 일시적 쟁의단에게는 단체협약 체결권이 주어지지 않고, 노동쟁의의 주체가 되지 못한다.
6) 대판 1997.2.11, 96누2125; 대판 1990.5.15, 90도357
7) 같은의견, 이상윤, 『노동법』, 2007, 702쪽; 반대의견, 임종률, 『노동법』, 2007, 216쪽, 헌법상 쟁의권이 원

그러나 쟁의단에 대해서도 '노동조합 설립'과 같이 존립 목적 범위 안에서 헌법상 노동기본권이 인정될 부분이 있다.[1] 이에 따라 존립 목적의 범위 안에서 단체교섭과 쟁의행위가 예외적으로 인정[2]되며, 민·형사 면책처럼 헌법에 근거를 둔 기본적인 보호는 받을 수 있다고 생각한다.

(2) 법규적 제한

① 의 의

공무원과 교원의 쟁의행위는 인정되지 않으며, 일부 방위산업체 종사자의 쟁의행위는 제한되거나 인정되지 않고, 공익사업 종사자와 선원의 쟁의행위는 제한된다.

② 공무원

공무원인 근로자는 법률이 정하는 자가 아니면 노동3권을 가질 수 없으므로 쟁의행위를 할 수 없다.

국가공무원법(§66①)과 지방공무원법(§58①)은 공무원에 대해 노동운동 기타 공무 이외의 일을 위한 집단적 행위를 금지하고 있다. 공노법에 따르더라도 노동조합에게 단결권 및 단체교섭권이 부여되나, 단체행동권이 인정되어 있지 않아 마찬가지이다.

다만, 사실상 노무에 종사하는 공무원은 노동3권이 보장되므로 쟁의행위를 할 수 있다. 여기에서 사실상 노무에 종사하는 공무원이라 함은 정보통신부 및 철도청 소속의 현업기관과 국립의료원의 작업현장에서 노무에 종사하는 기능직 및 고용직 공무원을 의미한다(공무원복무규정 §28). 동 조항들은 원칙적으로 공무원의 단결권을 제한하면서 예외를 허용하고 있다.

③ 교 원

사립 및 국공립학교 교원에게 단결권 및 단체교섭권이 인정되나 일체의 쟁의행위를 할 수 없다(교노법 §8).

④ 방위산업체 종사자

법률이 정하는 주요 방위산업체에 종사하는 근로자의 단체행동권은 법률이

래 근로자 개인의 권리인데, 노동조합을 설립해야 권리를 행사할 수 있다고 하는 것은 모순이라고 본다.

1) 제4장. 제3절. 2·가. (3). 참조.

2) 비슷한 의견, 김유성, 『노동법Ⅱ』, 2001, 226쪽.

정하는 바에 따라 제한하거나 인정하지 않을 수 있다(헌법 §33③). 이에 따라 「방위사업법」에 의하여 지정된 주요 방위산업체에 종사하는 근로자 중 전력, 용수 및 주로 방산물자를 생산하는 업무에 종사하는 자는 쟁의행위를 할 수 없다(노조법 §41②).

여기에서 '주로 방산물자를 생산하는 업무에 종사하는 자'라 함은 방산물자의 완성에 필요한 제조·가공·조립·정비·재생·개량·성능검사·열처리·도장·가스취급 등의 업무에 종사하는 자를 말한다(노조령 §20).

방위사업체에 근로하더라도 '민수물자를 생산하는 근로자' 및 '방산물자 생산과 직접 관계가 없는 관리 업무 등 지원 부서에서 일하는 근로자'의 쟁의권은 인정된다.

⑤ 공익사업 근로자

공익사업의 근로자는 조정기간(노조법 §54), 필수공익사업에 있어 필수유지업무(노조법 §42의2), 긴급조정(노조법 §77) 등의 특례가 설정되어 있어 일반사업에 비해 특례가 설정되어 있다.

⑥ 선 원

선원은 선박이 항해 중이거나, 외국의 항구에 있거나, 그 밖에 인명 또는 선박에 위해를 줄 염려가 있는 경우에는 쟁의행위를 할 수 없다(선원법 §27). 한편, 유사한 업무인 항공이나 철도에 대해서는 특별법이 없다.

2·나. 목 적

(1) 의 의

쟁의행위는 그 목적이 근로자의 근로조건과 경제적·사회적 지위의 향상을 위해 노·사간의 자치적 교섭을 조성하는 것이어야 한다.

(2) 단체교섭과 쟁의행위

① 배 경

쟁의행위라 함은 '주장을 관철할 목적'으로 행하는 행위와 이에 대항하는 행위를 말한다(노조법 §2, 제6호). 쟁의행위는 단체교섭을 하였음에도 의견의 일치를 보지 못해 발생한 분쟁의 해결수단이다. 따라서 여기서 '주장'이라 함은 단체교섭에서 제시한 의견이 된다.

② 설의 나뉨

쟁의행위의 목적을 '단체교섭의 대상과 연계시키는지'에 대해서 의견이 나뉜다.

먼저, 연계긍정설[1]은 '쟁의권은 단체교섭에서의 주장을 관철하기 위해서 보장된다.'고 본다. 다시 말해서 쟁의행위는 단체교섭 대상 중 의무적 교섭대상을 관철할 목적으로 행해져야 한다는 것이다.[2]

다음으로, 연계부정설[3]은 '단체교섭의 대상이 아니라 하더라도 쟁의행위의 목적이 될 수 있다'고 본다. 노조법의 목적(노조법 §1)과 노동조합의 정의(노조법 §2, 제4호)에 '근로조건 유지 개선' 외에 '사회적·경제적 지위의 향상'이 명시된 점을 근거로 삼고 있다.

③ 개인 의견

이러한 논의와 관련해서 개인적으로는 어느 의견을 택한 후 이를 일률적으로 적용하기보다는, 개별적인 쟁의행위의 성격에 따라 판단해야 한다고 생각한다.

먼저, 사용자에게 처분권한이 있는 사항에 대해서는 '쟁의행위의 목적이 단체교섭의 대상이어야 한다고 생각한다.[4] 예를 들어 경영권, 인사권, 권리분쟁 등에 대해서 의무적 교섭사항인지 여부가 판단의 기준이 되며, 임의적 교섭사항이나 위법적 교섭사항은 쟁의행위의 목적상 정당성이 없다고 보아야 할 것이다.

다음으로, 사용자에게 처분 권한이 없는 사항에 대해서는 탄력적으로 판단해야 옳다고 본다. 입법이나 제도의 개선을 요구하는 현대 사회에서 국가의 입법이나 각종 정책은 근로조건에 큰 영향을 미친다. 따라서 단체교섭과 관계가 없다 하여 쟁의행위의 정당성을 부인한다면 궁극적으로 헌법상 노동기본권이 제한되는 결과를 가져올 것이다. 따라서 사용자에게 처분권한이 없다면 단

---

1) 대판 1994.9.30, 94다4042, 쟁의행의가 정당성을 갖추기 위하여는 ...그 목적이 근로조건의 향상을 위한 노사간의 자치적 교섭을 조성하기 위한 것이어야 하며...이는 쟁의에 의하여 달성하려는 요구사항이 단체교섭사항이 될 수 있는 것을 의미한다 (대판 1992.5.12, 91다34523; 대판 1994.3.25, 93다30242); 대판 1991.1.19, 90도2852, 단체교섭은 임금·근로시간... 근로조건의 결정에 관한 주장을 관철할 목적으로 행하는 행위이므로 이러한 목적을 갖고 있지 않으면 쟁의행위가 아니다; 대판 2001.5.8, 99도4659, 단체교섭사항이 아닌 보상금 지급을 관철시킬 목적의 쟁의행위는 정당하지 않다; 대판 2002.1.11, 2001도1687, 기구 통·폐합에 따른 조직변경 및 업무분장 등에 관한 결정권은 사용자의 경영권에 속하는 사항으로 단체교섭사항이 될 수 없다; 대판 2002.2.26, 99도5380, 정리해고나 사업조직의 통폐합 등 기업의 구조조정 실시 자체에 반대하기 위한 쟁의행위는 목적의 정당성을 인정할 수 없다; 대판 2003.2.11, 2000도4169, 정리해고 등 구조조정 자체를 반대하는 쟁의행위는 정당하지 않다.

2) 같은 취지, 이상윤, 『노동법』, 2007, 708쪽.

3) 임종률, 『노동법』, 2007, 218쪽.

4) 단체교섭 대상에 대해서는 제4장. 제4절에서 설명하였다.

체교섭 대상이 아니지만 쟁의행위까지 일률적으로 부인하기는 어려울 것이다.

따라서 정치파업, 동정파업 등 주체, 목적, 수단, 방법 등을 살펴서 정당성을 판단하는 것이 바람직할 것이다.[1] 예를 들어, 사용자의 처분권이 없는 사항에 대한 쟁의행위의 목적에 진정성이 있는가는 '기업별 단위노조가 단독으로 행하는 것인지' 아니면 '산업별 단위노조나 산업별 노조 연합단체가 행하는 것인지'에 따라 달라질 수 있을 것이다.

한편, 사용자의 처분 권한이 없는 사항으로서 근로자의 경제적·사회적 지위의 향상을 위하여 제도개선을 요구하는 것이 아니라면 목적의 정당성을 인정받기 어려울 것이다.

(3) 복합 목적의 쟁의행위

쟁의행위는 여러 개의 목적을 갖는 것이 일반적이다. 쟁의행위의 목적 중 일부가 정당하지 못하면 주된 목적 또는 진정한 목적이 정당한지에 따라 전체의 정당성을 판단한다.[2]

2·다. 수단 · 방법

(1) 일반원칙

쟁의행위는 헌법상 보장된 기본적 권리이다.

그러나 쟁의행위는 소극적인 방법으로 근로제공을 전면적 또는 부분적으로 정지함으로써 사용자의 업무를 저해하는 방법으로 행해져야 한다.[3]

아울러 쟁의행위는 노사관계의 신의성실의 원칙과 공정성의 원칙에 합치되도록 사용자의 소유권이나 재산권과 조화를 이루어야 한다.

노조법도 이러한 점을 고려하여 폭력·파괴행위로 타인의 생명·신체에 위해를 미치거나, 다른 기본권을 침해하는 수단이나 방법에 대해 쟁의행위를 제한하는 규정을 두고 있다.

따라서 이러한 원칙에 위배되거나 관련법규에 위반된 쟁의행위는 정당성이 부인된다.

---

1) 김유성, 『노동법Ⅱ』, 2001, 226쪽.
2) 대판 1992.1.21, 91누5204; 대판 1992.5.12, 91다34523; 대판 2002.2.26, 99도5380
3) 대판 1990.5.5, 90도357; 대판 1992.7.14, 91다43800 등.

(2) 위법 · 부당한 수단과 전체적 정당성

소수의 근로자가 폭행, 업무방해 등을 하더라도 전체 쟁의행위가 당연히 위법한 것은 아니며 그러한 행위가 노동조합의 의사로 계획적으로 이루어졌는지를 살펴서 전체 쟁의행위가 그 정당성을 유지하는지를 판단하여야 한다.

다만, 폭행, 업무방해 등을 행한 소수 근로자의 책임은 면제되지 않는다. 폭력, 협박 등에 해당하는지는 다중의 힘을 기초로 하는 단체행동의 특성을 고려하여 상황에 따라 구체적으로 판단하여야 하며, 폭력 등의 행위에 대해 징계를 함에 있어서도 그 정도와 형량이 조화를 이루어야 한다.

(3) 법규적 제한

① 폭력 · 파괴행위 등의 금지

폭력·폭행·협박·파괴 등으로 행하는 쟁의행위는 정당성을 인정받지 못한다(노조법 §4단서).

쟁의행위는 폭력이나 파괴행위 또는 생산 기타 주요 업무에 관련되는 시설과 이에 준하는 시설로서 대통령령이 정하는 시설을 점거[1]하는 형태로 할 수 없다(노조법 §42①, 노조령 §21).

쟁의행위와 관계없는 자 또는 근로를 제공하고자 하는 자의 출입·조업 기타 정상적인 업무를 방해하는 방법은 인정되지 않으며, 쟁의행위의 참가를 호소하거나 설득하는 행위 즉 피켓팅에 대하여는 폭행·협박 등이 허용되지 않는다(노조법 §38①).

파업기간 중에도 근로자에게 존속하는 부수적 의무인 성실의무나 배려의무에 의하여 작업시설의 손상이나 원료·제품의 변질 또는 부패를 방지하기 위한 보안 작업은 쟁의행위기간 중에도 정상적으로 수행되어야 한다(노조법 §38②).

② 안전보호시설의 유지

사업장의 안전보호시설의 정상적인 유지·운영을 정지·폐지 또는 방해하는 행위는 쟁의행위로서 이를 행할 수 없다(노조법 §42②). 이러한 예로는 아파트의 난방·수도·전기시설, 관제통신 및 항공보안시설, 병원의 급식시설, 가스 등 폭발시설, 낙반 방지시설, 통기 배수시설, 병원의 구급진료시설 등을 들 수 있다.

---

1) 같은장. 제2절. 3.바. 참조.

행정관청은 안전보호시설을 정지·폐지 또는 방해하는 쟁의행위 대해 노동위원회의 의결을 얻어 그 행위의 중지를 명하여야 한다. 다만, 사태가 급박하여 노동위원회의 의결을 얻을 시간적 여유가 없을 때에는 그 의결을 얻지 아니하고 즉시 그 행위의 중지를 명할 수 있다(노조법 §42③).

이 경우 행정관청은 지체 없이 노동위원회의 사후 승인을 얻어야 하며 그 승인을 얻지 못한 때에는 그 명령은 그 때부터 효력을 상실한다(노조법 §42④).

2·라. 절차 · 시기

(1) 쟁의행위의 개시

① 정당성 인정

쟁의행위는 사용자가 단체교섭 자체를 거부한 경우, 단체교섭 자리에서 노동조합의 요구를 거부하고 더 이상 교섭하지 않겠다는 뜻을 밝힌 경우,[1] 양 당사자가 명시적·묵시적 합의로 단체교섭이 결렬되었음을 확인하는 경우, 사용자가 근로자의 요구에 대해 불합리한 이유로 회답을 미루는 경우, 사용자가 동일한 주장을 되풀이하는 경우에 개시되어야 정당성을 인정받을 것이다.

② 정당성 부정

사용자가 단체교섭의 요구를 받지도 않은 상태이거나, 노동조합이 요구한 후 사용자가 답할 수 있는 충분한 시간을 주지 않은 상태이거나, 사용자가 응해 왔는데 교섭을 해보지도 않은 채 바로 돌입한 쟁의행위는 정당성을 인정받지 못한다.

(2) 교섭의 미진

단체교섭이 일단 시작되면 어느 단계에서 쟁의행위를 시작할 것인지는 노동조합이 결정할 문제이다.[2]

쟁의행위는 단체교섭의 보충적 행위로서 단체교섭이 결렬되었거나 더 이상 진행이 무의미한 경우에 최후적 수단(ultima ratio)으로 사용해야 한다는 견해가 있다.[3] 그러나 '최후적 수단'은 정당성 판단을 위한 기준이 되기는 어려우며 선언적인 의미를 갖는다고 생각한다. 단체교섭은 전개되는 모습이 다양하여

---

1) 대판 1990.5.15, 90도357
2) 임종률, 『노동법』, 2007, 218쪽.
3) 김형배, 『노동법』, 2007, 170쪽; 이상윤, 『노동법』, 2007, 708쪽; 대판 1990.5.15, 90도357 등.

개별 사건마다 다른 모습으로 나타나므로 양적·질적으로 어느 정도 교섭을 해야 정당성이 인정될지 구체적 기준을 제시하기 어렵기 때문이다. 따라서 단체교섭이 일단 개시된 이상 단체교섭 미진을 이유로 행한 쟁의행위의 정당성을 부정할 수는 없다.[1)]

(3) 법규적 제한

① 쟁의행위 찬반 투표

ⓐ 의 의

노동조합의 자주성을 보장하기 위해서는 쟁의행위의 결정을 노동조합의 내부적인 자치에 맡기는 것이 원칙이나, 민주성을 확보하기 위해 노조법은 쟁의행위를 개시하는 데 거쳐야 할 절차인 찬반투표제가 법규에 명시되어 있다.

찬반투표제는 쟁의행위에 대한 본질적인 주체인 조합원들의 의사를 확인하는 과정이다.

노동조합의 쟁의행위는 그 조합원의 직접·비밀·무기명투표에 따라 조합원 과반수의 찬성으로 결정하지 아니하면 이를 행할 수 없다(노조법 §41①, §91. 1년 이하 징역 또는 1천만원 이하 벌금).

한편, 노동조합은 투표의 민주성과 공정성을 확보할 수 있도록 '쟁의행위와 관련된 찬반투표 결과의 공개', '투표자 명부 및 투표용지 등의 보존·열람에 관한 사항' 등을 규약에 기재하여야 한다(노조법 §11).

ⓑ 효 력

파업 찬반 투표가 효력 규정인지에 대해 견해가 나뉜다.

먼저, 효력인정 적극설[2)]은 찬반 투표 절차를 위반한 쟁의행위는 객관적인 사정이 인정되지 아니하는 한 정당성이 상실된다고 본다.

다음으로, 효력인정 소극설[3)]은 조합 규약상의 별도 조치를 준수한 것처럼 민주적인 의사결정 과정이 실질적으로 확보[4)]되어 있다면 쟁의행위의 정당성

---

1) 김유성, 『노동법Ⅱ』, 2001, 238쪽; 노조법은 노동쟁의를 정의하면서 '당사자 간에 합의를 위한 노력을 계속하여도 더 이상 ..합의의 여지가 없는' 이라고 표현(노조법 §2,제5호)하고 있고, '쟁의행위는 ..조정절차를 거치지 아니하면 행할 수 없다.'고 명시(노조법 §45②)함으로써 최후적 수단의 원칙을 규정하고 있는 듯 보인다. 이러한 이유로 노조법상 쟁의행위가 아닌 헌법상 즉 면책성 쟁의행위에 대해서는 정당성이 부정되지 않는다고 한다. 그러나 이 조항들은 조정전치주의와 관련이 있으므로 조정전치주의의 효력에 관한 법리에 따라 판단하여야 할 것이다.

2) 이상윤, 『노동법』, 2007, 730쪽; 임종률, 『노동법』, 2007, 225쪽; 대판(전원) 2001.10.25, 99도4837

3) 김유성, 『노동법Ⅱ』, 2001, 243쪽.

4) 전원합의체 판결에 의해 배척된 대판 2000.3.10, 99도4838 및 대판 2000.5.26, 99도4836도 이러한 주장을 하였다.

을 인정한다.

개인적으로는 적극설에 찬성한다. 쟁의행위는 근로자에게 임금 상실을 의미하므로 조합원의 진정한 의사에 바탕을 두어야 한다. 직접·비밀·무기명이 반영되지 않은 '규약에 정한 방법'에만 맡길 경우에는 그 진정성을 보장하기 어렵기 때문이다. 나아가서 현행법에는 투표시기에 대해 제한이 없어 교섭 전에 투표를 하더라도 이를 제한할 근거가 명시되어 있지 않다. 입법적인 보완이 필요하다고 생각한다.

한편, 지역별, 산업별, 업종별 노동조합의 경우에는 총파업이 아닌 이상 쟁의행위를 예정하고 있는 당해 지부나 분회 소속 조합원의 과반수의 찬성이 있으면 된다.[1)]

② 조정전치주의

ⓐ 의 의

쟁의행위는 조정절차(노조법 제5장 제2절 내지 제4절)를 거치지 아니하면 이를 행할 수 없는데, 이를 조정전치주의라고 한다. 다만, 조정기간(노조법 §54, 일반사업의 경우 10일, 공익사업은 15일) 내에 조정이 종료되지 아니하거나, 중재회부 후 쟁의행위 금지기간(노조법 §63, 15일) 내에 중재재정이 이루어지지 아니하거나, 조정 종료 결정 후의 조정절차(노조법 §61의2)인 경우에는 그러하지 아니하다(노조법 §45②).

조정절차에는 사적(私的)조정의 절차도 포함된다. 아울러, 조정을 신청하지 않거나 조정 중에 쟁의행위를 하면 조정절차를 거치지 않은 것이 된다.

조정전치를 위하여 노조법(노조법 §45①)은 노동쟁의가 발생한 경우 노사관계 당사자 어느 일방이 이를 상대방에게 서면으로 통보하도록 하고 있다. 다만, 이 규정은 벌칙을 두고 있지 않아 훈시적 성격에 그치고, 효력 요건이 아니다.

ⓑ 효 과

조정전치주의를 위반한 쟁의행위는 형사처벌을 받을 수 있다(노조법 §91. 1년 이하 징역 또는 1천만원 이하 벌금).

한편, 벌칙의 적용과는 달리 조정전치 위반의 쟁의행위가 정당성을 갖는지에 대해 의견이 나뉜다.

먼저, 조정전치주의 위반이 있더라도 쟁의행위의 정당성이 당연히 상실되는

1) 대판 2004.9.24, 2004도 4641.

것은 아니라는 소극설[1]이 있다. 조정전치주의가 소정의 기간 동안 쟁의행위의 개시를 유보하거나 개시한 쟁의행위를 중단하고 조정이나 중재의 성공을 위하여 노력하려는 정책적인 고려에서 설정된 것이라고 본다.

다음으로, 조정절차는 단체교섭의 실질적 연장으로서의 성격을 가지고 있으므로 이를 거치지 않으면 쟁의행위의 정당성을 상실한다는 적극설[2]이 있다.

개인적으로는 소극설에 찬성한다. 조정은 그 성격상 당사자 간의 단체교섭의 연장으로서 제3자의 조력 즉 서비스를 받는 절차로 보아야 한다. 따라서 그러한 절차에 의해 주장의 불일치를 해소하는 것이 불가능하다고 판단하여 조정을 거치지 않고 쟁의행위를 하였다고 정당성을 부인하기는 어려울 것이다.

한편, 조정전치에 대해 효력 규정인지를 명확하게 하지 않은 상태에서 벌칙을 통해 조정을 거친 후 쟁의행위의 개시 시점을 제한하는 현행 규정은 입법론적으로 보완되어야 할 것이다.[3]

ⓒ 행정지도

노동위원회가 교섭미진을 이유로 행정지도를 하면서 실질적인 조정을 하지 아니한다면 조정을 거친 것으로 인정된다.[4]

한편, '단체교섭의 대상이 아니다.'는 이유로 노동위원회가 내린 행정지도에 반한 쟁의행위는 목적이나 절차가 적법하지 않다고 하면서, '조정을 거친 것으로 보지 않는다.'고 부기한 판례[5]가 있다. 이러한 쟁의행위는 행정지도에 따르지 않았기 때문이 아니라, 목적의 정당성을 갖추지 못하였으므로 정당성이 부정된다.[6]

따라서, 노동위원회는 조정 또는 중재의 대상이 아니면 그 사유와 해결방법을 당사자에게 알려주어야 하지만(노조령 §24), 행정지도 행위 자체가 정당성 판

---

1) 임종률, 『노동법』, 2007, 225쪽; 김유성, 『노동법Ⅱ』, 2001, 294쪽; 대판 1991.5.14, 90누4006 ; 대판 1995.5.26, 94누7966; 대판 2000.10.13, 99도4812; 대판 2001.11.17, 99도4779, 정당성 여부는 '사회·경제적 안정이나 사용자의 사업운영에 예기치 않은 혼란이나 손해를 끼치는 등 부당한 결과를 초래할 우려가 있는지 여부'를 구체적으로 고려하여 판단하여야 한다.

2) 이상윤, 『노동법』, 2007, 732쪽.

3) 벌칙을 삭제하는 것이 타당하다고 본다. 입법정책적으로 조정전치주의를 효력 요건으로 하더라도, 정당성이 결여된 쟁의행위로서 불이익을 받게 될 것이므로 벌칙은 필요하지 않을 것이다. 궁극적으로는 당사자가 모두 원하는 경우 서비스를 제공하되 신청주체, 신청시기, 검토대상을 자유롭게 확대하는 방향으로 나가는 것이 바람직하다고 생각한다.

4) 대판 2001.6.26, 2000도2871

5) 대판 2003.2.11, 2002두9919

6) 관련 판례도 조정절차를 거치지 않아 정당성이 없다는 견해는 아니다.

단의 기준이 되지 못한다.

ⓓ 중재와 긴급조정 기간

중재기간(노조법 §63, 15일) 및 긴급조정 기간(노조법 §77, 30일) 중에 쟁의행위 금지 의무를 위반하였더라도 이것만으로는 정당성을 부인할 수 없다는 견해[1]가 있다. 그러나 이러한 쟁의행위는 일반적 조정전치주의와는 그 성격이 다르므로 정당성이 인정되지 않는다고 생각한다.[2] 그 이유를 살펴보자.

먼저, 조정(調停)은 분쟁해결에 대한 보완 내지 대안의 제시에 그친다. 그러나 중재는 당사자 합의로 신청한다. 그리고 제3자의 의견에 구속되어 분쟁을 끝내고 당사자의 동의 즉 '쟁의행위를 하지 않겠다.'는 뜻이 전제되어 있다. 따라서 중재기간(노조법 §63, 15일) 중 쟁의행위는 그 정당성을 인정받을 수 없다.[3]

다음으로, 긴급조정은 조정전치주의가 적용되는 조정절차에 해당되지 않는다.[4] 다시 말해서 공익사업 또는 그 규모가 크거나 그 성질이 특별한 것으로서 현저히 국민경제를 해하거나 국민의 일상생활을 위태롭게 할 위험이 현존할 때 쟁의행위를 중지시키는 것 자체에 목적을 두고 일반 조정 절차에 특례를 인정하는 것이다. 따라서 그러한 의무를 위반한 쟁의행위는 반사회적 행위로 정당성을 인정할 수 없다.

③ 쟁의행위의 신고

노동조합은 쟁의행위를 하고자 할 때, 행정관청과 관할 노동위원회에 쟁의행위의 일시·장소·참가인원 및 그 방법을 미리 서면으로 신고하여야 한다(노조령 §17). 신고는 행정목적 달성을 위한 것으로서 효력요건이 아니다.

④ 조정안의 해석

노동위원회의 조정안에 대한 해석 또는 이행방법에 관하여 관계 당사자 간에 의견의 불일치가 있는 경우, 당사자는 노동위원회에 해석을 요구하여야 하며 당해 노동위원회에 의한 해석 또는 이행방법에 관한 견해가 제시될 때까지는 당해 조정안의 해석 또는 이행에 관하여 쟁의행위를 할 수 없다(노조법 §60

---

1) 임종률, 『노동법』, 2007, 225쪽.
2) 조정전치에 효력에 대해 적극설의 지지하게 되면 당연한 결론이다. 그러나 소극설의 경우 그 견해가 갈린다.
3) 김유성, 『노동법Ⅱ』, 2001, 294쪽.
4) 조정전치주의의 조정절차는 '노조법 제5장 제2절 내지 제4절'로 명시되어 있으나, 긴급조정은 제5장 제5절에 규정되어 있다.

⑤). 다만, 이 조항은 벌칙조항을 두고 있지 않아 효력규정이 아닌 훈시적 규정으로 볼 수 있다.

(4) 자주적 법규에 의한 제한

단체협약에 쟁의행위의 시기·절차·방법·장소 등을 정한 평화조항 또는 쟁의조항에 의해서도 쟁의행위는 제한된다. 그러나 평화조항 또는 쟁의조항은 채무적 부분이므로 이에 반한 쟁의행위는 채무불이행책임을 질 뿐 정당성 자체가 부정되지는 않는다.[1]

한편, 조합규약에 쟁의행위에 관한 사항을 규정해 놓았더라도 이는 조합 내부의 책임 문제를 발생시킬 수는 있으나, 쟁의행위의 정당성에는 영향을 미치지 않는다.

3. 유형별 정당성

3·가. 파 업

(1) 의 의

파업은 집단적으로 근로제공을 거부하는 소극적 수단이다. 파업은 부분·전면·지명·총 파업, 무기한·시한 파업, 일제·순환 파업 등 여러 유형이 있다.

(2) 정치파업

정치파업이란 파업의 상대방이 정부인 파업을 말한다.[2] 정치파업은 주장을 관철하려는 대상은 정부인데, 파업으로 인한 손해는 권한이 없는 사용자가 입게 된다. 이러한 이유로 목적의 정당성에 대해 의견이 나뉜다.

먼저, 부정설[3]은 '쟁의행위의 본질이 노사 당사자 간의 분쟁을 자치적으로 해결하는 데 있는 것이지 제3자에 대한 압력수단으로 활용할 수 없다.'는 단체교섭중심설에서 그 근거를 찾는다.

다음으로, 인정설은 '헌법이 단체행동권을 기본권으로 보장하는 이유 중 하나가 근로자들의 참여를 통한 사회 전반에 대한 민주주의의 확대에 있다.'고

1) 이상윤, 『노동법』, 2007, 739쪽.
2) 임종률, 『노동법』, 2007, 217쪽.
3) 이상윤, 『노동법』, 2007, 716쪽; 김형배, 『노동법』, 2007, 821쪽; 대판 1990.5.15, 90도357; 대판 1991.1.29, 90도2852, 형사재판 결과에 대한 항의와 석방 촉구를 목적으로 한 파업이다.

본다.

셋째로, 이분설[1)]은 노동관계법과 관련된 입법적 요구나 사회보장제도처럼 그 내용이 근로자의 사회적·경제적 지위와 관계가 있는 '경제적 정치파업'은 정당성이 인정되나, 파병반대와 같은 순수 정치파업은 쟁의행위의 목적상 정당하지 않다고 본다.

개인적으로는 이분설에 찬성한다. 다만, 이분설도 '시민법 원리에 따라 권한 없는 제3자에게 손해를 주는 것은 긴급피난을 제외하고는 허용되지 않는다.'는 점을 지적하면서 시위 위주로 단시간에 그치지 않으면 목적의 정당성이 문제가 될 수 있다는 견해를 밝히고 있다. 나아가서 주체에 있어서도 초기업 단위가 아닌 개별기업단위 노조 차원에서 이루어진다면 그 목적의 진정성을 인정받지 못할 수도 있을 것이다.

(3) 동정파업

동정파업이란 다른 노동조합이 행하는 쟁의행위를 지원하기 위하여 행하는 파업을 말하며 연대파업이라고도 한다.

동정파업은 언제나 다른 노동조합이 행하는 원 파업이 있어야 존재할 수 있는 부수적인 성격의 파업이다. 동정파업도 처분 권한이 없는 사항을 목적으로 한다는 점에서 정치파업과 유사하며 목적의 정당성에 대해 의견이 나뉜다.

먼저, 부정설[2)]은 사용자와 단체교섭을 유리하게 타결하려는 것이 아니라는 점, 쟁의권의 정당성을 근로조건 이외에 경제적·사회적 지위 향상까지 확대하더라도 이는 정치파업에 한정되는 설명이지 동정파업과 같은 경제파업에는 적용되지 않는다는 점 등을 논리적 근거로 삼는다.

다음으로, 이분설[3)]은 원 파업의 파업 목적과 실질적으로 이해관계를 같이 하거나 조직적 결합관계에 있는 경우에는 목적의 정당성을 인정해야 하지만, 근로자로서의 연대의식에서 비롯된 순수 동정파업은 정당성이 부정된다고 한다.

개인적으로는 부정설에 찬성한다. 정치파업에서는 노동조합이 주장을 관철하고자 하는 국가라는 상대방이 있다. 그러므로 부분적으로 쟁의행위의 정당성을 인정할 수 있을 것이다. 그러나 동정파업에서는 상대방이 노동조합의 주장에 대

1) 임종률, 『노동법』, 2007, 219쪽.
2) 이상윤, 『노동법』, 2007, 717쪽; 김형배, 『노동법』, 2007, 824쪽.
3) 박상필, 『한국노동법』, 1994, 532쪽; 김유성, 『노동법Ⅱ』, 2001, 238쪽; 임종률, 『노동법』, 2007, 217쪽.

해 아무런 의무를 지고 있지 않다. 따라서 목적의 정당성을 인정하기 어렵다.

한편, 부정설은 조직적 결합관계의 보호에 대해 집단교섭이나 산업별 통일 교섭 등의 방법을 취하는 것이 대안임을 지적하기도 한다.

3·나. 태 업(Soldiering)

태업은 근로자들이 형식적으로는 근로를 제공하고 있지만 의식적으로 불성실하게 근로함으로써 작업능률을 저하시키는 것을 말한다.

태업은 임금삭감의 불이익을 완화시키면서 업무를 저해하거나, 본격적인 쟁의행위에 앞서 단결력을 과시하기 위한 수단으로 활용된다.

태업은 노무의 불완전한 제공이라는 부작위에 그치는 한 정당성이 인정된다.[1] 그러나 태업으로 의식적인 '자재 낭비'나 '불량품 생산'처럼 사용자의 재산에 손해를 가져오면 정당성이 부정될 수 있다.[2] 특히, 원료·제품·기계 등을 파괴하거나 임의로 처분하는 사보타주(sabotage)는 그 정당성을 상실한다.

3·다. 생산관리

생산관리는 노동조합이 사용자의 지휘명령을 배제하고 사업장 또는 공장을 지배하여 자신들의 의사에 따라 기업을 경영하는 쟁의행위이다.

생산관리는 사용자의 동의나 그에 준하는 조치가 없다면 부당한 쟁의행위이다. 종래의 경영방침을 변경하지 않고 업무를 계속하는 소극적 생산관리는 정당하고, 임의로 자재를 장악·처분하거나 일방적으로 임금을 지급하는 적극적 생산관리[3]는 정당하지 않다는 것이 다수설[4]이다.

그러나 개인적으로는 다수설에 찬성하지 않는다. 그러한 생산관리는 많은 경우 뒤에서 설명하는 직장점거가 되어 위법한 쟁의행위가 되거나, 근로를 제공하지 않는 소극적 수단에 그치지 않고 사용자의 경영권을 배제하는 적극적

---

1) 김유성, 『노동법Ⅱ』, 2001, 238쪽.

2) 대판 1991.12.10, 91누636, 운수회사의 임금액을 통제한 사건이다.

3) 노사 32281-112, 1989.1.6, 사용자의 의사에 반하여 사업장의 시설이나 제품을 관리·처분하는 것은 정당한 쟁의행위가 아니다.

4) 이상윤, 『노동법』, 2007, 761쪽; 김형배, 『노동법』, 2007, 832쪽; 이병태, 『최신노동법』, 2007, 326쪽; 노사 32281-6953, 1990.5.15, 쟁의행위 종결시 반환할 목적으로 운송수입금을 일시적으로 보관하는 행위를 정당하다고 보았다. 그 기간 동안 이자가 발생하는 등 재산상 손해를 가져올 수 있다는 점을 감안할 때 찬성하기 어렵다.

수단이기 때문이다. 따라서 생산관리는 소극적이건 적극적이건 간에 사용자의 동의나 그에 준하는 조치가 없다면 부당한 쟁의행위라고 본다.[1]

3·라. 보이콧(Boycott)

보이콧 즉 불매동맹(不買同盟)은 사용자 또는 그와 거래관계에 있는 제3자의 상품의 구입 기타 시설의 이용을 집단적으로 거부하거나, 사용자 또는 그와 거래관계에 있는 제3자와 근로계약의 체결을 거부할 것을 호소하는 쟁의행위이다.

단체교섭의 상대방인 사용자의 제품을 대상으로 하는 보이콧을 1차적 보이콧이라 하고, 거래선의 제품을 대상으로 하거나 거래선의 근로자에게 파업을 하도록 하는 것을 2차적 보이콧이라 한다.

1차적 보이콧은 폭력행위, 허위선전 등이 없는 한 정당성이 인정된다. 2차적 보이콧은 정당성이 부정된다는 견해[2]가 있으나, 위법성이 없는 한 시민의 자유에 속하는 사항이라는 점에서 정당성을 부정하기 어려울 것이다.[3]

3·마. 피케팅(Picketing)

(1) 의 의

피케팅은 파업의 이탈을 감시하거나, 파업에 참가하지 않은 근로자의 사업장 출입을 저지하거나, 파업 동참을 호소하거나, 일반인의 지지를 유도하는 보조적 쟁의행위이다.

(2) 법적 근거

쟁의행위는 그 쟁의행위와 관계없는 자 또는 근로를 제공하고자 하는 자의 출입·조업 기타 정상적인 업무를 방해하는 방법으로 행하여서는 아니 되며 쟁의행위의 참가를 호소하거나 설득하는 행위로 폭행·협박을 사용하여서는 아니 된다(노조법 §38① 및 벌칙 §89,제1호).

---

1) 노사 32281-112, 1989,1.6

2) 임종률, 『노동법』, 2007, 217쪽; 김형배, 『노동법』, 2007, 832쪽, 다만, 제3자가 자발적으로 또는 자기 노동조합의 압력을 받고 사용자와 거래를 중단하였다면 위법이 아니라고 보았다; 박상필, 『한국노동법』, 1994, 539쪽.

3) 김유성, 『노동법Ⅱ』, 2001, 238쪽; 이상윤, 『노동법』, 2007, 717쪽.

(3) 정당성 판단

피케팅이 유인물, 휴대용 광고물, 구호, 설득 등 언어적·평화적으로 이루어지는 경우에는 정당성이 인정되나, 폭행·협박 또는 위력에 의한 물리적 강제는 정당성을 인정받을 수 없다.[1)]

다만, 이 경우 쟁의행위의 특성상 어느 정도를 협박이나 위력에 의한 물리적 강제로 볼지는 그러한 행위를 하게 된 동기,[2)] 피케팅 행위의 정도와 강도,[3)] 정당하지 않은 업무방해인지 여부,[4)] 인신구속의 정도[5)] 등 구체적인 사정[6)]을 살펴 판단해야 할 것이다.[7)]

3·바. 직장점거

(1) 의 의

직장점거란 파업이나 태업을 하면서 단결을 도모하거나 파업 중에 조업을 저지하기 위하여 사용자의 의사에 반하여 사업장 시설을 점거하는 보조적 쟁의행위다.

직장점거는 사용자의 조업권·시설관리권과 상치되나 기업별 노조 형태에서는 노조사무실이 회사 내에 있어 사업장 안에서 노조 활동이 이루어지는 점을 고려할 필요가 있다.

---

1) 대판 1990.10.12, 90도1431; 대판 1991.5.24, 89도1324; 대판 1992.7.14, 91다43800

2) 대판 1992.7.14, 91다43800, 위법한 대체근로를 저지하기 위해 '상당한 정도의 실력을 행사하는 것'은 허용된다고 보았다.

3) 예를 들어 근로희망자 수송에 대해 언어적 설득을 위해 연좌의 방법으로 잠시 지연시킨 행위를 정당성 부인의 요소로 보기는 어렵다. 대체근로자 등을 미리 식별하기 위해 출입증을 발급하고 제시를 요구하였으나 달리 출입을 방해하지 않은 행위도 그러한 예에 해당한다. 반면에 파업감시원의 행렬이 너무 조밀하거나 좁아서 상대방의 자유로운 의사결정을 제압할 정도라면 정당성을 인정하기 어렵다(이상, 임종률, 『노동법』, 2007, 230쪽).

4) 대판 1991.7.12, 91도897, 임원실 앞 복도를 점거하고 북을 치면서 업무를 방해한 행위에 대해 정당성을 부인하였다.

5) 쟁의 장소의 출입문을 봉쇄하거나 조합원이 이동할 때 파업감시원 또는 규찰대로 하여금 항상 동행하게 하는 행위는 정당성을 인정하기 어려울 것이다.

6) 현실적으로는 조합원이 이러한 행위를 문제 삼기는 조직 문화상 쉽지 않으므로 위력이나 협박에 의한 피케팅 행위의 범위를 엄격하게 해석하는 것은 바람직하지 않다고 생각한다. 대표적으로는 파업 후에 소위 왕따를 시키는 행위 등의 사례도 접할 수 있다.

7) 평화적 설득에 그치면 정당성이 인정된다는 '평화적 설득론', 대체근로자나 이탈조합원에 대해 어느 정도 실력행사도 허용되지만 사용자·비조합원이나 제3자에 대해서는 평화적 설득을 할 수 있을 뿐이라는 '조합통제권력론', 상대방에 따라서 실력 저지가 부분적으로 허용되나 단체행동권을 강조하는 '부분적 실력저지용인론'으로 학설을 분류(김유성, 『노동법Ⅱ』, 2001, 251쪽)하기도 한다. 그러나 여러 가지 모습으로 나타나는 피케팅에 대해 통일된 기준으로 정당성을 판단하기는 쉽지 않다. 굳이 이름을 붙인다면 '구체적 사실관계 판단설' 정도가 타당하다고 생각한다.

(2) 법적 근거

쟁의행위는 폭력이나 파괴행위 또는 생산 기타 주요 업무에 관련되는 시설과 이에 준하는 시설로서 대통령령이 정하는 시설을 점거하는 형태로 이를 행할 수 없다(노조법 §42① 및 벌칙 §89,제1호).[1]

(3) 정당성 판단

노조법은 직장점거의 한계에 대해 사전적(事前的)이고 고정적인 기준을 제시하고 있다.

먼저, '생산 기타 주요 업무에 관련되는 시설'의 범위는 사업의 종류에 따라 다를 수 있다. 제조업은 생산시설, 창고업은 당해 창고, 병원은 진료실·수술실·입원실 등 의료 업무가 이루어지는 시설, 서비스업은 사무실이 이에 해당한다. 식당·휴게실·탈의실·운동장·조합사무실·기숙사 등의 생활시설은 여기에 해당하지 않는다.[2]

다음으로, '이에 준하는 시설'로는 '전기·전산·통신시설', '철도의 차량 또는 선로', '건조·수리 또는 장박 중인 선박', '항공기·항공보안시설·항공기 이착륙·여객화물운송에 관한 시설', '화약·폭약 등 폭발 위험이 있는 물질과 유독물을 보관·저장하는 장소' 및 '점거될 경우 생산 기타 주요 업무의 정지 또는 폐지를 가져오거나 공익상의 중대한 위해를 초래할 우려 있는 시설로서 노동부장관이 관계중앙행정기관의 장과 협의하여 정하는 시설'이 지정되어 있다(노조령 §21).

한편, 직장점거에 대한 기준이 노조법에 반영되기 전의 판례[3]는 사용자의 점유를 배제하지 않고 조업도 방해하지 않는 '부분적·병존적 점거'의 정당성은 인정하나, 그렇지 않은 '전면적·배타적 점거'나 장기점거는 정당성을 부인한다. 그러나 현행법은 점거의 정당성에 관한 기준을 명확히 밝히고 있다. 따라서 시설에의 체류가 아주 일시적이어서 점거라고 말하기 어려울 정도가 아니라면 '부분적·병존적'이라 하더라도 정당성을 인정받기 어렵다고 생각한다.

---

1) 이 규정은 쟁의행위의 장소를 사업장 내로 제한하던 규정(구노쟁법 §13③)을 삭제하면서, 사업장 내 쟁의행위를 제한하기 위한 수단으로 피케팅에 대한 제한 규정(노조법 §38①)과 함께 신설되었다.

2) 김유성, 『노동법Ⅱ』, 2001, 247쪽.

3) 대판 1991.6.11, 91도383; 대판 1990.10.12, 90도1451 등.

(4) 위반의 효과

직장점거가 정당하지 못하면 징계나 민·형사책임과 같은 일반적 효과 외에도 '퇴거 및 업무방해금지가처분',[1] '퇴거불응죄',[2] '건조물침입죄',[3] '업무방해죄'[4] 등의 형사책임을 진다는 것이 판례의 입장이다. 그러나 업무방해죄를 적용하는 데 대해 비판적 의견[5]이 있어 직장점거를 노조법에 규정하면서 벌칙(3년 이하 징역 또는 3천만원 이하 벌금)이 따로 마련되었다. 따라서 노동관계의 특수성을 감안하여 일반 형법에 앞서 노조법이 우선적으로 적용되어야 할 것이다.

3·사. 준법투쟁

(1) 의 의

① 개 념

준법투쟁(work to rule)이란 노동조합이 주장을 관철하기 위하여 근로자들로 하여금 법령, 단체협약, 취업규칙 및 근로계약을 평소보다 엄격히 지키거나 권리를 일제히 행사하여 업무의 정상적 운영을 저해하는 행위를 말한다.

준법투쟁은 안전·보건에 관한 법규를 철저히 지키는 '안전투쟁'이 전형적이나, 근로시간이나 휴가를 일제히 사용하는 '권리행사투쟁'도 흔히 발생한다.

② 논 점

준법투쟁은 사용자에 압력을 가하는 수단이면서, 법규로 보장된 권리의 주장이라는 양면성을 가지고 있다. 따라서 이 중 어느 한 면만 강조할 수가 없

---

1) 서울지판 1990.11.37, 90카85485, 실력으로 직장의 전부 또는 일부를 계속적·배타적으로 점거하는 것은... 사용자의 시설관리권 내지 소유권에 대한 침해행위가 된다.

2) 대판 1991.8.13, 91도1324, 적법하게 직장점거를 개시한 후 사용자가 적법하게 직장폐쇄를 단행하고 퇴거요청을 한 경우에 이에 불응하면 퇴거불응죄에 해당한다.

3) 대판 1991.6.11, 91도753, 출입이 금지되는 골리앗크레인에 들어가서 농성을 하였다면 피고인 등이 다중의 위력을 보여 건조물에 침입한 것이다.

4) 대판 1992.5.8, 91도3051; 대판 1990.10.12, 90도1451; 대판 1991.6.11, 91도383, 영업장, 사무실 앞 복도 등에 플래카드와 대자보를 붙이고, 다수의 인원으로 농성장을 점거하여 고객 및 근무사원들의 통행을 방해하고 구호, 노래 등의 제창과 앰프와 꽹과리 등으로 각종 소음을 발생시키고, 영업대를 점거하거나 사무실 진입을 시도하면서 관리직 사원들과 몸싸움과 욕설 등을 하고, 복도를 점거하고, 출입문을 다중의 힘으로 봉쇄하여 감금하는 등의 점거농성을 하였다면, 이는 사업장시설의 전면적 또는 배타적인 점거에 해당하며 폭력에 의한 업무저해행위까지도 수반한 것이어서 쟁의행위의 정당성의 한계를 벗어난 것이므로 업무방해죄를 구성한다.

5) 업무방해죄는 근로자들의 구속이나 형벌에 가장 많이 적용되는 죄목이기도 하다. 이는 우리나라의 특유한 형벌 체계이다. 그러다 보니 국제노동기구들이 '애매한 법 규정'을 적용한다는 이유로 부정적인 의견을 제기해왔다. 그러나 이러한 문제는 노조법에 벌칙을 규정함으로써 해소되었다.

으므로 '쟁의행위에 해당하는지'가 쟁점이 된다.[1] 한편, 쟁의행위로 인정되면 '정당성이 있는지'를 검토할 필요가 있다.

(2) 쟁의행위 여부

① 기준과 학설

준법투쟁이 쟁의행위에 해당하는지는 '업무의 정상적 운영을 저해하는 행위(노조법 §2,제6호)'인지가 판단 기준이다. 이 때 '정상적 운영'이 갖는 의미를 둘러싸고 견해가 나뉜다.

먼저, 사실정상설[2]에 따르면, 준법투쟁의 대상이 되는 행위가 '적법한 사항에 대한 행위'인지 아니면 '위법한 사항에 대한 행위'인지를 따지지 않고 통상적·관행적으로 해 온 업무를 집단적으로 거부하는 것이면 쟁의행위가 된다.

다음으로, 법규정상설[3]에 따르면 평소에 관행적으로 해왔던 위법한 행위를 거부하는 방법으로 준법투쟁을 하더라도, 이는 잘못을 바로 잡는 의미를 가지므로 쟁의행위 자체가 성립하지 않는다.

개인적으로는 법규정상설에 찬성한다. 평소에 행하던 위법한 행동을 처벌하지 않다가, 그 위법한 행동을 중지하고 적법하게 행동한 것에 대해 쟁의행위로 보아 불이익을 주는 것은 타당하지 않고 형평에도 맞지 않기 때문이다.

② 구체적 판단

ⓐ 안전투쟁

안전투쟁에 대해서는 안전의무 위반의 상태가 아무리 관행상 계속되었더라

---

1) '리본패용(대판 1992.1.21, 91누5204, 쟁의행위 부정)'은 준법투쟁 차원에서 검토한 예(김유성, 『노동법Ⅱ』, 2001, 252쪽)도 있으나, 오히려 조합활동의 정당성(제3장. 제4절. 3·나. (1). ②. 참조) 차원에서 다루는 것이 바람직하다고 생각한다.

2) 김형배, 『노동법』, 2007, 811쪽, 관행화된 연장근로, 휴일근로 등을 거부하면 준법투쟁이 된다; 박상필, 『한국노동법』, 1994, 528쪽; 대판 1991.12.10, 91누636 및 대판 2000.5.26, 98다34331, 과속·신호위반·합승·부당요금 징수 등을 중단한 행위 관련이다; 대판 1996.5.10, 96도419, 정시출근 관련이다(위헌 판정을 받았다); 대판 1990.12.7, 90다6095, 대판1991.7.9, 91도1051, 대판 1991.10.22, 91도600, 대판 1996.02.27, 95도2970(위헌 판정을 받았다) 등, 연장근로 관련이다; 대판 1991.7.9, 91도1051, 대판 1992.10.9, 91다14406, 대판1994.2.22, 92누11176 등, 휴일근로 관련이다; 대판 1991.12.24, 91도2323, 대판 1992.3.13, 91누10473, 대판 1994.6.14, 93다29167, 월차휴가 관련이다; 헌재 2004.7.15, 2003헌마878 및 대판 1996.7.30, 96누587, 연차휴가 관련이다.

3) 임종률, 『노동법』, 2007, 195쪽; 헌재 1998.7.16, 헌바23, 연장근로 및 휴가 관련이다. 권리행사적 쟁의행위(쟁의행위 여부로 판단하지 않았음)에 형사처벌(업무방해죄)할 수 있다는 판례(대판 1996.02.27, 95도2970, 연장근로 관련, 업무방해죄, 대판 1996.5.10, 96도419, 정시출근 관련, 건조물침입죄 등)는 단체행동권의 위축을 가져온다고 지적하고 있다; 대판 1979.3.13, 76도3657, 연장·휴일근로의 집단적 거부 관련이다.

도, '최소한이 요구되는 안전'이라는 개념이 없으므로 쟁의행위의 대상이 되지 않는다는 견해[1]가 있다.

법규정상설에 따르더라도 안전법규를 위반하여 행하는 투쟁은 쟁의행위가 되지 않는 것이 원칙이다. 그러나 '법규가 요구하는 정도를 넘어서는 조치를 하는 행위'[2]나 '사문화되어 효력이 없는 규정을 철저히 지키는 행위'는 쟁의행위가 될 수 있을 것이다.[3]

ⓑ 연장 · 휴일근로

적법한 연장·휴일근로를 거부하는 행위는 쟁의행위가 될 수 있다.

연장근로는 물론이고 휴일근로도 근로의무가 면제된 날에 근로를 시키는 것이므로 근로자의 동의[4]가 필요하다. 따라서 '적법하다'함은 이미 동의를 받았다고 인정될 수 있는 정도여야 한다.

그러나 법을 위반하여 관행적으로 해오던 연장·휴일근로를 거부하는 행위는 쟁의행위로 보기 어렵다고 생각한다.[5]

ⓒ 휴 가

사용자가 시기변경권을 행사하였음에도 지시에 위반하여 연차휴가를 사용하였다면 이는 쟁의행위이다. 그러나 근로자가 집단적으로 연차휴가를 신청하였다 하더라도 사용자가 시기변경권을 행사하지 않았으면, 합리적 이유[6]가 없는 한 근로자의 시기지정권을 인정한 것이 되어 쟁의행위가 성립되지 않는다.

생리휴가는 '생리현상'이라는 요건을 충족하여야 한다. 요건을 충족치 못한 집단적 사용은 쟁의행위이다. 병가와 휴직은 취업규칙 등에 정해 있는 사유나 절차를 충족하지 못하면 쟁의행위가 된다.

ⓓ 규정위반 및 권리남용

점심시간에 하나의 배식구를 이용함으로써 취업규칙 등에 정해진 취업시간을 잠식하는 집단적 행위, 병원이나 은행에서 취업규칙 등에 위반하여 제복을

---

1) 김유성, 『노동법Ⅱ』, 2001, 253쪽; 이상윤, 『노동법』, 2007, 760쪽; 박홍규, 『노동법론』, 1995, 875쪽.

2) 노사 32281-11348, 1989.8.2, 뿐만 아니라 관행상 존속되었던 업무도 쟁의행위로 보았다.

3) 임종률, 『노동법』, 2007, 195쪽.

4) 개인적인 동의가 원칙이며, 취업규칙 등으로 정할 경우에는 사유나 기간이 정해져 있어야 하고, 관행화된 연장근로(대판 1979.3.13, 76도3657, 집단적 거부에 대해 쟁의행위가 아니라고 보았다)라 하더라도 당연히 동의가 있었던 것으로 볼 수는 없다(하갑래, 『근로기준법』 제18판, 2007, 294쪽).

5) 사실정상설을 취하는 판례(앞의 각주 참조)는 쟁의행위로 본다.

6) 처리기간이 지나지 않거나, 시기변경권을 행사하는 의사표시를 할 수 없는 경우를 예로 들 수 있다.

입지 않고 평상복을 입는 집단적 행위,[1] 취업규칙 등에 위반하여 근로시간 중에 사적인 일을 보는 집단적 행위, 무단 집단 결근, 무단 집단 조퇴 등은 법규를 위반한 것으로 쟁의행위가 된다.

나아가서 이러한 행위를 금지하는 규정이 없더라도, 권리남용으로 인정되어 쟁의행위가 될 수 있다.[2]

한편, 집단사표도 권리남용으로 보아 쟁의행위가 될 수 있을 것이다.

(3) 쟁의행위의 정당성 판단

준법행위가 쟁의행위로 인정되면 실질적 정당성 판단 기준 즉, 주체·목적·수단·절차의 정당성이 있어야 한다.[3]

---

1) 대판 1994.6.14, 93다29617
2) 임종률, 『노동법』, 2007, 196쪽.
3) 대판 1991.1.23, 90도2852; 대판 1996.7.30, 95누7765 참조.

제 3절 쟁의행위와 책임

1. 면책과 구속 제한

1·가. 의 의

정당한 쟁의행위에 대하여는 민사책임[1]과 형사책임[2] 그리고 징계책임[3]이 면제된다. 그러나 정당성을 인정받지 못하면 이러한 책임들이 면제되지 않는다. 이 중 민사책임과 형사책임은 헌법상 단체행동권(헌법 §33①)에 당연히 내재된 권리이다. 따라서 노조법(§3 및 §4)의 관련 조항은 민·형사면책이라는 법적 효과를 창설하는 것이 아니고 헌법상 권리를 확인한 것에 불과하다.[4]

한편 노조법의 민사면책 규정(§3)은 면책의 대상을 '단체교섭·쟁의행위'로, 형사면책은 '단체교섭·쟁의행위 기타의 행위'로 규정하고 있다. 형사면책 대상의 '기타의 행위'에는 단결권이 포함된다. 그러나 단결권을 보장함에 있어 민사면책을 배제할 이유가 없다. 따라서 이러한 표현 차이는 입법상 미비로 보인다. 따라서 민·형사면책의 대상은 노동3권이 된다.

1·나. 민 · 형사면책의 법적 성질

민·형사면책의 법적 성질은 쟁의행위가 '민법상 의무불이행·불법행위'나 '형법상 업무방해죄·강요죄'처럼 범죄구성 요건에 해당하는지를 기준으로 의견이 나뉜다.

---

1) 사용자는 이 법에 의한 단체교섭 또는 쟁의행위로 인하여 손해를 입은 경우에 노동조합 또는 근로자에 대하여 그 배상을 청구할 수 없다(노조법 §3).

2) 형법 제20조의 규정은 노동조합이 단체교섭·쟁의행위 기타의 행위로서 제1조의 목적을 달성하기 위하여 한 정당한 행위에 대하여 적용된다. 다만, 어떠한 경우에도 폭력이나 파괴행위는 정당한 행위로 해석되어서는 아니된다(노조법 §4).

3) 근로자가 정당한 단체행위에 참가한 것을 이유로 하여 그 근로자를 해고하거나 불이익을 주는 행위는 부당노동행위로서 금지된다(노조법 §81,제5호).

4) 김형배, 『노동법』, 2007, 819쪽; 이상윤, 『노동법』, 2007, 742쪽.

먼저, 구성요건해당성조각성(構成要件該當性阻却性)설1)에 따르면, 쟁의행위 자체는 범죄구성 요건에 해당되지 않는다. 헌법상 기본권으로 쟁의권을 행사하였으므로 처음부터 민·형사상 제재 대상이 아니기 때문이다.

다음으로, 위법성조각성(違法性阻却性)설2)에 따르면, 쟁의행위가 범죄구성 요건에는 해당되나 예외적으로 그 위법성이 조각된다는 것이다. 쟁의행위가 원래는 위법한 행위인데 점차 합법성이 인정된 점을 근거로 삼고 있다.

쟁의행위가 자본주의 초기에는 범죄로 처리되었던 역사적 배경을 감안하여 위법성조각성설에 찬성한다.

1·다. 민 · 형사면책의 보호 대상

근로자는 쟁의행위 기간 중에 현행범이 아니라면, 노조법 위반3)을 이유로 구속되지 아니한다(노조법 §39). 현행범은 범죄를 실행하고 있거나 실행 직후에 있는 자(형소법 §211①)를 말한다. 쟁의행위에 참가한 근로자를 부당하게 구속하는 것을 방지할 목적으로 마련된 보호이다.

보호 대상은 '노조법 위반'이다. 따라서 형법이나 다른 법에 의해서는 구속될 수 있다. 아울러 정당한 쟁의행위만 보호 대상이 된다.

2. 정당하지 않은 쟁의행위와 책임

2·가. 민사책임

(1) 손해배상책임

① 의 의

ⓐ 책임의 귀속

정당성이 없는 쟁의행위에 대해서는 민사책임이 부과된다. '책임이 누가 지는지'는 쟁의행위가 조직적·통일적 행동으로 노동조합의 의사에 의하여 행해졌는지에 따라 결정된다. 따라서 비공인 파업이나 일탈행위처럼 순수하게 개

---

1) 김형배, 『노동법』, 2007, 818쪽.

2) 김유성, 『노동법Ⅱ』, 2001, 268쪽; 임종률, 『노동법』, 2007, 197쪽; 이상윤, 『노동법』, 2007, 744쪽; 이병태, 『최신노동법』, 2007, 365쪽; 대판 1990.7.10, 90도766; 대판 1991.3.27, 90도2328 등이 있다.

3) 1997년 제정법 전에는 '현행범 이외에는 어떠한 경우로도'라고 규정되어 있었다.

인적으로 이루어진 쟁의행위에 대해서는 조합원 개인이 책임의 주체가 될 수도 있다.

정당성이 없는 쟁의행위가 조직적·통일적으로 행해지는 경우, 노동조합 외에 조합원 및 조합 간부도 개인적으로 책임을 지는지에 대해 의견이 나뉜다.

먼저, 부정설[1]은 '개인의 행위는 쟁의행위의 정당성과 관계없이 노동조합의 집단적 행위로 전환된다는 점', '개인책임이 근로자의 조합 활동을 위축시켜 헌법의 쟁의권 보장 취지를 훼손한다는 점' 등을 들어 개인책임을 부인한다.

다음으로, 긍정설[2]은 '쟁의행위가 노동조합의 단체적 행위임과 동시에 조합원 개인의 행위인 점', '개인이 쟁의행위 참가 여부를 결정한다는 점', '개인의 민사면책은 정당한 쟁의행위에 참가할 때만 주어지는 것이 노조법의 취지라는 점' 등을 들어 개인책임을 인정한다.

개인적으로는 긍정설을 지지한다.

ⓑ 책임의 범위

정당성이 없는 쟁의행위에 대하여는 민사책임으로서 손해배상책임이 부과된다. 이때 손해배상의 범위는 쟁의기간 중에 발생한 사용자의 모든 손해가 아니라 쟁의행위와 상당인과관계가 있는 손해이다.

구체적으로 영업이익의 상실·감소·고정비용의 지출·물품훼손의 정도 등 쟁의행위와 상당인과관계에 있는 손해가 이에 해당한다. 이 경우 쟁의행위까지 행해지게 된 과정과 이에 대한 사용자의 대응방식 등을 감안하여 '과실 상계'가 이루어질 수 있다.[3]

ⓒ 책임의 중복

단체책임과 개인책임이 모두 인정될 경우, 이 둘의 관계에 대해 의견이 나뉜다.

먼저, 부진정연대책임설[4]은 각각 책임을 진다고 본다. 단체라는 개념이 추상적인 것에 지나지 않고 실질적인 행위자는 구체적으로 불법행위능력을 갖는 조합원이라는 것이 그 이유이다.

---

1) 박홍규, 『노동법론』, 1995, 1092쪽; 이영희, 『노동법』, 2002, 696쪽.
2) 김형배, 『노동법』, 2007, 854쪽; 이병태, 『최신노동법』, 2007, 371쪽; 임종률, 『노동법』, 2007, 231쪽; 이상윤, 『노동법』, 2007, 746쪽; 김유성, 『노동법Ⅱ』, 2001, 281쪽, 기본적으로 긍정설의 견해를 보이면서 구체적인 태양에 따라 판단되어야 한다고 본다; 대판 1994.3.25, 93다32828·32835; 대판 2006.9.22, 2005다30610 등이 있다.
3) 대판 2006.9.22, 2005다30610
4) 김형배, 『노동법』, 2007, 854쪽.

다음으로, 보충설은 노동조합의 책임을 일차적인 것, 개인의 책임을 이차적인 것으로 파악한다. 정당성이 없는 쟁의행위가 조합원 다수의 결의에 의해 이루진 경우라면 개인책임은 단체책임으로 귀속되므로 보충성(민법 §437)을 갖기 때문이라는 것이 그 이유이다. 개인적으로는 보충설을 지지한다.

② 단체책임

노동조합의 의결기관의 결의와 집행기관의 지도로 행해진 위법한 쟁의행위에 대하여는 그 노동조합이 불법행위에 대한 손해배상책임을 진다.[1] 노동조합의 책임은 집행기관이나 집행간부의 직무로 행해지는 행위가 노동조합에 귀속되기 때문이다(민법 §35①, §756①).

나아가서 이러한 결의나 지도가 없었더라도 정당성이 없는 쟁의행위를 수행한 자가 조직 안에서 중요한 역할을 담당하고 있거나, 집행기관이 지원 또는 승인하는 태도를 취하였다면 마찬가지로 노동조합이 손해배상책임을 진다.[2]

아울러, '정당성이 없는 쟁의행위'에 대해, 조합원의 찬반투표처럼 집단적으로 의사결정이 이루어졌다면, 비록 집행부의 의사에 반하더라도 노동조합의 불법행위 책임이 성립한다.[3]

③ 개인책임

ⓐ 조합원 개인

정당성이 없는 쟁의행위에 참가한 조합원은 사용자에 대하여 채무불이행(민법 §390,§655)책임을 진다. 책임의 범위는 전체 손해에 대한 연대책임이 아니고, 자신이 '근로를 정지할 때 준수할 사항과 상당인과관계'에 있는 개별적 책임[4] 이다.

ⓑ 조합 간부

'정당성이 없는 쟁의행위'에 대한 조합 간부의 책임은 몇 가지로 나누어 설명할 수 있다.

---

1) 대판 1994.3.25, 93다32828·32835
2) 임종률, 『노동법』, 2007, 231쪽.
3) 이상윤, 『노동법』, 2007, 745쪽.
4) 대판 2006.9.22, 2005다30610, 노동조합 등의 지시에 따라 근로를 정지한 것만으로는 노동조합 또는 조합 간부들과 함께 공동불법행위책임을 진다고 할 수 없다. 다만, 근로내용 및 공정의 특수성과 관련하여 근로를 정지할 때에 발생할 수 있는 위험 또는 손해 등을 예방하기 위하여 근로를 정지할 때에 준수하도록 정해진 사항 등을 준수하지 않아 손해가 발생하였거나 확대되었다면, 그와 상당인과관계에 있는 손해를 배상할 책임이 있다.

먼저, '정당성이 없는 쟁의행위'가 조합 간부의 지도로 행해졌다면, 조합 간부의 행위는 채무불이행 행위를 집단화시켜 사용자의 채권·조업권·소유권을 침해한 것이 되므로 노동조합의 책임 외에 추가적으로 조합 간부의 불법행위(민법 §750)가 성립한다는 것이 통설[1]이다.

다음으로, '정당성이 없는 쟁의행위'에 대해, 조합원의 찬반투표처럼 집단적으로 의사결정이 이루어졌다면, 비록 집행부의 의사에 반하더라도 노동조합의 불법행위 책임이 성립한다는 점은 이미 앞에서 설명한 것과 같다. 이때 집행부 즉 조합 간부도 책임을 지는지에 대해 부정적인 견해[2]가 있다. 그러나 조합 간부는 노동조합을 대표해서, 쟁의행위가 정당하게 수행될 수 있도록, 조합원을 지도·관리·통제할 책임이 있다(노조법 §38③). 따라서 이러한 책임을 다하지 않았다면, 조합 간부도 불법행위책임을 면할 수 없다고 생각한다.[3]

셋째로, '정당성이 없는 쟁의행위'가 일부 조합원의 '비공인 파업'이나 '일탈행위'로 나타난 것이라면, 조합 간부가 승인·지도한 경우에 한하여 책임을 물을 수 있을 것이다.

조합간부가 책임을 지게 되는 경우, 그 범위는 '위법한 쟁의행위와 상당인과관계가 있는 사용자의 전체 손해'에 대한 '연대적 개인 책임[4]'이다. 다만, 사용자가 노동조합과의 성실교섭 의무를 다하지 않거나 노동조합과의 기존 합의를 파기하는 등 불법쟁의행위에 원인을 제공하였다고 볼 사정이 있으면, 손해배상액을 산정함에 있어 사용자의 과실이 참작된다.

ⓒ 폭력 · 파괴행위와 민사책임

폭력·파괴행위는 쟁의행위의 정당성과 관계없이 사용자의 채권·조업권·소유권을 침해하는 불법행위가 성립한다. 따라서 이러한 행위를 한 조합원 개인은

---

1) 판례도 의견을 같이한다. 대판 1994.3.25, 93다32828·32835, 노조 간부들이 기획, 지시, 지도한 불법쟁의행위는 조합의 집행기관의 행위로서… 노동조합은 그 불법쟁의 행위로 인하여 사용자가 입은 손해를 배상할 책임이 있고, 한편…노동조합 단체로서의 행위라고 할 수 있는 외에 개인의 행위라는 측면도 아울러 지니고 있고, … 노동조합의 책임 외에…간부들 개인에 대하여도 책임을 지우는 것이 상당하다; 대판 2006.9.22, 2005다30610

2) 김유성, 『노동법Ⅱ』, 2001, 282쪽.

3) 노조 간부의 승인·지도 또는 조장 아래 행해져야 비로소 책임이 성립한다는 의견(이병태, 『최신노동법』, 2007, 376쪽)이 있다. 이 경우 조합원의 개인적인 행위가 아니고 집단적으로 이루어진 행위라면 법문의 취지를 감안할 때 받아들이기 어려운 견해라고 생각한다.

4) 대판 2006.9.22, 2005다30610, 불법쟁의행위에 대한 귀책사유가 있는 노동조합 간부 개인의 손해배상책임과 노동조합 자체의 손해배상책임은 부진정 연대채무관계에 있는 것이므로 조합 간부도 불법쟁의행위로 인하여 발생한 손해 전부를 배상할 책임이 있다.

손해배상책임을 진다(민법 §750). 아울러 노조 간부가 이러한 행위를 지도하였다면 공동불법행위자·교사자 또는 방조자(민법 §750)로서 행위자와 연대하여 책임을 진다.

(2) 징계 책임

① 의 의

사용자는 '정당성이 없는 쟁의행위'에 대해 징계처분을 할 수 있다. 다만, 면책협정을 체결[1]한 것처럼 특별한 사정이 있으면 징계처분을 할 수 없다.

'정당성이 없는 쟁의행위'에 대해 개인책임을 부정하는 설에 따르면 징계책임도 부정될 수 있다. 그러나 개인적으로는 이러한 설에 찬성하지 않는다.

징계처분은 노동조합에 대하여 행해질 수 없으나, 개별 조합원의 행위에 대해서도 가능하며 특히, 조합 간부의 기획·지도행위에 대해 이루어지는 것이 일반적이다.

② 조합 간부의 특별 책임

조합 간부에 대한 징계 책임은 그 지위에 있다는 사실만으로 판단할 수는 없으며, '징계대상이 되는 행위의 내용'과 '행위자의 역할이 경영질서를 위반한 정도나 모습'을 구체적으로 검토하여 판단하여야 할 것이다.

따라서 노동조합의 대표자라 하더라도 기획·지시·실행의 단계에 개입할 여지가 없는 상태에서 명의만 이용되었다면 책임을 물을 수 없다. 반면에 대표가 아닌 간부라도 그러한 단계에서 현실적으로 중요한 역할을 하였다면 제재를 받을 수 있다.[2]

③ 조합 간부의 방지의무

노동조합은 쟁의행위가 정당하게 수행될 수 있도록 지도·관리·통제할 책임을 진다(노조법 §38③). 이와 관련하여 개별 조합원의 부당한 행위에 대하여 노조 간부가 징계 책임을 지는지에 대해 의견이 나뉜다.

부정설[3]에 따르면, 개별 조합원의 행위에 대하여 영향의무 또는 방지의무를 일반적인 형태로 인정하는 것은 타당치 않다. 따라서 지도책임 위반에 대

---

1) 대판 1992.7.28, 92다14786
2) 임종률, 『노동법』, 2007, 231쪽.
3) 김유성, 『노동법Ⅱ』, 2001, 284쪽.

한 징계는 타인의 행위에 대한 책임을 인정하는 것이 되어 개인책임의 원리에 반한다.

긍정설[1]에 따르면, 조합 간부의 지도책임이 법에 규정되어 있으므로 위반에 대해 징계를 하는 것이 반드시 개인책임의 원리에 반하지 않는다.

개인적으로는 긍정설에 찬성한다. 다만, '정당성이 없는 쟁의행위'가 집단적·통일적으로 나타나는 것이 아니고 개별적으로 나타난 것이라면 책임의 범위를 좁게 해석하여야 할 것이다. 구체적으로는 노조 간부가 조합원의 탈선행위를 승인·지도 또는 조장하였을 때에 징계책임을 물을 수 있을 것이다.

2·나. 형사책임

(1) 의 의

'정당성이 없는 쟁의행위'는 형사면책을 적용받지 못한다. 그러므로 형법이나 그 밖의 관계법령에 정한 범죄의 구성요건에 해당되면 형사책임의 대상이 된다.

(2) 종 류

① 일반적 형사책임

형사책임은 업무방해죄가 가장 일반적이다. 쟁의행위 특히 파업은 그 자체로 위력(威力)에 의한 업무방해라는 성격이 내포되어 있기 때문이다.[2]

'업무방해죄는 소극적인 근로제공 거부 즉 부작위만으로도 성립한다.'는 견해[3]가 있다.

반면에 '소극적인 근로거부 행위로 인하여 법익이 침해되고 양자 간에 인과관계가 있어야 업무방해죄가 성립한다.'는 견해[4]가 있다. 부작위는 직무유기죄처럼 그 자체를 구성요건으로 하는 범죄가 아닌 한, 범죄의 구성요건에 해당되지 않기 때문이다.[5]

일반 사업장에서 '근로를 제공하지 않는 것'이 '법령상 의무를 게을리 하여

1) 임종률, 『노동법』, 2007, 235쪽; 대판 1992.9.1, 92누7733
2) 헌재 1998.7.16, 97헌바23, 업무방해죄를 위헌으로 보지 않는다.
3) 대판 1991.1.23, 90도2852; 대판 1991.4.23, 90도2771; 대판 1991.11.8, 91도326
4) 대판 1992.12.8, 92도1645; 대판 1992.9.2, 92도1855
5) 김유성, 『노동법Ⅱ』, 2001, 272쪽.

국민에게 피해를 주는 직무유기죄'에 해당할 수 없으므로 후자의 견해가 타당하다고 생각한다.

② 개별적 형사책임

'정당성이 없는 쟁의행위'는 구체적인 사유에 따라 관련 규정의 형벌이 적용된다. 이에 따라 근로자 측이 지는 책임을 개별적 형사책임이라고 한다.[1] 이를 구체적으로 살펴보자.

먼저 쟁의행위 기간 중에 기계·원료 등을 손상하면 재물손괴죄에 해당되고, 다음으로 보이콧·피케팅 등에서 과도한 물리력을 행사하면 불법감금죄·협박죄·강요죄·공갈죄 등에 해당되며, 셋째로 직장점거가 정당성을 넘어서면 건조물침입죄·주거침입죄·퇴거불응죄에 해당된다.[2]

(3) 형사책임의 귀속

① 노동조합

노동조합의 형사책임은 관련 법령에 명시적으로 규정된 경우에 한하여 인정된다. 양벌주의에 따라 노동조합의 대표자·사용인 기타 종업원이 노동조합 업무에 관해 위법행위(노조법 §88~§93)를 하면 노동조합에게도 벌금형이 부과될 수 있다(노조법 §94).

② 조합 간부

조합 간부는 '정당성이 없는 쟁의행위'를 기획·지도·지시하거나 이에 참여하면 정범, 교사범, 방조의 책임을 진다.

형사책임은 노조 간부에게 집중되지만, 간부라는 이름만으로 동일한 행위에 대해서 일반 조합원보다 높은 형사책임을 부과하는 것은 죄형법정주의 원칙에 위배된다. 따라서 쟁의행위에 실질적으로 관련된 정도, 구체적 역할 등에 따라 정범 또는 종범의 책임을 물을 수 있다.

한편, '조합원의 위법행위'에 대한 조합 간부의 책임은 징계책임에서와 마찬가지로 해석된다.

③ 조합원

조합원은 '정당성이 없는 쟁의행위'에 대한 책임은 쟁의행위 참가자 개인의

1) 이상윤, 『노동법』, 2007, 749쪽.
2) 김유성, 『노동법Ⅱ』, 2001, 272쪽.

행위책임으로 귀결된다. 그러므로 조합원은 이에 대해 형사책임을 질 수 있다. 아울러 쟁의행위는 정당하지만 개별 조합원이 노동조합의 지시에 반하여 위법행위를 하여도 형사책임을 진다.

(4) 위법성의 조각

형사책임의 대상이 되는 쟁의행위라도 위법성조각사유(違法性阻却事由)가 있으면 범죄가 성립되지 않는다. 생명이나 신체의 위험을 수반하는 작업을 거부하거나, 사용자의 부당노동행위에 대한 정당방위 내지 긴급피난으로서 우발적으로 작업을 거부한 것을 예로 들 수 있다.

3. 제3자에 대한 책임

3·가. 사용자 책임

(1) 거래 상대방에 대한 책임

근로자의 쟁의행위 또는 사용자의 직장폐쇄의 경우 사용자가 거래 상대방에게 손해배상책임을 져야 할 것인가에 대해서는 의견이 나뉜다.

먼저, 긍정설[1]이 있다. 이 설에 따르면 제3자는, 자신에게 책임이 없음에도 불구하고, 상대방 기업의 쟁의행위로 인해 손해를 볼 수 있다. 이에 대해 사용자는 쟁의행위가 기업내부의 현상이라는 이유로 대외적인 책임을 면할 수 없다. 아울러 사용자는 쟁의행위의 정당성과 관계없이 이행보조자의 계약위반 또는 불법행위에 대해 책임을 져야 한다는 점에서 거래 상대방에 대한 책임이 긍정된다.

다음으로, 부정설[2]이 있다. 이 설에 따르면 쟁의행위는 헌법상 단체행동권의 행사로서 민법상 거래 당사자의 책임 없는 사유에서 비롯된 것이다. 다시 말해서 쟁의행위는 정당성 여부를 불문하고, 사용자의 지배나 간섭이 없는 외부적 현상이다. 그러므로 참가자 즉 근로자가 사용자의 이행보조자에 해당하지 않으며, 이러한 이유로 거래 상대방에 대한 책임이 부정된다. 다만, 사용자

1) 이병태, 『최신노동법』, 2007, 381쪽.
2) 김형배, 『노동법』, 2007, 887쪽; 임종률, 『노동법』, 2007, 235쪽; 김유성, 『노동법Ⅱ』, 2001, 286쪽, 부당노동행위로 발생 또는 확대되었거나 사용자가 고의로 교섭을 지연한 경우에 예외를 인정한다.

가 연장근로 등의 사전조치를 취했다면 계약을 이행할 수 있었거나, 위법한 쟁의행위에 대해 가처분 신청 또는 징계로 적절한 사후조치를 취하지 않아 채무불능으로 진전되었거나, 교섭 중에 조합 임원을 부당하게 해고하는 등 위법한 쟁의행위의 원인을 제공하였다면 책임을 면할 수 없다.

셋째로, 절충설[1)]이 있다. 이 설에 따르면 정당한 쟁의행위는 예견 가능한 사항이므로, 사용자가 거래 상대방에 대해 책임을 진다. 그러나 '정당성이 없는 쟁의행위'는 헌법상 단체행동권 행사의 효력이 부여되지 않고 민법상의 계약 원리가 적용된다. 따라서 사용자는, 이행보조자 즉 근로자에 대한 간섭 가능성이 없기 때문에, 거래 상대방에게 책임을 부담하지 않는다.

개인적으로는 사용자의 귀책사유가 있을 때만 책임을 지는 부정설을 지지한다.

사용자가 손해배상책임을 지면 근로자에 대해 이행보조자로서의 책임을 물어 구상권을 행사할 수 있는지가 문제가 될 수 있다. 그러나 쟁의행위에 참가한 근로자가 사용자의 이행보조자도 아니고 사용자의 사무 집행과도 관련이 없으므로 부정적으로 해석된다.[2)]

한편, 사용자와 거래 상대방 사이에 책임에 관한 약정이 있으면 그에 따른다.

(2) 제3자에 대한 민사책임

'정당성이 없는 쟁의행위'는 근로자와 사용자의 관계에서 발생하는 문제이다. 따라서 사용자와 직접적인 계약 관계가 없는 제3자에 대해 손해배상책임을 지는 것은 아니다. 아울러 사용자는 제3자를 위해 '쟁의행위를 피할 의무' 또는 '단체교섭에 성실하게 응할 의무'를 지지 않는다.

3·나. 근로자 책임

(1) 정당한 쟁의행위

정당한 쟁의행위 때문에 '사용자의 거래 상대방을 포함한 제3자'에게 손해가 발생하더라도, 헌법상 쟁의권 행사의 법적 효과 때문에 노동조합의 민사책임이 면제된다.

---

1) 이상윤, 『노동법』, 2007, 783쪽.
2) 임종률, 『노동법』, 2007, 250쪽; 김유성, 『노동법Ⅱ』, 2001, 286쪽.

(2) 정당하지 못한 쟁의행위

쟁의행위가 정당하지 못하더라도, 근로자는 그 기간 동안 이행보조자에 해당되지 않는다. 따라서 노동조합은 '사용자의 거래 상대방을 포함한 제3자'의 손해에 대해 책임을 지지 않는다.

그러나 쟁의행위가 제3자를 목적으로 하였거나 제3자에게 직접적인 상당인과관계를 가지고 손해를 발생시켰다면 불법행위책임을 부담할 수도 있다. 예를 들어 '제2차 보이콧에 해당'하거나, '특정 거래선과의 거래만 방해'하거나, '거래 상대방의 생산품 출하나 원자재 반입을 방해'하거나, '폭력적인 피케팅'을 하거나, '제3자의 개인적 이익을 침해'함으로써 직접 불법행위 요건을 충족시킨다면 손해배상책임을 부담한다.[1]

(3) 제한 · 금지 법규 위반

쟁의행위가 제한·금지 법규 중 안전보호시설 정폐·방해 금지(노조법 §42②), 필수유지업무의 정폐·방해 금지(노조법 §42의2②, 의료법 §15①) 등 사람의 생명·건강·안전을 직접 침해하는 '제3자 보호법규'에 위반하면, 노동조합은 이로 인해 발생한 제3자의 손해에 대하여 불법행위책임을 져야 한다.[2]

그러나 공무원의 쟁의행위 금지, 방위산업 쟁의 제한, 공익사업 쟁의 제한 등은 '제3자 보호법규'로 보지 않는다.

1) 이상윤, 『노동법』, 2007, 783쪽; 김유성, 『노동법Ⅱ』, 2001, 286쪽; 이병태, 『최신노동법』, 2007, 379쪽.
2) 임종률, 『노동법』, 2007, 248쪽; 이상윤, 『노동법』, 2007, 783쪽·786쪽; 김유성, 『노동법Ⅱ』, 2001, 288쪽, 다만, 보호가치가 있는 법익을 침해한 경우에 책임이 있다; 이병태, 『최신노동법』, 2007, 381쪽.

제 4절 사용자측 쟁의행위

1. 직장폐쇄

1·가. 의 의

(1) 개 념

직장폐쇄란 사용자가 근로자측의 쟁의행위에 '대항하는 행위로서 업무의 정상적인 운영을 저해하는 행위(노조법 §2,제6호)'이다. 여기서 '업무의 정상적인 운영을 저해하는 행위'라 함은, 근로자가 제공하는 근로를 일시적으로 거부하는 행위이다.

직장폐쇄는 근로제공의 반대급부인 임금을 지급하지 않음으로써 근로자측에게 경제적인 압박을 가하려는 사용자측의 쟁의행위이다.

직장폐쇄는 노조법(§2,제6호)이 쟁의행위의 한 유형으로 규정하고 있으므로 경제적·기술적 이유로 조업을 중단하는 폐업이나 휴업과 다르고, 인사조치인 대기명령이나 근무정지와 다르며, 징계처분인 정직이나 출근정지와 다르다. 아울러 근로관계가 존속된다는 점에서 집단해고와도 구별된다.

(2) 성 격

직장폐쇄는 행사의 시기, 목적 및 규모를 기준으로 분류할 수 있다.

먼저, 시기를 기준으로 보면 노동조합이 쟁의행위를 행하기 전에 행하는 '선제적 직장폐쇄'와 노동조합이 쟁의행위를 행한 후에 행하는 '대항적 직장폐쇄'가 있다. 노조법(§46)은 이중 대항적 직장폐쇄만을 인정하고 있다.

다음으로, 목적을 기준으로 보면 적극적으로 사용자의 새로운 주장을 관철하기 위하여 행하는 '공격적 직장폐쇄'와 노동조합의 주장에 반대하거나 소극적으로 재산권을 보호하기 위하여 행하는 '방어적 직장폐쇄'가 있다.

셋째로, 규모로 보면 사업장 전체의 조업을 중단하는 '전면적 직장폐쇄'와 사업장의 일부분만 조업을 중단하고 근로 희망자로 일부 사업장의 조업을 계속하는 '부분적 직장폐쇄'가 있다.

(3) 법적 성질

노조법은 직장폐쇄에 대해 '사용자의 쟁의행위라는 점', '시기의 제한' 그리고 '신고의무'에 관해서만 규정하고 있고 성립요건·범위·효과에 관해서는 규정을 두지 않고 있다. 이러한 이유로 그 법적성질에 대한 견해가 다양하다.

먼저, 헌법은 근로자의 단체행동권만을 규정하고 있으므로 직장폐쇄는 헌법상 인정될 수 없다는 부정설[1]이 있다.

다음으로, 노동법상 권리로 보지 않고 사용자에게 방임된 자유로 보는 자유방임행위설[2]이 있다.

셋째로, 근로자측과 사용자측 간의 교섭력의 균형을 보장하기 위한 권리라는 노사균형설[3]이 있다. 이 견해가 다수설이다.

넷째로, 헌법 제33조에서 정한 쟁의권 보장의 이념에 반하여 근로자측이 쟁의권을 남용하는 데 대한 대항수단으로 주어지는 쟁의권남용방어설[4]이 있다.

대부분의 학설이 직장폐쇄를 사용자의 권리로 인정하고 있다. 아울러 노사균형설과 쟁의권남용방어설은 그 성격이 비슷하다. 그러나 직장폐쇄가 갖는 대항성과 방어성을 고려하여 개인적으로는 쟁의권남용방어설을 지지한다.

1·나. 직장폐쇄의 성립 요건

(1) 의사표시

직장폐쇄가 성립하기 위해서는 '근로자의 노무 수령을 거부하고 임금을 지

1) 김철수, 『헌법학개론』, 2003, 792쪽, 관련법이 직장폐쇄를 쟁의행위로 규정한 것은 위헌의 의문이 있다고 한다.
2) 신인령, 『노동기본권연구』, 미래사, 1985, 102쪽, 근로자의 쟁의행위와 달리 실정법상 적극적 규정이 없는데 근거를 두고 있다.
3) 김유성, 『노동법Ⅱ』, 2001, 291쪽; 임종률, 『노동법』, 2007, 196쪽; 김형배, 『노동법』, 2007, 864쪽; 이상윤, 『노동법』, 2007, 789쪽, 재산권과 노동3권의 조화와 균형에서 근거를 찾고 있다; 권영성, 『헌법학원론』, 2005, 676쪽, 다만 그 근거는 헌법상 재산권 보장(헌법 §23①)과 기업의 경제상 자유(헌법 §119①)에서 찾는다; 협력 68140-352, 1997.8.29, 노동3권에 대한 힘의 균형 차원에서 인정된다고 보고 있다.
4) 이병태, 『최신노동법』, 2007, 328쪽; 이을형, 『노동법』, 1995, 349면; 근로자의 쟁의권 행사로 역균형이 생긴 경우에 그 시정수단으로 인정된다.

급치 않겠다.'는 사용자의 의사표시가 필요하다. 다만 의사표시의 방법에 대해서는 견해가 대립된다.

먼저, 직장폐쇄의 본질은 임금지급의 의무를 면하는 데 있으므로 그러한 취지를 통고 내지 선언하면 된다는 선언설[1]이 있다.

다음으로, 쟁의행위는 사실적인 행위이므로 사업장의 출입구를 폐쇄하여 근로자의 사업장 출입과 근로의 제공이 불가능한 상태로 만들어야 한다는 사실행위설[2]이 있다.

개인적으로는 선언이나 통고가 의사표시의 효력을 갖는다는 점과 직장폐쇄가 방어적·대항적으로 행해지는 점을 감안할 때 선언설이 타당하다고 생각한다. 근로자를 생산시설로부터 사실상 분리해내는 것은 실효성 확보를 위한 부수적 수단이라고 볼 수 있다.

(2) 단체협약과 성립

사용자가 '직장폐쇄를 하지 않겠다.'는 단체협약 조항을 위반하더라도 직장폐쇄의 효력에는 영향을 미치지 못한다. 다만 사용자는 단체협약 위반에 대해 손해배상책임을 부담한다.[3]

1·다. 직장폐쇄의 정당성

(1) 대항성

사용자는 노동조합이 쟁의행위를 개시한 이후에는 직장폐쇄를 할 수 있다(노조법 §46①, §91.벌칙). 교섭국면이 사용자에게 불리하더라도 '대항적 직장폐쇄'만 인정되고, 근로자의 쟁의행위가 개시되지 않은 상황에서 '선제적 직장폐쇄'를 할 수 없다.

사용자는 직장폐쇄를 할 경우에는 미리 행정관청 및 노동위원회에 각각 신고하여야 한다(노조법 §46②, §96.과태료). 직장폐쇄의 시기는 행정관청에 신고된 때로 본다. 다만, 신고를 하지 않았다 해서 대항성 자체가 부정되는 것은 아니다.

---

1) 김유성, 『노동법Ⅱ』, 2001, 291쪽; 이상윤, 『노동법』, 2007, 794쪽; 이병태, 『최신노동법』, 2007, 329쪽; 대판 1991.8.13, 91도1324 등이 있다.
2) 이을형, 『노동법』, 1995, 306쪽; 노동부, 『노동쟁의조정실무』, 1995, 64쪽.
3) 노사 322-8111473, 1989.8.4

(2) 방어성

① 의 의

직장폐쇄는 근로자측의 쟁의행위로 인한 경제적 손해를 최소화하기 위한 방어적 목적을 가져야 한다. 따라서 노동조합의 조직력 약화나 근로조건의 저하 등 적극적인 목적을 위해 사용하는 '공격형 직장폐쇄'는 인정되지 않는다.

② 판단기준

근로자측의 쟁의행위가 있다는 사실만으로 직장폐쇄를 할 수는 없다. 쟁의행위의 양태가 노·사의 세력 균형을 깨뜨리거나, 사용자에게 수용하기 어려울 정도로 손해를 입히거나, 그러한 상황들이 우려될 때 방어성이 인정될 수 있다.[1)]

직장폐쇄가 방어적인지 공격적인지 일률적으로 구별하기는 쉽지 않다. 따라서 노동쟁의에 있어서 노·사의 교섭태도와 경과, 노동조합 쟁의행위의 수단과 정도, 이에 따라 사용자가 받는 타격의 정도, 당해 직장폐쇄의 방법·양태 등 여러 가지 사정을 균형 있게 종합하여 구체적·개별적으로 판단되어야 한다.[2)]

일반적으로 노동조합이 태업이나 부분파업을 통해 업무를 마비시키면서 임금의 전부 또는 일부를 상실하지 않는 경우에 직장폐쇄가 인정된다.

반면에, 노동조합이 요구한 임금인상률을 낮추거나, 사용자가 요구 사항에 대해 양보를 받아내는 것처럼 교섭에 있어 유리한 해결을 꾀할 목적으로 행하는 직장폐쇄는 방어성을 인정받기 어렵다. 특히 단결력의 붕괴나 노동조합의 약화를 목적으로 하는 경우[3)]에는 방어성이 부정될 뿐 아니라 부당노동행위가 성립할 수 있다. 다만, 방어적 직장폐쇄를 하면서 이로 인해 노동조합이 위축될 것을 기대하더라도 이를 공격적이라고 볼 수는 없다.[4)]

③ 과잉방어 금지

과잉방어는 위법한 직장폐쇄가 될 수 있다.

쟁의행위의 양태가 부분파업이나 태업[5)]이어서 쟁의행위의 효과에 있어 노·사의

1) 노사 32281-9455, 1968.6.24; 이병태, 『최신노동법』, 2007, 329쪽.
2) 대판 2000.5.26, 98다34331
3) 대전지판 1995.29, 93가합566; 대판 2003.6.13, 2003두1097
4) 임종률, 『노동법』, 2007, 257쪽.
5) 대판 2000.5.26, 98다34331, 3일 만에 직장폐쇄를 한 사건이다.

세력 균형이 깨지더라도 그 기간이 짧거나, 노동조합이 응급조치를 취해서 중대한 장애의 우려가 없을 때[1]에는 과잉 방어가 될 수 있다. 직장폐쇄에 있어 폭력 사용, 안전 보호 시설 정지 등은 당연히 과잉방어이다. 한편, 생활시설인 경우 기숙사의 폐쇄는 과잉방어이나 조업과 밀접한 관계에 있는 식당은 폐쇄할 수 있을 것이다.[2]

④ 쟁의행위 종료와 직장폐쇄

노동조합의 직장폐쇄에 굴복하거나 아니면 평화적 교섭을 의도하여 파업을 종료한 이후에 계속되는 직장폐쇄의 위법성에 대해서는 의견이 나뉜다.

먼저, 방어적 성질이 상실된다는 견해[3]가 있다. 방어성은 직장폐쇄의 성립요건일뿐 아니라 존속요건이라는 데서 근거를 찾을 수 있다.

다음으로, 분쟁타결 가능성이 구체적으로 제시되거나 직장폐쇄의 유지가 무의미하게 된 경우에 위법으로 보는 견해[4]가 있다.

셋째로, 노동조합이 쟁의행위를 중지하고 단체교섭에 따라 분쟁을 해결할 것이라는 의사표시를 하고 이를 인정할 객관적인 상황이 있는 경우에는 방어성이 소멸되므로 위법으로 보는 견해[5]가 있다. 이 견해에 찬성한다.

⑤ 위법한 쟁의행위와 직장폐쇄

헌법 제33조 제1항의 취지상 위법한 쟁의행위는 노사자치의 대상이 아니므로,[6] 가처분신청과 같은 사법구제수단이나 징계·해고 등의 인사권으로 대응하여야 하며, 위법쟁의 행위를 이유로 직장폐쇄를 할 수 없다는 견해[7]가 있다.

그러나 위법한 쟁의행위도 단체교섭이나 노동쟁의 조정의 대상이 될 수 있는 점, 적법행위에 대해서는 방어적 수단이 인정되는데 위법행위에 대해서는 인정되지 않는 모순, 현존하는 불이익에 대한 자구책을 인정할 필요 등을 감안할 때 직장폐쇄의 대상이 될 수 있다.[8]

---

1) 日本, 最高判 1970.4.11
2) 임종률, 『노동법』, 2007, 257쪽.
3) 김유성, 『노동법Ⅱ』, 2001, 294쪽; 이상윤, 『노동법』, 2007, 794쪽.
4) 김형배, 『노동법』, 2007, 867쪽.
5) 이병태, 『최신노동법』, 2007, 330쪽; 임종률, 『노동법』, 2007, 257쪽, 노동조합이 파업종료를 선언할 뿐 교섭에 의한 해결의 의사나 양보의 의사가 없는 경우에는 직장폐쇄를 유지할 수 있다고 보았다. 다만 이때 노동조합이 구체적인 양보안을 제시할 것이 요구되지는 않는다; 노정노 1452.5-2266. 1965.6.4 등이 있다.
6) 노사 32281-4943, 1989.4.4, 노사 32281-7428, 1990.5.24 등.
7) 김형배, 『노동법』, 2007, 868쪽.
8) 임종률, 『노동법』, 2007, 257쪽, 다만, 근로자측이 조정전치, 중재 및 긴급조정시 쟁의중단 등 쟁의법규를 위반한 데 대해 즉각 직장폐쇄로 대응하면 직장폐쇄도 쟁의행위이기 때문에 사용자도 법규 위반이 될 수

1·라. 효 과

(1) 정당한 직장폐쇄

① 임금지급의무 면제

직장폐쇄가 정당하면 대상근로자 임금지급의무가 면제된다.[1] 이때 대상근로자라 함은 직장폐쇄 대상 사업장의 모든 근로자로서 조합원, 쟁의행위 지원자는 물론이고 비조합원과 쟁의행위 불참자까지 포함한다. 다만, 전면적 직장폐쇄 중의 쟁의행위 중에도 안전보호시설의 정상적인 유지·운영은 이를 정지·폐지 또는 방해할 수 없으므로(노조법 §42②), 이에 종사하면서 실제로 근로한 근로자와 공익사업의 필수유지 업무(노조법 §42의2~§42의6)에서 근로를 제공한 근로자에게는 임금을 지급하여야 한다. 직장폐쇄와 무관한 원격지 사업장의 근로자에 대해서도 마찬가지이다.

② 점거의 배제

사용자가 노동조합의 쟁의행위에 대하여 정당하게 직장폐쇄를 하면, 근로자측이 사용자의 시설을 정당하게 점거하고 있는 상황이더라도 이에 대해 퇴거요구권을 갖는다. 퇴거요구권을 물권적 청구권 특히 방해배제 청구권의 결과로 보는 견해[2]와 직장폐쇄의 직접적 효과로 보는 견해[3]가 있는데 후자가 더 설득력이 있어 보인다.

(2) 위법한 직장폐쇄

직장폐쇄가 정당하지 못하면 사용자는 근로자에 대하여 채무불이행책임(민법 §655,§390,§393) 또는 귀책사유로 인한 이행불능책임(민법 §655,§400,§538)을 지므로, 정상적으로 근로를 하였으면 받을 수 있었던 임금을 지급하여야 한다.

직장폐쇄가 정당하지 못하면 근로자의 사업장 출입이 주거침입죄에 해당하지 않는다.[4]

단체협약을 위반한 직장폐쇄는 그 채무적 효력에 따라 손해배상 책임을 지

있다. 그러나 이러한 경우라도 사용자가 현저한 불이익을 받고 직장폐쇄의 방어성이 인정된다면 벌칙과는 별도로 그 효력은 부정되지 않는다고 한다; 이상윤, 『노동법』, 2007, 792쪽.

1) 대판 2000.5.26, 98다34331

2) 김유성, 『노동법Ⅱ』, 2001, 294쪽.

3) 임종률, 『노동법』, 2007, 257쪽; 이상윤, 『노동법』, 2007, 796쪽; 대판 1991.8.13, 91도1324; 대판 2004.1.27, 2003도6026; 대판 2005.6.9, 2004도7218, 사용자의 퇴거요구에 응하지 않으면 퇴거불응죄를 구성한다.

4) 대판 2002.9.24, 2002도2243

게 된다. 아울러 위법한 직장폐쇄가 노동조합의 단결력을 약화시킬 목적으로 행해졌다면 사용자는 부당노동행위 책임을 질 수 있다.

(3) 제3자에 대한 효과

직장폐쇄는 헌법의 노동기본권에서 비롯된 민사면책의 대상으로 보기 어렵다. 따라서 직장폐쇄 때문에 이행지체가 발생하면, 사용자는 정당성 여부를 불문하고 거래 상대방에게 손해배상 책임을 진다.[1] 직장폐쇄는 사용자의 통제범위에 있는 예측 가능한 행위로서 또한 위법한 쟁의행위이기 때문이다.

2. 대체근로

2·가. 의 의

(1) 개 념

사용자가 파업기간 중에 조업을 계속하기 위해 다른 근로자를 사용하여 근로를 제공하게 하는 것을 대체근로라 한다. 사용자는 필수 공익사업을 제외한 사업에 대하여 '쟁의행위 기간 중 그 쟁의행위로 중단된 업무의 수행을 위하여 당해 사업과 관계없는 자를 채용 또는 대체할 수 없으며'(노조법 §43①), '쟁의행위로 중단된 업무에 대해 도급 또는 하도급을 줄 수 없다'(노조법 §43②).

(2) 취 지

대체근로 금지 규정은 다른 나라에서 찾아보기 힘든 독특한 입법례이다.[2]

---

1) 이상윤, 『노동법』, 2007, 799쪽.

2) 노동부,「노사관계 선진화 입법 설명자료」, 2007.1, 28쪽; ILO는 특정한 사업에만 허용하고 있는데 업무중단에 의해 긴박한 위기가 초래될 수 있는 서비스 내지 산업에 한하여, 그 정상적 운영을 보장할 필요성이 있는 경우에만 허용될 수 있다; 미국은 대법원 판례로 파업권과 영업권의 균형차원에서 일시적·영구적 대체를 모두 허용하고 있으며, 근로자에게 복직권을 인정하지 않으나, 부당노동행위 파업 시에는 대체근로와 별개로 근로자의 복직권을 인정한다; 프랑스는 일정한 제약 아래 허용하고 있는데, 구체적으로는 단기계약근로자 및 파견근로자 대체는 법률로 금지되며, '무기계약을 통한 신규채용'·'무상의 협력자 이용'·'외부기업과의 도급 계약' 등은 가능하다. 다만, 신규채용의 경우 미국과 같은 영구대체는 아니며, 파업 참가 근로자가 복귀할 경우 신규채용 근로자를 우선 해고할 수 있다; 독일도 일정한 제약 아래 허용하고 있는데 '파업 불참 근로자 대체', '외부근로자 신규채용', '제3자에게 도급·하도급을 주는 것' 등을 허용한다. 그러나 파견근로자로 신규 대체하는 것은 입법으로 금지되어 있고, 파업불참 근로자 및 기존 파견근로자는 본래 계약의 범주에 해당되지 않는 근무지시를 거부할 수 있다; 일본은 노사관행으로 전면 허용되나, 대체근로자가 있다는 이유로 파업참가자를 해고할 수 없다. 따라서 영구적 대체는 부인되고, 실질적으로 한시적인 대체가 허용된다.

그럼에도 불구하고 이러한 제도가 마련된 이유는 대체근로자를 투입할 경우 쟁의행위의 효과가 저하되고 사실상 무의미해짐으로써 헌법상 보장된 단체행동권을 충분히 보장하지 못한다는 정책적 배려 때문이다.

2·나. 금지되는 내용

(1) 채 용

채용이란 근로자를 새로 고용하는 것을 말하며, 그 고용의 형태나 기간은 불문하므로 신규채용은 물론 임시채용, 하청회사·용역회사 근로자에게 업무를 담당하게 하는 것[1]까지 포함한다.

다만, 쟁의행위로 중단된 업무를 수행토록 하기 위해서가 아니라 사업의 확장으로 근로자를 신규채용하거나 자연감소 인원을 보충하기 위한 채용은 허용된다.[2]

(2) 당해 사업 대체

'당해 사업과 관계없는 자'의 대체근로가 금지되며 '당해 사업과 관계있는 자'라면 사업장이 다르더라도 대체근로를 할 수 있다.

여기서 당해 사업과 관계있는 자'라 함은 사용자가 일체로서 경영하는 사업체에 종사하는 종업원을 말하고 종사하는 업무의 내용을 불문한다. 따라서 파업이 발생한 사업장 내의 비조합원[3]과 파업불참 조합원 그리고 동일 기업에 속하는 다른 지역의 사업장 근로자로도 대체근로를 할 수 있다.

(3) 도급 · 하도급과 파견 금지

사용자는 쟁의행위기간 중에 쟁의행위로 중단된 업무에 대해 도급 또는 하도급을 줄 수 없다. 쟁의행위로 중단된 업무에 대해 도급 또는 하도급을 주는 것은 다른 사업의 근로자를 대체근로에 투입하는 것과 동일한 효과가 있을 수 있으므로 금지된다.

아울러 파견사업주는 쟁의행위 중인 사업장에 그 쟁의행위로 중단된 업무의

---

1) 노사 01254-322, 1992.6.26
2) 김유성, 『노동법Ⅱ』, 2001, 300쪽; 이상윤, 『노동법』, 2007, 778쪽; 노사 32281-13673, 1989.9.20; 노사 68140-313, 1993.9.16
3) 근기 01254-6771, 1989.5.8; 노사 32281-10661, 1991,7.25

수행을 위하여 근로자를 파견할 수 없다(파견법 §16①). 다만, 이미 파견되어 있는 근로자에 대한 파견계약은 유효하다.

하청업체의 파업으로 업무가 중단된 원청회사가 직접 그 업무를 수행하거나 다른 하청업체를 선정하여 업무를 계속하는 것은 쟁의행위 기간 중 도급·하도급 금지와 관련이 없다.

2·다. 쟁의행위의 정당성과 대체근로 금지

대체가 금지되는 쟁의행위는 정당한 쟁의행위에 국한된다. 따라서 안전보호시설 종사자의 쟁의행위처럼 정당성을 상실한 경우에는 채용, 하도급, 대체근로, 파견 등이 허용된다.[1)]

2·라. 필수공익사업과 대체근로

필수공익사업에 대하여는 채용, 하도급, 대체근로, 파견 등의 금지 규정이 적용되지 않는다(노조법 §43③).[2)] 사용자는 당해 사업 또는 사업장 파업 참가자의 100분의 50을 초과하지 않는 범위의 채용 또는 대체하거나 도급·하도급을 줄 수 있다. 이때 파업 참가자수의 산정 방법 등은 대통령령으로 정한다(노조법 §43④).

다만, 파견법을 통한 대체근로는 일반사업과 같이 제한된다, 아울러 대체근로는 쟁의행위 기간 중에 한하여 가능하다. 따라서 파업을 이유로 한 영구적 대체근로는 허용되지 않으므로 파업 근로자의 복귀는 보장된다.

2·마. 위반의 효과

위법한 대체근로에 대해서는 1년 이하의 징역 또는 1천만원 이하의 벌금형에 처해질 수 있으며(노조법 §91), 부당노동행위로서 구제를 받을 수 있다.

사용자가 사업 내의 파업 불참자를 작업에 전환시키거나 참여시킨 경우 노동조합은 평화적 설득이나 시위를 넘어 폭력·협박을 사용할 수 없다(노조법 §38①).

---

1) 이상윤, 『노동법』, 2007, 778쪽; 노사 32281-8344, 1989.9.16; 노사32281-8345, 1989.6.7

2) 필수 공익사업에 대한 강제중재제도를 폐지하여 필수 공익사업 중 필수유지업무 대상이 아닌 업무의 경우 파업이 전면적으로 허용됨에 따라 공익보호의 관점에서 대체근로 허용제도가 도입되어 2008.1.1부터 시행된다.

제 5절 쟁의행위와 개별적 근로관계

1. 의 의

쟁의행위 기간 중에는 근로자가 근로계약으로 정한 근로를 실제로 제공하지 않는다. 따라서 쟁의행위 기간 동안 근로계약이 어떠한 상태에 놓이는 것인지, 임금청구권은 어떻게 되는지, 퇴직금이나 휴가를 산정할 때 쟁의행위 기간을 근로일로 보아야 하는 것인지 등 근로관계의 성격과 적용에 대해 검토가 필요하다.

2. 쟁의행위 기간 중 근로관계의 성격

쟁의행위 특히 파업 기간 동안에는 근로가 제공되지 않으며 이에 상응하여 임금이 지급되지 않는다. 이러한 상태를 법적으로 어떻게 볼 것인지에 대하여 의견이 나뉜다.

먼저, 근로계약파기설은 쟁의행위기간 중에 근로자와 사용자가 근로제공의무와 임금지급의무를 면하는 것은 근로관계가 파기된 결과라고 본다. 이 설은 쟁의행위가 끝난 후에 근로자가 다시 업무에 복귀하는 것을 설명하기 어렵다.[1]

다음으로, 근로계약정지설[2]은 근로계약은 유지[3]되면서 '근로제공의무'와 '사용자의 임금지급' 등 주된 권리·의무가 일시적으로 정지되고, '사택과 같은 복지시설'을 이용하는 권리나 '안전배려의무'와 '성실의무' 등의 의무는 부수적으로 존속한다고 본다. 이 설은 노동관계의 성격을 시민법적인 관점에서 접근한 전통적인 견해이다.

1) 사표 제출 등의 방법으로 근로계약을 파기하고 파업 후 다시 근로계약을 체결해야 한다고 보았다. 1950년대까지 독일과 프랑스에서는 파업을 근로제공의무의 위반으로 보았다(임종률, 『노동법』, 2007, 237쪽).

2) 김유성, 『노동법Ⅱ』, 2001, 301쪽; 이병태, 『최신노동법』, 2007, 384쪽.

3) 대체근로를 원칙적으로 허용하지 않는 것, 단체행동에 참가한 것을 이유로 해고 기타 불이익을 줄 수 없는 것 등이 그 예가 될 수 있다.

셋째로, '근로계약내용설[1]'은 '쟁의행위 기간 동안의 근로제공 거부 및 임금 미지급', '파업 후 복귀' 등의 내용이 근로계약에 당연히 포함되어 있다고 본다. 다시 말해서 근로계약은 유지되는 상태에서 그 기간 동안 근로제공의무가 정지되는 것이 아니라 존재하지 않는 것이다. 이 견해는 '헌법이 노동3권을 명시적으로 보장'하고 있고, '법외노조에게 단결권을 인정'하는 것처럼 노동관계의 법 해석이 헌법에서 비롯되며, 노동관계법에서 '근로계약을 주된 부분과 종된 부분으로 나누어 효과를 달리하는 개념'을 발견하기 어렵다는 점에서 설득력이 있다. 그러나 파업과 근로계약의 관계에 대한 설명이 추상적이라는 비판이 있다.

개인적으로는 '근로계약정지설'을 지지한다.

3. 쟁의행위와 임금

3·가. 의 의

(1) 개 념

쟁의행위가 정당하더라도 민·형사상 책임이 면제되고, 기타 불이익 대우를 받지 않는 것이지 근로를 제공하지 않은 데 대한 임금청구권까지 보장되는 것은 아니다.

임금은 근로의 대가이다(근기법 §2,제5호). 따라서 사용자는 쟁의행위에 참가하여 근로를 제공하지 아니한 근로자에 대하여는 그 기간 중의 임금을 지급할 의무가 없다(노조법 §44①).

파업기간 중에 임금청구권이 인정되지 않는 근로계약의 법리를 '무노동무임금원칙' 또는 '파업삭감의 원칙[2]'이라 부른다.

한편, 파업기간 중이라도 임금지급일이 도래할 경우 이미 제공한 근로에 대한 대가인 임금은 당연히 지급되어야 한다.

(2) 임의적 지급

사용자는 파업 참가자에게 임금을 지급할 의무가 없을 뿐이므로, 자발적 의

---

1) 이상윤, 『노동법』, 2007, 771쪽.

2) 임종률, 『노동법』, 2007, 237쪽, 무노동무임금에 해당하는 휴일·휴가, 결근, 조퇴 등과 구분하는 의미로 사용하였다.

사로 임금을 지급하는 것은 금지되지 않는다. 따라서 이러한 경우에는 단체협약·취업규칙·약정·관행 또는 사용자의 뜻에 따라 임금이 지급될 수 있다.[1] 이때 사용자의 지급 행위는 부당노동행위가 되지 않으며 벌칙의 대상도 아니다.

(3) 임금지급 관철을 위한 쟁의

노동조합은 쟁의행위기간에 대한 임금의 지급을 요구하여 이를 관철할 목적으로 쟁의행위를 하여서는 아니 된다(노조법 §44②, §90. 2년 이하 징역 또는 2천만원 이하 벌금).

파업기간 중의 임금지급 문제는 임의적 교섭사항으로 사용자가 동의하면 교섭을 할 수는 있으나, 근로자의 교섭 요구에 응할 사용자의 의무는 없다. 임의교섭의 결과 체결된 '임금삭감 배제의 특약'도 단체협약으로의 효력을 갖는다.

3·나. 임금삭감의 범위

쟁의행위기간 중의 임금을 그 본질이나 성격에 따라 구분한 후 그에 따라 삭감을 할 수 있는지에 대해 의견이 나뉜다.

먼저, 임금이분설[2]은 임금은 그 성질에 따라 근로자로서의 지위에 있다는 사실만으로 지급하는 생활보장적 부분과 실제로 근로를 제공한 데 대하여 지급하는 교환적 부분이 있는데 임금삭감은 교환적 부분에 국한된다고 본다. 근로제공과 직접적이고 비례적으로 관계를 갖지 않는 임금이 있을 수 있으나, 이를 임금의 본질에서 비롯된 것으로 보기 어렵다.

다음으로, 임금일체설[3]은 현실적으로 근로제공의 대가가 아닌 임금이란 존재할 수 없으므로 파업참가 기간에 대하여, 반대의 특약 또는 관행이 없는 이상, 어떤 명목의 임금이든 모두 삭감할 수 있다고 본다. 이 설을 취하더라도 실적급을 파업기간에 상응하여 감액하기는 어려운 것처럼 임금의 본질에 따라 삭감에 제한을 받을 수 있다.

셋째로, 계약해석설[4]은 임금삭감의 내용은 당사자의 근로계약의 내용에 따라 판단한다. 즉 취업규칙, 근로계약 또는 관행이 결근에 대하여 처리하는 방

---

1) 김유성, 『노동법Ⅱ』, 2001, 304쪽; 대판 1996.12.6, 96다26671; 대판1996.2.9, 95다19501; 대판(전합) 1995.12.21, 94다26721

2) 대판 1992.3.27, 91다36307; 대판 1992.6.23, 92다11466; 뒤에 나오는 전원합의체 판결에 의해 부정되었다.

3) 대판(전합) 1995.12.21, 94다26721

4) 임종률, 『노동법』, 2007, 241쪽; 김유성, 『노동법Ⅱ』, 2001, 304쪽; 이병태, 『최신노동법』, 2007, 389쪽.

법과 마찬가지로 처리한다.

개인적으로는 판례[1]가 반대 입장을 보이고 있으나 다수설의 입장인 계약해석설은 지지한다. 파업과 결근이 모두 무노동무임금원칙 적용 대상인데, 파업에 대해 더 불리하게 처리한다면 헌법상 보장된 단체행동권의 취지에 맞지 않기 때문이다.

3·다. 임금삭감의 대상자

(1) 전임자

쟁의기간 중에 노조 전임자의 급여를 삭감할 수 있는지에 대하여 의견이 나뉜다.

먼저, 전임자는 원래부터 근로제공의무를 면제받은 상태에서 급여가 지급된 것이므로 쟁의기간 중에 그 급여가 삭감되지 않는다는 삭감부정설[2]이 있다.

다음으로, 전임자 급여에 대한 단체협약 규정의 취지는 전임자를 일반조합원에 비하여 불이익하게 처우하지 않는다는 데에서 찾을 수 있으므로 일반 조합원의 임금을 삭감한다면 전임자의 급여도 삭감할 수 있다는 삭감긍정설[3]이 있다.

개인적으로는 전임자 급여를 근로제공의 대가인 임금으로 볼 수 없으므로 당사자 사이에 특약이 없다면 삭감부정설이 타당하다고 생각한다.

(2) 쟁의행위 불참자

① 의 의

쟁의행위 불참가자의 경우는 사용자와의 주된 권리·의무가 당연히 종료되는 것은 아니다. 따라서 실제로 근로를 제공하였다면 조합원 여부에 상관없이 임금청구권을 갖는다. 쟁의행위를 할 수 없는 '안전보호시설 유지 업무(노조법 §42②)'가 그러한 예에 해당한다.

근로를 제공하지 않거나 못한 파업 불참자에 대해서는 조업이 가능한 경우와 조업이 불가능한 경우로 나누어 임금 삭감의 타당성을 판단한다.

---

1) 대판(전합) 1995.12.21, 94다26721 파업과 결근은 노무지휘권의 행사 가능성, 업무장애의 해소 용이성, 징계를 통한 예방 가능성 등 그 성격이 다르다; 대판 1996.2.9, 95다19501

2) 대판 1996.12.6, 96다16671; 김유성, 『노동법Ⅱ』, 2001, 303쪽.

3) 대판 2003.9.2, 2003다4815·4822·4839

② 조업이 가능한 경우

조업이 가능함에도 사용자가 파업불참자들의 근로제공을 거부하면 '수령지체책임'을 부담하게 되고, 근로자들은 임금전액을 청구할 수 있다. 사용자는 직장폐쇄로 임금지급 의무를 면할 수 있다.

③ 조업이 불가능한 경우

사용자가 근로를 제공하려 하였으나 노동조합의 피켓팅 즉 파업감시로 출입이 저지되어 근로제공을 못할 수 있다. 또한 파업으로 인해 일거리가 없어 일을 시킬 수 없는 경우도 있다. 이 처럼 조업을 할 수 없는 상황에서 근로를 희망하는 파업불참자에게 임금 또는 휴업수당을 지급할 것인지 문제가 된다.

사용자도 단체교섭에 있어 자신의 의견을 주장할 자유를 갖는다. 따라서 노동조합에 양보하지 않아 파업이 일어나거나 연장되었다 해서, 이를 사용자의 책임 있는 사유라고 볼 수 없기 때문에, 채무자 위험부담주의(민법 §537)에 따라 불참자의 임금청구권[1]이나 휴업수당(근기법 §46) 청구권은 모두 부정된다.[2]

이때 조업이 불가능하더라도 비조합원은 제3자라는 이유로 임금청구권을 갖는다[3]거나 부분파업에서 비조합원은 휴업수당청구권을 갖는다[4]는 의견이 있다. 그러나 파업이 비조합원에게만 사용자에게 책임 있는 사유로 작용한다고 보기 어렵고, 쟁의행위의 과실을 비조합원도 누릴 수 있다는 점에서 조합원과 비조합원을 차별하는 것이 타당하지 않으며, 조합원이 갖는 파업 참가자와의 일체성 또는 연대성을 비조합원에 대해 완전히 부정하기는 어렵다는 점을 감안할 때 이러한 의견에 찬성하지 않으며 조합원과 달리 취급할 수 없다고 생각한다.

다만, 쟁의행위가 사용자의 부당노동행위나 불공정한 행위로 유발된 것이라면 이는 사용자의 책임 있는 사유로서 수령지체에 고의 과실이 인정되므로 파업에 불참한 근로 희망자에게 임금전액의 청구권이 인정된다.[5]

---

1) 임종률, 『노동법』, 2007, 244쪽, 부분파업에서 비조합원의 휴업청구권을 인정하고 있다.
2) 김형배, 『노동법』, 2007, 878쪽.
3) 이병태, 『최신노동법』, 2007, 390쪽.
4) 임종률, 『노동법』, 2007, 245쪽.
5) 임종률, 『노동법』, 2007, 245쪽; 김유성, 『노동법Ⅱ』, 2001, 308쪽.

3·라. 태업과 임금삭감

태업은 근로의 양과 질에 있어서 불완전한 채무이행의 한 형태로 파업과 같은 방법으로 처리된다. 그러나 현실적으로는 근로제공의 의무를 이행하지 않은 정도를 판단하기가 쉽지 않으므로 태업의 모습에 따라 개별적으로 검토하여야 한다.

먼저, 감속태업의 경우에는 근로를 제공한 시간을 비율로 하기는 어려우나 생산량으로 판단하는 것은 가능하다. 생산량의 감소 정도를 따질 때에는 개개인을 기준으로 하여야 한다.

다음으로, 근로자가 수행할 직무 중 서류기재, 자금의 납입 업무처럼 일부 업무만 거부하고 다른 업무는 정상적으로 수행하는 직무태업의 경우에는 그 업무와 유기적 연계를 맺고 있는 하나의 업무 전체가 이루어지지 않은 것으로 보아 그 부분에 대해 모두 파업으로 볼 수 있다.

4. 파업 종료와 근로관계

4·가. 직장 복귀

쟁의행위가 끝나면 근로자는 직장에 복귀할 권리가 있으며, 사용자는 이를 거부하는 불이익을 줄 수 없다(노조법 §81,제5호). 그러나 위법한 쟁의행위에 참가한 근로자에 대하여는 직장복귀를 거부할 수도 있다.

신규채용을 통해 대체 근로하였다면, 채용이 적법하건 위법이건 간에 벌칙을 받는 문제는 별도로 하고 이를 무효로 볼 수 없다. 이 경우 파업 참가자를 복귀시키기 위해서는 신규채용자를 배치 전환시키거나 채용 조건에 따라 근로관계를 정당하게 종료시킬 수 있을 것이다.

파업 참가자를 직장에 복귀시키지 못하면 근로제공에 대해 수령지체의 책임을 진다.

4·나. 파업 참가 기간과 근로일 · 출근율

파업기간은 근로계약관계가 정지될 뿐 소멸되지는 않으므로, 정당성 여부와 관계없이 상여금이나 퇴직금의 산정과 관련하여 계속근로일수로 산입하는 것이 타당하다.

한편 정당한 쟁의행위에 대해서는 연차휴가를 위한 출근율 계산에 있어 불이익한 대우를 할 수 없다(노조법 §81,제5호). 따라서 '정당성이 없는 쟁의행위'에 대해서는 대상기간을 결근으로 처리해도 되지만, 정당한 쟁의행위에 대해서는 결근으로 처리하면 안 된다. 출근율 계산에 있어 불이익하지 않게 하는 방법은 쟁의행위 대상기간을 소정 근로일에서 제외시키는 방법과 소정 근로일로 보되 출근한 날로 보는 방법이 있다.[1] 근로제공 의무가 정지되어 있는 날을 법률에 특별한 규정이 없다면 출근으로 보기 어렵다는 점에서 전자의 방법을 지지한다.[2]

---

1) 하갑래, 『근로기준법』 제18판, 2007, 407쪽; 노동부, '연차휴가 등의 부여시 소정 근로일 및 출근 여부 판단기준, 근기 68207-709, 1997.5.30

2) 이렇게 쟁의기간을 소정 근로일에서 제외하면, 연차휴가는 통상의 소정 근로일에 비례한 날짜가 부여된다.

제8장

부당노동행위제도

제1절 총 설

1. 총 설

1·가. 의 의

부당노동행위제도는 사용자의 부당노동행위 즉 '노동3권을 침해하는 행위'를 금지하고, 국가가 이에 대해 정책적으로 공법상의 권리구제제도[1]인 부당노동행위구제제도를 설정하며, 부당노동행위를 한 사용자에 대해 벌칙을 통해 제재를 가하여 헌법상의 노동기본권을 보장하는 제도를 말한다.

사용자의 노동3권 침해행위에 대해서 노동조합이 자주적으로 방어해야 하는 것이 원칙이다. 그러나 노동조합의 힘만으로는 우월적 지위를 가진 사용자의 침해행위를 방어하기 어렵기 때문에 노사관계의 균형을 유지하기 위하여 국가기관이 개입하게 된 것이다.

1·나. 연 혁

부당노동행위제도는 미국의 와그너법(Wagner Act, 1935년)이 노동조합의 어용화를 방지하기 위해 처음으로 도입한 제도이다. 이 후 노동조합의 힘이 강해지고 관료화의 모습을 보임에 따라 「태프트-하틀리법」(Taft-Hartley Act, 1947년)은 교섭력의 균형을 위해 노동조합의 부당노동행위를 신설하였다.

우리나라는 1953년에 「노동조합법」을 제정하면서 「태프트-하틀리법」을 본따 사용자측과 근로자측의 부당노동행위를 금지하는 부당노동행위제도를 도입하였다. 이후 1963년부터 근로자측의 부당노동행위를 삭제하여 지금에 이르고 있다.

---

1) 대판 1998.12.13, 86다카1035

1·다. 목 적

부당노동행위제도의 목적에 대해서는 헌법(§33)과의 관계를 둘러싸고 의견이 나뉜다.

먼저, 단결권설 또는 노동3권보장설[1)]은 노동3권 중 특히 단결권을 실질적으로 확인하고 보장하기 위한 제도라고 본다. 단결권이 국가로부터의 자유뿐 아니라 사용자로부터의 자유를 포함하고 있다는 데서 근거를 찾는다. 이 설에 따르면 부당노동행위에 해당되는지는 노동3권의 침해가 있는지에 따라 판단하고 노사관계질서는 다른 여러 제도를 통해 보호받아야 한다.

다음으로, 노사관계질서유지설[2)]은 노동3권의 보장 그 자체보다도 그로 인해 확립되어야 할 공정한 노사관계의 질서를 확립하기 위한 제도로 본다.

셋째로, 절충설[3)]은 노동3권 특히 단결권의 침해 행위를 배제함과 동시에 공정한 노사관계의 질서를 확립하려는 데 목적이 있다고 본다.

부당노동행위는 일차적으로 노동3권의 침해를 방지하고 궁극적으로는 노사관계질서를 확립하려는 데 그 목적이 있고 부당노동행위에 해당되는지에 대하여도 이러한 두 가지 목적이 모두 고려되어야 한다고 본다. 절충설에 찬성한다.

1·라. 특 색

우리나라의 부당노동행위제도는 미국의 제도에 근원을 두고 있지만 그 내용이 다르다.

먼저, 헌법상 보장된 노동3권을 확인하거나 구체화하는 제도이다. 따라서 법률에 의하여 교섭력의 균형을 추구하는 미국과 다르다.

둘째로, 사용자에게만 금지된다.

셋째로, 미국의 전국노동관계위원회(NLRB)[4)]는 직권으로 부당노동행위에 대해 소추나 구제를 할 권한을 가지고 있다. 반면에 우리 노동위원회는 피해자

---

1) 김유성, 『노동법Ⅱ』, 2001, 316쪽; 대판 1993.12.21, 93다1463

2) 김형배, 『노동법』, 2007, 917쪽.

3) 임종률, 『노동법』, 2007, 261쪽; 이상윤, 『노동법』, 2007, 833쪽, 헌법상 노동3권의 구체화로 보면서, 단결권뿐 아니라 노동3권 전체를 대상으로 하고, 확인규정이 아니라 구체화 규정이며, 이러한 구체화가 직접적 목적이고 노사관계질서 확보가 부수적·간접적 목적이라고 설명하고 있어 절충설로 분류하였다.

4) National Labor Relation Board.

의 신청에 의해 구제절차만 가능하고 소추는 일반 형사사건처럼 검찰의 권한에 속한다.

넷째로, 미국은 조정·중재의 권한이 연방조정위원회(FMCS)[1]에 있어 부당노동행위 구제 권한과 분리되어 있다. 반면에 우리 노동위원회는 조정·중재 권한을 같이 가지기 때문에 부당노동행위 사건에 대해 이를 병용할 수 있다.

한편, 우리는 일본과 달리 구제 이외에 처벌을 병행하고 있다.[2] 구제는 원상회복에 처벌은 예방에 치중한다.

1·마. 종 류

노조법(§81)은 '노동조합의 조직, 가입, 활동에 대한 불이익취급(제1호)', '비열계약(Yellow Dog Contract)의 체결(제2호)', '단체교섭의 거부 또는 해태(제3호)', '노동조합의 조직·운영에 대한 지배·개입과 경비원조(제4호)' 및 '단체행동에의 참가 기타 사용자의 부당노동행위를 신고한 것을 이유로 한 불이익취급(제5호)'을 부당노동행위로 규정하고 있다.

1) Federal Mediation & Conciliation Service.
2) 같은장. 제4절. 1·가. 참조.

제 2 절　주체와 객체

1. 주 체

1·가. 부당노동행위금지의 수규자

부당노동행위제도가 노동3권을 침해하는 행위를 실질적으로 금지하기 위해서 노조법상의 사용자 모두가 '부당노동행위금지 수규자로서의 사용자'에 해당된다고 해석된다. 구체적으로는 '사업주, 사업의 경영 담당자 또는 그 사업의 근로자에 관한 사항에 대하여 사업주를 위하여 행동하는 자(노조법 §2,제2호)'와 '사용자단체(노조법 §2,제3호)'가 이에 해당한다.

1·나. 부당노동행위 구제명령의 수규자

(1) 구제명령 이행자

구제명령 이행자는 원칙적으로 사업주가 된다. 즉, 개인기업의 경우 사업주는 개인이고, 법인인 경우 법인 그 자체이다.

(2) 형벌부과대상자

형벌부과대상자로서의 사용자는 부당노동행위 구제명령의 이행자로서의 수규자와 반드시 일치하지 않는다. 위반행위를 한 때에는 행위자도 처벌되므로 법인의 대표자, 대리인, 사용인 등 사업주 이외의 자도 그러한 한도 내에서 부당노동행위의 주체가 될 수 있다.

2. 객 체

부당노동행위의 보호대상은 노조법상 근로자이다. 이때 사용자와 실질적으로 사용종속관계가 없는 근로자는 그 사용자에 대해 부당노동행위의 구제를

신청할 수 없다.[1)]

법외조합에 대한 사용자의 부당노동행위가 벌칙의 적용 대상이 되는가? 법외노조는 노동위원회에 부당노동행위 구제신청을 할 수 없다(노조법 §7①). 그러나 이 규정은 법외노조에 대한 부당노동행위가 성립하지 않는다는 이야기는 아니다. 단지 법외노조에게 구제신청의 자격을 인정하지 않겠다는 의미일 뿐이다.

부당노동행위 규정은 노조법에 의해 창설된 것이다. 따라서 노조법상의 노동조합에게 적용되는 것이 원칙이다. 다만, 불이익취급(노조법 §81,제1호본문) 규정과 비열계약(노조법 §81,제2호본문)은 헌법상 단결권 보장의 당연한 효과를 확인하는 규정이다. 그러므로 이들 규정에 의한 노동조합은 헌법상 단결권의 주체인 법외조합에까지 포함된다.[2)] 따라서 불이익취급과 비열계약에 대해서는 법외노조가 구제신청을 할 수는 없지만, 소속 조합원은 가능하다.

---

1) 대판 1999. 11.12, 97누1994, 원 고용주에게 고용되어 제3자의 사업장에서 일하는 자를 제3자의 근로자라고 할 수 있으려면, 원 고용주가 사업주로서의 독자성이 없거나 독립성을 결하여 제3자의 노무대행기관과 동일시할 수 있는 등 그 존재가 형식적, 명목적인 것에 지나지 아니하고, 사실상 당해 피고용인은 제3자의 종속적인 관계에 있으며, 실질적으로 임금을 지급하는 자도 제3자이고, 또 근로제공의 상대방도 제3자이어서 당해 피고용인과 제3자 간에 묵시적 근로계약관계가 성립되어 있어야 할 것이다.

2) 임종률, 『노동법Ⅱ』, 2007, 263쪽.

제 3절 유형별 성립요건

1. 불이익취급

1·가. 의 의

노조법(§81)은 '근로자가 노동조합에 가입 또는 가입하려고 하였거나 노동조합을 조직하려고 하였거나 기타 노동조합의 업무를 위한 정당한 행위를 한 것(제1호)' 또는 '근로자가 정당한 단체행동에 참가한 것을 이유로 하거나 또는 노동위원회에 대하여 사용자가 이 조의 규정에 위반한 것을 신고하거나 그에 관한 증언을 하거나 기타 행정관청에 증거를 제출한 것(제5호)'을 이유로 하여 사용자가 그 근로자를 해고하거나 기타 불이익을 주는 행위를 부당노동행위로서 금지하고 있다.

이러한 불이익 취급을 부당노동행위로서 인정한 것은 노조성립 전부터 근로자의 단결권과 조합활동권을 보장하기 위한 것이며, 아울러 부당노동행위 구제활동에 대한 사용자의 보복으로부터 근로자를 보호하기 위함이다.

1·나. 성립 요건

(1) 성립 요소

불이익취급이 성립하기 위해서는 첫째로 근로자가 정당한 조합활동을 하여야 하고, 둘째로 현실적으로 근로자에게 불이익처분을 하여야 하며, 셋째로 근로자의 조합활동과 사용자의 불이익처분 간에 인과관계가 있어야 한다.

(2) 성립요소별 성립 요건

① 불이익취급의 원인이 되는 행위

ⓐ 노동조합 가입 · 조직

정당한 조합 활동에는 이미 성립하고 있는 노동조합을 위한 행위뿐만 아니라 그에 가입하는 행위나 가입하려고 한 행위도 포함되며, 새로운 노조를 결성하기 위한 행위로서 그 준비행위나 원조행위까지도 포함된다.

ⓑ 노동조합 활동

노동조합을 가입하거나 조직하는 행위 이외에 노동조합의 목적을 달성하기 위한 활동도 조합활동에 포함된다. 문화활동·사회활동·정치활동 등도 연대감과 단결력을 강화하므로 부수적인 조합활동으로 인정될 수 있다. 정치활동은 근로자의 경제적·사회적 지위향상을 위한 입법이나 정책 형성과 관련된 활동이어야 조합활동에 포함된다.

노조의 조직적 활동이나 직접적인 활동이 아닐지라도 행위의 성질상 조합활동으로 볼 수 있거나 노조의 묵시적 수권 혹은 승인을 받았다고 볼 수 있는 행위는 조합활동에 해당된다.[1]

ⓒ 정당한 단체행위 참가 또는 신고 · 증언 · 증거의 제출

근로자가 정당한 단체행위에 참가하거나 노동위원회에 사용자의 부당노동행위를 신고하거나 증언·증거를 제출하는 것도 넓은 의미의 조합 활동으로서 사용자가 이를 이유로 불이익을 주는 행위는 일종의 보복적 차별대우로서 불이익취급에 해당된다.

② 사용자의 불이익처분 행위

불이익취급은 실제행위로 나타나야 하며, 잠재적인 의사만으로는 불이익취급으로 인정되지 않는다. 불이익취급 행위는 근로관계상 불이익,[2] 조합활동상의 불이익,[3] 경제상·정신상·생활상 불이익[4] 등 그 모습이 다양하게 나타나며, 꼭 법령상 불이익 해당행위만이 대상이 아니다.[5]

---

1) 대판 1991.11.12, 91누4164

2) 해고, 퇴직의 강요, 계약갱신이 일반적인 상황에서 갱신 거부, 징계, 임금·대출 등 경제상의 불이익취급 등을 들 수 있다. 반조합적 의도로 회사를 해산한 후 다시 회사를 설립하는 경우(대판 1988.4.25, 87누263, 노동조합활동을 배제할 목적에서 단행된 폐업공고에 반해 근로자가 그 의사에 반하여 사직서를 제출하고 회사가 이를 수리한 행위는 부당노동행위이다), 법인기업체를 개인기업체로 바꾸는 경우, 영업을 제2회사로 양도하는 경우 등도 포함된다.

3) 조합활동상의 불이익은 당해 근로자의 조합활동을 할 수 없게 하는 것이나 곤란하게 하는 것이다. 자격이 없는 지위로 승진(대판 1988.12.20, 87누900, 대의원 당선이 확실한 조합원을 관리직으로 승진시킨 사건이다)시키거나 배치전환(대판 2000.4.11, 99두2963, 언론사가 사전에 협의나 동의절차 없이 경영진에 비판적인 입장을 취하였던 기자직 직원들을 업무직 직원으로 전직 발령한 것은 부당하다)하는 행위를 예로 들 수 있다.

4) 가족과 별거시키는 배치전환, 복리후생시설 이용의 차별, 야유회 또는 연회 참가 배제 등을 예로 들 수 있다.

5) 대판 1989.5.23, 88누4508, 해고절차의 적법성의 문제는 부당해고의 사유로 볼 수 있으나 그 것을 이유로 부당노동행위를 주장할 수 없다; 버스회사에서 헌 차만 배차하는 행위도 그러한 예가 될 있다.

③ 인과관계

불이익취급의 부당노동행위가 성립하기 위해서는 근로자의 정당한 단결활동을 '이유로' 하여야 한다. '이유로'라 함은 인과관계를 의미하는데 '주관적 인과관계'와 '객관적 인과관계' 중 어느 쪽이 필요한지를 둘러싸고 의견이 나뉜다.

먼저, '주관적 인과관계설[1]'은 불이익취급이 부당노동행위로 성립하기 위해서는 '부당노동행위 의사'의 존재가 필요하다고 본다. '부당노동행위 의사'라 함은 '반조합적인 의도 내지 동기'라고 보는 것이 일반적이다. 그러나 이러한 해석은 평소에 노동조합을 혐오하던 사용자의 불이익처분은 모두 부당노동행위가 된다고 오해할 우려가 있다. 이러한 이유로 '주관적 인과관계설'을 취하면서 "근로자가 단결활동을 했다는 사실을 인식하고 그 사실 때문에 그 근로자에게 불이익을 주려는 의욕"을 부당노동행위 의사로 보아야 한다는 견해[2]도 있다. 다만, 주관적 요소는 간접사정을 포함한 제반 사정을 고려해서 추정적 의사가 있으면 충분하다고 본다.

다음으로, '객관적 인과관계설[3]'은 노동3권 행사와 불이익취급 간에 원인·결과의 관계가 있다는 사실만을 인식하는 것으로 충분하며, 사용자의 부당노동행위의사는 필요하지 않다고 본다. 구체적으로는 불이익처분이 부당노동행위가 되는지는 사용자가 내세우는 처분 사유와 근로자가 행한 정당한 활동의 내용, 처분 대상자, 사용자와 노동조합의 관계, 처분시기 및 경위, 처분의 불균형 여부, 처분 이후 조합활동에 미친 영향, 기타 부당노동행위의사의 존재를 객관적으로 추정할 수 있는 객관적 사정 등 당시의 객관적·외형적인 사정들을 비교·검토하여 판단한다.

양설은 불이익취급의 사유가 정당한 조합 활동임에도 불구하고 사용자가 정당한지를 몰랐다거나 오해한 경우 부당노동행위가 성립하는지에 대해 결론을 달리한다. 부당노동행위의사는 그 존재를 확인하기 어렵다. 그럼에도 불구하고 이를 판단기준으로 삼으면 헌법이 보장한 노동3권의 활동을 보장하려는 취지에 충실할 수 없을 것이다. 따라서 개인적으로는 객관적 인과관계설에 찬성한다.

---

1) 박홍규, 『노동법Ⅱ』, 2002, 460쪽; 대판 1994.11.11, 94누4400; 대판 1986.7.8, 85누170

2) 임종률, 『노동법』, 2007, 271쪽.

3) 김유성, 『노동법Ⅱ』, 2001, 334쪽; 이병태, 『최신노동법』, 2007, 429쪽; 김형배, 『노동법』, 2007, 937쪽; 대판 1995.4.28, 94누11583; 대판 1995.3.14, 94누5496; 대판 1993.12.10, 93누4595; 대판 1993.2.23, 92누11121; 대판 1992.2.28, 91누9572; 대판 1991.4.23, 90누7685; 대판 1991.2.22, 90누6132

(3) 처분의 정당성과 부당노동행위의 경합

불이익취급에 있어서 객관적 인과관계 및 사용자의 부당노동행위의 의사를 추정할 만한 사정이 있는 반면에 근무태도 불량 등 처분에 대한 정당성도 있을 때 즉, 노·사의 주장 모두가 원인이 될 때 부당노동행위가 성립하는지에 대하여 의견이 나뉜다.

먼저, 긍정설은 처분의 정당성이 있더라도 노동조합의 활동이 있어 부당노동행위의 성립요건인 인과관계가 인정되면 부당노동행위로 본다. 노동3권의 보장을 그 정도로 절대적으로 보아야 하는지에 대해 의문이 제기될 수 있는 견해이다.

다음으로, 부정설은 노동조합 활동이 있더라도 처분의 정당성이 있으면 부당노동행위의 성립을 부인한다. 사용자가 정당한 사유로 근로자를 해고하거나 불이익을 준 경우에 비록 노동조합 활동을 못마땅하게 여긴 흔적이 있다거나 사용자에게 반 노동조합 의사가 추정된다 하더라도 그 해고사유가 단순히 표면상의 구실에 불과하다고는 볼 수 없으므로 불이익취급의 부당노동행위가 되지 않는다는 판례[1]를 발견할 수 있다. 부당노동행위제도의 목적이 노동3권의 실질적 보장에 있다는 점을 반영하지 못하고 있다.

셋째로, 결정적 원인설[2]은 노동조합 활동과 처분의 정당성 중 어느 것이 불이익취급에 결정적 원인이 되었는가에 따라 부당노동행위인지를 판단한다. 노동조합 활동이 처분의 정당성과 비교할 때 덜 결정적이라 하더라도 보호가치를 완전히 부인할 수는 없다는 지적이 있을 수 있다.

넷째로, 다수설인 상당인과관계설[3]은 노동조합 활동이 없었더라면 불이익취급이 없었을 것이라고 판단되면 부당노동행위의 성립을 인정한다. 이 설이 타당하다고 생각한다. 노동조합 활동이 없었더라면 사용자가 그러한 처분을

---

1) 대판 1994.12.23, 94누3001; 대판 1996.4.23, 95누6151(부정), 병원 위생복에 구호 부착 관련이다; 대판 1996.7.30, 96누587; 대판, 1997.3.28, 96누4220; 대판 1997.7.8, 96누6431(부정), 버스요금 거스름돈 횡령 관련이다; 대판 1999.3.26, 98두4672(부정), 학력사칭 관련이다; 대판 2000.6.23, 98다54960(부정), 학력사칭 관련이다; 대판 1995.3.14, 94누5496; 대판 1999.7.9, 97다36224, 무면허 운전 및 사고 관련이다; '노동조합 활동을 못마땅하게 여긴 흔적이 있다 하여 그 사유만으로 징계해고가 징계권 남용에 의한 부당노동행위에 해당한다고 단정할 것도 아니다'라고 판시한 판례들을 부정설로 분류하였다.

2) 대판 1989.11.10, 89누2530; 대판 1990.10.23, 89누2837(긍정); 1991.2.22, 90누6132와 임종률(『노동법』, 2007, 272쪽)은 이 판례의 태도를 결정적 요인설로 보지 않는다; 대판 1994.5.10, 93누13544, 유인물 배포 등 집단행동 관련이다.

3) 김유성, 『노동법』, 2001, 335쪽; 이병태, 『최신노동법』, 2007, 431쪽; 김형배, 『노동법』, 2007, 940쪽; 임종률, 『노동법』, 2007, 272쪽; 이상윤, 『노동법』, 2007, 847쪽.

내리지 않을 정도라면, 처분과 부당노동행위간의 인과관계를 인정할 수 있을 뿐 아니라, 처분의 원인을 근로자의 잘못에서 찾은 것이 아니라고 볼 수 있기 때문이다.

2. 비열계약

2·가. 의 의

(1) 개 념

노조법(§81, 제2호본문)은 '근로자가 어느 노동조합에 가입하지 아니할 것 또는 탈퇴할 것을 고용조건으로 하거나 특정한 노동조합의 조합원이 될 것을 고용조건으로 하는 행위'를 부당노동행위로서 금지하고 있는데, 이러한 행위를 정한 계약을 비열계약(Yellow Dog Contract, 황견계약, 반조합계약) 이라고 한다.

비열계약은 헌법(§33①)과 노조법(§81, 제2호본문) 위반으로 그러한 약정에 한해 사법상 무효이다.

(2) 범 위

비열계약의 대상은 반드시 근로계약 체결 시의 약정만으로 한정하지 않으며, 고용기간 중에 계속 고용의 조건을 약정하는 것을 포함한다. 따라서 근로자가 될 자뿐 아니라 이미 근로자인 자도 비열계약의 부당노동행위로부터 보호를 받을 수 있다. 아울러 장래의 단결활동을 미리 제한하려는 것이라는 점에서 과거의 단결활동에 대한 보복적 성격을 가지는 불이익 취급과 구별된다.

2·나. 성립 요건

비열계약은 크게 두 가지로 나누어 설명할 수 있다. 먼저 '조합에 가입하지 않을 것 또는 탈퇴할 것을 고용조건으로 하는 경우'에는 비열계약이 성립한다. 고용조건으로 한다는 말은 '노동조합에 가입하지 않으면 고용하고, 가입하면 고용하지 않기로 약정하는 것', '노동조합에 가입하면 고용을 취소하는 것'을 말한다.

다음으로, '특정한 노동조합의 조합원이 될 것을 고용조건으로 하는 경우'가 있다. 이는 특정한 노동조합의 조합원이 되지 않으면 고용하지 않는다는 말이므로 클로즈드숍을 의미한다. 아울러 일단 고용된 후에 특정한 노동조합의 조합원 자격을 가지고 있을 것을 조건으로 한다면 유니온숍에 해당할 것이다. 클로즈드숍이나 유니온숍은 조직강제의 한 형태로 이미 앞에서 검토하였다.[1] 이다. 고용조건으로 한다는 말은 '특정 노동조합에서 자격을 잃으면 해고하는 것'을 의미한다.

한편 '조합 활동의 금지를 고용 조건으로 하는 경우'도 비열계약이라고 본다는 견해[2]가 있다. 그러나 이러한 해석은 '처벌 규정을 두고 있는 상황에서 법에 명시되지 않은 사항을 확대 해석하는 점'과 '조합활동금지 약정 위반에 대해 불이익이 주어지면 불이익취급이 된다는 점'을 감안할 때 비열계약으로 보지 않는 것[3]이 타당하다.

2·다. Union Shop협정과 비열계약

(1) 의 의

단결권의 보장을 위하여 단결강제를 허용할 수 있으나, 그 방법이 위법하거나 당해 근로자에게 불합리한 손해를 주면 무효가 될 수 있다. 단결강제[4]에 대한 입법례는 나라마다 다르다. 우리나라는 이와 관련하여 제한된 Union Shop협정을 인정하고 있다고 볼 수 있다. Union Shop은 근로자를 채용할 때에는 조합원이 아니어도 되나 일정기간 안에 노동조합에 가입하여야 하는 제도이다.

(2) Union Shop협정의 법적 성질[5]

Union Shop협정은 노동조합의 조직을 강화한다는 의미가 있으나, 근로자의 단결선택의 자유를 제한하게 된다. 이러한 이유로 Union Shop협정이 헌법에 합당한지에 대하여 의견이 나뉜다.

먼저, 모든 노동조합을 대상으로 가입을 강제하는 것만 인정하는 '일반적 단결강제설'은 Union Shop을 위헌으로 본다. '일반적 단결강제설'은 '소극적 단결

---

1) 제1장. 제3절. 4·가. (3). ②. 참조.
2) 김형배, 『노동법』, 2007, 940쪽.
3) 임종률, 『노동법』, 2007, 273쪽.
4) Shop제도 등 조직강제에 대해서는 제1장. 제3절. 4·가. (3).에서 설명하였다.
5) 제1장. 제3절. 4·가. (3). 참조.

권을 긍정하는 견해'와 '소극적 단결권을 부정하는 견해' 양쪽 모두에게서 주장된다.

다음으로, 특정한 노동조합을 대상으로 가입을 강제하는 것도 인정하는 '제한적 단결강제설'은 Union Shop을 합헌으로 본다. '소극적 단결권을 부정하는 견해'에서 주장된다.

Union Shop을 부정할 것인지, 아니면 어느 수준에서 인정할 것인지는 입법정책적인 문제로 나라에 따라 다를 수 있다. 우리나라의 헌법재판소[1]와 대법원 판례[2]는 노조법(§81,제2호단서)에 규정된 수준의 Union Shop은 합헌이라고 보며 이러한 의견이 통설이기도 하다.

(3) Union Shop 협정의 법적 근거

근로자가 어느 노동조합에 가입하지 아니할 것 또는 탈퇴할 것을 고용조건으로 하거나 특정한 노동조합의 조합원이 될 것을 고용조건으로 하는 행위는 부당노동행위로 금지된다. 다만, 노동조합이 당해 사업장에 종사하는 근로자의 3분의 2 이상을 대표하고 있을 때에는 근로자가 그 노동조합의 조합원이 될 것을 고용조건으로 하는 단체협약의 체결은 가능하다(노조법 §81,제2호단서).

(4) 사용자의 해고 의무

단체협약의 Union Shop협정에 따라 '근로자는 노동조합의 조합원이어야 한다.'는 규정이 있으면 단체협약에 따로 정하지 않더라도 사용자는 채용된 후 노동조합에 가입하지 않거나 가입 후 스스로 탈퇴한 근로자를 해고할 의무를 진다. 다만, 노동조합 탈퇴의사를 철회한 조합원을 유니언 숍 협정에 따라 해고하는 것은 부당하다.[3]

노동조합에서 '제명된 것'을 이유로 행해진 불이익처분은 부당노동행위가 된다(노조법 §81,제2호). 제명의 권한을 가진 노동조합에 의해 신분상 불이익이 이루어지는 것을 막고, 단결체 선택의 자유를 보장하기 위한 조치이다. 이 경

1) 헌재 2005,11.24, 2003헌바9(2002헌바95·2002헌바96 병합).

2) 대판 2002.10.25, 2000카기183, 유니온 숍 협정이 근로자 개인의 조합에 가입하지 않을 자유나 조합 선택의 자유와 충돌하는 측면이 있기는 하지만 조직강제의 일환으로서 노조의 조직 유지와 강화에 기여하는 측면을 고려하여 일정한 요건하에서 체결된 유니언 숍 협정의 효력을 인정한 것이라 할 것이어서 헌법상의 근로자의 단결권을 침해하는 조항으로 볼 수는 없다.

3) 대판 1998.3.24, 96누16070; 대판 1995.2.28, 94다15363

우 신분상 불이익은 해고는 물론이고 전직, 휴직, 승진거부, 강등 등 인사처분을 말한다. 따라서 임금, 근속년수 등 인사처분 이외의 것은 포함되지 않는다.[1)]

한편, 2010년부터는 복수노조에 있어서 단결체 선택의 자유를 보장하기 위하여 '노동조합을 탈퇴하여 새로 노동조합을 조직하거나 다른 노동조합에 가입한 것'[2)]을 이유로 한 불이익처분도 부당노동행위가 된다(노조법 §81,제2호).

(5) Union Shop협정의 효력

Union Shop협정은 개별 근로자의 권리·의무 관계를 규정한 것이라기보다는 제한적 단결강제를 인정하여 사용자의 해고의무를 정한 것이므로 단체협약상의 채무적 부분에 해당한다. 따라서 협정을 위반한 사용자는 협약상의 채무불이행에 대한 책임을 진다.

한편, 유니언숍 협정에 따라 사용자로부터 해고를 당한 근로자는 조합원지위확인소송을 구하지 않고 해고무효확인소송을 구할 실익이 있다. 해고된 근로자가 노동조합을 상대로 하여 조합원 지위확인을 구하는 소를 제기하여 승소하더라도 바로 해고의 효력이 부정되는 것이 아니고, 해고무효확인소송에서 선결 문제로 조합원 지위의 존부에 관하여 판단을 할 수 있기 때문이다.[3)]

3. 단체교섭의 거부

3·가. 의 의

노조법(§81,제3호)은 '노동조합의 대표자 또는 노동조합으로부터 위임을 받은 자와의 단체협약 체결 기타의 단체교섭을 정당한 이유 없이 거절하거나 해태하는 행위'를 부당노동행위로 규정하여 이를 금지하고 있다.

이 조항의 취지는 헌법(§33①)이 보장하고 있는 단체교섭권을 국가가 개입하

---

1) 임종률, 『노동법』, 2007, 275쪽.
2) 2010년부터 시행된다. 따라서 2009년까지는 유니언 숍(Union Shop) 협정이 체결된 노동조합을 탈퇴하여 조직대상을 같이 하면서 독립된 단체교섭권을 가지는 다른 노동조합에 가입하는 경우에도 유니언 숍 협정이 적용된다(대판 2002.10.25, 2000다23815).
3) 대판 1995.2.28, 94다15363

여 확실하게 구현하려는 데 있다.

단체교섭 거부를 위한 '정당한 이유'에 대해서는 근로자측의 '단체교섭요건의 충족'과 '사용자의 성실교섭' 문제로 집약된다. 단체교섭의 주체, 대상, 방법 및 절차에 대해서는 이미 설명하였다.[1)]

3·나. 정당성 없는 거부행위

사용자가 정당한 이유 없이 단체교섭을 거절하는 행위는 여러 가지로 나타난다.

먼저, 주체와 관련하여 정당성이 없는 경우가 있다. '유일 교섭단체 조항을 이유로 거부하는 경우', '교섭 대상자가 해고된 자라는 이유만으로 거부하는 경우', '사용자 자신이 교섭 당사자가 아니라고 주장하면서 거부하는 경우', '정당하게 위임을 받은 교섭위원 또는 수임자의 자격에 대해 이의를 제기하면서 거부하는 경우', '조합원의 수가 적다는 이유로 거부하는 경우', '조합과의 단체교섭이 가능한데도 노동조합을 배제하고 직접 종업원과 교섭하는 개별 교섭의 경우', '사용자측에서 전체적인 위임 없이 자격 없는 직원을 대표로 내세우는 경우' 등이 그러하다.

다음으로, 대상과 관련하여 임의적·위법적 교섭대상이 아닌 의무적 교섭대상에 대해 응하지 않으면 정당성이 없다.

셋째로, 방법·절차에 반하는 경우가 있다. '사용자의 일방적인 장소·시간 지정에 응하지 않는다는 이유의 교섭 거부', '단체협약 종료에 비추어 적정한 시점의 교섭에 대한 거부', '교섭대상에 대하여 합의가 있었음에도 불구하고 서면작성이나 서명 또는 날인을 거부하거나 해태하는 요식행위 거부·해태' 등이 그러한 예이다.

넷째로, 성실교섭의무에 반하는 경우가 있다. '아무런 이유 없이 교섭에 응하지 않는 교섭불응이나 교섭중단·지연' 또는 '묵인할 수 없거나 수락할 수 없는 조건을 제시하면서 형식적으로 교섭에 응하는 위장교섭', '영업비밀이라는 이유로 일체의 자료를 제공하지 않는 행위', '회사 내부사정이라는 추상적인 이유를 대면서 교섭에 응하지 않는 행위' 등이 그러한 예이다.

---

1) 제4장 참조.

3·다. 정당한 거부행위

사용자가 단체교섭에 응하지 않더라도 정당한 사유도 있다.

먼저, 주체가 정당치 않은 경우이다. '노조법상 노동조합이 아니고 법외조합이나 무자격단체인 경우', '교섭 담당자가 정당하게 위임을 받지 못한 경우나 그러한 사실을 확인하는 경우', '단체교섭 인원이 지나치게 많은 경우' 등을 들 수 있다. 아울러 사용자측의 자격이 없는 경우도 있다. '노조법상 사용자단체도 아니고 위임을 받지 않은 단체인 경우', '종소기업협동조합처럼 조합원에 대해 조정 또는 규제할 권한이 없는 조합에 불과한 경우', '근로자와 사용자 모두로 구성된 단체' 등이 그러하다.

다음으로, 대상에 있어 임의적·위법적 교섭사항에 응할 의무는 없다.

셋째로, 방법이나 절차를 갖추지 못한 경우가 있다. '폭력이나 폭언을 사용하는 경우', '너무 많은 교섭위원 강요', '사택에서의 교섭 요구처럼 사생활 침범', '즉석 답변 요구' 등이 그러한 예이다.

넷째로, 근로자 측에서 성실교섭의무[1]를 위반하면 거절할 수 있다. '일방적인 심야교섭 요구나 통상적인 근로시간을 과다하게 초과하는 교섭 요구', '긴 시간 교섭으로 심신이 피로한 경우', '견해차가 좁혀지지 않아 더 이상 교섭 진행이 무의미한 경우', '대부분이 타결되었음에도 일부분에 대해 계속 교섭을 요구하는 경우' 등이 그러한 예이다.

4. 지배·개입

4·가. 의 의

노조법(§81,제4호)은 노동조합의 자주성·독립성을 보호하기 위해 '근로자가 노동조합을 조직 또는 운영하는 것을 지배하거나 이에 개입하는 행위와 노동조합의 전임자에게 급여를 지원하거나 노동조합의 운영비를 원조하는 행위'를 부

---

1) 성실교섭의무란 민법상의 신의칙에 따라 노동조합과 사용자 또는 사용자단체가 단체교섭에 있어서 신의에 따라 성실히 교섭하고 단체협약을 체결하고 그 권한을 남용하여서는 아니 될 의무를 말한다. 노조법은 노동조합과 사용자 또는 사용자단체는 신의에 따라 성실히 교섭하고 단체협약을 체결하여야 하며 그 권한을 남용하여서는 아니되고(§30①), 노동조합과 사용자 또는 사용자단체는 정당한 이유 없이 교섭 또는 단체협약의 체결을 거부하거나 해태하여서는 아니된다(§30②)고 규정하고 있다.

당노동행위로서 금지하고 있다.

지배·개입의 부당노동행위는 일반적 지배·개입 행위와 경비원조 행위로 나누어 설명할 수 있다.

4·나. 지배 · 개입의 유형

(1) 일반적 지배 · 개입

① 조합의 조직 또는 운영

조합의 '조직'에는 그 준비행위도 포함된다. '운영'에는 회의·선거·규약의 제정이나 변경 등 조합의 내부적 활동뿐만 아니라 단체교섭·쟁의행위 등 외부적 활동도 포함된다. 따라서 조직·운영은 단결활동 전반 즉 '노동조합의 유지·존속 및 확대를 위한 일체의 행위'를 의미한다.

② 지배하거나 개입하는 행위

지배는 '노동조합의 의사결정을 좌우할 정도'를 말하며, 개입은 그 정도에 미치지 못하는 영향력을 의미한다. 그러나 이러한 구분은 의미가 없으며, 지배·개입을 묶어서 사용자의 전반적인 간섭·방해 행위라고 말할 수 있다.

(2) 사용자의 언론의 자유

사용자도 국민으로서 헌법상 보장되는 언론의 자유를 갖는다. 그러나 노사관계의 특성상 근로자의 노동기본권을 침해하지 않도록 일정한 제한이 불가피하다.

사용자의 언론이 지배·개입에 해당되는지는 발언의 시기·장소·대상·'발언을 전후한 노사관계' 등을 종합적으로 고려하여 판단하여야 한다.

(3) 경비원조 행위

① 의 의

노조법(§81,제4호)은 지배·개입의 특수한 형태로서 '노조전임자에게 급여를 지원하는 행위'와 '노동조합의 운영비를 원조하는 행위'를 예시적으로 규정하고 있다.

② 경비원조에 포함되는 내용

노동조합의 운영비란 노동조합의 활동에 소요되는 일체의 비용을 말하는 것으로서 '조합설립·운영비의 제공', '조합업무를 위한 출장비' 지급 등이 이에 해당한다.

노조전임자란 관행이나 단체협약에 따라 근로를 제공하지 않고 노동조합의 업무에만 전념하는 근로자를 말한다. 노조법(§81,제4호)은 이들에 대해 급여를 지급하는 행위를 부당노동행위로 인정하고 있다.[1] 전임자의 개념, 유형, 지명(指名), 대우, 지위, 근로조건, 복직 등에 대해서는 이미 설명하였다.[2]

③ 경비원조에 포함되지 않는 내용

노조법(§81,제4호후단)은 '근로자가 근로시간 중에 사용자와 협의 또는 교섭하는 것을 사용자가 허용하는 것', '근로자의 후생자금 또는 경제상의 불행 기타의 재액의 방지와 구제 등을 위한 기금의 기부' 및 '최소한 규모로 노동조합 사무소를 제공하는 것'을 경비 원조에 해당하지 않는다고 보고 있다.

조합비 일괄공제도도 징수비용을 사용자가 부담하는 것이므로 경비원조의 성격을 갖는다. 그러나 단체협약에 의해서만 인정되고, 당사자 합의가 요건이고, 최소한으로 지원하는 성격을 가지므로 부당노동행위에 해당되지 아니하며 오히려 일방적 폐지는 지배·개입에 해당된다.[3]

4·다. 지배 · 개입 성립 요건

(1) 주 체

지배·개입이 성립하기 위해서는 지배·개입행위가 사용자의 행위로 볼 수 있어야 한다. 한편 지배인·공장장·영업소장 등의 감독직, 부·과장 등의 관리직은 사용자의 지시 또는 묵시적 동의가 없더라도 지배·개입의 주체가 될 수 있다. 아울러 계장·주임·반장 및 일반 직원도 사용자의 지시 또는 묵시적 동의 등이 있으면 지배·개입의 주체가 될 수 있다.

(2) 결과 발생

지배·개입 금지의 입법 취지는 '사용자의 지배·개입행위 자체만으로도 부당노동행위의 성립을 인정하려는 것'이다. 따라서 노동조합의 조직무산·해산·약

---

1) 노조의 재정자립도 미약, 유급노조전임제에 대한 관행, 노사자율원칙 등을 이유로 시행시기를 2010으로 연장하였다.
2) 제3장. 제4절. 4·다. (2). 참조.
3) 제3장. 제3절. 6·나. (3). 참조.

화 등 노동3권 침해의 결과가 현실적으로 발생할 것을 요구하지 아니한다.

(3) 지배 · 개입의 의사

부당노동행위가 성립하기 위해 사용자의 지배·개입 의사가 필요한가에 대해 의견이 나뉜다.

먼저, 의사필요설[1]은 지배·개입을 구성하는 사용자의 행위 자체가 반 조합적인 의욕이 내재되어 있으므로 지배·개입의 의사가 있어야 된다고 본다.

다음으로, 다수설인 의사불필요설[2]은 지배·개입의 부당노동행위는 노동3권에 대한 침해행위를 배제하는 데 목적이 있으므로 사용자가 그러한 행위 자체를 인식하고 있으며, 객관적으로 지배·개입의 사실이 있다면 의사 여하를 막론하고 부당노동행위가 성립된다고 본다.

의사필요설도 지배·개입 사실에서 의사의 존재가 추정되면 무방하다는 태도여서 양자 간에 큰 차이는 없다. 그러나 지배·개입의 의사는 주관적인 것으로서 그 판단이 쉽지 않아 이를 요건으로 할 경우, 헌법에 보장된 노동3권을 보장하는 데 부정적인 역할을 할 수 있다. 따라서 의사불필요설에 찬성한다.

---

1) 임종률, 『노동법』, 2007, 277쪽.

2) 이상윤, 『노동법』, 2007, 866; 이병태, 『최신노동법』, 2007, 441면; 김유성, 『노동법Ⅱ』, 2001, 361쪽.

제 4절 부당노동행위 구제절차

1. 구제절차의 구조

1·가. 원상회복주의와 처벌주의

(1) 원상회복주의

원상회복주의는 구제명령을 통하여 부당노동행위가 행하여지기 이전의 상태로 회복시킴으로써 근로자의 침해된 권리를 복구시켜 주는 데 실익이 있다. 구제명령을 이행하지 않으면 형벌이 부과(노조법 §89)된다.

원상회복주의는 노동위원회 또는 법원에 의해 실현된다.

원상회복주의에만 의존할 경우 부당노동행위 자체에 대하여는 불이익을 받지 않으므로 예방적인 기능이 약하다.

(2) 처벌주의

처벌주의는 헌법상의 노동3권을 침해하는 사용자의 부당노동행위 자체를 범죄로 보고 처벌의 대상으로 삼는다. 처벌주의는 부당노동행위를 사전에 예방하는 효과가 있으나 근로자의 침해된 노동3권을 회복시켜 주지 못한다.

노조법(§90)은 부당노동행위를 한 사용자를 형벌(2년 이하의 징역 또는 2천만원 이하의 벌금)에 처하도록 규정하고 있다. 처벌주의는 법원을 통해 실현된다.

(3) 양자의 관계

원상회복주의와 처벌주의는 서로 경합된다. 이에 대해 노동위원회의 부당노동행위 구제 절차는 부당노동행위구제제도의 근간을 이루는 핵심적 부분이므로 노동위원회의 판정이 있는 경우에 한하여 법원에서 형벌을 부과할 수 있다는 견해[1)]가 있다. 그러나 모든 국민에게 '법관에 의한 재판을 받을 권리'가 보장되

---

1) 이상윤, 『노동법』, 2007, 866쪽.

어 있다는 점을 감안할 때 선택적 또는 병렬적으로 적용될 수 있다고 생각한다.[1)]

1·나. 행정적 구제와 사법적 구제

(1) 행정적 구제

사용자가 부당노동행위로부터 노동3권을 보장하기 위하여 공법상 권리구제 절차[2)]로서 부당노동행위 구제제도가 마련되어 있다. 부당노동행위 구제제도와 관련하여 노조법(§82~§86)은 기본적인 사항을 규정하고 있고, 노동위원회법 및 노동위원회 규칙이 구체적인 사항들을 규정하고 있다.

노동위원회의 구제제도는 전문적 행정위원회를 통한 준사법적 행정구제방식이다. 행정적 구제는 신속하고 비용이 적게 든다.

(2) 사법적 구제

근로자 또는 노동조합은 부당노동행위와 관련하여 행정적 구제와는 별도로 사법적 구제를 신청할 수 있다. 모든 국민에게 법관에 의한 재판을 받을 권리(헌법 §27)가 보장되어 있기 때문이다. 사법적 구제에 대하여는 일반 민사소송절차가 적용된다.

처벌주의는 사법(司法)적 구제 즉 법원에 의해 실현된다. 사법적 구제는 권리구제에 대해 기판력을 가지고 최종적인 결론을 낼 수 있다

(3) 양자의 관계

노동위원회에 의한 구제절차와 법원의 민사소송 절차 즉 사법적 구제는 경합된다. 이에 대해 노동위원회에 의한 구제제도가 전속 관할권을 가지며 사법상의 구제는 2차적인 구제제도라는 견해[3)]가 있다. 그러나 처벌주의에서와 마찬가지로 국민에게 재판을 받을 권리가 있다는 점에서 병행할 수 있다고 본다.[4)] 다만, 두 주체의 판단이 다른 경우 모순이 발생하고 당사자가 불리한 판결이나 판정이 먼저 확정되지 못하도록 불복을 계속할 우려가 있으며, 결국 행정소송과 민사소송 그리고 형사소송이 경합하는 문제로까지 비화될 수 있

---

1) 임종률, 『노동법』, 2007, 303쪽.
2) 대판 1988.12.13, 86다카1035
3) 이상윤, 『노동법』, 2007, 867쪽.
4) 임종률, 『노동법』, 2007, 305쪽; 김유성, 『노동법Ⅱ』, 2001, 391쪽.

다. 그러나 이러한 문제는 해석으로 풀 일이 아니고 입법론적으로 해결하여야 할 부분이라고 생각한다.

한편, 법원의 구제절차가 완료된 경우 노동위원회는 소의 이익이 없으므로 각하 처분을 하게 된다.[1]

2. 노동위원회에 의한 구제절차

2·가. 의 의

(1) 체 계

노동위원회에 의한 구제절차는 지방노동위원회의 초심절차와 중앙노동위원회의 재심절차로 구성되는 이심제로 되어 있으며, 중앙노동위원회의 재심에 대하여 불복하는 자는 행정소송을 제기할 수 있다.

노동위원회는 부당노동행위로 인정되면 행정적 구제명령을 내린다.

(2) 노동위원회 구제절차의 특징

노동위원회의 구제절차는 행정적 구제절차로서 몇 가지 특징을 가지고 있다.[2]

먼저, 독립성과 전문성이 확보되어 있다. 부당노동행위 사건을 담당하는 노동위원회는 독립적인 행정기구이다. 아울러 노동위원회는 노·사·공익을 대표하는 노사관계전문가로 구성되어 있다.

다음으로, 신청주의를 택하고 있다. 구제절차는 신청에 의해서만 개시(노조법 §82①,§85①)되고, 취하가 있으면 절차는 진행되지 않는다. 노동위원회는 '구제를 신청한 범위' 안에서 판정할 수 있다(노위칙 §58). 따라서 노동위원회는 절차의 개시 및 심사에 대해 주도권을 갖지 못하며, 신청받지 못한 사실에 대해 판정할 수 없다. 다만, 신청받은 사실에 대한 구제의 내용 및 한도에 대하여는 노동위원회가 전문적 행정기관으로서 당사자 요구에 구속되지 않고 시정조치 차원에서 재량을 가지고 정할 수 있다.

셋째로, 부분적으로 직권주의가 인정된다. 노동위원회는 사실조사와 심사를 위하여 당사자에게 관련 자료의 제출을 요구하고, 당사자·증인 또는 참고인을

---

1) 대판 2002.12.6, 2001두4825

2) 김유성, 『노동법II』, 2001, 362쪽; 임종률, 『노동법』, 2007, 284쪽.

출석시켜 조사하고, 위원이나 조사관으로 하여금 사업장을 방문·조사케 할 수 있다(노조법 §83②, 노위칙 §46). 한편, 이 경우 당사자의 증거제출 및 증인에 대한 반대심문 등이 함께 인정(노조법 §83③)된다.

넷째로, 대심(對審)주의 및 당사자(當事者)주의를 택하고 있다. 근로자측과 사용자측은 서로 대립하여 자신의 주장을 개진하고 증거를 제출할 수 있다.

다섯째로, 자유심증주의를 택하고 있다. 노동위원회는 사실인정에 있어 민사소송처럼 엄격한 증거법칙에 구애됨이 없이 자유로이 심증을 형성할 수 있다. 따라서 노동위원회는 증거의 취사선택이나 증명력 평가를 자유로이 할 수 있으며, 신청인의 입증책임도 경감된다.

여섯째로, 확정되지 않은 판정에 대한 이행명령제도가 도입되어 있다. 행정소송이 제기되어 재심 결과가 확정되지 않은 상태에서도 그 명령의 이행을 명할 수 있다(노조법 §85⑤).

(3) 관 할

① 지방노동위원회

부당노동행위가 발생한 사업장의 소재지를 관할하는 지방노동위원회가 초심 관할권을 가진다(노위법 §3②). 2 이상의 관할구역에 걸친 사건은 주된 사업장의 소재지를 관할하는 지방노동위원회에서 관장한다.

② 특별노동위원회

부당노동행위가 특별노동위원회의 설치목적이 된 특정사항에 관한 것일 때에는 특별노동위원회가 초심 관할권을 갖는다(노위법 §3③).

③ 중앙노동위원회

중앙노동위원회는 원칙적으로 지방노동위원회 또는 특별노동위원회를 초심으로 하는 사건의 재심 관할권을 갖는다(노위법 §3①).

(4) 당사자

① 신청인

부당노동행위로 인해 그 권리를 침해받은 근로자 또는 노동조합은 구제신청을 할 수 있다(노조법 §82①). 이 경우 당해 부당노동행위의 배제에 관하여 이해관계를 가진 자는 모두 신청인이 될 수 있다고 넓게 해석된다.

'불이익취급' 및 '비열계약'의 금지(노조법 §81,제1호.제2호.제5호)에 대한 위반과 관련하여서는 근로자 개인과 노동조합이, '단체교섭 거부' 금지(노조법 §81,제3호) 위반과 관련하여서는 노동조합이, '지배개입'의 금지(노조법 §81,제4호)에 대한 위반과 관련하여서는 노동조합과 근로자 개인이 신청인이 된다.

노동조합의 구제신청권은 근로자 개인의 구제신청권과는 별개의 독자적인 권리이며, 근로자 개인의 구제신청권을 대위하거나 대리하는 것은 아니다. 따라서 불이익취급을 받은 근로자가 조합원 자격을 상실하거나, 구제신청을 포기 또는 반대하더라도 노동조합은 독자적으로 구제신청을 할 수 있다.

부당노동행위 구제 신청 대상인 노동조합은 노조법상 노동조합을 의미하며, 법외노조의 경우에는 소속 조합원이 불이익취급이나 비열계약과 관련해서 개인의 명의로 구제신청을 할 수 있다(노조법 §7①).

② 피신청인

피신청인은 원칙적으로 사용자이다.

피신청인은 사업주뿐 아니라 지점장·공장장 등 사업장 등 소관사항을 처리할 권한을 가지는 자도 포함된다는 견해[1]가 있다.

그러나 피신청인은 정상적인 노사관계를 회복할 수 있는 전권을 가진 자가 되어야 하므로, '현실적으로 부당노동행위를 한 자'나 공장장과 같은 중간책임자가 아니라 사업주이어야 할 것이다.[2]

2·나. 초 심

(1) 구제신청

① 신청주의

초심절차는 부당노동행위가 발생한 사업장의 소재지를 관할하는 지방노동위원회에 그 구제의 신청을 함으로써 개시된다.

② 신청기간

구제신청은 부당노동행위가 있은 날(계속하는 행위는 그 종료일)부터 3월 이내에 하여야 한다(노조법 §82②). 3월의 제척기간을 지나서 이루어진 신청은 신청각하

1) 김유성, 『노동법Ⅱ』, 2001, 364쪽.
2) 이상윤, 『노동법Ⅱ』, 2007, 870쪽; 임종률, 『노동법Ⅱ』, 2007, 286쪽; 다수설적인 견해이다.

사유가 된다(노위칙 §60①,제1호). 이처럼 제척기간을 둔 이유는 증거수집 및 실정파악의 입증이 가능하도록 하여 실효성을 확보하고 노동위원회의 업무부담을 고려하기 위함이다. '계속되는 행위'라 함은 1개의 행위로 보아야 하나 동일한 부당노동행위 의사에 의해 여러 개의 행위가 이어서 행해졌다면 이는 1개의 행위로 보아야 할 것이다.[1)]

③ 신청형식

구제신청은 신청서에 의하여야 한다. 신청서에는 '근로자와 사업주의 성명·주소', '부당노동행위를 구성하는 구체적인 사실', '신청이유' 및 '신청일자'를 기재하여야 한다(노위칙 §39). 노동위원회 위원장은 기재사항의 일부가 누락되었거나 내용이 명확치 않으면 기간을 정하여 보정을 요구할 수 있다(노위칙 §41).

근로자나 노동조합은 노동위원회의 승인을 얻어 새로운 구제신청을 하는 대신 신청취지를 추가 또는 변경할 수 있다(노위칙 §42).

④ 신청의 취하 및 각하

신청인은 부당노동행위 구제에 관한 명령서 또는 결정서 등이 교부될 때까지 언제든지 신청의 전부 또는 일부를 취하할 수 있다. 구제신청이 요건을 충족하지 못하면 심판위원회의 결정에 의해 구제신청이 각하될 수 있다(노위칙 §60①).

(2) 심 사

① 조 사

노동위원회가 구제신청을 받은 때에는 지체 없이 필요한 조사를 하여야 한다(노조법 §83①). 조사는 신청인의 주장과 쟁점을 정리하여 사실인정의 자료로 삼기 위해 행해진다. 조사는 심문의 전단계로서의 의미를 갖는다.

신청서를 접수한 노동위원회의 위원장은 사건처리를 담당할 조사관을 지정하고 당사자에게 '이유서 및 답변서 제출 방법', '위원의 제척·기피', '단독심판과 화해절차' 등 심판사건의 진행에 대해 안내하여야 한다(노위칙 §45①).

조사관은 구제신청서 및 이유서를 상대방 당사자에게 송달하고 답변서를 제출토록 요구하여야 한다(노위칙 §45②).

조사관은 사실조사를 완료하면 조사보고서를 작성하여야 한다(노위칙 §49).

---

1) 임종률, 『노동법』, 2007, 286쪽.

조사관은 조사과정에서 확보한 자료에 대하여 당사자의 요구가 있으면 노동위원회의 결정으로 이를 열람하게 하거나 사본을 교부할 수 있다(노위칙 §47).

한 사람이 신청한 여러 개의 사건, 여러 사람이 신청한 같은 사건 등에 대해서는 분리 또는 병합하여 처리할 수 있다(노위칙 §48).

② 심 문

ⓐ 심판위원회

노동위원회는 구제신청서가 접수되면 사건처리를 담당할 심판위원회를 구성하여야 한다(노위칙 §44). 심판위원회는 부득이한 사유가 없는 한 노동위원회 위원장이나 상임위원 1명을 포함하여, 심판담당 공익위원 3명(부득이한 경우에는 조정담당 공익위원이나 차별시정담당 공익위원도 가능)으로 구성한다.

신청기간을 넘기는 등 신청의 요건을 명백히 갖추지 못한 경우나 쌍방의 신청이나 동의가 있는 경우에는 심판담당 공익위원 1명으로 단독회의를 개최할 수 있다(노위법 §15의2).

ⓑ 심문회의

노동위원회는 사건접수일로부터 60일 이내에 심문회의를 개최하여야 한다(노위칙 §51,§53조에 따라 연기신청이 있거나 다수인 사건인 경우에는 연기 가능). 심문일정은 심문회의 개최일 7일 전까지 당사자에게 송부되어야 하며, 당사자는 소정의 사유[1]가 있으면 심문회의 개최일 3일 전까지 신청을 하여 심판위원회 위원장의 승인을 받은 후 회의시기를 연기할 수 있다(노위칙 §53).

심문회의는 어느 일방이 정당한 이유 없이 참석하지 않은 경우를 제외하고는 당사자 쌍방이 참석한 가운데 진행하고, 단독심판을 제외하고는 근로자 위원과 사용자 위원 각 1명이 참여하여야 하며, 당사자는 심판위원회 위원장의 승인을 얻어 참고인과 함께 참석할 수 있다(노위칙 §54).

---

1) 1. 노동조합선거 출마자로서 선거일이 심문회의 당일인 경우, 2. 사용자의 주주총회일이 심문회의 당일인 경우, 3. 당해 구제신청사건과 같은 원인에 따른 소송의 재판기일이 심문회의 당일인 경우, 4. 당사자나 대리인이 수행하는 심판사건의 심문회의가 같은 날 다른 노동위원회에서 개최 예정인 경우, 5. 당사자나 대리인이 해외출장 중인 경우, 6. 중대한 신병치료 중으로 거동이 불편하거나 상해, 급성질병 등이 발생한 경우, 7.「형사소송법」에 따라 체포·구속된 경우, 8. 본인이나 배우자의 직계존·비속과 형제자매의 사망으로 장제기간 중인 경우, 9. 당사자가 합의하여 심문회의의 연기를 신청한 경우, 10. 그 밖에 이에 준하는 사유.

(3) 판 정

① 판정회의

ⓐ 개최 및 판정서

노동위원회의 심판위원회는 심문을 완료한 후 판정회의를 개최(노위칙 §59)하고, 의결사항을 토대로 판정서를 작성(노위칙 §62)하여 당사자에게 송부하여야 한다.

ⓑ 심문회의의 생략

노동위원회는 노위칙(§60) 규정에 의한 각하 사유 중 '당사자 적격이 없는 경우(제3호)'와 '신청하는 구제의 내용이 법령상이나 사실상 실현할 수 없거나 신청의 이익이 없음이 명백한 경우(제6호)를 제외한 각하 사유[1]에 해당하고 근로자나 노동조합이 그 사실을 인정하면 심문회의를 생략하고 판정회의를 할 수 있다(노위칙 §57).

② 판정의 종류

노동위원회는 부당노동행위가 성립한다고 판정한 때에는 사용자에게 구제명령을 발하여야 하며, 부당노동행위가 성립되지 아니한다고 판정한 때에는 그 구제신청을 기각하는 결정을 하여야 한다(노조법 §84①).

부당노동행위에 대한 판정·명령 및 결정은 노동위원회가 발하는 행정처분의 일종으로서, 서면으로 하되 이를 당해 사용자와 신청인에게 각각 교부하여야 한다(노조법 §84②).

③ 구제명령

ⓐ 재량행위

구제명령의 내용에 관해서는 노조법에 규정이 없다. 따라서 노동위원회는 부당노동행위에 대하여 침해된 상태를 회복하는 데 필요하고 가장 적절한 구제조치를 명하여야 한다.

---

1) 1. 관계 법령의 규정에 따른 신청기간을 지나서 신청한 경우 2. 제41조에 따른 보정요구를 2회 이상 하였음에도 보정을 하지 아니한 경우 4. 구제신청의 내용이 노동위원회의 구제명령 대상이 아닌 경우 5. 같은 당사자가 같은 취지의 구제 신청을 거듭하여 제기하거나 같은 당사자가 같은 취지의 확정된 판정(노조법 제16조에 따른 화해조서를 포함한다)이 있음에도 구제 신청을 제기한 경우나 판정이 있은 후 신청을 취하하였다가 다시 제기한 경우 7. 신청인이 2회 이상 출석에 불응하거나 주소불명이나 소재불명으로 2회 이상 출석통지서가 반송되거나 그 밖의 사유로 신청 의사를 포기한 것으로 인정될 경우.

ⓑ 한 계

구제명령은 부당노동행위를 시정하기 위하여 행하는 행정상의 조치이므로 행정처분으로서의 적법성을 갖추면 된다. 행정처분도 국가법체계 속에서 행해지므로 강행법규에 위반할 수 없다.

ⓒ 구제명령의 내용

(가) 불이익취급

불이익취급으로서 가장 대표적인 해고의 경우 '원직 또는 원직에 상당하는 지위에 복직'과 '해고 기간 중 임금상당액의 지급'을 명하는 것이 보편적이다. 이외에도 공고문 게시명령·부작위명령·손해배상명령 등이 적절한 구제수단이 될 수 있으며 특히 노동조합에게는 이러한 명령이 보다 적절하다.

한편, 임금상당액 지급을 명할 때는 해고기간 중에 다른 곳에서 얻은 중간수입을 공제할 수 있다. 그러나 노동위원회가 중간수입의 존재를 알면서도 그 공제를 명하지 않았다 하여 구제명령이 효력을 잃지 않는다. 다만, 중간수입을 공제치 말라고 하거나, 공제할 수 있는 금액의 일부만 공제하거나, 초과하여 공제하는 것은 위법이다.[1)]

(나) 비열계약

고용조건으로 된 조합에의 '가입 제한, 탈퇴 제한, 특정조합에의 가입 등'에 관한 계약의 파기를 명할 수 있다.

(다) 단체교섭 거부

단체교섭에 응하라는 명령이 가능하며, 단체교섭 거부가 교섭 사항, 교섭 당사자, 교섭 시기 등에 관련하여 문제된 경우에는 그 사항을 구체적으로 특정하여 교섭개시 명령을 할 수 있다. 필요한 경우에는 공고문 게시 명령이나, 단체협약체결 명령도 가능하다.

(라) 지배·개입

부작위명령 및 사과문(Post Notice)의 게시 등을 명할 수 있다. 지배·개입 행위 자체를 제거 내지 취소하여 원상을 회복하는 것이 사실상 곤란하므로 공고문 게시 명령이나 부작위 명령 등이 적절하다고 본다.

---

1) 임종률, 『노동법』, 2007, 291쪽.

④ 구제이익

과거의 행위가 부당노동행위이지만 침해상태가 회복되고 노사관계도 정상화 되었다면 구제이익이 없으므로 각하 결정을 하여야 한다(노위칙 §60, 제6호). 불이익처분을 취소하고 원상회복시킨 경우, 비열계약을 취소한 경우, 단체교섭에 성실히 응하게 된 경우, 지배·개입을 시정한 경우 등이 그러하다. 다만, 이 경우 과거의 부당노동행위에 대해 문서의 게재나 교부의 필요성은 인정된다. 아울러 근로자가 불이익처분을 승인한 경우에도 마찬가지이나, 노동조합이 신청인으로서 구제를 요구하는 경우 공고문 게시 등의 구제명령에는 실익이 있다.1)

⑤ 판정의 효력

ⓐ 이행의무

관계 당사자는 위의 명령이 있을 때에는 이에 따라야 한다(노조법 §84③).

노동위원회의 구제명령·기각결정 또는 재심판정은 중앙노동위원회에의 재심신청이나 행정소송의 제기에 의하여 그 효력이 정지되지 않는다(노조법 §86). 따라서 사용자가 재심 신청을 하였어도 미확정 판정에 대해 이행의무가 있으나, 불이행에 대해 처벌할 수 없다.2)

한편, 사용자가 재심 신청을 하지 않아 확정(노조법 §85③)된 판정을 위반한 자에게는 벌칙(노조법 §89. 3년 이하 징역 또는 3천만원 이하 벌금)이 적용되며 이 경우 사업주에게도 양벌주의에 의해 벌금형이 부과될 수 있다.

ⓑ 취소 · 변경

노동위원회도 교부된 판정서를 취소하거나 변경할 수 없으며 재심이나 행정소송에 의해서만 가능한 것이 원칙이다. 다만 당사자 표시나 내용의 오기·누락 표현상의 잘못이 명백하면 당사자 신청이나 직권으로 당해 심판위원회의 의결을 거쳐 이를 고칠 수 있으며, 이러한 수정은 구제명령 이행기간·재심 신청 기간·행정소송기간의 산정에 영향을 미치지 않는다(노위칙 §63).

ⓒ 사법상 효력과의 관계

구제명령은 사법상 효력을 가지지 않는다. 따라서 원직복직명령은 당해 해

---

1) 임종률, 『노동법』, 2007, 293쪽.

2) 벌칙조항에 대해 헌법불합치 결정(헌재 1995.3.23, 92헌가14)으로 1997년 제정법에서 삭제되었다.

고를 사법상으로 무효로 하는 것이 아니며 '임금상당액 지급 명령'도 민사소송법상 채무명의로 되는 것이 아니다.[1] 다만, 원직복직명령이 확정된 경우에는 원인이 된 해고는 부당노동행위 금지의 강행규정 위반이 되어 무효이다.[2]

(4) 화 해

심판위원회는 사건의 조사 과정이나 심문회의에서 화해를 권고·주선하거나 화해안을 제시할 수 있다(노위법 §16의3① 및 노위칙 §69).

당사자는 쌍방이 합의하여 화해 신청서를 제출할 수 있으며, 심문회의에서는 구술로 화해를 신청할 수 있다(노위칙 §68). 화해신청이 있으면 심판위원회나 단독심판위원은 필요한 경우 화해회의를 개최하여 화해안을 작성하고, 당사자가 이를 수락하거나 화해조건에 합의하면 화해조서를 작성(노위법 §16의3③)하여, 당사자와 화해에 관여한 심판위원 전원이 서명·날인함으로써 화해가 성립한다(노위법 §16의3④ 및 노위칙 §70·§71①).

화해가 성립한 경우 당해 사건은 종결되며 당사자는 성립된 화해를 번복할 수 없다(노위칙 §71②). 화해조서는 민사소송법에 따른 재판상의 화해의 효력을 갖는다(노위법16의3⑤).

2·다. 재 심

(1) 재심 신청

지방노동위원회 또는 특별노동위원회의 구제명령 또는 기각결정에 불복이 있는 관계 당사자는 그 명령서 또는 결정서의 송달을 받은 날부터 10일 이내에 중앙노동위원회에 그 재심을 신청할 수 있다(노조법 §85①). 일부 구제명령인 경우에는 쌍방이 불복할 수도 있다.

초심절차에서 신청인 또는 피신청인이 될 수 있었던 자는 초심에서 그러한 지위에 있지 않았더라도 초심명령에 불복하여 재심을 신청할 수 있다.[3]

재심 신청이 지방노동위원회에 접수된 경우에는 당해 접수일을 중앙노동위원회에 재심을 신청한 날로 본다(노위칙 §90②).

---

1) 임종률, 『노동법』, 2007, 294쪽; 대판 1996.4.23, 95다53102
2) 대판 1993.12.21, 93다16463
3) 이상윤, 『노동법』, 2007, 877쪽; 김유성, 『노동법Ⅱ』, 2001, 382쪽; 임종률, 『노동법』, 2007, 295쪽, 노동조합이 신청한 불이익취급에 대해 해당 조합원 개인이 재심 신청을 할 수 있다.

(2) 재심범위

당사자의 재심 신청은 초심에서 신청한 범위를 넘어서서는 안 되며 중앙노동위원회의 재심 심리와 판정은 당사자가 재심 신청한 불복의 범위 안에서 하여야 한다(노위칙 §89).

신청한 범위라 함은 '사실'의 범위이므로 구제의 내용은 변경할 수 있다. 근로자측 신청인의 재심 요구가 각하나 기각이라면 그들의 취소나 변경이고, 구제명령이라면 추가나 변경이다. 반면에 사용자측 신청인의 재심 신청은 구제명령의 취소나 변경이다.[1)]

'불복의 범위'라 함은 구제명령의 일부분이 아닌 전체이다. 예컨대, 불이익취급의 구제명령 중 일부 내용에 대해 불복하더라도 '불이익처분에 해당하는지', '구제명령의 적정한 수준이 어느 정도인지' 등을 재검토할 수 있다. 그러나 이 경우 해당 불이익 처분 외에 다른 불이익처분이나 다른 부당노동행위를 심리하거나 판정할 수 없다.

(3) 재심절차

초심절차에 관한 규정은 그 성질에 반하지 않는 한 재심절차에도 준용된다.

지방노동위원회는 초심관계 서류 일체를 중앙노동위원회에 제출하여야 한다(노위칙 §92). 조사관은 당사자 주장이 초심에서와 다른 부분이 있다면 이를 추가하여 조사보고서를 작성하여야 한다(노위칙 §93).

(4) 재심판정

① 내용과 방법

중앙노동위원회는 재심 신청이 요건을 충족하지 못한 경우 재심 신청을 각하하고, 재심 신청이 이유 없다고 판단하는 경우에는 기각하며, 이유 있다고 판단하는 경우에는 지방노동위원회의 처분을 취소하고 구제명령이나 각하 또는 기각결정을 하여야 한다(노위칙 §94①).

중앙노동위원회는 근로관계의 소멸이나 사업장 폐쇄 등으로 초심의 구제명령 내용을 그대로 유지하는 것이 적합하지 않다고 판단하는 경우에는 그 내용을 변경할 수 있다(노위칙 §94②).

---

1) 임종률, 『노동법』, 2007, 295쪽.

중앙노동위원회는 재심판정서를 작성하여 당사자에게 송달하고 재심결과를 지방노동위원회와 지방노동관서의 장에게 통지하여야 한다. 이때 재심판정이 초심과 결론을 같이 하고 초심판정의 인정사실, 당사자 주장, 판단내용 등이 재심판정과 대체로 같은 경우에는 초심판정서를 인용할 수 있다(노위칙 §95).

② 효 과

중앙노동위원회의 재심판정에 대하여 관계 당사자는 그 재심판정서의 송달을 받은 날부터 15일 이내에 행정소송법이 정하는 바에 의하여 소를 제기할 수 있다(노조법 §85②). 이 기간 내에 재심을 신청하지 아니하거나 행정소송을 제기하지 아니한 때에는 그 구제명령·기각결정 또는 재심판정은 확정된다(노조법 §85③). 확정된 기각결정 또는 재심판정이 확정된 때에는 관계 당사자는 이에 따라야 하며(노조법 §85④) 이를 위반하면 벌칙이 적용된다(노조법 §89).

2·라. 행정소송

(1) 소송의 제기

① 제소기간

중앙노동위원회의 구제명령이나 기각결정 또는 재심판정에 대하여 불복하는 관계 당사자는 명령서나 결정서 또는 판정서의 송달을 받은 날부터 15일 이내에 행정소송을 제기하여야 한다(노조법 §85②).

② 당사자

재심판정의 행정소송은 당해 재심판정의 관계 당사자가 제기할 수 있다. 원고는 재심판정의 취소를 구할 법률상의 이익이 있고, 이에 불복하는 사용자나 근로자 또는 노동조합이 되며, 피고는 재심판정을 한 중앙노동위원회의 위원장이 된다(노위법 §27①). 사용자가 제소한 경우에는 근로자 또는 노동조합이, 근로자 또는 노동조합이 제소한 경우에는 사용자가 보조참가를 하게 된다.[1]

구제명령이 공장이나 지점처럼 법인의 일부조직에 내려지거나, 사장·공장장·지점장 등에게 행하여지더라도 법인만이 원고가 될 수 있다.[2] 근로자 또는 노동조합이 재심판정에서 신청인이나 피신청인이 아니었더라도 당사자 자격을

1) 이상윤, 『노동법』, 2007, 878쪽.
2) 임종률, 『노동법』, 2007, 297쪽; 행정소송법 제12조. 취소소송은 처분 등의 취소를 구할 법률상 이익이 있는 자가 제기할 수 있다.

가지고 있으면 원고가 될 수 있음은 재심 신청에서와 마찬가지이다.

③ 관할법원

행정소송의 관할법원은 피고의 소재지를 관할하는 행정법원이나 중앙행정기관 또는 그 장이 피고인 경우에는 대법원소재지의 행정법원으로 한다(행소법 §9①).

④ 제소의 효력

중앙노동위원회의 재심판정은 행정소송의 제기에 의하여 그 효력이 정지되지 아니한다(노조법 §86). 재심판정의 효력은 당사자의 신청 또는 직권에 의한 법원의 집행정지결정에 의해 그 효력이 정지될 수 있고(행소법 §23②), 행정소송의 결과에 의해 취소될 수 있다.[1)]

(3) 심리범위

① 대 상

행정소송은 중노위의 위법한 행정처분 등을 취소하는 항고소송으로(행소법 §4, 제1호) 재심판정의 위법 여부를 판단하게 된다. 구체적으로는 부당노동행위 인정에 대한 사실의 타당성 여부, 구제조치내용의 적법 여부, 재심절차의 적법 여부 등이 심리대상이 될 수 있다.

② 사실인정

법원은 직권으로 증거조사를 하여 새로이 수집한 증거(행소법 §26)에 근거하여 독자적으로 사실인정을 하게 된다.[2)] 이때 중노위의 사실인정의 잘못은 그 자체로 재심판정 취소 사유가 되는 것이 아니고, 부당노동행위에 관한 중노위의 결론에 영향을 주는 범위 내에서만 취소 사유가 된다.[3)]

③ 구제명령 내용의 적법성

중노위는 구제명령에 대한 광범위한 재량권을 가지지만, 법원은 중노위의 구제명령의 내용과 다른 적절한 구제명령을 스스로 선택하기 어렵기 때문에 중노위의 재량권을 존중하여 그 재량권한을 일탈하거나 남용된 경우가 아닌 한 적법성을 인정할 것이 요청된다.[4)]

---

1) 김유성, 『노동법Ⅱ』, 2001, 385쪽.

2) 대판 1990.8.10, 89누8217, 재심판정 이후 생긴 사유가 아니라면 새로운 사유도 행정소송에서 제기할 수 있다.

3) 임종률, 『노동법』, 2007, 297쪽, 미국의 경우 법원이 전국노사관계위원회(NLRB)가 주장하지 않은 사유는 특별한 사정이 없는 한 고려하지 않도록 하는 명문규정을 두고 있다.

4) 김유성, 『노동법Ⅱ』, 2001, 388쪽; 행정소송법 제27조, 행정청의 재량에 속하는 처분이라도 재량권의 한

④ 재심절차상의 적법성

사실인정의 객관성이나 공평성을 해치는 중차대한 절차위반인 경우에는 법원은 당해 재심판정을 당연히 취소할 수 있을 것이다.[1)]

⑤ 화 해

확정판결 전에 소송 당사자는 원고인 노사의 일방과 피고인 중앙노동위원회이나, 원고와 참가인과의 화해에 의한 소의 취하가 이루어질 수 있다.

(4) 위법성 판단의 기준시점

법원이 재심판정의 적법성을 판단하는 시기에 대해서는 처분시설과 판결시설로 나뉘는데, 취소소송이 행정처분의 당부를 심리하는 것을 목적으로 하므로 일반적인 행정처분과 마찬가지로 처분시설 즉 재심판정시설로 보는 것이 타당할 것이다.[2)]

재심판정시를 기준으로 할 경우 구제명령 후 변론종결 시까지 사이에 구제명령의 이행을 불가능하게 하는 사정이 발생한 경우 법률상 이익이 상실되므로 소를 각하된다.[3)]

(5) 확정판결

① 판결의 효력

중노위의 재심판정에 대한 법원의 판결로 구제명령, 기각결정 또는 각하결정이 확정된다. 확정된 판결은 중노위를 기속한다(행소법 §30①).

구제명령이 취소된 경우에는 취소판결의 확정에 의해 구제명령의 효력은 상실된다. 반면에 행정소송의 절차를 통하여 확정된 구제명령을 위반한 자에 대해서는 벌칙(노조법 §89)이 적용된다.

② 재처분

중앙노동위원회는 재심판정을 취소하는 법원의 판결이 확정되면 소송 당사자의 신청이나 직권으로 심판위원회(당사자의 신청이나 동의가 있는 때에는 단독심판 가능)

계를 넘거나 그 남용이 있는 때에는 법원은 이를 취소할 수 있다.

1) 김유성, 『노동법Ⅱ』, 2001, 388쪽.

2) 김유성, 『노동법Ⅱ』, 2001, 388쪽; 이상윤, 『노동법』, 2007, 878쪽; 대판 1987.8.18, 87누235 등.

3) 임종률, 『노동법』, 2007, 300쪽, 지배·개입을 인정하는 재심 판정 후에 노동조합이 해산한 경우, 단체교섭이 문제인 상황에서 교섭이 타결되거나(대판 1995.4.7, 2001누15391) 조합원이 없어진 경우 등이 그러하다.

의 의결을 거쳐 해당 사건을 재처분하여야 한다. 신청에 의한 재처분은 신청서 접수일로부터 30일 이내에 한 후 재처분결정서를 재심사건 당사자에게 송부하여야 한다(노위칙 §99). 재처분의 심사범위는 판결에 의하여 취소된 부분에 한정되고 법원의 판결이유에 따라야 한다.

(6) 긴급이행명령

① 의 의

사용자가 행정소송을 제기한 경우, 관할 법원은 중앙노동위원회의 신청에 의하여 결정으로써, 판결이 확정될 때까지 중앙노동위원회의 구제명령의 전부 또는 일부를 이행하도록 명할 수 있으며, 당사자의 신청에 의하여 또는 직권으로 그 결정을 취소할 수 있다(노조법 §85⑤).

재심판정은 행정소송의 제기로 그 효력이 정지되지 않는다(노조법 §86). 그러나 확정된 구제명령의 위반에 대해서는 벌칙(노조법 §89)이 있으나, 확정되지 않은 구제명령에 대해서는 그렇지 않다. 따라서 재심에까지 이르러서도 실효성이 확보되지 않는 것은 제도의 취지를 퇴색시킬 우려가 있다.

이에 따라 행정소송이 진행되는 동안 법원의 결정으로 구제명령의 이행을 강제할 수 있도록 하는 제도이다.

② 요건 및 내용

ⓐ 사용자의 행정소송 제기

사용자가 중앙노동위원회의 재심판정에 의한 구제명령에 불복하여 관할법원에 행정소송을 제기하여야 한다. 긴급이행명령제도가 사용자의 이행을 확보하는 데 있으므로 근로자 측에 대해서는 인정되지 않는다.

ⓑ 중앙노동위원회의 신청

긴급이행명령제도는 중노위의 신청에 의하여 개시된다. 사용자가 중앙노동위원회의 부당노동행위 재심판정에 불복하여 행정소송을 제기한 경우 중앙노동위원회는 당해 사건의 근로자나 노동조합의 요청에 의하여 법원에의 구제명령 이행 신청 여부를 결정하여야 한다(노위칙 §96).

ⓒ 즉시 구제의 필요성

명문에는 없지만 즉시 구제를 하지 않으면 노동3권의 보장을 통한 집단적 노 사관계의 정상적인 운영이 실현되기 어렵게 될 사정이 존재하여야 할 것

이다.[1]

ⓓ 관할법원의 결정

관할법원은 쌍방이 제출한 소명자료 등을 통해 긴급이행명령을 내릴지 여부를 결정한다. 이때 재심명령의 적법성은 본안심리에서 심사되어야 할 사항이므로 재심명령에 명백한 흠이 없고, 긴급이행의 필요성을 부정할만한 특별한 사정이 없다면 긴급이행명령을 내려야 할 것이다.[2]

ⓔ 판결확정시까지 이행

긴급구제명령은 판결이 확정될 때까지 효력을 유지한다. 다만, 법원은 판결이 확정되기 전에 당사자의 신청이나 직권으로 그 결정을 취소할 수 있다.

③ 효 과

사용자가 법원의 긴급이행명령에 따르지 않으면 부작위명령에 대해서는 500만원 이하의 과태료가 부과되고, 작위명령에 대해서는 그 명령의 불이행일수 1일에 50만원 이하의 비율로 산정한 금액의 과태료가 부과된다(노조법 §95).

3. 법원에 의한 구제절차

3·가. 민사적 구제

(1) 원 칙

부당노동행위에 대한 사법적 구제에 대하여 노동위원회의 부당노동행위구제가 유일한 공법상제도이거나, 헌법상 노동3권은 사인에 대해 효력을 미치지 않는다는 이유로 부정적으로 보는 견해도 있다. 그러나 요즈음은 '노동위원회의 부당노동행위 구제명령이 사법상 법률관계에 영향을 미치지 못하므로 법원의 사법적 구제가 허용되어야 한다.'[3]는데 다른 의견을 발견하기 힘들다.

헌법상의 노동3권 보장은 사인에 대해서도 직접적인 효력이 인정되므로 사법적 구제절차인 민사소송절차에 의하여 권리가 실현될 수 있다.[4] 또한, 노조

---

1) 임종률, 『노동법』, 2007, 298쪽; 김유성, 『노동법Ⅱ』, 2001, 388쪽, 취지를 설명하면서 노동3권 침해에 대한 신속한 권리구제가 어렵기 때문이라는 표현을 사용하고 있다.
2) 임종률, 『노동법』, 2007, 298쪽; 김유성, 『노동법Ⅱ』, 2001, 386쪽; 이상윤, 『노동법』, 2007, 880쪽.
3) 대판 1988.12.13, 86다카1035; 대판 1991.7.12, 90다9353; 대판 1992.5.22, 91다22100; 대판 1996.4.23, 95다53102
4) 김유성,『노동법Ⅱ』, 2001, 390쪽.

법(§81)의 부당노동행위금지 규정도 노동위원회를 통한 공법상 규범 즉 행정법규에 불과한 것이 아니라 헌법상 노동3권을 구체화하는 노사관계 규범으로서 실질을 가지는 강행규정이라고 보아야 한다.[1] 따라서 이 규정을 위반하면 불법행위가 성립한다.

반면에 부당노동행위 금지 위반이 불법행위가 되는 근거에 대해 불이익처분과 비열계약은 헌법과 노조법에서 찾을 수 있으나, 그 밖의 것은 사법(私法)상의 사회질서(민법 §103)에서 근거를 찾는 견해[2]도 있다. 이 견해는 노조법상의 부당노동행위 금지 규정 특히 '단체교섭 거부' 및 '지배·개입'에 대한 금지는 노사관계의 장래적 정상화를 위한 행정구제상의 규범으로 권리의 확정·의무의 강제·손해의 전보 등을 목적으로 하는 사법상의 권리의무 규범이 아니라고 본다.

개인적으로는 전자의 견해에 찬성한다.

(2) 내 용

① 근로자에 대한 불이익처분과 비열계약

근로자는 불이익취급과 비열계약에 대해 법원에 직접 소를 제기하여 무효확인 및 '정신적 고통에 따른 위자료로서의 손해배상'의 청구도 가능하다.[3]

② 노동조합에 대한 불이익처분

노동조합에 대한 불이익처분에 대해 당해조합은 불법행위에 의한 손해배상청구를 할 수 있다. 손해배상, 작위·부작위명령 등에 의한 사법적 구제를 구할 수 있다.

③ 단체교섭 거부

ⓐ 단체교섭응낙처분 및 단체교섭의무확인

단체교섭권은 그 성격상 '보전받을 수 있는 권리' 즉 사법상 청구권에 해당되는지, 이를 인정할 경우 '사용자가 지는 채무의 내용이 무엇인지'와 '그러한 채무를 어떻게 강제할 것인지'가 논점이 된다.

이에 대해 채무의 내용이 유동적·상대적이어서 특정할 수 없으므로 단체교

---

1) 이상윤, 『노동법』, 2007, 383쪽, 취지는 비슷하나 오히려 노조법의 벌칙규정(§90)에 의한 범죄행위라는 데서 강행규정의 근거를 찾는다; 대판 1993.12.21, 93다11463; 불이익 취급은 근기법 제23조를 근거로 해서도 효력을 다툴 수 있다(대판 1998.5.8, 97누1448).

2) 임종률, 『노동법』, 2007, 304쪽.

3) 대판 1993.12.21, 93다11463; 대판 1993. 10.12, 92다43586

섭응낙가처분이 가능하지 않다는 견해[1]가 있다.

그러나 헌법(§33①)[2]과 노조법(§81)[3]의 직접적인 근거에 의해 단체교섭 청구권이 부여된다거나 그러한 법 규범에서 단체교섭 청구권을 직접 도출할 수는 없지만, '노동조합이 사용자에 대하여 단체교섭을 요구할 수 있는 기초적 지위'를 가지기 때문에[4] 단체협약교섭응낙가처분이 가능하다고 보는 것이 일반적이다. 개인적으로는 헌법과 노조법에 의하여 단체교섭 청구권이 인정되므로 단체교섭응낙가처분과 '단체교섭의무확인의 소'가 가능하다고 생각한다.

ⓑ 손해배상청구

사용자가 정당한 이유 없이 고의·과실로 단체협약을 거부한 경우에 노동조합은 불법행위에 기초하여 손해배상청구를 할 수 있다.[5] 그러나 손해배상청구는 과거의 손해를 대상으로 한다는 점에서 장래의 단체교섭 진행을 위한 직접적인 구제조치가 아니라는 한계가 있다. 아울러 과실에 대해서는 사용자가 정당하거나 성실한 교섭으로 오인하는 경우에 위법성이 부정될 수 있다.

한편 단체교섭권에 대해 사법(私法)상의 사회질서(민법 §103)에서 근거를 찾는 견해에서는 '합리적인 이유를 발견할 수 없고 구실에 그치는 단체교섭'이나 '성실성이 전혀 인정되지 않는 겉모양만의 단체교섭' 등은 사회질서를 위반한 불법행위가 된다.[6]

(3) 변론주의

사법적 구제절차에서는 변론주의에 따라 근로자 또는 노동조합이 청구한 내용에 대해 법원이 판결을 한다. 따라서 근로자측은 자신의 권리관계의 근거 조항을 명확히 해야 하며, 구제 내용을 특정하여 적절한 소송형태를 취해야 한다.

---

1) 창원충무지판 1992.4.23, 92가합684
2) 김유성, 『노동법Ⅱ』, 2001, 151쪽·391쪽.
3) 이상윤, 『노동법』, 2007, 885쪽.
4) 임종률, 『노동법』, 2007, 307쪽.
5) 김유성, 『노동법Ⅱ』, 2001, 152쪽.
6) 임종률, 『노동법』, 2007, 307쪽.

3·나. 형사적 구제

(1) 부당노동행위 금지 위반

노조법상 부당노동행위 금지 규정을 위반한 자는 벌칙조항(§90조)에 따라 처벌받을 수 있다. 이 경우 반의사불벌죄가 적용되지 않으므로 부당노동행위를 한 사용자에 대하여 피해자의 의사와 관계없이 직접 형벌을 과할 수 있다.

처벌은 국가 형벌권에 의한 것이다. 따라서 검사는 노동위원회의 구제절차와 관계없이 독자적인 기소권을 가진다. 다만, 검사는 범행의 동기·수단·결과, 피해자에 대한 관계, 범행 후 정황을 참작하여 불기소 처분을 할 권한을 가진다(형소법 §247). 따라서 현실적으로는 노동위원회의 확정된 판정, 피해자의 처벌의사, 피해가 이미 구제되었는지 여부 등을 참작하여 기소 여부를 결정할 것이다.

처벌대상은 부당노동행위를 현실적으로 행한 자이다. 따라서 사업주뿐 아니라 사업경영담당자, 관리자 등도 대상이다. 다만, 사업주 이외의 자에 대해서는 양벌주의에 따라 사업주에게도 벌금형이 부과될 수 있다(노조법 §94조).

(2) 확정된 판정 위반

부당노동행위 자체에 부과되는 형벌과는 별도로 재심 신청이나 행정소송을 제기하지 않아 확정된 구제명령·기각결정 또는 재심판정에 위반한 자에 대해서도 형벌(노조법 §89, 3년 이하 징역 또는 3천만원 이하 벌금)이 부과된다.

제9장

공공부문 노동관계

제1절 총 설

노동관계에서 특수성이 인정되는 공공부문으로는 근로의 성질 때문에 제한을 받는 공무원과 교사가 있으며, 사업의 성질에 따라 공익사업과 방위산업체도 노동3권의 제한을 받는 공공부문으로 볼 수 있다.

공무원과 교원의 노동조합 조직과 가입에 대해서는 법률로 정한다(노조법 §5). 이들의 노동3권은 『공무원의 노동조합 설립 및 운영 등에 관한 법률[1](이하 공노법이라 한다.)』, 『국가공무원법』, 『지방공무원법』 그리고 『교원의 노동조합 설립 및 운영 등에 관한 법률[2](이하 교노법이라 한다.)』에 의하여 제한된다. 이들에 대해서는 국제노동기구(ILO)가 단결권의 보장을 천명하고 있다.[3] 그러나 '노동3권 중 어느 권리까지 보호하느냐'와 '관리직, 군인, 경찰 등의 적용제외 범위' 등은 입법정책적인 문제로 나라마다 다르다.

공공부문과 방위산업체에 대해서는 사업의 성질상 공익과 국가안전을 위해 노동3권이 부분적으로 제한된다.

---

1) 제정 2005.1.27, 법률 제7380호, 시행 2006.1.28

2) 제정 1999.1.29, 법률 제5727호, 시행 1999.7.1

3) ILO의 제87호 협약(결사의 자유 및 단결권보장에 관한 협약)에서 군인과 경찰을 제외한 모든 근로자에게 결사권은 보장된다고 규정하였고, 제151호 협약(공공부문의 단결권보장 및 고용조건의 결정을 위한 절차에 관한 협약)과 제159호 권고(공공부문에서의 운용조건 결정절차에 관한 권고)에서도 공무원의 단결권을 보장하고 있다. 다만, 정책입안이나 관리직능으로 판단되는 고위직 업무에 종사하는 공무원이나 고도의 기밀유지를 요하는 직무에 종사하는 공무원의 경우만을 국내법에서 따로 정할 수 있도록 하고 있다; ILO 결사의 자유위원회는 1993년의 결정 및 권고에서 우리 정부에게 공무원이 단결권을 자유로이 행사할 수 있도록 공무원 노조를 조속히 허용하는 등 필요한 제반 조치들을 취할 것을 요청하기도 하였다.

제2절 공무원

1. 의 의

1·가. 배 경

공무원이 근로자인가에 대해서는 특히 외국에서 많은 논의가 있었다. 그러나 우리나라 헌법은 "공무원인 근로자는 법률이 정하는 자에 한하여 노동3권을 가진다(헌법 §33②)."고 규정함으로써 논의의 여지를 없애면서 법률에 위임하여 노동3권을 제한할 수 있도록 규정하고 있다.

공무원의 노동3권을 제한하는 근거로는 첫째로 공무원의 임용행위가 공법상계약의 성질을 갖는다는 점, 둘째로 공무원은 국민 전체에 대한 봉사자(헌법 §7)라는 점, 셋째로 업무가 공공성을 갖는 점, 넷째로 근로조건의 결정이 법률이나 예산에 의존한다는 점, 다섯째로 공무원의 보수는 근로의 대가이기도 하나 직무의 효율적 수행을 확보한다는 의미도 가지고 있는 점, 여섯째로 공무원에게는 일반근로자에게 인정되지 않는 권리와 의무가 인정된다는 점들이 거론된다.[1)]

1·나. 법적 근거

공무원의 노동조합 조직과 가입에 대해서는 법률로 정한다(노조법 §5단서).[2)] 이에 근거하여 제정된 공노법은 헌법 제33조 제2항의 규정에 의한 공무원의 노동기본권을 보장하기 위하여 공무원의 노동조합 설립 및 운영 등에 관한 사항

---

1) 권영성, 『헌법학원론』, 2005, 680쪽, 넷째부터 여섯째까지를 거론하고 있다; 이철수·김홍영, 『노동법강의』, 2005, 52쪽, 첫째부터 넷째까지를 거론하고 있다; 헌재 1933.3.11, 88헌마5, 국민전체 봉사자라는 점과 업무의 성질을 거론하고 있다; 헌재1992.4.28, 90헌바27-34·36-42·44-46, 92헌바15, 국민전체 봉사자론, 직무의 공공성론, 법률상·예산상의 제한론 등을 근거로 하여 합헌성을 인정하였다

2) 모든 공무원의 쟁의권을 전면 금지하는 구 노동쟁의조정법 제12조 제2항은 헌법재판소의 헌법불합치 결정(헌재 1993.3.11, 88헌마5)에 따라 폐지되었다.

을 정함을 목적으로 한다(공노법 §1).

노조법에 의한 공무원의 노동조합의 조직 및 가입과 노동조합과 관련된 정당한 활동에 대하여는 국가공무원법 제66조 제1항 본문 및 지방공무원법 제58조 제1항 본문의 규정을 적용하지 아니한다(공노법 §3①).

공무원은 노동조합의 활동을 함에 있어서 다른 법령이 규정하는 공무원의 의무에 반하는 행위를 하여서는 아니된다(공노법 §3②).

1·다. 적용범위

공무원이라 함은 국가공무원법 제2조 및 지방공무원법 제2조에서 규정하고 있는 공무원을 말하며, 국가공무원법 제66조 제1항 단서 및 지방공무원법 제58조 제1항 단서의 규정에 의한 사실상 노무에 종사하는 공무원과 교노법의 적용을 받는 교원인 공무원을 제외한다(공노법 §2).

일반 공무원에 대해서는 공노법의 규정에 따라 노동3권이 제한적으로 적용되며, '사실상 노무에 종사하는 공무원'에게는 국가공무원법(§66①)과 지방공무원법(§58①)의 규정에 따라 일반근로자와 마찬가지로 노동3권이 인정된다.

2. 일반공무원

2·가. 단결권

(1) 노동조합의 설립과 가입

공무원 노동조합은 국회·법원·헌법재판소·선거관리위원회·행정부·특별시·광역시·도·시·군·자치구 및 특별시·광역시·도의 교육청을 최소 단위로 하여 설립할 수 있다(공노법 §5①).

공무원 노동조합의 가입대상은 원칙적으로 6급 이하 공무원[1]이나(공노법 §6①), 그들 중 일부 공무원은 제외[2](공노법 §6②, 공노령 §3)된다.

---

1) '6급 이하의 일반직 공무원 및 이에 상당하는 연구 또는 특수기술직렬의 일반직 공무원', '특정직 공무원 중 6급 이하의 일반직 공무원에 상당하는 외무행정·외교정보관리직 공무원', '기능직 공무원', '6급 이하의 일반직 공무원에 상당하는 별정직 공무원 및 계약직 공무원', '고용직 공무원'을 말한다.

2) ⓐ '다른 공무원에 대해 지휘·감독권을 행사하거나 다른 공무원의 업무를 총괄하는 업무에 종사하는 공무원'; 구체적으로는 '법령·조례 또는 규칙에 따라 다른 공무원을 지휘·감독하며 그 복무를 관리할 권한과 책임을 부여받은 공무원(직무 대리자 포함)'과 '훈령 또는 사무분장 등에 따라 부서장을 보조하여 부서

(2) 지부의 설치

공무원 노동조합이 지부·분회 등 산하조직을 설치한 경우, 공노령이 정한 노동조합[1)]은 노동부장관에게, 그 밖의 노동조합은 지방노동관서의 장에게 통보하여야 한다(공노령 §2).

(3) 노조 전임자

임용권자의 허가를 조건으로 인정되는 노동조합 전임자에 대해서는 무급휴직으로 하고 전임자임을 이유로 신분상 불이익을 받지 않는다(공노법 §7).

2·나. 단체교섭권 및 협약체결권

(1) 교섭 주체

① 교섭권한

공노법에 따라 6급 이하의 공무원에게는 쟁의권을 제외한 노동3권 즉 단결권·단체교섭 및 단체협약체결권이 인정된다.

노동조합 대표자는 정부교섭대표[2)]와 각각 교섭하고 협약을 체결할 수 있다(공노법 §8①).

내 다른 공무원의 업무 수행을 지휘·감독하거나 총괄하는 업무에 주로 종사하는 공무원'이 여기에 해당한다. ⓑ '인사·보수에 관한 업무를 수행하는 공무원 등 노동조합과의 관계에서 행정기관의 입장에 서서 업무를 수행하는 공무원'; 구체적으로는 '공무원의 임용·복무·징계·소청심사·보수·연금 그 밖에 후생복지에 관한 업무', '노조법에 따른 직장협의회에 관한 업무', '예산·기금의 편성 및 집행(단순집행 제외)에 관한 업무', '행정기관의 조직과 정원의 관리에 관한 업무', '감사에 관한 업무', '보안업무, 질서유지업무, 청사시설의 관리 및 방호에 관한 업무, 비서·운전업무' 가 이에 해당된다. 다만 이 들 중 자료정리 등 단순히 업무를 보조하는 자를 제외한다. ⓒ '교정·수사 그 밖에 이와 유사한 업무에 종사하는 공무원'; 구체적으로는 '「공무원임용령」 별표 1의 공무원 중 교정·소년보호·보호관찰·검찰사무·마약수사·출입국관리 및 철도공안 직렬의 공무원', '조세범처벌절차 법령에 따라 검찰총장 또는 검사장의 지명을 받아 조세범칙사건의 조사를 전담하는 공무원', '수사업무에 주로 종사하는 공무원', '국가정보원에 근무하는 공무원'이 이에 해당된다. ⓓ '업무의 주된 내용이 노동관계의 조정·감독 등 노동조합의 조합원으로서의 지위를 가지고 수행하기에 적절하지 않다고 인정되는 업무에 종사하는 공무원'; '「노동위원회법」에 따른 노동위원회의 사무국에서 조정사건이나 심판사건의 업무를 담당하는 공무원', '「근로기준법」에 따라 노동부 및 그 소속기관에서 「근로기준법」, 「산업안전보건법」 그 밖의 노동관계 법령 위반의 죄에 관하여 사법경찰관의 직무를 행하는 근로감독관', '「선원법」에 따라 「선원법」 및 「근로기준법」 그 밖의 선원근로관계 법령 위반의 죄에 관하여 사법경찰관의 직무를 행하는 선원근로감독관', '지방자치단체에서 노조법에 따른 노동조합 설립신고, 단체협약 및 쟁의행위 등에 관한 업무에 주로 종사하는 공무원' 이 이에 해당된다.

1) 연합단체인 노동조합, 국회·법원·헌법재판소·선거관리위원회 및 행정부의 노동조합 그 밖의 전국규모의 단위노동조합의 경우

2) 노동조합 최소단위를 기준으로 결정된다. 즉 국회 사무총장·법원 행정처장·헌법재판소사무처장·선거관리위원회 사무총장·행정부를 대표하여 행정자치부장관·특별시장·광역시장·도지사·시장·군수·자치구청장 및 특별시·광역시·도의 교육감 중 어느 하나에 해당하는 자를 말한다.

② 위임 및 참여

정부교섭대표는 다른 정부교섭대표와 공동으로 교섭하거나 다른 정부교섭대표에게 교섭권과 협약체결권을 위임할 수 있고(공노법 §8③), 정부교섭대표가 아닌 관계기관의 장으로 하여금 교섭에 참여하게 할 수 있으며, 다른 관계기관의 장이 관리하거나 결정할 사항에 대하여는 교섭권과 협약체결권을 그에게 위임할 수 있다(공노법 §8④).

앞의 경우에 있어, 정부교섭대표나 기관의 장은 소속 공무원으로 하여금 교섭하고 단체협약을 체결하게 할 수 있다(공노법 §8⑤).

(2) 교섭대상

① 원 칙

교섭의 대상은 그 노조에 관한 사항 또는 조합원의 보수·복지 그 밖의 근무조건에 관한 사항이다(공노법 §8①본문).

정부교섭대표는 법령 등에 의하여 스스로 관리하거나 결정할 수 있는 권한을 가진 사항에 대하여 노동조합의 교섭 요구가 있으면 정당한 사유가 없는 한 이에 응하여야 한다(공노법 §8②).

② 비교섭사항

'법령 등에 의하여 국가 또는 지방자치단체가 그 권한으로 행하는 정책 결정에 관한 사항'과 '임용권 행사 등 그 기관의 관리·운영에 관한 사항으로서 근무조건과 직접 관련되지 않은 사항'은 교섭의 대상이 될 수 없다[1](공노법 §8① 단서, 공노령 §4).

③ 정치활동의 금지

노동조합과 그 조합원은 정치활동을 하여서는 아니 된다(공노법 §4).

1) 구체적으로는 '정책의 기획 또는 계획의 입안 등 정책결정에 관한 사항', '공무원의 채용·승진 및 전보 등 임용권의 행사에 관한 사항', '기관의 조직 및 정원에 관한 사항', '예산·기금의 편성 및 집행에 관한 사항', '행정기관이 당사자인 쟁송(불복신청을 포함한다)에 관한 사항' 및 '기관의 관리·운영에 관한 그 밖의 사항'이 여기에 포함된다.

(3) 교섭절차

① 교섭의 요구

단체교섭을 원하는 노동조합은 권한 있는 정부교섭대표에게 교섭하고자 하는 사항에 대하여 서면으로 교섭을 요구하여야 한다[1](공노법 §9②).

정부교섭대표는 지체 없이(공노령 §7①) 요구받은 사실을 공고하여 관련된 노동조합이 교섭에 참여할 수 있도록 하여야 한다(공노법 §9③).

교섭에 참여하고자 하는 노동조합은 공고일로부터 7일 이내에 노동부령이 정하는 바에 따라 정부교섭대표에게 교섭을 요구하여야 한다(공노령 §7②). 정부교섭대표는 기간이 만료된 후 교섭을 요구한 노동조합 즉 교섭노동조합을 공고하고 당해 조합에게 통보하여야 한다(공노령 §7③).

이 기간 중에 교섭을 요구하지 않은 노동조합의 교섭 요구를 거부할 수 있다(공노령 §7④).

교섭을 요구하는 노동조합이 2 이상인 경우에는 노동조합에 대하여 교섭창구를 단일화하도록 요청할 수 있으며, 단일화될 때까지 교섭을 거부할 수 있다(공노법 §9④).

② 교섭위원

노동조합은 단체교섭을 위하여 노동조합의 대표자와 조합원으로 교섭위원을 구성하여야 한다(공노법 §9①).

교섭노동조합은 '교섭요구 사실의 공고일'로부터 20일 이내에 교섭위원을 선임하여 노동조합의 대표자가 각각 서명 또는 날인한 서면으로 정부교섭대표에게 통보하여야 한다. 이 경우 교섭위원의 수는 조직의 규모 등을 고려하여 정하되, 10인 이내가 되도록 하여야 한다(이상, 공노령 §8①).

교섭노동조합이 2 이상인 경우에는 서로 합의하여 교섭위원을 선임하되, 합의를 하지 못한 때에는 교섭노동조합의 조합원 수에 비례하여 교섭위원을 선임한다(공노령 §8②).

---

1) 단체협약의 유효기간 만료일 3월 전부터 교섭개시 예정일 30일 전까지 이를 하여야 한다(공노령 §6).

③ 교섭의 개시

노동관계 당사자는 교섭위원의 선임 통보가 있은 후 지체 없이 교섭내용·교섭일시·교섭장소 그 밖의 교섭에 필요한 사항을 협의하고 교섭을 개시하여야 한다(공노령 §9).

(4) 단체협약의 효력

체결된 단체협약의 내용 중 법령·조례 또는 예산에 의해 규정되는 내용과 법령 또는 조례의 위임을 받아 규정되는 내용은 단체협약으로 효력을 가지지 않는다(공노법 §10①). 다만, 정부교섭대표는 그러한 단체협약에 대하여서도 그 내용이 이행될 수 있도록 성실히 노력하여야 한다(공노법 §10②). 정부교섭대표는 법 단체협약으로서의 효력을 가지지 아니하는 단체협약의 내용에 대한 이행결과를 당해 단체협약의 유효기간 만료일 3월 전까지 상대방에게 서면으로 통보하여야 한다(공노령 §10).

법령이 정한 절차를 거쳐 단체협약이 체결된 경우, 그 유효기간 중에는 당해 단체협약의 체결에 참여하지 아니한 노동조합이 교섭을 요구하더라도 이를 거부할 수 있다(공노법 §9⑤).

2·다. 단체행동권

노동조합과 그 조합원은 파업·태업 그 밖에 업무의 정상적인 운영을 저해하는 일체의 행위를 할 수 없다(공노법 §11).

2·라. 조정 · 중재

(1) 담당기관

① 소관위원회

공무원 노동관계의 조정과 중재를 위하여 중앙노동위원회에 7인 이내의 전담 공익위원으로 구성된 공무원노동관계조정위원회(이하 위원회라 한다)를 두며(공노법 §14①②), 위원회의 공익위원 중 1인은 상근으로 한다(공노령 §12①).

담당 공익위원은 「노동위원회법」의 규정에 불구하고 공무원 문제 또는 노동문제에 관한 지식과 경험을 갖춘 자 또는 사회적 덕망이 있는 자 중에서 중앙노동위원회 위원장의 추천과 노동부장관의 제청으로 대통령이 위촉하며(공노법

§14③), 이 경우 중앙노동위원회 위원장은 관련 기관 또는 단체의 의견을 들을 수 있다(공노령 §12②). 위원회의 공익위원 수는 노동위원회법(§6②)에 규정된 공익위원 정원에 포함되지 않는다(공노법 §12③).

한편, 공노법은 위원회의 위원장의 선임에 대하여 규정하고 있지 않다. 따라서 노동위원회법의 취지에 따라 위원 중에 호선하는 것이 타당할 것이다.

② 회의의 구성

위원회에는 전원회의와 소위원회를 둔다(공노법 §15①).

전원회의는 공익위원 전원으로 구성하며, '전국에 걸친 노동쟁의의 조정사건', '중재회부의 결정' 및 '중재재정'의 업무를 담당한다(공노법 §15②). '소위원회의 위원장'은 '위원회의 위원장'이 '중앙노동위원회의 위원장'과 협의하여 지명하는 자가 되고, 소위원회의 의장의 업무를 수행한다.

소위원회는 위원회의 위원장이 중앙노동위원회의 위원장과 협의하여 지명하는 3인으로 구성하며, 전원회의에서 담당하지 아니하는 조정사건을 담당한다(공노법 §15③).

(2) 조 정

① 요 건

단체교섭이 결렬된 경우, 당사자 일방 또는 쌍방은 중앙노동위원회에 조정(調停)을 신청할 수 있다(공노법 §12①).

② 절 차

신청을 받은 중앙노동위원회는 지체 없이 조정을 개시하여야 하며, 당사자 쌍방은 이에 성실히 임하여야 한다(공노법 §12②). 중앙노동위원회는 조정을 하게 된 경우 지체 없이 이를 서면으로 관계 당사자에게 통보하여야 하며(공노령 §11①), 조정의 대상이 아니라고 인정하는 때에는 신청인에게 그 사유와 조정외의 다른 해결방법을 알려주어야 한다(공노령 §11②).

중앙노동위원회는 조정안을 작성하여 이를 관계 당사자에게 제시하고 수락을 권고하는 동시에 그 조정안에 이유를 붙여 공표할 수 있으며, 이 경우 필요한 때에는 신문 또는 방송에 보도 등의 협조를 요청할 수 있다(공노법 §12③). 조정은 조정신청이 있는 날부터 30일 이내에 종료하여야 하며, 당사자 간의 합의가 있는 때에는 30일의 범위 안에서 연장할 수 있다(공노법 §12④).

③ 효 과

쌍방이 수락한 조정서는 단체협약의 효력을 갖는다.

(3) 중 재

① 요 건

중앙노동위원회는 '단체교섭이 결렬되어 관계 당사자 쌍방이 함께 중재를 신청한 경우'와 '조정이 이루어지지 아니하여 위원회 전원회의에서 중재회부의 결정을 한 경우'에는 지체 없이 중재를 행한다(공노법 §13).

중앙노동위원회는 중재를 하게 된 경우 지체 없이 이를 서면으로 관계 당사자에게 통보하여야 하며(공노령 §11①), 중재의 대상이 아니라고 인정하는 때에는 신청인에게 그 사유와 중재 외의 다른 해결방법을 알려주어야 한다(공노령 §11②).

② 효 과

관계 당사자는 중앙노동위원회의 중재재정이 위법하거나 월권에 의한 것이라고 인정하는 경우에는, 행정소송법 제20조의 규정에도 불구하고, 중재재정서의 송달을 받은 날부터 15일 이내에 중앙노동위원회 위원장을 피고로 하여 행정소송을 제기할 수 있다(공노법 §16①). 그 기간 이내에 행정소송을 제기하지 아니한 때에는 중재재정은 확정되고(공노법 §16②), 관계 당사자는 확정된 중재재정에 따라야 하며(공노법 §16③), 확정된 중재재정은 단체협약과 동일한 효력을 갖는다(공노법 §16⑤).

중재재정은 행정소송의 제기에 의하여 그 효력이 정지되지 아니한다(공노법 §16④).

중앙노동위원회는 필요한 경우 확정된 중재재정의 내용을 국회, 지방의회, 지방자치단체의 장 등에게 통보할 수 있다(공노법 §16⑤).

2·마. 부당노동행위 구제

노동위원회는 노조법(§82)에 따라 공무원 또는 노동조합으로부터 부당노동행위의 구제신청을 받은 때에는 심판을 하기 전에 지체 없이 그 사실을 상대방인 행정관청과 소관 소청심사위원회에 통보하여야 한다(공노령 §13).

2·바. 공무원직장협의회

(1) 설 립

공무원에 대해서는 1999년에 「공무원직장협의회의 설립·운영에 관한 법률(이하 공직협법이라 한다.)」이 제정[1]되어 6급 이하의 공무원[2]을 대상으로 하여 일종의 노사협의회인 '공무원직장협의회(이하 협의회라 한다.)'를 설립할 수 있도록 하였다.

국가기관·지방자치단체 및 그 하부기관에 근무하는 공무원은 기관단위 즉 하나의 기관에 하나의 협의회를 설립할 수 있으며, 그 대표자는 소속기관의 장에게 설립 사실을 통보하여야 한다(공직협법 §2). 이와 같이 설립 단위를 하부기관 또는 기초적 단위 기관으로 한 것은 공무원 노동조합이 구성되지 못하는 하위 단위의 기관에서 해당 공무원들의 의견을 수렴하고 참여를 보장하기 위해서이다.

공직협법이 적용되는 공무원은 자유로이 협의회에 가입하거나 탈퇴할 수 있다(공직협법 §4).

(2) 협의 대상

협의회는 기관장과 '당해 기관 고유의 근무환경 개선에 관한 사항', '업무능률 향상에 관한 사항', '소속 공무원의 공무와 관련된 일반적 고충에 관한 사항' 및 '기타 기관의 발전에 관한 사항'에 대하여 협의하며, 이를 위해 직급 등을 고려하여 협의회 구성원의 의사를 고루 대변할 수 있는 협의위원을 선임하여야 한다(공직협법 §5).

(3) 협의방법 및 절차

기관장은 협의회가 문서로 명시하여 협의를 요구한 경우 이에 성실히 임하

---

1) 제정 1998. 2.24, 법률 제5516호, 시행 1999.1.1; '사실상 노무에 종사하는 공무원'을 제외한 공무원에 대해 노동3권이 전면적으로 적용되지 않는 상황에서, ILO와 국내 노동단체가 공무원에 대하여 노동3권을 인정할 것을 계속적으로 요구함에 따라 제정되었다.

2) 협의회에 가입할 수 있는 공무원은 ① 6급 이하의 일반직공무원과 이에 준하는 연구·특수기술직례의 일반직 공무원 및 이들에 상당하는 별정직 공무원, ② 특정직 공무원 중 6급 이하의 외무공무원, ③ 특정직 공무원 중 재직경력 10년 미만의 외무행정직·외교정보관리직공무원(2000.12.29 개정), ④ 기능직 및 고용직 공무원이다. 다만, 국가공무원법 및 지방공무원법에 의하여 노동운동이 허용되는 '사실상 노무에 종사하는 공무원',과 지휘·감독의 직책이나 인사·예산·경리·물품출납·비서·기밀·보안·경비 또는 자동차운전 기타 이와 유사한 업무에 종사하는 공무원은 협의회에 가입할 수 없다(공직협법 §3).

여야 하고, 협의회와 문서로 합의한 사항에 대하여는 기관장은 최대한 이의 이행에 노력하여야 하며, 협의회의 조직 및 운영과 관련하여 소속 공무원에 대하여 불리한 조치를 하여서는 아니 된다(공직협법 §6). 다만, 이러한 의무에 대해 벌칙이나 다른 이행 강제수단이 마련되어 있지 않다.

협의회의 설립단위·가입범위 기타 협의회의 구성에 관한 사항과 협의위원의 선임, 협의회의 협의절차·시기·방법 기타 협의회의 운영에 관하여 필요한 사항은 국회규칙·대법원규칙·헌법재판소규칙·중앙선거관리위원회규칙·대통령령 또는 조례로 정한다(공직협법 §7).

3. 현업 공무원

사실상 노무에 종사하는 공무원[1]에게는 일반근로자와 마찬가지로 노동3권이 보장된다.

---

1) 정보통신 및 철도청 소속 현업기관과 국립의료원의 작업현장에서 노무에 종사하는 기능직 공무원과 고용직 공무원을 말한다. 서무·인사 및 기밀업무에 종사하는 자, 경리 및 물품출납사무에 종사자, 노무자 감독사무 종사자, 안전업무규정에 의한 보안목표시설의 경비 및 승용차 운전자는 제외된다(공무원복무규정 §28).

제3절 교 원

1. 의 의

1·가. 배 경

헌법은 교원에 대하여 공무원과는 달리 노동3권을 제한하는 규정을 직접 규정하고 있지 않다.

교원의 노동3권은 국가공무원법(§66①)과 사립학교법(§55)에 의하여 전면적으로 제한되어 왔으나, 1999년에 교노법이 제정되면서 노동3권 중 단체행동권을 제외한 단결권·단체교섭 및 단체협약체결권이 인정되고 있다.

교원에게 노동3권을 부분적으로 제한하여 보장하는 것은 교원에 대하여 교육자로서 측면과 근로자로서 측면을 모두 고려한 결과로 볼 수 있다.

교노법이 제정되기 전에 사립학교 교원의 노동3권을 제한하는 사립학교법의 규정에 대해 위헌 문제가 제기되었는데, 헌법재판소[1]는 헌법의 교원지위법정주의가 노동3권에 우선한다는 점, 대상조치로 교원법과 「교원지위 향상을 위한 특별법」에 의하여 신분에 걸맞은 교직단체를 통하여 그들의 경제적·사회적 지위향상을 도모할 수 있도록 별도로 보장하고 있으므로 기본권의 본질적인 내용을 침해한 것이 아니라는 점 등을 이유로 합헌 결정을 내렸다. 이러한 태도는 교원이 갖는 높은 사회적 책임을 감안한 것[2]으로서 노동3권 중 단체행동권을 유보한 이유에 대한 설명으로 여전히 유효하다.

---

1) 헌재 1991.7.22, 89헌가106; 이에 대해 ① 교원지위법정주의는 교원의 지위를 행정권력에 의해 침해받지 않고 그 자격요건, 신분 등을 보장하려는 데 있으므로 노동3권과 양립하며, ② 노동3권은 유기적 일체를 이루므로 어느 하나라도 완전히 배제되면 노동3권의 본질적 내용을 침해하게 되고, ③ 노동3권에 대한 헌법의 일반적 유보조항(헌법 §37②)과 개별적 유보조항(헌법 §33②③)의 취지를 관련지어볼 때 노동3권 금지 내지 제한은 공무원과 주요 방위산업체 종사자 정도로 추정될 수 있다는 점을 들어 비판하는 견해(김유성, 『노동법Ⅱ』, 2001, 42쪽)가 있다.

2) 교원의 교육권이나 노동3권은 헌법 제31조 제1항에 의한 국민의 수업권(헌법 §31①)을 침해하지 않는 범위 내에서 보장되므로 헌법 제37조 제2항에 따라 일부 제한의 논리가 될 수 있다.

1·나. 법적 근거

교원의 노동조합 조직과 가입에 대해서는 법률로 정한다(노조법 §5단서).[1]

이에 근거하여 제정된 교노법은 국가공무원법 제66조 제1항 및 사립학교법 제55조의 규정에 불구하고, 노조법 제5조 단서의 규정에 의하여 교원의 노동조합 설립에 관한 사항을 정하고 교원에 적용할 노조법에 대한 특례를 규정함을 목적으로 한다. 따라서 교원에 대해서는 교노법의 규정을 제외하고는 원칙적으로 노조법이 적용된다.

1·다. 적용범위

교원이라 함은 초·중등교육법 제19조 제1항에서 규정하고 있는 교원을 말한다. 다만, 해고된 자로서 노조법(§82①)에 의하여 노동위원회에 부당노동행위의 구제신청을 한 자의 경우에는 중앙노동위원회의 재심판정이 있을 때까지 이를 교원으로 본다.

2. 단결권

2·가. 노동조합의 설립과 가입

교원은 특별시·광역시·도 단위 또는 전국 단위에 한하여 노동조합을 설립할 수 있으며, 설립하고자 하는 자는 노동부장관에게 설립신고서를 제출하여야 한다(교노법 §4).

교원 노동조합의 가입대상은 초·중등교육법 제19조 제1항에서 규정하고 있는 교원이다(교노법 §2).[2] 따라서 유치원 교사[3]나 대학 교수는 포함되지 않는다. 그리고 사용자의 지위에 해당하는 교장, 교감 등은 노동조합에 가입이 허용되는 교원의 범위에 포함되지 않는다.

---

1) 모든 공무원의 쟁의권을 전면 금지하는 구 노동쟁의조정법 제12조 제2항은 헌법재판소의 헌법불합치 결정(헌재 1993.3.11, 88헌마5)에 따라 폐지되었다.

2) 해고된 자로서 노조법 제82조 제1항의 규정에 의하여 노동위원회에 부당노동행위의 구제신청을 한 자의 경우에는 중앙노동위원회의 재심판정이 있을 때까지 이를 교원으로 본다.

3) 2004년에 초·중등교육법에서 「유아교육법」이 분리되어 나왔다.

2·나. 지부의 설치

2 이상의 특별시·광역시·도에 걸치는 단위노동조합은 시·도 단위의 지부·분회 등에 한하여 설립 신고를 할 수 있다(교노령 §2).

2·다. 노조 전임자

교원은 임용권자의 허가를 받아 노동조합 전임자로 일할 수 있으며, 그 기간 동안 교육공무원법 제44조 및 사립학교법 제59조의 규정에 의한 휴직명령을 받은 것으로서 봉급을 받지 못하나, 그 전임기간 중에 전임자임을 이유로 승급 기타 신분상의 불이익을 받지 아니한다(교노법 §5).

3. 단체교섭권 및 협약체결권

3·가. 교섭주체

교노법에 따라 교원에게는 쟁의권을 제외한 노동3권 즉 단결권·단체교섭 및 단체협약체결권이 인정된다.

노동조합의 대표자는 교육인적자원부장관, 시·도 교육감 또는 사립학교를 설립·경영하는 자와 교섭하고 단체협약을 체결할 권한을 가진다. 이 경우 사립학교의 경우에는 사립학교를 설립·경영하는 자가 전국 또는 시·도 단위로 연합하여 교섭에 응하여야 한다(교노법 §6①). 따라서 개별 학교 차원에서의 교섭은 인정되지 않는다.

3·나. 단체교섭의 대상

(1) 원 칙

단체교섭의 대상은 노동조합 또는 조합원의 임금·근로조건·후생복지 등 경제적·사회적 지위향상에 관한 사항이다(교노법 §6①).

(2) 비교섭대상

교원정책·교육과정·교육기관의 관리운영사항 등은 관련법령에 따라 행정기관이 집행하는 사항으로 국민의 학습권과 직접 관련이 있으므로 교섭대상이 아니다.

(3) 정치활동의 금지

교원 노동조합은 일체의 정치활동을 하여서는 아니 된다(교노법 §3).

3·다. 교섭절차

(1) 교섭의 통보 및 교섭단 구성

단체교섭을 하고자 하는 자는 교섭개시 예정일 30일 전까지 상대방에게 서면[1]으로(조직대상을 같이 하는 2 이상의 노동조합이 설립되어 있는 때에는 연명으로) 통보하여야 하며(교노령 §3①), 사립학교를 설립·경영하는 자가 통보를 받은 때에는 전국 또는 시·도 단위로 교섭단을 구성하여야 한다(교노령 §3②).

(2) 교섭을 위한 사전 협의

노동관계 당사자는 그 소속원 중에서 지명한 자로 하여금 교섭개시 예정일 전까지 교섭내용·교섭위원 수·교섭일시 및 장소 기타 교섭에 필요한 사항에 관하여 협의를 하도록 한다(교노령 §3③).

(3) 교섭위원 선임과 창구 단일화

노동관계 당사자는 교섭개시 예정일 전까지 교섭위원을 선임(교노령 §3④)하여야 한다.

이 경우 조직대상을 같이 하는 2 이상의 노동조합이 설립되어 있는 때에는 합의에 의하여 교섭위원을 선임하되, 합의하지 못하는 때에는 노동조합의 조합원 수에 비례하여 교섭위원을 선임한다(교노령 §3⑤).

교원 노동조합의 교섭위원은 당해 노동조합을 대표하는 자와 그 조합원으로 구성하여야 하며(교노법 §6②), 조직대상을 같이하는 2 이상의 노동조합이 설립되어 있으면 노동조합은 교섭창구를 단일화하여 단체교섭을 요구하여야 한다(교노법 §6③).

---

1) 조직대상을 같이하는 2 이상의 노동조합이 설립되어 있을 때에는 노동조합 대표자 연명으로 상대방에게 통보하여야 한다.

(4) 의견수렴 및 성실교섭

단체교섭을 하거나 단체협약을 체결하는 경우, 관계 당사자는 여론조사·공청회 등을 통해(교노령 §4①) 국민여론 및 학부모의 의견을 수렴하여 성실히 교섭하고 단체협약을 체결하여야 하며, 그 권한을 남용하여서는 아니 된다(교노법 §6④). 여론조사나 공청회는 노사관계 당사자가 공동으로 실시할 수 있다(교노령 §4②).

3·라. 단체협약의 효력

체결된 단체협약의 내용 중 법령·조례 및 예산에 의하여 규정되는 내용과 법령 또는 조례에 의한 위임을 받아 규정되는 내용은 단체협약으로서의 효력을 가지지 아니한다(교노법 §7①).

교육부장관, 시·도 교육감 및 사립학교를 설립·경영하는 자는 효력을 가지지 아니하는 내용에 대하여 그 내용이 이행될 수 있도록 성실히 노력하여야 하고(교노법 §7②), 그 이행결과를 다음 교섭 시까지 상대방에게 서면으로 통보[1] 하여야 한다(교노령 §5).

4. 단체행동권

교원 노동조합과 그 조합원은 파업·태업 기타 업무의 정상적인 운영을 저해하는 일체의 쟁의행위를 하여서는 아니 된다(교노법 §8).

5. 조정 · 중재

5·가. 담당기관

교원의 노동쟁의를 조정·중재하기 위하여 중앙노동위원회에 "교원노동관계 조정위원회(이하 위원회라 한다.)"를 둔다(교노법 §11①). 위원회는 중앙노동위원회 위원장이 지명하는 조정담당 공익위원 3인으로 구성한다. 다만, 관계 당사자의 합의로 중앙노동위원회의 조정담당 공익위원이 아닌 자를 추천하는 경우에는 그

1) 사립학교를 설립·경영하는 자를 구성원으로 하는 단체가 있는 경우에는 그 단체의 대표자가 상대방에게 서면으로 통보하여야 한다.

추천된 자를 지명하여야 한다(교노법 §11②).

위원회의 위원장은 위원회의 위원 중에서 호선한다(교노법 §11③).

위원회의 위원으로 지명된 자에 대하여는 그 직무의 집행을 위하여 예산의 범위 안에서 노동위원회의 위원에 준하는 수당과 여비를 지급할 수 있다(교노령 §7).

5·나. 조 정

단체교섭이 결렬된 경우에는 당사자 일방 또는 쌍방은 중앙노동위원회에 조정을 신청할 수 있다(교노법 §9①). 신청을 받은 중앙노동위원회는 지체 없이 조정을 개시하여야 하며 당사자 쌍방은 성실히 임하여야 한다(교노법 §9②).

중앙노동위원회는 조정을 하게 된 경우 지체 없이 이를 서면으로 관계당사자에게 각각 통보하고 교원노동관계조정위원회를 구성하여야 하며(교노령 §6③), 그 신청내용이 조정 대상이 아니라고 인정하는 경우에는 신청인에게 그 사유와 조정외의 다른 해결방법을 알려주어야 한다(교노령 §6②).

조정은 제1항의 규정에 의한 신청이 있는 날부터 30일 이내에 종료하여야 한다(교노법 §9③).

쌍방이 수락한 조정서는 단체협약의 효력을 갖는다.

5·다. 중 재

(1) 요 건

중앙노동위원회는 '당사자 쌍방이 함께 중재를 신청한 경우', '중앙노동위원회가 제시한 조정안을 당사자 일방 또는 쌍방이 거부한 경우' 및 '중앙노동위원회 위원장이 직권 또는 노동부장관의 요청에 의하여 중재에 회부한다는 결정을 한 경우'에 중재를 행한다(교노법 §10).

중앙노동위원회는 중재를 하게 된 경우 지체 없이 이를 서면으로 관계당사자에게 각각 통보하고 교원노동관계조정위원회를 구성하여야 하며(교노령 §6③), 그 신청내용이 중재 대상이 아니라고 인정하는 경우에는 신청인에게 그 사유와 조정외의 다른 해결방법을 알려주어야 한다(교노령 §6②).

(2) 효 과

관계 당사자는 중앙노동위원회의 중재재정이 위법하거나 월권에 의한 것이라고 인정하는 경우에는 행정소송법 제20조의 규정에 불구하고 그 중재재정서의 송달을 받은 날부터 15일 이내에 중앙노동위원회 위원장을 피고로 하여 행정소송을 제기할 수 있고, 그 기간 이내에 행정소송을 제기하지 아니한 때에는 그 중재재정은 확정되며, 관계 당사자는 확정된 중재재정에 따라야 한다. 확정된 중재재정은 단체협약과 동일한 효력을 가지며, 행정소송의 제기에 의하여 그 효력이 정지되지 아니한다(교노법 §12).

6. 교원소청심사청구

당해 교원 또는 노동조합이 노조법(§82①)에 따라 해고 및 기타 불이익을 받은 것을 이유로 노동위원회에 부당노동행위의 구제를 신청한 경우에는 「교원지위 향상을 위한 특별법」 제9조의 규정에 불구하고 교원소청심사위원회에 소청심사를 청구할 수 없다(교노법 §13).

노동위원회가 구제신청서를 접수한 때에는 그 사실을 지체 없이 교원소청심사위원회에 통보하여야 한다(교노령 §8).

제4절 방위산업체 종사자

우리 헌법(§33③)은, 국가안보에 미치는 영향을 고려하여, '법률이 정하는 주요 방위산업체에 종사하는 근로자의 단체행동권은 법률이 정하는 바에 의해 이를 제한하거나 인정하지 아니할 수 있다.'는 개별적 유보 조항을 두고 있다.

『방위사업법』에 의해 지정된 주요 방위산업체에 종사하는 근로자 중 전력, 용수 및 '주로 방산물자를 생산하는 업무에 종사하는 자'[1]는 쟁의행위를 할 수 없다(노조법 §41②). 따라서 방위산업체에 근로하더라도 '민수물자를 생산하는 근로자' 및 '방산물자 생산과 직접 관계가 없는 관리 업무 등 지원 부서에서 일하는 근로자'의 쟁의권은 인정된다.[2]

방위산업체 근로자의 노동3권에 대해 헌법에 개별적 유보조항이 있더라도 일반적 유보조항(헌법 §37②)에 따라 '과잉금지의 원칙', '최소제한의 원칙' 및 '본질적 침해금지의 원칙'의 적용을 받는 것으로 보아야 할 것이다. 그러한 의미에서 '방산물자를 특정한 시기에만 생산하는 경우에는 그 시기에 한정해서 쟁의행위가 금지된다.'는 행정해석[3]은 타당하다.

그리고 더 나아가서 입법론적으로 볼 때, 쟁의행위를 금지하는 것보다는 그 대상조치로 강제중재 혹은 긴급조정절차를 활용하는 방안도 검토해 볼만하다.

---

1) 방산물자의 완성에 필요한 제조·가공·조립·정비·재생·개량·성능검사·열처리·도장·가스취급 등의 업무에 종사하는 자를 말한다(노조령 §20).

2) 「노동조합 및 노동관계조정법」(제정 1997. 3.13, 법률 제5310호) 제정 전의 노동쟁의조정법은 "「방위산업체에 관한 특별조치법」에 의하여 지정된 방위산업체에 종사하는 근로자는 쟁의행위를 할 수 없다"고 규정되어 있어 민수부문의 근로자도 쟁의행위를 할 수 없었다. 이에 대해 대법원(대판 1993.4.23, 93도493)은 헌법의 개별적 유보조항을 근거로 헌법적합성을 긍정하였다. 아울러 헌법재판소(헌재 1998.2.27. 95헌바10)는 개별적 유보조항 외에, 해석상 범위의 제한이 가능하며, 노동위원회의 조정을 받을 수 있는 등 대상조치가 마련되어 있다는 이유로 합헌으로 판단하였다. 이러한 결정은 학계의 비판에 부딪쳤으나 1997년에 입법적으로 정리되었다.

3) 노동부, 『알기 쉬운 새 노동법 해설』, 노동부, 1997, 112쪽.

제5절 공익사업

공익사업[1]의 조정기간은 일반사업의 조정기간인 10일보다 긴 15일이며, 필수 공익사업[2]에 대해서는 필수유지업무제도[3]가 적용되어 부분적으로 쟁의행위의 제한을 받게 된다.[4]

공익사업의 경우에는 노동부장관의 결정으로 긴급조정이 가능하며, 긴급조정시에는 공표한 날로부터 30일 간 쟁의행위를 할 수 없다(노조법 §77).

1) 공중의 일상생활과 밀접한 관련이 있거나 국민경제에 미치는 영향이 큰 사업 즉(노조법 §71①), 1.정기노선 여객운수사업 및 항공운수사업(2008.1.1 시행), 2.수도사업, 전기사업, 가스사업, 석유정제사업, 석유공급사업, 3.공중위생사업 및 의료사업 및 혈액공급사업(2008.1.1 시행), 4.은행 및 조폐사업, 5.방송 및 통신사업을 말한다.

2) 공익사업 중에서 그 업무의 정지 또는 폐지가 공중의 일상생활을 현저히 위태롭게 하거나 국민경제를 현저히 저해하고 그 업무의 대체가 용이하지 아니한 사업 즉(노조법 §71②), 1.철도, 도시철도사업 및 항공운수사업(2008.1.1 시행) 2.수도사업, 전기사업, 가스사업, 석유정제사업 및 석유공급사업, 3.병원사업 및 혈액공급사업(2008.1.1 시행) 4.한국은행사업(2008.1.1 시행), 5.통신사업을 말한다.

3) 2008.1.1부터 시행된다.

4) 공익사업의 조정(調整)에 대해서는 일반사업에서 이미 다루었으므로 여기서는 간단히 언급한다.

제10장

노동위원회

제1절 총 설

1. 노동위원회제도의 의의

1·가. 개 념

노동위원회는 노조법에 의해 노동쟁의를 조정하고, 부당노동행위 및 부당해고의 구제신청 사건을 심판하는 등 다양한 권한을 행사하는 독립적 합의체 행정기관이다.

노동위원회의 설치·구성·운영 등에 관한 사항은 『노동위원회법(이하 노위법이라 한다.)』에 규정되어 있다.

1·나. 목 적

노동위원회제도는 노동관계에 있어서 부당해고·부당노동행위사건의 판정 및 조정업무를 신속·공정하게 수행함으로써 노동관계의 안정과 발전에 이바지함을 목적으로 한다(노위법 §1).

1·다. 필요성

노사관계는 노사자치의 원칙에 맡기는 것이 가장 바람직하다.

그러나 당사자에게만 맡길 경우 극한 대립으로 갈등의 해결이 어려워 전문성을 가진 국가기관이 공적인 서비스를 제공하는 한편 저렴한 비용으로 신속하게 공정한 서비스를 제공할 필요가 있다.

1·라. 다른 나라의 예

외국에서도 우리의 노동위원회와 유사한 제도를 흔히 발견할 수 있다.

미국은 1935년 「전국노사관계법(Wagner법)」에서 최초로 전국노사관계위원회

(NIRB)를 설치하였다. 이 밖에도 일본의 노동위원회, 프랑스의 조정위원회, 영국의 알선조정위원회(ACAS) 등이 그러한 예이다.

이러한 기관들은 집단적 노사관계의 분쟁을 조정하기 위해서 탄생하였으나 우리나 일본처럼 부당노동행위의 구제까지 담당하는 경우가 많다.

1·마. 요건 및 특징

우리나라의 노동위원회는 요건인 독립성·공정성·전문성[1]을 확보하기 위해 몇 가지 특색을 지니고 있다.

먼저, 독립된 전문적 행정위원회이다. 노동위원회는 합의체 행정기구로 노동부장관 등의 행정기관에 소속되어 있음에도 업무처리에 있어 지휘명령을 받지 않는다.

다음으로, 노동위원회는 노·사·공익을 대표하는 3자로 구성되어 있다. 이는 노사관계의 전문기관으로서의 성격을 감안한 것으로 업무 절차가 사법적 절차와 다르다.

셋째로, 노동위원회는 준사법적 권한으로 심판업무를 수행하고, 노동관계 처리 권한으로 조정적 업무를 처리하며, 입법적 권한으로 규칙제정권을 가지고 있다.[2]

넷째로, 초심과 재심의 2심 구조를 가지고 있고, 행정소송의 대상이 되며, 민사소송·형사소송과 병존함으로써 사법체계와 질서관계를 유지하고 있다.

---

1) 김유성, 『노동법Ⅱ』, 2001, 417쪽; 이상윤, 『노동법』, 2007, 913쪽.

2) 임종률, 『노동법』, 2007, 606쪽, 심판과 조정 업무를 같이 함으로써 민사소송절차와 비교되며, 미국의 전국노사관계위원회(NIRB)가 부당노동행위 구제를 맡고 연방조정위원회(FMCS)가 조정업무를 맡는 미국과도 비교된다.

제 2 절 노동위원회의 종류

1. 의 의

1·가. 유 형

노동위원회에는 중앙노동위원회(이하 중노위라 한다.)·지방노동위원회(이하 지노위라 한다.) 및 특별노동위원회(이하 특별노위라 한다.)가 있다(노위법 §2①).

1·나. 성 격

노동위원회는 그 권한에 속하는 업무를 독립적으로 수행한다(노위법 §4①).

'독립적'이라 함은 관할 사건 처리에 있어 노동부, 다른 노동위원회 등으로부터 간섭을 받지 않는 것을 의미한다. 이를 위해 중노위 위원장은 정무직으로 하고(노위법 §9③), 위원의 신분은 보장된다(노위법 §13①).

1·다. 설 치

중노위 및 지노위는 노동부장관 소속이며, 지노위의 명칭·위치 및 관할구역은 대통령령으로 정한다(노위법 §2②). 특별노위는 특정 사항을 관장하는 중앙행정기관의 장 소속인데(노위법 §2③), 해양수산부 소속의 선원위원회를 예로 들 수 있다.

2. 업무관장

2·가. 중앙노동위원회

(1) 사건의 관할

중노위는 '지노위 및 특별노위의 처분에 대한 재심사건', '2 이상의 지노위의 관할 구역에 걸친 노동쟁의의 조정사건' 및 '다른 법률에 의하여 그 권한에 속하는 것으로 규정된 사건'을 관장한다(노위법 §3①).

중노위 위원장은 효율적인 노동쟁의의 조정을 위하여 필요하다고 인정하는 경우, '2 이상의 지노위의 관할구역에 걸친 노동쟁의의 조정사건' 대하여 특정 지노위를 지정하여 당해 사건을 처리하게 할 수 있다(노위법 §3④).

(2) 노사관계 업무

중노위 위원장은 노동부장관의 긴급조정 결정에 관해 의견을 제시한다(노조법 §76②).

중앙노동위원회는 긴급조정 및 중재의 권한(노조법 §78~§80)을 갖는다.

(3) 지시 및 규칙 제정권

중노위는 지노위 또는 특별노위에 대하여 '사무처리에 관한 기본방침 및 법령의 해석에 관하여 필요한 지시(노위법 §24)'를 하고, '운영 기타 필요한 사항에 관한 규칙을 제정(노위법 §25)'할 수 있다.

2·나. 지방노동위원회

지노위는 '당해 관할구역에서 발생하는 사건'을 관장하되, '2 이상의 관할구역에 걸친 사건 중 노동쟁의 조정을 제외한 사건'은 주된 사업장의 소재지를 관할하는 지노위에서 관장한다(노위법 §3②).

중노위 위원장은 주된 사업장을 정하기 어렵거나 주된 사업장의 소재지를 관할하는 지방노동위원회에서 처리하기 곤란한 사정이 있는 경우에는 직권으로 또는 관계 당사자나 지노위 위원장의 신청에 따라 지노위를 지정하여 당해 사건을 처리하게 할 수 있다(노위법 §3⑤).

2·다. 특별노동위원회

특별노위는 관계 법률이 정하는 바에 따라 그 설치 목적으로 규정된 특정사항에 관한 사건을 관장한다(노위법 §3③).

제3절 노동위원회의 조직

1. 위원회의 구성

1·가. 지방 및 중앙노동위원회

노동위원회는 근로자를 대표하는 근로자위원과 사용자를 대표하는 사용자위원 및 공익을 대표하는 공익위원으로 구성한다(노위법 §6①).

노동위원회의 위원의 수는 근로자위원·사용자위원은 각 10인 이상 50인 이하, 공익위원은 10인 이상 70인 이하의 범위 안에서 각 노동위원회의 업무량을 감안하여 대통령령으로 정하고 근로자위원과 사용자위원은 동수로 구성하도록 하고 있다(노위법 §6②).

1·나. 특별노동위원회

특별노위 위원의 수는 설치근거가 되는 법률에 따라 다르게 정할 수 있다.

2. 위 원

2·가. 위 촉

(1) 근로자위원과 사용자위원

근로자위원은 노동조합이 추천한 자 중에서 위촉하고, 사용자위원은 사용자단체에서 추천한 자 중에서 위촉하되, 중노위의 경우에는 노동부장관의 제청으로 대통령이, 지노위의 경우에는 지노위 위원장의 제청으로 중노위 위원장이 각각 위촉한다(노위법 §6③).

노동조합과 사용자단체가 추천하는 위원의 수는 각각 위촉될 근로자위원 및 사용자위원 수의 100분의 150 이상으로 한다(노위령 §4②).

(2) 공익위원

① 위촉절차

공익위원은 당해 노동위원회 위원장, 노동조합 및 사용자단체가 각각 추천한 자 중에서 노동조합과 사용자단체가 순차적으로 배제하고 남은 자를 위촉하고, 그 위촉대상 공익위원 중에서 중노위의 공익위원은 노동부장관의 제청으로 대통령이, 지노위의 공익위원은 지노위 위원장의 제청으로 중노위 위원장이 각각 위촉한다(노위법 §6④).

노동조합 또는 사용자단체가 공익위원의 추천 또는 추천된 공익위원을 순차적으로 배제하는 절차를 거부하는 경우에는 당해 노동위원회 위원장이 위촉대상 공익위원을 선정할 수 있다(노위법 §6⑤).

노동위원회의 전문성 제고와 차별시정사건을 담당하기 위하여 공익위원을 심판·차별시정·조정담당 공익위원으로 구분하여 위촉한다(노위법 §6⑥).

② 자 격

노위법(§8)은 노동위원회의 전문성을 확보하기 위하여 공익위원의 자격기준을 직접 규정하고 있다. 자격 기준은 중노위의 '심판·차별시정담당 공익위원[1]'과 '조정담당 공익위원'[2]으로 나뉘며, 다시 지노위의 '심판·차별시정담당 공익위원[3]'과 '조정담당 공익위원'[4]으로 구분하여 정하고 있다.

---

1) 가. 노동문제와 관련된 학문을 전공한 자로서 공인된 대학에서 부교수 이상으로 재직한 자, 나. 판사·검사·군법무관·변호사 또는 공인노무사의 직에 7년 이상 재직한 자, 다. 노동관계업무에 7년 이상 종사한 자로서 2급 또는 2급 상당 이상의 공무원이나 고위공무원단에 속하는 공무원으로 재직한 자, 라. 기타 노동관계업무에 15년 이상 종사하여 전문적 지식과 경험을 갖춘 자로서 심판담당 공익위원 또는 차별시정담당 공익위원으로 적합하다고 인정되는 자.

2) 가. 공인된 대학에서 부교수 이상으로 재직한 자, 나. 판사·검사·군법무관·변호사 또는 공인노무사의 직에 7년 이상 재직한 자, 다. 노동관계업무에 7년 이상 종사한 자로서 2급 또는 2급 상당 이상의 공무원이나 고위공무원단에 속하는 공무원으로 재직한 자, 라. 기타 노동관계업무에 15년 이상 종사한 자 또는 사회적 덕망이 있는 자로서 조정담당 공익위원으로 적합하다고 인정되는 자.

3) 가. 노동문제와 관련된 학문을 전공한 자로서 공인된 대학에서 조교수 이상으로 재직한 자, 나. 판사·검사·군법무관·변호사 또는 공인노무사의 직에 3년 이상 재직한 자, 다. 노동관계업무에 3년 이상 종사한 자로서 3급 또는 3급 상당 이상의 공무원이나 고위공무원단에 속하는 공무원으로 재직한 자, 라. 노동관계업무에 10년 이상 종사한 자로서 4급 또는 4급 상당 이상의 공무원으로 재직한 자, 마. 기타 노동관계업무에 10년 이상 종사하여 전문적 지식과 경험을 갖춘 자로서 심판담당 공익위원으로 적합하다고 인정되는 자.

4) 가. 공인된 대학에서 조교수 이상으로 재직한 자, 나. 판사·검사·군법무관·변호사 또는 공인노무사의 직에 3년 이상 재직한 자, 다. 노동관계업무에 3년 이상 종사한 자로서 3급 또는 3급 상당 이상의 공무원이나 고위공무원단에 속하는 공무원으로 재직한 자, 라. 노동관계업무에 10년 이상 종사한 자로서 4급 또는 4급 상당 이상의 공무원으로 재직한 자, 마. 기타 노동관계업무에 10년 이상 종사한 자 또는 사회적 덕망이 있는 자로서 조정담당 공익위원으로 적합하다고 인정되는 자.

2·나. 위원의 의무

노동위원회의 위원은 법과 양심에 따라 공정하고 성실하게 업무를 수행하여야 한다(노위법 §11의2①). 중노위는 노동위원회 위원이 업무를 수행하기 위하여 준수하여야 할 행위규범[1] 및 그 운영에 관련된 사항을 노동위원회 전원회의의 의결을 거쳐 정할 수 있다(노위법 §11의2②).

2·다. 위원의 대우

노동위원회의 위원 중 공무원이 아닌 위원은 형법 기타 법률에 의한 벌칙의 적용에 있어서 공무원으로 본다(노위법 §29).

공무원의 결격 사유(국가공무원법 §33)의 규정에 해당하는 자는 노동위원회 위원에 위촉될 수도 없고(노위법 §12), 이에 해당하게 된 경우와 '장기간의 심신쇠약으로 직무를 수행할 수 없는 경우', '직무와 관련된 비위사실 등이 있는 경우', 또는 '행위규범을 위반하여 위원으로서 직무를 수행하기 곤란한 경우' 외에는 그 의사에 반하여 면직 또는 해촉되지 않는다(노위법 §13).

노동위원회의 위원에 대하여는 그 직무수행을 위하여 필요한 수당과 여비를 지급할 수 있되, 공무원인 위원이 그 소관업무와 직접 관련하여 위원회에 출석하는 경우에는 그러하지 아니하며, 상임위원이 아닌 위원에 대한 수당은 출석한 일수에 의하여 지급하고, 여비는 공무원여비규정을 준용하여 지급한다(노위령 §8).

2·라. 위원의 임기

위원의 임기는 3년으로 하되, 연임할 수 있다(노위법 §7①). 위원이 궐위된 경우 보궐위원의 임기는 전임자의 잔임기간으로 하며, 위원장 또는 상임위원이 궐위되어 후임자를 임명한 경우 후임자의 임기는 새로이 개시된다(노위법 §7②). 위원은 그 임기가 만료된 경우 후임자가 위촉될 때까지 계속 그 직무를 집행한다(노위법 §7③).

---

1) 노위법 §11의2③, '노동위원회 위원의 업무수행과 관련하여 향응·금품 등을 받는 행위의 금지에 관한 사항', '노동위원회 위원이 관계 당사자 일방에 편파적이거나 사건처리를 방해하는 등 공정성 및 중립성을 훼손하는 행위의 금지·제한에 관한 사항', '부문별위원회 출석 등 성실한 업무수행과 관련된 사항', '그 밖에 노동위원회 위원의 품위유지 등을 위하여 필요한 사항.'

3. 위원회의 조직

3·가. 위원장

(1) 선임방법

노동위원회에 위원장 1인을 둔다(노위법 §9①). 중노위 위원장은 중노위의 공익위원 자격을 가진 자 중에서 노동부장관의 제청으로, 지노위 위원장은 지노위의 공익위원 자격을 가진 자 중에서 중노위 위원장의 추천과 노동부장관의 제청으로 대통령이 각각 임명한다(노위법 §9②).

중노위 위원장은 정무직으로 한다(노위법 §9③).

(2) 직 무

① 회 의

위원장은 당해 노동위원회를 대표하며 회무를 통리한다(노위법 §10①).

위원장이 불가피한 사유로 인하여 직무를 수행할 수 없는 때에는 상임위원(복수인 경우에는 위원장이 정하는 자), 상임위원이 없으면 공익위원 중 연장자 순으로 그 직무를 대행한다(노위법 §10② 및 노위령 §9).

위원장은 공익위원이 되며, 심판사건·차별시정사건과 조정사건을 담당할 수 있다(노위법 §9④).

② 위원 위촉

중노위 위원장은 지노위 위원장과 상임위원을 추천할 권한(노위법 §9② 및 §11①)과 지노위의 노·사·공익위원을 위촉할 권한(노위법 §6③ 및 ④)을 갖는다.

③ 행정관리

중노위 위원장은 중노위 및 지노위의 예산·인사·교육훈련 기타 행정사무를 총괄하며, 소속 공무원을 지휘·감독한다(노위법 §4②). 이러한 권한은 노동위원회의 독립성을 높이기 위해 부여된 행정사무의 총괄권으로 볼 수 있다.

중노위 위원장은 행정사무의 지휘·감독권의 일부를 대통령령이 정하는 바에 의하여 지노위 위원장에게 위임할 수 있다(노위법 §4③).

④ 기 타

중노위 위원장은 관장 업무에 대해 책임을 지고 수행한다.

3·나. 상임위원

노동위원회에 상임위원을 두며 상임위원은 당해 노동위원회의 공익위원 자격을 가진 자 중에서 중노위 위원장의 추천과 노동부장관의 제청으로 대통령이 임명한다. 상임위원은 공익위원이 되며, 심판사건과 조정사건·차별시정사건을 담당할 수 있다(노위법 §11① 및 ②).

심판·차별시정위원회에는 부득이한 사유가 없는 한 위원장 또는 상임위원 1인이 반드시 참여(노위법 §15③④⑥)하여야 하고, 부문별위원회에는 사건처리를 주관하는 주심위원을 둘 수 있다(노위법 §16의2).

3·다. 단독심판

노동위원회 위원장은 '신청기간을 넘기는 등 신청의 요건을 명백하게 갖추지 못한 경우'와 '관계 당사자 쌍방의 신청이 있거나 동의를 얻은 경우'에 심판담당 공익위원 또는 차별시정담당 공익위원 1인을 지명하여 사건을 처리하게 할 수 있다(노위법 §15의2).

3·라. 사무국

(1) 사무처와 사무국

중노위는 사무처를, 지노위에는 사무국을 둔다(노위법 §14①). 노동부장관은 사무처 또는 사무국 소속 직원을 노동부와 노동위원회 간에 전보할 경우 중노위 위원장의 의견을 들어야 한다(노위법 §14③).

중노위에는 사무처장 1인을 두며, 사무처장은 중앙노동위원회 상임위원 중 1인이 겸직하고, 중노위 위원장의 명을 받아 사무처의 사무를 처리하며 소속 직원을 지휘·감독한다(노위법 §14의2).

(2) 조사관

사무처와 사무국에 조사관을 둔다(노위법 §14의3①). 조사관은 위원장, 부문별위원회의 위원장 또는 주심위원의 지휘를 받아 노동위원회의 소관 사무 수행에 필요한 조사를 하고, 부문별위원회에 출석하여 의견을 진술할 수 있다(노위법 §14의3②).

조사관은 중노위 위원장이 노동위원회 사무처 또는 사무국 소속 공무원 중에서 임명하되, 그 임명·자격 등에 관하여 필요한 사항은 대통령령으로 정한다(노위법 §14의3③).

제4절 노동위원회의 회의

1. 회의의 종류와 업무

1·가. 법적 근거

노동위원회에는 전원회의 외에 그 권한에 속하는 업무를 부문별로 처리하기 위하여 다른 법률에 특별한 규정이 있는 경우를 제외하고는 심판위원회·조정위원회·특별조정위원회·중재위원회 및 교원노동관계조정위원회를 둔다(노위법 §15①).

1·나. 전원회의

전원회의는 당해 노동위원회 소속위원 전원으로 구성한다(노위법 §15②).

전원회의는 '노동위원회의 운영 등 일반적인 사항의 결정(지노위, 중노위)', '근로조건의 개선에 관한 권고(지노위, 중노위)', '지노위·특별노위에 대하여 노동위원회의 사무처리에 관한 기본방침 및 법령의 해석에 관하여 내리는 지시(중노위)' 및 '중노위·지노위·특별노위의 운영 기타 필요한 사항에 관한 규칙제정' 사항을 처리한다(노위법 §15②).

1·다. 부문별 위원회

(1) 심판위원회

심판위원회는 심판담당 공익위원(위원장 또는 상임위원을 포함)중 위원장이 지명하는 3인으로 구성하며, 노조법·근기법·근참법 기타 법령의 규정에 의하여 노동위원회의 판정·의결·승인·인정 등을 받도록 규정된 사항을 처리한다(노위법 §15③).

(2) 차별시정위원회

차별시정위원회는 차별시정담당 공익위원(위원장 및 상임위원 포함) 중 위원장이 지명하는 3인으로 구성한다(노위법 §15④). 다만, 위원장은 부득이한 사유가 있는 경우에는 심판담당 공익위원 중에서 차별시정위원회의 위원을 지명할 수 있다(노위법 §15⑦).

차별시정위원회는 기단법 및 파견법에 의한 차별시정과 관련된 사항을 처리한다(노위법 §15④).

(3) 조정위원회

① 구 성

조정위원회는 조정위원 3인으로 구성한다(노조법 §55②).

조정위원은 당해 노동위원회의 위원 중에서 사용자를 대표하는 자, 근로자를 대표하는 자 및 공익을 대표하는 자 각 1인을 그 노동위원회의 위원장이 지명하되, 근로자를 대표하는 조정위원은 사용자가, 사용자를 대표하는 조정위원은 노동조합이 각각 추천하는 노동위원회의 위원 중에서 지명하여야 한다. 다만, 조정위원회의 회의 3일 전까지 관계 당사자가 추천하는 위원의 명단 제출이 없을 때에는 당해 위원을 위원장이 따로 지명할 수 있다(노조법 §55③).

노동위원회의 위원장은 근로자를 대표하는 위원 또는 사용자를 대표하는 위원의 불참 등으로 인하여 조정위원회의 구성이 어려운 경우, 노동위원회의 공익을 대표하는 위원 중에서 3인을 조정위원으로 지명할 수 있다. 다만, 관계 당사자 쌍방의 합의로 선정한 노동위원회의 위원이 있는 경우에는 그 위원을 조정위원으로 지명한다(노조법 §55④).

조정위원회 위원장은 공익을 대표하는 조정위원이 된다. 다만, 공익위원만으로 구성된 경우에는 조정위원 중에서 호선한다(노조법 §56).

② 업 무

조정위원회는 재해보상의 심사와 중재(근기법 §89), 노동쟁의의 조정(노조법 §53), 조정안의 해석·이행방법에 관한 견해의 제시(노조법 §60③), 긴급조정의 조정(노조법 §78) 등을 담당한다.

(4) 중재위원회

중재위원회는 중재위원 3인으로 구성하고(노조법 §64②), 중재위원회 위원장은 중재위원 중에서 호선한다(노조법 §65). 중재위원은 당해 노동위원회의 공익을 대표하는 위원 중에서 관계 당사자의 합의로 선정된 자에 대하여 그 노동위원회의 위원장이 지명한다. 다만, 당사자 간에 합의가 이루어지지 않으면 노동위원회의 공익을 대표하는 위원 중에서 지명한다(노조법 §64③).

중재위원회는 노동위원회의 중재(노조법 제5장 제3절), 중재재정의 해석·이행방법에 관한 해석(노조법 §60③), 긴급조정의 중재(노조법 §80) 등을 담당한다.

(5) 공무원노동관계조정위원회

공무원노동관계조정위원회 위원회는 공무원노동관계의 조정·중재를 전담하는 7인 이내의 공익위원으로 구성한다(공노법 §14②). 공익위원은 공무원 문제 또는 노동 문제에 관한 지식과 경험을 갖춘 자 또는 사회적 덕망이 있는 자 중에서 중앙노동위원회 위원장의 추천과 노동부장관의 제청으로 대통령이 위촉한다.

공무원노동관계조정위원회는 공노법에 따라 설치·구성하며, 동법의 규정에 의한 조정·중재 그 밖의 이와 관련된 사항을 처리한다(노위법 §15⑨).

(6) 교원노동관계조정위원회

교원노동관계조정위원회 중앙노동위원회 위원장이 지명하는 조정담당 공익위원 3인으로 구성한다. 다만, 관계 당사자의 합의로 중앙노동위원회의 조정담당 공익위원이 아닌 자를 추천하는 경우에는 그 추천된 자를 지명하여야 한다(교노법 §11②). 교원노동관계조정위원회의 위원장은 위원회의 위원 중에서 호선한다(교노법 §11③).

교원노동관계조정위원회는 교노법 규정에 의한 조정·중재 기타 이와 관련된 사항을 처리한다(노위법 §15⑧).

2. 회의의 소집

2·가. 소집방법

노동위원회 위원장은 전원회의의 의장이 되며, 부문별위원회 위원장은 다른 법률에 특별한 규정이 있는 경우를 제외하고는 부문별위원회의 위원 중에서 호선하고 당해 부문별위원회의 의장이 된다(노위법 §16①).

노동위원회 위원장 또는 부문별위원회 위원장은 전원회의 또는 부문별위원회를 각각 소집한다. 다만, 노동위원회 위원장은 필요하다고 인정하는 경우에는 부문별위원회를 소집할 수 있다(노위법 §16②).

노동위원회 위원장 및 부문별위원회 위원장은 전원회의 또는 부문별위원회를 구성하는 위원 과반수가 회의의 소집을 요구한 때에는 이에 응하여야 한다(노위법 §16③).

2·나. 주심위원

부문별위원회 위원장은 부문별위원회의 원활한 운영을 위하여 필요하다고 인정하는 경우에는 주심위원을 지명하여 사건의 처리를 주관하도록 할 수 있다(노위법 §16의2).

3. 화해의 권고

노동위원회는 부당노동행위 및 부당해고의 구제신청에 대해 판정·명령 또는 결정이 있기 전까지 관계 당사자의 신청 또는 직권에 의하여 화해를 권고하거나 화해안을 제시할 수 있으며, 화해안을 작성함에 있어서 관계 당사자의 의견을 충분히 들어야 한다(노위법 §16의3① 및 ②).

노동위원회는 관계 당사자가 화해안을 수락한 때에는 화해조서를 작성하여야 하며, 화해조서에는 관계 당사자와 화해에 관여한 위원 전원이 서명 또는 날인하여야 하고, 이에 따라 작성된 화해조서는 「민사소송법」에 따른 재판상 화해의 효력을 갖는다(노위법 §16의3③ 및 ④).

4. 회의의 의결

4·가. 전원회의

전원회의는 재적위원 과반수의 출석으로 개의하고, 출석위원 과반수의 찬성으로 의결한다(노위법 §17①).

4·나. 부문별위원회

부문별위원회의 회의는 구성원 전원의 출석으로 개의하고, 출석위원 과반수의 찬성으로 의결한다(노위법 §17②). 특히 공무원노동관계조정위원회의 전원회의는 재적위원 과반수의 출석으로 개의하고 출석위원 과반수의 찬성으로 의결한다(노위법 §17③).

4·다. 의결결과의 처리

회의에 참여한 위원은 그 의결사항에 서명·날인하여야 한다(노위법 §17④).

노동위원회는 부문별위원회의 의결 결과를 지체 없이 당사자에게 통보하여야 한다(노위법 §17의2①).

노동위원회는 그 처분에 관하여 당사자에게 서면으로 통지하여야 하며, 처분의 효력은 명령서·결정서 또는 재심판정서를 받은 날부터 발생한다(노위법 §17의2②).

5. 회의 진행

5·가. 보고 및 의견청취

노동위원회 위원장 또는 부문별위원회 위원장은 소관회의에 부의된 사항에 관하여 구성위원 또는 조사관으로 하여금 회의에 보고하도록 할 수 있다(노위법 §18①).

심판위원회·차별시정위원회는 의결하기 전에 당해 노동위원회의 근로자위원 및 사용자위원 각 1인 이상의 의견을 들어야 한다. 다만, 근로자위원 또는 사용자위원이 출석요구를 받고 정당한 이유 없이 출석하지 아니하는 경우에는 그러하지 아니하다(노위법 §18②).

5·나. 회의의 공개와 질서유지

노동위원회의 회의는 공개한다. 다만, 당해 회의의 결의에 의하여 공개하지 아니할 수 있다(노위법 §19).

노동위원회 위원장 또는 부문별위원회 위원장은 소관회의의 공정한 진행을 방해하거나 질서를 문란하게 하는 자에 대하여는 퇴장명령 그 밖에 질서유지에 필요한 조치를 취할 수 있다(노위법 §20).

5·다. 위원의 제척 · 기피

위원은 자기와 직접 이해관계에 있는 사항[1]에 대하여는 당해 사건에 관한 직무집행에서 제척된다(노위법 §21①). 위원장은 제척사유가 있는 때에는 직권 또는 당사자의 신청에 따라 제척의 결정을 하여야 한다(노위법 §21②).

당사자는 심의·의결 또는 조정의 공정을 기대하기 어려운 위원이 있을 경우에는 위원장에게 그 사유를 적어 기피 신청을 할 수 있다(노위법 §21③). 위원장은 기피 신청이 이유 있다고 인정되면 그 위원을 교체하여야 하며(노위법 §21④), 위원장은 사건이 접수되는 즉시 제척신청 또는 기피 신청을 할 수 있음을 사건 당사자에게 알려야 한다(노위법 §21⑤).

---

1) '위원 또는 그 배우자나 배우자이었던 자가 당해 사건의 당사자가 되거나 당해 사건의 당사자와 공동권리자 또는 의무자의 관계에 있는 경우', '위원이 당해 사건의 당사자와 「민법」 제777조의 규정에 따른 친족의 관계에 있거나 있었던 경우', '위원이 당해 사건에 관하여 진술이나 감정을 한 경우', '위원이 당해 사건에 관하여 당사자의 대리인으로서 관여하거나 관여하였던 경우', '위원이 당해 사건의 원인이 된 처분 또는 부작위에 관여한 경우.'

제5절 노동위원회의 권한과 의무

1. 권 한

1·가. 판정적 권한

노동위원회는 판정적 권한으로는 우선, 심판위원회의 업무가 대표적이다.

다음으로, 노조법상의 권한으로는 '노동조합의 임시총회·임시대의원회 소집권자 지명승인권(노조법 §18③)', '조합규약의 변경·보완명령에 대한 심사·의결권(노조법 §21①)', '조합결의와 처분시정명령에 대한 심사·의결권(노조법 §21②)', '휴면노조의 해산의결권(노조법 §28)', '위법한 단체협약의 시정(노조법 §31③)', '단체협약의 해석 또는 이행방법에 관한 견해 제시권(노조법 §34)', '단체협약의 지역적 구속력 부여 의결권(노조법 §36)', '쟁의행위중지명령 승인권(노조법 §42③)', '부당노동행위에 대한 판정권·구제명령권(노조법 §82~§86)'이 있다.

셋째로, 근기법상의 권한으로는 '근로조건 위반으로 인한 손해배상청구 심사권(근기법 §19②)', '부당해고 등에 대한 구제명령권(근기법 §28~ §33)', '기준미달의 휴업수당 지급 승인권(근기법 §46②)', '휴업보상, 장해보상의 예외가 되는 과실성 인정권(근기법 §81)', '노동부장관의 재해보상 심사·중재 결정 불복에 대한 심사 또는 중재권(근기법 §89)' 등이 있다.

넷째로, 기단법상의 권한으로는 '차별적 처우 심사 판정권(기단법 §12)'이 있다.

1·나. 조정적 권한

조정적 권한이란 주로 노동쟁의에 대한 조정·중재·긴급조정 등의 권한을 말한다.

조정적 권한으로는 이 밖에도 '노동부장관의 재해보상 심사·중재 결정 불복에 대한 심사 또는 중재권(근기법 §89)', '노동쟁의의 조정, 중재 및 긴급조정권(노조법 §53~§80)', '단체협약의 해석·이행방법에 대한 견해 제시권(노조법 §34)', '차별적 처우에 대한 조정·중재권(기단법 §12)', '노사협의회 의결 사항에 대한 임의중재권(근참법 §24)', '교원노조·공무원노조의 단체교섭 결렬 후 조정·중재권(교노법 §9 및 공노법 §12)' 등이 있다.

1·다. 정책 · 행정적 권한

정책·행정적 권한으로는 '관계 행정기관에 근로조건의 개선권고권(노위법 §22②)', '긴급조정결정시의 노동부장관에 대한 의견제시권(노조법 §76②)', '사무집행을 위해 관계 행정기관에 대한 협조요청권(노위법 §22①)' 등이 있다.

1·라. 업무상 권한

(1) 조사권

노동위원회는 그 사무집행을 위하여 필요하다고 인정할 때에는, 사용자·사용자단체·노동조합 기타 관계인에 대하여 출석·보고 또는 필요한 서류의 제출을 요구하거나, 위원장 또는 부문별위원회 위원장이 지명한 위원 또는 직원으로 하여금 사업 또는 사업장의 업무상황·서류 기타 물건을 조사하게 할 수 있다(노위법 §23①).

(2) 보고 및 출석요구권

사용자 또는 근로자는 이 법의 시행에 관하여 노동부장관·노동위원회 또는 근로감독관의 요구가 있는 경우에는 지체 없이 필요한 사항에 대하여 보고 또는 출석하여야 한다(근기법 §13).

(3) 직장폐쇄 신고 접수권

사용자는 직장폐쇄를 할 경우에는 미리 행정관청 및 노동위원회에 각각 신고하여야 한다(노조법 §46②).

1·마. 중앙노동위원회의 특별권한

중노위회의 권한을 관련법에 따라 정리하면 다음과 같다.

우선 노동위원회법상 권한으로, '지노위 또는 특별노위 처분에 대한 재심권

(노위법 §26)', '2 이상의 지노위 관할에 걸친 노동쟁의조정사건 담당권(노위법 §3)', '사무처리 및 법령해석에 관한 지시권(노위법 §24)', '규칙제정권(노위법 §25)' 등을 갖는다.

다음으로, 노조법상 권한으로 '긴급조정시의 노동부장관에 대한 의견제시권(노조법 §76②)', '임의 중재권 및 긴급조정 중재권(노조법 §80)', '부당노동행위에 대한 긴급이행명령 신청권(노조법 §85⑤)', '교원의 노동쟁의 조정 및 중재권(교노법 §9 및 §10)', '공무원의 노동쟁의 조정 및 중재권(공노법 §12 및 §13).

1·바. 중앙노동위원회의 처분에 대한 소

중노위의 처분에 대한 소는 중노위 위원장을 피고로 하여 처분의 통지를 받은 날로부터 15일 이내에 이를 제기하여야 한다(노위법 §27①). 이 기간은 불변기간이며(노위법 §27③), 소의 제기로 처분의 효력은 정지하지 아니한다(노위법 §27②).

2. 의 무

2·가. 비밀준수의 의무

노동위원회의 '위원이나 직원' 또는 '위원이나 직원이었던 자'는 그 직무에 관하여 지득한 비밀을 누설하여서는 아니된다(노위법 §28).

2·나. 벌칙에 있어 공무원 의제

노동위원회의 위원 중 공무원이 아닌 위원은 형벌 기타 법률에 의한 벌칙의 적용에 있어 공무원으로 본다(노위법 §29).

제11장

근로자 참여 및 협력증진

제1절 총 설

제 2 절 우리나라의 노사협의제도

제1절 총 설

1. 노사협의제도의 의의

1·가. 개 념

노사협의제란 단체교섭과는 다른 방법으로 사업 또는 사업장 차원에서 근로자 대표와 사용자가 일정한 사항에 대해 협의하거나 공동으로 결정하는 제도를 말한다.

1·나. 단체교섭과 비교

노사협의는 사용자의 의사결정 과정에 근로자가 참여한다는 점에서 겉으로는 단체교섭과 유사한 기능을 갖는다. 그러나 이 둘은 주체, 수단, 대상 등에서 구별된다.

먼저, 단체교섭은 노동조합이 주체이고 노사협의는 이와 별도로 종업원 대표가 맡는다. 그러나 실제에 있어서는 많은 경우 조합원이 종업원 대표가 된다. 우리도 노동조합의 참여를 허용하고 있다.

다음으로, 단체교섭은 쟁의행위를 통해 합의를 강요할 수 있다. 그러나 노사협의는 그러한 수단을 못 가짐으로써 의견불일치를 조정할 수 있는 제도적 보장이 약하다. 이를 보완하기 위해 우리 법은 '당사자 합의에 의한 요구'를 전제로 한 중재제도를 두고 있다.

셋째로, 단체교섭은 근로조건 즉 이해가 대립되는 사항을, 노사협의는 경영과 생산 즉 이해가 공통되는 사항을 다룬다는 노사관계 이원론이 전통적이다. 이러한 견해[1)]에 기반을 두면 노사협의제도는 협동적 노사관계라고 하는 영역을 구축하게 된다. 노사관계 이원론은 산업별·직종별 노조 아래서 역할 분담

1) 김형배, 『노동법』, 2007, 985쪽 이하.

의 개념으로 발전해왔다. 그러나 근로조건에 관한 사항과 경영에 관한 사항이 명확하게 구분이 안 된다는 점,[1] 기업별 노조 체계 등을 감안할 때 이원적 분류는 현실성이 적다. 노조법(§47 및 §48)도 근로조건 외에 기타 노동관계, 그리고 노사협의도 쟁의 조정의 대상이 됨을 밝히고 있으며, "노동조합의 단체교섭은 노사협의회의 영향을 받아서는 안된다(근참법 §5)"고 함으로써 단체교섭 우위의 입장에서 이원적 구분론을 배제하고 있다.[2]

2. 노사협의제도의 연원

노사협의제도는 나라와 시대에 따라 다양한 모습으로 발전되어 왔다.

먼저, 노동운동의 특징 속에서 노사협의제도가 발전하였다. 산업별 또는 직종별 노동조합 체제는 기업의 실정에 맞게 근로조건을 향상시키는 데 한계를 갖는다. 따라서 보완적인 방안으로 기업단위에서 단체교섭과는 다른 창구를 통해 근로자의 지위를 향상시키려는 제도가 마련되었다. 유럽에서 그 예를 찾을 수 있다.

다음으로, 전쟁과 같은 국가 위기를 겪으면서 근로자측의 협조를 구하는 국가적 요청에서 노동조합이 경제적 조합주의로 전환되는 한편 노사협의제가 강조되었다. 미국이나 영국의 경험에서 그 예를 찾을 수 있다

셋째로, 기업 및 국가의 경쟁력을 높이기 위해 투쟁적 노사관계보다는 협조적 노사관계의 필요성이 강조되면서 노사협의제도가 발전하였다. 우리나라와 일본이 그러한 예에 속한다.

3. 노사협의제도의 유형

3·가. 경제적 참여제도

근로자가 개별적 차원에서 기업의 이익 배분 구조에 참여하는 제도이다. 경영 방침이나 근로자 지위에 대한 의사소통 구조가 따로 마련되어 있지 않다.

---

1) 일본은 노사협의회가 단체교섭 예비단계의 역할을 하거나, 단체교섭을 대체하는 역할을 하거나, 단체협약과는 별개로 경영참가만 하는 등 그 형태가 다양하다(임종률, 『노동법』, 2007, 598쪽).

2) 김유성, 『노동법Ⅱ』, 2001, 432쪽.

종업원지주제와 같은 자본참가제나 성과배분과 같은 이윤참가제가 여기에 해당된다.

3·나. 경영협의제도

근로자가 조직적 차원에서 사용자와 협의하여 근로자의 복리 증진과 생산성 향상이라는 공동이익을 추구하는 제도이다.

이 제도는 협의의 정도에 따라 몇 가지로 분류된다. 먼저, 정보를 교환하고 평가나 대책은 각자가 결정하는 '정보교환방식'이 있다. 다음으로, 노사는 상대방에게 평가나 대책까지 포함된 의견을 전달하나 결정에는 관여하지 않는 '자문방식'이 있다. 셋째로, 노사가 대책에 대해 협의하되 결정은 사용자가 하는 '공동협의방식'이 있다. 한편, 노사가 대책을 공동으로 결정하는 '공동결정방식'이 있으나 이는 경영협의제도를 넘어선 것으로 따로 설명한다.

우리의 노사협의제도가 여기에 가깝다. 독일의 경영조직법에 의한 경영협의회는 근로자만의 회의체로서 경제적 사항에 대해 이러한 기능을 갖는다.

3·다. 경영참여제도

근로자 대표가 기업의 주주총회, 이사회 등의 의사결정 구조에 참여하되 사용자와 동등한 지분이 보장되지 않는 단계이다.

자본가의 주주총회 외에 근로자들의 주주총회를 인정하는 프랑스를 예로 들 수 있다.[1] 감사회에 근로자들이 참여케 하는 독일의 공동결정법도 그러한 예이다.

3·라. 공동결정제도

근로자 대표가 기업의 의사결정 구조에 사용자와 대등한 지분을 가지고 참여하는 제도이다. 경영 전반에 관해 공동 결정하는 노사협의제도는 발견하기 어렵다. 독일의 경영조직법에 의한 경영협의회가 사회적 사항에 대해 공동결정권을, 인사적 사항에 대해서는 공동결정권 또는 동의권·제안권을 경제적 사항에 대해서는 협의권을 갖는 데서 그 예를 찾을 수 있다.

---

1) 임종률, 『노동법』, 2007, 597쪽.

제 2절 우리나라의 노사협의제도

1. 법적 근거

우리나라는 1963년의 「노동조합법」에서 노사협의회의 설치를 강제하였다. 1980년에는 「노사협의회법」을 제정하여 일정한 사항의 보고와 협의를 의무화하는 경영협의의 요소를 추가하였다. 1997년에 제정된「근로자참여 및 협력증진에 관한 법률(이하 근참법이라 한다)」은 일정한 사항에 대해 의결을 의무화함으로써 경영참가의 요소를 강화하였다.

근참법은 근로자와 사용자 쌍방이 참여와 협력을 통하여 노사공동의 이익을 증진함으로써 산업평화를 도모하고 국민경제발전에 이바지함(근참법 §1)을 목적으로 하는 법이다.

2. 근로자와 사용자

근참법이 적용되는 근로자는 근기법상 근로자와 동일하다(근참법 §3,제2호). 따라서 직업의 종류를 불문하고 사업 또는 사업장에서 임금을 목적으로 근로를 제공하는 자를 말한다(근기법 §2,제1호). 이때 해고의 효력을 다투는 자는 근로계약관계에 있지 않기 때문에 근로자위원이 될 수 없다.

사용자도 근기법상 사용자와 동일하다(근참법 §3,제3호). 따라서 사업주 또는 사업경영담당자 기타 근로자에 관한 사항에 대하여 사업주를 위하여 행위하는 자를 말한다(근기법 §2,제2호).

3. 특 징

우리나라의 노사협의제도의 특징은 몇 가지로 정리할 수 있다.

먼저, 법령에 의하여 사업 또는 사업장 단위로 그 설치와 운영이 강제된다.

즉 노사협의회는 근로조건의 결정권이 있는 사업 또는 사업장으로서 30인 이상 고용하는 경우에는 의무적으로 설치하여야 한다(근참법 §4①, 근참령 §2②).

다음으로, 협의체 방식을 취하고 있다. 즉 종업원만으로 구성되는 독일의 종업원평의회와는 달리 노사협의회를 동수로 구성토록 하고 있다.

셋째로, 노사공동 이익을 추구하는 협의회를 운영하면서 근로자들에게 결정권을 주지 않는 경영협의적 성격을 가지고 있다(근참법 §19,§20,§21).

넷째로, 노동조합이 관여하면서 기능적으로는 분리하는 체계를 취하고 있다. 즉, 근로자의 과반수로 조직된 노동조합에게 근로자위원의 위촉권을 주고 있다(근참법 §6조②).

다섯째로, 임무를 보고사항, 협의사항 외에 의결사항을 포함시킴으로써 경영참가적 요소를 포함하고 있다.

여섯째로, 노사협의회의 조직과 운영에 관해서는 행정지도와 감독을 할 수 있도록 하고 있다(근참법 §11).

4. 노사협의회의 설치 및 구성

4·가. 노사협의회의 개념

노사협의회(이하 협의회라 한다)라 함은 근로자와 사용자가 참여와 협력을 통하여 근로자의 복지증진과 기업의 건전한 발전을 도모함을 목적으로 구성하는 협의기구를 말한다(근참법 §3,제1호).

4·나. 설치의무

협의회는 근로조건의 결정권이 있는 사업 또는 사업장 단위로 설치되어야 하나, '상시 30인 미만의 근로자를 사용하는 사업 또는 사업장'은 그러한 의무가 없으므로(근참법 §4①), 임의적 설치 대상으로 보아야 할 것이다.

하나의 사업에 지역을 달리하는 사업장이 있을 경우에는 그 사업장에도 협의회를 설치할 수 있다(근참법 §4②). 나아가서 하나의 사업에 종사하는 전체 근로자 수가 30인 이상일 경우에는 당해 근로자가 지역별로 분산되어 있더라도 그 주된 사무소에 협의회를 설치하여야 한다(근참령 §2②).

4·다. 구 성

(1) 노사동수의 원칙

협의회는 근로자와 사용자를 대표하는 동수의 위원으로 구성하되, 각 3인 이상 10인 이내로 한다(근참법 §6①).

(2) 위원의 선출

① 근로자위원

근로자위원은 근로자가 선출하되, 근로자의 과반수로 조직된 노동조합이 있는 경우에는 노동조합의 대표자와 그 노동조합이 위촉하는 자로 한다(근참법 §6②).

선출하는 경우에는 근로자의 직접·비밀·무기명투표에 의한다. 사업 또는 사업의 특수성으로 인하여 부득이하다고 인정되는 경우에는 작업부서별로 선출할 수 있다(근참령 §3①).

② 사용자위원

사용자위원은 당해 사업 또는 사업장의 대표자와 그 대표자가 위촉하는 자로 한다(근참법 §6③).

(3) 위원의 임기

위원의 임기는 3년으로 하되 연임할 수 있고, 보궐위원의 임기는 전임자의 잔여기간으로 하며, 임기가 만료된 경우라도 그 후임자가 선출될 때까지 계속 그 직무를 담당한다(근참법 §8).

(4) 위원의 지위

위원은 비상임·무보수로 하고, 사용자는 협의회 위원으로서의 직무수행과 관련하여 근로자위원에게 불이익한 처분을 하여서는 아니 되며, 협의회 참석에 소요되는 시간에 대하여는 근로한 것으로 본다(근참법 §9).

(5) 의장 및 간사

협의회의 의장은 위원 중에서 호선하며, 근로자위원과 사용자위원 중 각 1인을 공동의장으로 할 수 있고, 노사 쌍방은 간사 각 1인을 둔다(근참법 §7).

(6) 사용자의 의무와 시정명령

사용자는 근로자 위원의 선출에 개입하거나 방해하여서는 아니되며, 근로자 위원의 업무를 위하여 장소 사용 등 기본적 편의를 제공하여야 한다(근참법 §10). '근로자 위원에 대한 불이익 취급', '선출 개입'에 대해서는 행정관청이 시정명령을 내릴 수 있다(근참법 §11).

5. 노사협의회의 운영

5·가. 회의의 운영

협의회는 3개월마다 정기회의를 개최하여야 하고 필요에 따라 임시회의를 개최할 수 있다(근참법 §12).

5·나. 회의소집과 진행

의장은 협의회의 회의를 소집하여 그 의장이 되고, 노사일방의 대표자가 회의의 목적 사항을 문서로 명시하여 회의의 소집을 요구한 때에는 이에 응하여야 하며, 회의개최 7일 전에 회의일시·장소·의제 등을 각 위원에게 통보하여야 한다(근참법 §13).

협의회의 회의는 공개한다. 다만, 협의회의 의결에 의하여 공개하지 아니할 수 있다(근참법 §15).

협의회의 위원은 협의회에서 지득한 비밀을 누설하여서는 아니된다(근참법 §16).

5·다. 정족수

회의는 근로자위원과 사용자위원의 각 과반수의 출석으로 개의하고 출석위원 3분의 2 이상의 찬성으로 의결한다(근참법 §14).

근로자위원은 의제 중 협의사항 및 의결사항과 관련된 자료를 협의회 회의 개최 전에 사용자에게 요구할 수 있으며 사용자는 이에 성실히 응하여야 한다. 다만, 그 요구 자료가 기업의 경영·영업상의 비밀 또는 개인정보에 해당하는 경우에는 그러하지 아니하다(근참법 §13의2).

5·라. 행정 관리

협의회는 개최일시 및 장소, 출석위원, 협의내용 및 합의사항, 기타 토의사항을 기록한 회의록을 작성·비치하여야 한다(근참법 §18).

회의록은 출석위원 전원이 서명·날인하여야 한다(근참령 §6).

협의회는 그 조직과 운영에 관한 규정을 제정하고 이를 협의회의 설치일로부터 15일 이내에 노동부장관에게 제출하여야 한다. 이를 변경한 경우에도 또한 같다(근참법 §17).

6. 노사협의회의 임무

6·가. 보고사항

사용자는 정기회의에 주로 경영·생산·인력 계획을 대상으로 하는 '보고의무사항'[1]을 성실하게 보고하고 설명하여야 하고(근참법 §21①), 이를 이행하지 않으면 근로자는 보고의무 사항과 관련된 자료를 요구할 수 있으며, 사용자는 이에 성실히 응해야 한다(근참법 §21③). 자료를 제출하지 않으면 500만원 이하의 벌금이 부과될 수 있다(근참법 §31).

근로자는 요구사항을 협의회에 보고하고 설명할 수 있다(근참법 §21②).

6·나. 협의사항

협의회가 협의해야 할 사항[2]은 근참법(§19)에 명시되어 있다. 협의사항은 인력의 배치 운영에 관한 사항, 생산성에 관한 사항, 산업안전에 관한 사항, 복지에 관한 사항 등이 주로 포함되어 있다.

경영상 해고나 임금지급 방법처럼 근로조건에 관한 사항이 일부 포함되어

---

1) 경영계획 전반 및 실적에 관한 사항, 분기별 생산계획과 실적에 관한 사항, 인력계획에 관한 사항, 기업의 경제적·재정적 사항.

2) 생산성 향상과 성과배분, 근로자의 채용·배치 및 교육훈련, 노동쟁의의 예방, 근로자의 고충처리, 안전·보건·기타 작업환경개선과 근로자의 건강증진, 인사·노무관리의 제도개선, 경영상 또는 기술상의 사정으로 인한 인력의 배치전환·재훈련·해고 등 고용조정의 일반원칙, 작업 및 휴게시간의 운용, 임금의 지불방법·체계·구조 등의 제도개선, 신기술 도입 또는 작업공정개선, 작업수칙의 제정 또는 개정, 종업원지주제 기타 근로자의 재산형성에 관한 지원, 직무발명 등과 관련하여 당해 근로자에 대한 보상에 관한 사항, 근로자의 복지증진, 사업장 내 근로자 감시설비의 설치, 그 밖의 노사협조에 관한 사항.

있으나 원칙적으로 근로시간, 임금 수준 등 직접적인 근로조건은 포함되어 있지 않다.

한편, 노동쟁의의 예방에 관한 사항도 여기에 포함되어 있었으나 2007년부터 제외되었다.

협의사항에 대해 실효성을 보장할 수 있는 제도는 마련되어 있지 않다.

한편, 근참법은 합의까지 요구하고 있지 않으나 당사자가 원하는 경우 의결할 수도 있다.

6·다. 의결사항

(1) 내 용

근참법(§20)은 교육과 복지사항을 의결사항[1])으로 규정하고 있다.

협의회는 의결된 사항을 신속히 근로자에게 공지시켜야 한다(근참법 §22).

사용자는 협의회에서 의결된 사항을 성실하게 이행하여야 하며(근참법 §23), 이를 이행하지 아니한 경우에는 1천만원 이하의 벌금이 부과될 수 있다(근참법 §30, 제2호). 다만, 의결사항을 서면화하거나 효력 및 이행방법에 관한 규정은 마련되어 있지 않다.

(2) 임의중재

협의회는 '의결사항에 대하여 의결하지 못한 경우'와 '의결된 사항의 해석 또는 이행방법 등에 관하여 의견의 불일치가 있는 경우'에 근로자위원과 사용자위원의 합의에 의하여 협의회에 중재기구를 두어 해결하거나 노동위원회 또는 제3자에 의한 중재를 받을 수 있다(근참법 §24①).

중재결정이 있는 때에는 협의회의 의결을 거친 것으로 보며 근로자와 사용자는 이에 따라야 하며(근참법 §24②). 정당한 이유없이 이행하지 아니하면 1천만원 이하의 벌금이 부과될 수 있다(근참법 §30,제3호).

---

1) 근로자의 교육훈련 및 능력개발기본계획의 수립, 복지시설의 설치와 관리, 사내 근로복지기금의 설치, 고충처리위원회에서 해결되지 아니한 사항, 각종 노사공동위원회의 설치.

7. 고충처리

7·가. 의 의

고충이란 근로자의 근로환경이나 근로조건에 관한 개별적인 불만 또는 애로를 말한다. 개별 근로자가 가지는 불만이라는 점에서 집단성을 지니는 노동쟁의와 구별된다.

기업내 근로자 개인의 고충에 대하여는 노사가 자주적 협의를 통해 해결함이 원칙이다.

근참법은 고충처리가 활발히 이루어지도록 사업장마다 고충처리위원을 두도록 하고 그 처리절차를 규정하고 있다.

고충처리제도는 근로자들의 불만이 쌓여 노동쟁의의 요인이 되는 것을 사전에 예방하고 노사합의로 고충을 해결함으로써 노사의 협력관계를 증진시키는데 목적이 있다.

7·나. 고충처리위원

상시 30인 이상의 근로자를 사용하는 모든 사업 또는 사업장에서는 근로자의 고충을 청취하고 이를 처리하기 위하여 고충처리위원을 두어야 한다(근참법 §25조).

고충처리위원은 노사를 대표하는 3인 이내의 위원으로 구성하되, 노사협의회가 설치되어 있는 사업 또는 사업장의 경우에는 노사협의회가 그 위원 중에서 선임하고, 노사협의회가 설치되어 있지 않은 사업 또는 사업장의 경우에는 사용자가 위촉한다(근참법 §26①).

고충처리위원의 임기에 관하여는 노사협의회 위원과 동일한 규정이 준용되어 3년으로 하되, 연임할 수 있다(근참법 §26②).

고충처리위원은 비상임·무보수로 하고, 사용자는 고충처리위원으로서의 직무수행과 관련하여 고충처리위원에게 불이익한 처분을 하여서는 아니되며, 고충처리위원의 협의 및 고충처리에 소요되는 시간에 대해서는 이를 근로한 것으로 본다(근참령 §9).

7·다. 고충처리절차

근로자가 고충사항이 있을 때에는 고충처리위원에게 구두 또는 서면으로 신고하고, 신고를 접수한 고충처리위원은 이를 지체 없이 처리하여야 한다(근참령 §8). 고충처리위원이 처리하기 곤란한 사항에 대하여는 노사협의회에 부의하여 협의 처리한다(근참법 §27②).

고충처리위원은 근로자로부터 고충사항을 청취한 때에는 10일 이내에 조치사항 기타 처리결과를 당해 근로자에게 통보하여야 한다(근참법 §27①).

고충처리위원은 고충사항의 접수 및 그 처리에 관한 대장을 작성·비치하고 이를 1년 간 보존하여야 한다(근참령 §10). 다만, 당해 근로자가 원하지 아니할 경우에는 상세한 사항은 기록하지 아니할 수 있다.

참고문헌

권영성, 『헌법학원론』, 법문사, 2005.
김기범, 『한국헌법』, 교문사, 1973.
김수복, 『노동법』, (주)중앙경제, 2004.
김유성, 『노동법 I』, 법문사, 2005.
김유성, 『노동법II』, 법문사, 2001.
김진웅, "배타적 교섭대표제도에 관한 연구", 『법학논집』 제24집, 고려대학교법학연구소, 1986.
김철수, 『헌법학개론』, 박영사, 2003.
김치선, 『노동법강의』, 박영사, 1992.
김형배, 『노동법』, 박영사, 2007.
노동부, 『노동쟁의조정실무』, 1995.
노동부, 『알기 쉬운 새 노동법 해설』, 1997.
노동부, 『노사관계 선진화 입법 설명자료』, 2007.
박상필, 『한국노동법』, 대왕사, 1994.
박홍규, 『노동법II』, 삼영사, 2002.
박홍규, 『노동법론』, 삼영사, 1995.
박홍규, 『노동법』, 삼영사, 1994.
신은종, 『쉘위댄스?』, 생능출판사, 2007.
신인령, "노동기본권 옹호를 위한 현행 노동관계법 소고", 『노동법의 제문제』 가산 김치선 박사회갑기념논문집, 박영사, 1993.
신인령, 『노동기본권연구』, 미래사, 1985.
심태식, 『노동법개론』, 법문사, 1998,
이병태, 『최신노동법』, (주)중앙경제, 2007.
이상윤, 『노동법』, 법문사, 2007.
이영희, "노동조합의 설립신고제도와 문제", 『노동법학』, 한국노동법학회, 1987.

이영희, 『노동법』, 법문사, 2002.

이을형, 『노동법』, 대왕사, 1995.

이철수 · 김홍영, 『노동법강의』, 고시연구사, 2005.

이철수, "단체교섭의 근로자측 주체에 관한 비교법적 연구", 서울대학교 박사학위 논문, 1992.

임종률, 『노동법』, 박영사, 2007.

하갑래, 『근로기준법』 제18판, (주)중앙경제, 2007.

하경효, 『노동법사례연습』, 박영사, 2002.

허 영, 『한국헌법론』, 박영사, 1995.

管野和夫(이정 역), 『일본노동법』, 박영사, 2007.

石井照久, 『勞動法總論』, 有斐閣, 1995.

색 인

하 갑 래

학 력

성균관대 졸업(경제학사)
서울대 행정대학원 졸업(행정학석사)
동국대학교 대학원(법학박사)

경 력

제23회 행정고등고시 합격
공인노무사시험 출제위원, 경희대학교 경영대학원 겸임교수
경기지방노동위원회 상임위원, 노사정위원회 운영국장
교육인적자원부 인적자원개발국장·평생학습국장
노동부 국제협력관, 고용정책심의관, 근로기준국장
중앙노동위원회 공익위원(現)
단국대학교 법과대학 교수(現)

주요 저서

『근로기준법』 제1~18판, (주)중앙경제
『노동법』, (주)중앙경제
『외국인고용과 근로관계』, (주)중앙경제

인지 생략

노동기본권과 노사관계법

2007년 8월 25일 초판 인쇄
2007년 8월 30일 초판 발행

[값 18,000원]

저 자 하 갑 래
발 행 단국대학교출판부
등 록 1968.2.27 : No,제03-00095호
경기도 용인시 수지구 죽전동 126번지
Tel.031-8005-2405, Fax.031-8005-2406

편집 성두현 · 표지 이어진

인 쇄 (주)네오프린텍

Published by Dankook University Press

Printed in Gyeonggi-do, Korea

ISBN 978-89-7092-387-1 93360